二十一世纪普通高等院校实用规划教材　经济

商务谈判与管理沟通
(第 2 版)

姚凤云　　龙凌云　　张海南　　主　编

清华大学出版社

北　京

内 容 简 介

本书共分四篇十八章，第一篇现代谈判理论篇，分为五章，各章以大量的理论和实例论述了现代谈判的概念、特征、原则、分类、程序、策略、经典理论等基本原理；第二篇商务谈判实践篇，分为六章，详细地阐释了商务谈判的定义、特点、作用、原则、分类、内容、形式、过程、技巧、语言、思维等应用知识；第三篇国际商务谈判实务篇，分为三章，侧重介绍国际商务谈判的含义、特征、基本程序、影响因素、礼仪等实务知识；第四篇管理沟通理论实践篇，分为四章，阐释了管理与沟通的含义、作用和风格，管理沟通的含义、基本目的、基本架构、基本要素、分类、原则、内容、形式、流程、技巧，组织的内外沟通等问题。

本书具有理论与实践相结合的特点。编著者努力做到使本书理论讲述与实例举证相结合，既以例释理，又以理析例，阐释论述深入浅出、通俗易懂，体现出较强的知识性、趣味性、技能性、可操作性和实用性。

本书既可用作大学管理类专业的专业课教材，也可用作其他专业的公共选修课教材，还可用作继续教育培训教材和自学用书。

本书封面贴有清华大学出版社防伪标签，无标签者不得销售。
版权所有，侵权必究。侵权举报电话：010-62782989　13701121933

图书在版编目(CIP)数据

商务谈判与管理沟通/姚凤云，龙凌云，张海南主编. --2 版. --北京：清华大学出版社，2016
（2020.7重印）
　(二十一世纪普通高等院校实用规划教材　经济管理系列)
　ISBN 978-7-302-43709-3

　Ⅰ. ①商…　Ⅱ. ①姚…　②龙…　③张…　Ⅲ. ①贸易谈判—高等学校—教材 ②商业管理—人际关系学—高等学校—教材　Ⅳ. ①F715

中国版本图书馆 CIP 数据核字(2016)第 084856 号

责任编辑：桑任松
封面设计：刘孝琼
版式设计：杨玉兰
责任校对：周剑云
责任印制：刘祎淼

出版发行：清华大学出版社　　　　　　　　地　　址：北京清华大学学研大厦 A 座
　　　　　http://www.tup.com.cn　　　　　邮　　编：100084
　　　　　社 总 机：010-62770175　　　　 邮　　购：010-62786544
　　　　　投稿与读者服务：010-62776969, c-service@tup.tsinghua.edu.cn
　　　　　质量反馈：010-62772015, zhiliang@tup.tsinghua.edu.cn

印 装 者：北京富博印刷有限公司
经　 销：全国新华书店
开　 本：185mm×230mm　　　　印　张：21　　　　字　数：455 千字
版　 次：2011 年 2 月第 1 版　2016 年 7 月第 2 版　　印　次：2020 年 7 月第 4 次印刷
定　 价：43.00 元

产品编号：068545-01

前　　言

在撰写本书的过程中，我的脑海中不时地闪现出赞美商务谈判与管理沟通的诗句。经过整理提炼，形成两首小诗，现将其附于前言之首，一是想请读者来分享我对商务谈判与管理沟通的欣赏颂扬之情，二是想让读者透过短短的几行诗句，初步形象化地认识一下商务谈判和管理沟通。

"商务谈判"赞

商务谈判，
商人成功的灵应丹；
你的相伴随行，
塑造了群星的瑰丽璀璨！

商务谈判，
企业成长的串接链；
你的频繁启动，
焕发了团体的辉煌强悍！

商务谈判，
市场繁荣的连心线；
你的日益活跃，
推进了经济的昌盛争艳！

商务谈判，
国际贸易的敲门砖；
你的积极开拓，
力促了全球的共进互联！

商务谈判，

人类商航的助风帆；

你的强力张扬，

加快了历史的飞速发展！

……

"管理沟通"颂

管理沟通，

你的职能平凡而神圣，

只要对你尽心加以履行，

管理工作就会无往不胜！

管理沟通，

你的方式细微而恢宏，

只要对你耐心加以采用，

管理工作就会水到渠成！

管理沟通，

你的技巧稳妥而灵动，

只要对你用心加以运筹，

管理工作就会一通百通！

管理沟通，

你的作用举轻而若重，

只要对你倾心加以重视，

管理工作就会反响不同！

管理沟通，

你的意义深远而凝重，

只要对你专心加以研究，

管理工作就会炉火纯青！

······

改革开放以后，我国的商务谈判活动日趋活跃，管理沟通状况愈加良好。为了给商务谈判和管理沟通活动提供正确的理论、规范、策略、技巧和艺术等方面的指导，使商务谈判和管理沟通活动能朝着正确的方向发展；为了有助于各类院校能以较系统的现代商务谈判和管理沟通的理论实践知识，做好对现代商务谈判人才和管理人才的培养工作，我们撰写了本书。

本书编著者努力做到理论讲述与实例举证相结合，既以例释理，又以理析例，阐释论述深入浅出、通俗易懂，体现出较强的知识性、趣味性、技能性、可操作性和实用性。本书将商务谈判和管理沟通合二为一，能使管理类大学生在理解谈判和管理沟通理论的基础上认识商务谈判实践和国际商务谈判实务，了解管理沟通的实践，使其学习能循序渐进、系统而扎实、全面而丰富。学习本书，能很好地提高其商务谈判能力、管理沟通能力、社会交往能力，对应用型人才、新型管理人才的培养，能起到很好的启迪和促进作用。本书既可用作大学管理类专业的专业课教材，也可用作其他各专业的公共选修课教材，还可用作继续教育培训教材和自学用书。

本书主编为姚凤云、龙凌云、张海南；副主编为郭宇飞、温颖、崔丽娜。具体编写任务为：姚凤云编写第一章；龙凌云编写第二、四章；钟凯编写第三、十、十八章；温颖编写第五、十一、十七章；熊芳编写第六章；张海南编写第七、十二章；崔丽娜编写第八、九、十五章；郭宇飞编写第十三、十四章；李剑开编写第十六章。

在本书第 2 版的修改过程中，我们与时俱进地更新和调整了一些内容，尤其在电子商务谈判、国际商务谈判和管理沟通等章节中体现的较多。在本书的两次编写过程中，我们参阅了包括名家在内的大量论著、教材、文章和其他资料，在此，谨向诸位原作者表示诚挚的谢意！

编写本书，我们做了很大的努力，但由于能力有限，书中的疏漏和错误在所难免，恳请专家、同行和广大读者予以指正。

编　者

目　　录

第一篇　现代谈判理论篇

第二篇　商务谈判实践篇

商务谈判与管理沟通(第2版)

第三篇　国际商务谈判实务篇

第四篇　管理沟通理论实践篇

第一篇 现代谈判理论篇

第一章 谈判的概念和特征

【学习要点及目标】

通过本章的学习，认识谈判的含义，了解谈判的特征，弄清谈判的基本要素和影响因素，为本篇的学习打下理论基础。

【引导案例】

中法建交谈判

周恩来在建立和发展同欧洲资本主义国家的关系方面，把原则的坚定性和策略的灵活性巧妙地结合起来，打开了中国与欧洲国家建交的新局面。中法建交正是周恩来这一策略方针的成果之一。

1963年，法国表示愿意同中国谈判建交，并表示将不管别国的意见，独自作出决定，但在具体做法上希望中国不要坚持法国先主动同"台湾"断交。根据法国在同中国建交问题上的意向和态度，周恩来决定与法国进行建交谈判，并指出，在同法国谈判时，一方面要坚持反对"两个中国"，另一方面在策略上要灵活运用，即在实质性问题上，要坚持原则，毫不含糊，但在程序性问题上可变通处理。1963年年底，周恩来同法国来华特使富尔进行了建交谈判。在谈判中，富尔表示，如果法国承认中国，那就是承认中华人民共和国，法国在联合国支持中国的席位，将是合乎逻辑的，并声称决不学拖泥带水的做法，但同时却又强调"台湾"问题是个"微妙"的问题，法国同"台湾"断绝一切关系"有困难"，甚至说什么岛上存在一个"事实上的政府"，而且戴高乐将军"没有忘记'二战'时曾同蒋介石站在一起""不愿突然切断关系"等，借此向中国讨价还价。

对此，周恩来明确指出：台湾当局之所以能留在台湾，完全是由于美国的保护和对我们内政的干涉。全世界人民都清楚，台湾当局之所以还留在联合国，还作为安理会成员，也是由于美国的操纵，这是现实，也将是历史的笑话。他强调不能把个人关系掺杂到国家关系中来。他还以法国本身作比喻：皮杜尔是反对戴高乐的，设想如果他在国外势力扶植下成立流亡政府，我们中国是否能因为一度与他有过关系而不承认法国现政府却去承认他，或者两个都承认呢？法国是一个有自尊心的民族和奉行独立政策的国家。中国也是这样。

他严正指出，中国反对"两个中国"的立场是坚定不移的，不会改变。台湾同大陆的关系是中国内政问题，这一点不容动摇，希望不会有什么误解。他斩钉截铁地告诉富尔：不解决对台湾的关系问题，便不能建立互派大使的外交关系，只能建立非正式的关系，如设立贸易代表机构等。听了周恩来这些明确坚定而又入情入理的话，富尔最后不得不改口，表示法方愿找前进的办法以解决问题。

会谈中，富尔还曾试探可否允许中法建交后法方在台保留一人。对此，周恩来断然回答"不可能"，并指出：英国就是因为在台湾有领事，又在联合国支持台湾当局，所以造成目前的半建交关系。如果法国也采取同样的做法，会使中法双方都不愉快。由于周恩来坚持这个原则，法方最后放弃了这个打算。

一个成熟的外交家不仅表现在他勇于和善于坚持原则，而且表现在他勇于和善于进行妥协，尤其表现在其能够准确地把握妥协的时机、场合和分寸。光讲斗争而不讲妥协，往往要犯"左"的错误，则其结果常常会使谈判陷于僵局甚至破裂；只讲妥协而丧失原则，往往要犯"右"的错误，其结果可能导致外交失利，甚至丧权辱国。

周恩来同富尔的谈判在原则与妥协的正确结合方面为我们树立了一个光辉的典范，他一方面旗帜鲜明地坚持法国必须同台湾当局断绝所谓的外交关系、不能搞"两个中国"这两大原则，同时在程序性问题上又作出了恰当的让步。

第一，鉴于富尔一再要求允许法国先同中华人民共和国建交而后再同台湾当局断交，周恩来根据当时法台关系的实际情况和戴高乐不支持"两个中国"的承诺，在双方达成内部协议的基础上满足了法国的这一要求。

第二，法国确认不支持"两个中国"的条件，中方不再坚持法方以书面形式声明它的这一立场，而是由中国单方面在照会中申明，法方予以默认的方式加以肯定。

就这样，通过变通方式，法国率先与中国建交，成为第一个同中国建立完全外交关系的欧洲资本主义大国。这对于中国加强同西欧国家的关系是一个重大的突破。

(资料来源：张立强. 经典谈判谋略全鉴[M]. 北京：地震出版社，2006.)

伴随着人类文明的产生而形成的人际交往中的谈判活动，经过人们长期的谈判实践，得到了不断的发展，越来越显现出特有的规律性。自现代社会以来，谈判已成为人类社会舞台上愈加活跃的、不断体现着人类新文明程度的社会实践活动。继世界上最早撰写谈判论作《论谈判》的英国思想家弗兰西新·培根(1561—1626)等学者的研究之后，自20世纪60年代起，西方一些学者开始从不同角度，对谈判实践活动的规律性进行了不断的探索、发现和总结，并较多地对谈判的艺术、技巧进行了不断的归纳、提炼和升华，已逐渐使谈判形成一门新兴的、引人注目的、具有指导性的应用学科。

改革开放以来，我国人民的思维空间迅速拓宽，谈判这门学科吸引着我国越来越多的研究者涉足这一领域，并取得了一些可喜的研究成果。目前，谈判在我国已成为一门富有研究魅力的、具有广阔研究前景的学科。

谈判作为一门学科，自然有其特有的概念、特征和要素。谈判的概念应怎样表述？谈判有哪些特征？谈判有哪些要素和影响因素？在这一章里，我们将分别对其作系统的阐释。

第一节 谈判的概念

在阐释谈判的概念之前，我们有必要先观察和分析一下谈判活动的现象。因为抽象的谈判概念是以具体的谈判活动的现象为对象加以概括的。对谈判活动的现象进行观察分析，能使人们透过现象看本质，由表及里、由浅入深地去认识和理解抽象谈判概念的深邃内涵。

一、谈判的活动现象

谈判是人类交际活动的重要形式之一，是普遍存在的社会现象。我们每天打开收音机、电视机和互联网，或翻开各种报纸杂志，经常可以听到和看到关于重大谈判的报道。如"2015年9月22日至25日，习近平主席在美国与奥巴马总统举行了深入、坦诚、建设性的会谈""2015年10月21日，习近平主席在伦敦唐宁街首相府同英国首相卡梅伦举行亲切会谈""2015年10月29日李克强总理在人民大会堂同德国总理默克尔举行会谈""朝核六方会谈""2015年2月11日乌克兰问题三方联络小组就停火等问题达成协议""2015年5月3日李克强总理在欧盟与欧盟委员会主席巴罗佐举行会谈""2015年3月中印边界问题的艰难谈判""中国沿'一带一路'选点自贸协定谈判""2015年7月李克强总理访欧的'中欧产能合作谈判'""中国跨境高铁谈判""中朝文化交流执行计划会谈""中美知识产权谈判"……政治的、军事的、外交的、经济的、文化的等，令人目不暇接。类似这些全球范围内的谈判活动在冷战结束以后，伴随着各个国家、民族和各类社会组织的共同和各自的发展进程而与日俱增地进行着，它体现着世界人民和平、谅解、参与、合作、互利和发展的良好愿望，它也随时影响着人类世界的变化和发展，是人们较为关注的重要时事内容之一。

在建立社会主义市场经济体制的今天，我们国内的各类政治、经济、文化团体和其他社会组织之间的正常交往中更是存在大量的谈判活动，例如省与省、市与市的横向联合协商，各经济实体的贸易洽谈，各科技组织的技术合作洽谈，各文化艺术团体的思想、文化、艺术、体育交流的协议的洽谈等。

人们在日常生活中，每天都随时参与一些谈判活动或看到一些谈判活动现象。例如，在家庭生活中，需要参与家庭成员间衣、食、住、行和其他特殊活动问题的磋商；与邻里相处时，需要就公益义务、互相合作、解决纠纷等问题进行商议，甚至还可能在劝架解围中充当调解人；在火车或公共汽车上，又有可能为老人和小孩找座位而与他人商量，到市场和商店里买东西时，还需经常与卖主进行讨价还价；在工作单位里，又经常会就一些工作安排问题与领导和同事们商讨，就物质分配问题与大家"合计"，如果代表单位一级组织与其他组织谈判，又会成为正式谈判场合中的谈判代表……在这些日常的活动中，人们都可能自觉或不自觉地参与了谈判，或目睹了他人所进行的谈判。

综上所述，我们可以认识到，在人类社会生活中，或大或小、或公或私、或曲或直、或繁或简、或明或暗的谈判活动，每天都在大量地发生着，时时都在制约、影响和调整着这个世界的国家、社区、组织、家庭和个人的行为和关系。它不管谁喜欢不喜欢或愿意不愿意，总是很客观地接连不断地出现在人们的面前，使人们主动或被动地成为谈判的参加者或旁观者。

然而，在我们国家，长期以来，很多人只是把在特定时间内和正式场合下的国家、组织或个人间就外交、政治、军事、经济、文化等有关重大问题进行的正式的、程序性的协商活动，即狭义范围的谈判活动现象视为谈判；而没有把场合、时间、程序随机性较大的、每个人经常介入的一般的或琐碎的问题进行协商，即把广义范围的谈判的活动现象看作是谈判。这是我们习惯上的一种误解。其实，早在 1968 年，美国谈判学家杰勒德·I.尼尔伦伯格(Gerard I. Nierenberg)在他的《谈判的艺术》一书中就指出："只要人们是为了取得一致而磋商协议，他们就是在进行谈判。"由此可见，我们上面所列举的日常生活中人们经常遇到的协商活动现象，理所当然地应称其为谈判，尽管它们是广义上的谈判。

随着社会主义市场经济体制的确立，竞争机制的强化，随着社会文明的发展，人们民主意识的增强，人们以往在计划经济体制下事事依赖国家和组织的计划及领导者家长式的指挥，而较少地发挥个人的主观能动作用的习惯已经和正在改变。人们越来越不愿一味盲目地只跟随他人的指挥棒转，不愿完全服从外力的单向操纵，而是逐渐增强了民主参与意识，希望参与到自己有必要参与的政治、思想、文化、工作、生活等诸多方面的决策的制定中。为此，人们将会日渐自觉地走进各种形式和内容的谈判场，狭义范围或广义范围的(特别是广义范围的)谈判的活动现象会越来越普遍。进而，广义范围的谈判的称谓，也被越来越多的人所认可。

二、谈判的含义

什么是"谈判"？谈判的含义怎样表述？从国内外权威的辞书《辞海》《大不列颠百科全书》中尚未找到"谈判"的词条。本节前面所引的美国谈判学家杰勒德·I.尼尔伦伯格对谈判的描述，也还不是对谈判定义的严格表述。

目前，从国内有关的谈判和公共关系学的书籍对谈判定义的表述来看，均不尽相同。如"谈判是指人们为了改变相互关系交换意见，为了取得一致而相互磋商的一种行为。"(曹厚昌)

"谈判是双方和双方以上为了消除分歧、改变关系而交换意见，为了取得一致谋求共同利益和契合利益而磋商协议的社会交往活动。"(李明新)

"谈判是有关组织(或个人)对涉及切身权益的分歧和冲突进行反复磋商，寻求解决途径和达成协议的过程。"(潘肖玉)

"谈判是有关个人或组织为了解决共同关心的问题或为了改善关系而进行的磋商、讨论和协议。"(林厚泰、黄建国)

"谈判是双方围绕某个问题面对面会谈的一种形式，是人们为了满足某种需要，取得某种一致而进行的磋商。"(冯必扬)

以上各位著者对谈判定义的表述可谓仁者见仁，智者见智。其表述的角度和内涵的包容面虽有所不同，但其基本含义却是一致的。

借鉴以上各位著者对谈判定义的表述，加之对现代狭义范围和广义范围的谈判的活动现象的分析，笔者认为，谈判的定义可作如下表述。

谈判是组织或个人的双方或多方，为建立联系、解决共同问题，处理相互冲突与纠纷、改善相互关系，实现各自需要而进行互相交流、讨论、磋商和达成一致意见或协议的活动过程。

为了更好地理解谈判这一定义，我们有必要对其作如下的具体解释。

首先，此定义阐明了谈判的主体是各类组织或个人，谈判活动是一种人的行为。它必须由双方或多方的大小组织的代表或个人相对进行谈判，而不应是人对机器人或人对电脑的谈判，更不应是机器人对电脑的谈判。

其次，此定义阐明了谈判是为实现一定的目的而进行的。

第一种目的是建立一定的联系或解决共同关心的问题。如国与国之间的建交谈判，各地区相同行业间的横向联合协商，就是为了建立一定的联系，寻求共同发展的途径。再如，中国倡导的"一带一路"自贸协定谈判，就是为了解决共同关心的扩大经贸领域务实合作，探索数字经济新的合作领域，加强宏观政策沟通协调。又如，一些社会公益问题的谈判也是为了实现解决共同关心的问题这一目的。像居民区各住户就公共卫生较差的问题进行磋商，并制定卫生公约，就是为了解决共同关心的卫生环境问题这一目的。

第二种目的是处理各方的冲突和纠纷，改善相互关系。如"叙利亚冲突谈判""巴以和谈"就是为了处理各方冲突，改善相互关系而进行的谈判。再如，邻里吵架、家庭遗产纷争的调解，也是为了处理各方的纠纷，改善相互的关系。

第三种目的是实现各自的需要。第一种目的中"解决共同关心的问题"和第二种目的中"改善相互的关系"已包含各方共同的需要。除此之外，谈判还有各自不同的需要。如买卖洽谈的目的多是为了实现各自的经济需要，有的是为了赚钱，有的是为了买到物品；或有的是为得到此物，有的是为得到彼物。再如，求职录用谈判中，求职的个人是为了实现找到称心的工作的需要，录用单位则是为了实现选到称职的出色的人才的需要。

有很多谈判是多种目的兼而有之的。如1972年以前的中美建交谈判，一是为了解决长达二十余年的中美冲突问题，以改善两国的敌对关系；二是为了谋求两个大国在各自领域的共同发展；三是为了实现各自的政治、经济利益和其他利益的不同需要。

再次，该定义明确了谈判是进行相互交流、讨论、磋商和达成一致意见或协议的活动过程。这是指谈判是从相互交流认识、意见和需求起，经过讨论，甚至是论辩、磋商，直至达成一致意见或协议的整个过程。而其中明显的标志是达成一致意见或协议。谈判不像一般辩论，辨别出是非、好环、优劣就行了，而是要在论辩的基础上，各方就所议的问题达成一致的意见或协议。因为只有达成某些一致的意见或协议，谈判双方才能达到自己所要达到的目的，这才算是成功的谈判。如果谈判没有达成任何一致意见或协议，就不能称其为完整的或成功的谈判，而只能称作双方有所接触或谈判破裂。例如，两位不同地方的商务人员，见面时只是相互了解一下对方的市场行情，交流一些信息，并没有进行买卖的讨价还价和最终达成买卖协议，那么，这二者的交谈便只能算作是彼此间的相互接触或闲谈。

三、谈判与其他易混淆的概念的区别

以上我们对谈判的概念进行了抽象的表述和具体的解释。在此基础上，我们就很容易将谈判与人们习惯上易于混淆的其他社会科学概念相区别了。

由于人们以往对谈判问题不太留意，对谈判概念不甚求真，所以习惯上易把谈判与论谈、辩论、判定等概念混淆，这是很不适宜和需要区分清楚的。

从论谈这一概念来看，它是指单方或多方论述畅谈自己对人或事物的看法。但它不一定要让他人马上赞同自己的观点，相互间当场达成观点上的一致。它不具有谈判必须最终达成一致意见或协议的特点。谈判中也有论谈，但它只是用来阐述己方的立场和观点，只是谈判过程中一种谈和论的形式，不代表和体现整个谈判。

从辩论这一概念来看，它是指对同一个对象，相互的对立的思想进行论争的过程。从结果上看，它需论出正误、辩出是非，双方往往是一方胜利、一方败北，而绝不可能像谈判那样，当场达成一致。在谈判中也有论辩，它是指发现并提示对方发言的观点、论据、逻辑上的错误和破绽，证明自己观点的正确，从而明辨是非、坚持真理。它也只是谈判过程中的一种论和辩的形式，而不能等同和代替谈判。

从判定这一概念来看，它是对事物的分辨断定。谈判中的判定是指对对方谈判立场、意向、策略等的分析、揣测、辨别和确定。它只是谈判中的一种思维方式，而不是指谈判最终的决断，更不能代替谈判。

第二节　谈判的特征

谈判是一种变幻莫测的人际交往的行为，但是，谈判跟任何客观事物一样，是有其自身规律和特征的。认清谈判的特征，对于预知谈判成功的概率和顺利进行谈判是十分必要的。谈判有哪些特征呢？笔者认为，谈判的特征一是对抗性和一致性的统一；二是原则性和灵活性的统一；三是妥协性和获得性的统一。在本节中，我们将理论联系实际——对此进行阐释。

一、对抗性和一致性的统一

在实际谈判中，人们会觉察到，人们走到谈判桌前的背景均是双方或多方已产生一定的冲突和分歧，或有一定的差距，或缺少某种联系。而冲突和分歧的存在却又从中占了很大的比例。谈判双方或多方都希望通过谈判的争辩、讨论、协商来寻求各自的利益，达成一致赞同的协议。所以，在开始谈判前，便存在着客观的对立性和主观的一致性。

在谈判序幕拉开以后的正式谈判中，双方或各方时而展开"横眉竖目""唇枪舌剑"之辩，时而显示出"电闪雷鸣""刀光剑影"的紧张气氛，谈判双方往往体现出明显的对抗性。

在政治谈判中，这种对抗显得较为明显。例如，在一次国际性会谈中，一位西方外交人士挑衅性地对中国代表说："如果你们不向美国保证不用武力解决台湾问题，那么显然就是没有和平诚意。"我国代表立即给予还击："台湾问题是中国内政，采取什么方式解决是中国人民自己的事，无须向他国做保证。请问，难道你们竞选总统也需要向我们做什么保证吗？"这一有力的反驳，使对方无言以对。但对方又另寻话题挖苦道："阁下这次在西方逗留了一段时间，不知是否对西方有了一点开明的认识？"而我方代表又沉着地反唇相讥道："我是在西方受的教育，40年前我在巴黎受高等教育，我对西方的了解可比您少不了多少，遗憾的是您对东方的了解可真太少了。"干脆有力的回答，又给对方以猛烈的反击，使对方十分尴尬。在这一外交谈判事件中，谈判双方的对抗性是十分尖锐的。其中一方挑衅性地干涉别国的内政，损害对方的尊严，另一方则以强有力的反唇相讥维护着国家的主权和尊严。这一对抗几乎类似肉搏战，真可谓紧张异常。而在商务谈判中，也存在这种对抗性。如在农贸市场上，买主和卖主在讨价还价的过程中，一个想尽量卖高一点价钱，一个想压低价钱买下，二者在价格上存在的差异就是一种矛盾。再如，在邻里谈判中，住宅楼单元一楼和上几层楼的住户因下水道堵塞而引起纠纷，互相争辩、谈判，同样也是一种对抗。可见，谈判中的对抗性是客观存在的。

然而，谈判中的矛盾和对抗不同于体育竞赛中的矛盾和对抗，最后的胜利者只有一个，它也不同于一般辩论，辨别出是非、好坏、优劣就行了，而是要在双方辩论的基础上对所辩论的问题的认识逐步达到统一，谋求一致，从而促成双方达成比较满意的协议。例如，1972年2月，美国总统尼克松访问中国，最后发表了具有划时代意义的中美上海联合公报。这个公报既是对抗性激烈辩论的产物，也是谋求一致的结果。当时中美双方对一些重大国际问题在认识上差别很大，特别是台湾问题是一个十分敏感而又复杂的问题。为此，双方在会谈中争辩得十分激烈，有时，为了协议中的某一个词，也要辩论好长时间。经过一个星期的激烈辩论、反复磋商，双方在当时的历史背景下就台湾问题达成了双方均可以接受的协议。在商务谈判的讨价还价中，在家庭邻里谈判的协商中，以及在其他内容谈判的进行中，谈判各方也总是努力寻求一致，尽量促成协议的达成。所以说，谈判是一种对立，也是一种合作，它具有对抗性和一致性相统一的特征。

二、原则性和灵活性的统一

谈判是一种既在立场上遵循一定的原则性，又在策略技巧上注意灵活性的人际交往活动，它具有原则性和灵活性相统一的特征。

无论哪一种制度的国家在外交谈判中都是坚持一定的原则立场的。在我国与外国的谈判中，就必须坚持维护国家尊严和主权的原则立场。其中，特别注重"维护国家领土完整""承认中华人民共和国政府是中国的唯一合法政府""不干涉中国内政"等基本原则立场。这些原则在对外谈判中都不能有丝毫动摇。在一般的组织团体或个人进行的各种内容的谈判中也都应坚持和遵循一定的原则。例如，邻里间的公共卫生问题的谈判，就应遵循"不重私利，公益为先"的原则。

然而，抽象的谈判原则性，又往往是通过谈判策略技巧的具体灵活运用来实现和维护的。如必须注意谈判是因时间、地点、场合及对象而论的，要考虑到各种氛围和因素，从而灵活运用谈判策略技巧和语言艺术等。

例如，自1945年8月28日开始，毛泽东同志在重庆与蒋介石进行的长达43天的国共谈判，就体现了中共领导人谈判的原则性和灵活性。在谈判中，毛泽东同志对根本原则问题寸步不让，同时又表现出谈判策略和技巧上的极大灵活性，赢得了全国各界的赞同，并与国民党方面共同签署了《政府与中共代表会谈纪要》，即"双十协定"。

除了上述政治谈判中体现出原则性和灵活性相统一的特征外，在商务谈判和其他内容的谈判中，也常以谈判的灵活性来维护和体现谈判的原则性。

例如，几年前报刊披露，某建筑师受命设计一座大教堂时，依据其精密的计算，破天荒地在大厅不设立柱，但是，此事却为教会以不安全为由坚决反对，建筑师只好再将立柱加上。过了数百年，人们维修教堂时却惊奇地发现，四根立柱都上不接顶，有10公分的空隙，形同虚设。这即是建筑师在当时的谈判氛围下，以灵活性的策略同意按教会的要求建筑，而实则又不放弃自己的建筑原则。由此可见，谈判需要既坚持一定的原则，又应根据情况的变化灵活地改变策略。

三、妥协性和获得性的统一

美国谈判学家尼尔伦伯格认为"谈判就是给与取"。无数谈判实践也证明，谈判是"让"和"得"兼而有之的一种互动过程。它具有妥协性和获得性相统一的特点。

在各方立场不同、利益相关的谈判中，为了达成令人满意的协议，使自己获得一定的利益，就必须作出适当的让步，放弃自己的某些利益。例如，达尼尔·斯瓦罗斯基(Swahili rosicky)家族的玻璃制造在奥地利享有盛名。不幸的是，他在第二次世界大战期间曾奉纳粹德国之命制造军需品；更不幸的是，"二战"后他的公司将因此而被法国当局依法接收。一个叫罗恩斯坦的美国人知悉后，立即与达尼尔·斯瓦罗斯基家族交涉："我可和法国交涉，不接收你的公司(法军不能接收美国人的财产)，不过条件是交涉成功后，请将贵公司的代销权让给我，我收取卖出费用的百分之十的好处费，直到我死为止。阁下以为如何？"当时，斯瓦罗斯基家族大发雷霆，但后来还是作出了妥协，接受了罗恩斯坦的要求，保存和获得了自己本将失去的很大的利益。

在各方立场不同、利益相异的政治谈判中，谈判时常会出现僵局，此时，唯有妥协，才能使谈判得以继续，直至达成协议。为了达成协议，双方须适当让步，放弃自己的某些主张和利益，以互补对方的需要，使双方都获得各自欲获得的利益。

例如，第四次中东战争之后，1978年，埃及和以色列就西奈半岛问题进行了谈判。当时双方的立场是尖锐对立的。埃及坚决要求以色列归还西奈半岛，因为西奈半岛自古以来就是埃及的领土。以色列坚决拒绝了埃及的要求，说以军如果撤出西奈半岛，以色列边境安全就无法保障。谈判一度陷入僵局。这时，参与这场谈判的美国总统卡特提出一个方案，即西奈半岛的全部主权归还埃及，而在西奈半岛与以色列交界的埃及的一方，划出一片非军事区，埃及不得在该区域部署军队。埃以双方对该提议都感到满意，双方签订了埃以停战协议。以色列以撤出西奈半岛的让步获得了国家安全的保障，埃及以撤出西奈半岛上军事部署的让步，获得了国家主权要求方面的满足。

妥协，有被动妥协和主动妥协之分。

1. 被动妥协

被动妥协较为普遍，一般都是在双方或多方谈判出现僵局以后，出现的单方妥协、对等妥协或交叉妥协。单方妥协是指只有一方做出让步。对等妥协是双方作出同等程度的让步，如商务谈判中，卖方降价10元，买方也提价10元；再如，裁军谈判中，双方裁军量等同等。交叉式妥协是甲放弃一种利益，而求得乙在另一种利益上的让步。虽然各方在自己放弃的利益中得不到满足，但各自在对方放弃的利益中得到了补偿。这是在不同问题或利益上交叉式的妥协和交叉式的获得。如前面所举的"埃以和谈"一例，便属于交叉式的妥协和获得。

2. 主动妥协

谈判中的主动妥协比较少见，它是一种比较高超的妥协。它是指为了有所大得，而先一步妥协让利。例如，新加坡一位华裔商人与我国某食品进出口公司洽谈大蒜生意。第一轮洽谈成交时，客商却出人意料地每吨提价5美元。等合同签字后，问他为何加价，他说："多加5美元并非没有顾虑，这次虽少赚了1万美元，但贵公司对此将永远难忘。"后来的事实证明，客商想将货抢先上市，卖出好价，需我方帮助及早运出，结果得到了我方的帮助，使这批蒜抢先卖出，获得了大利。

然而谈判中的妥协不应是无原则的妥协。因为无原则的妥协，会使自身失去根本利益，实等于投降。例如，英国首相张伯伦(Arthur-Neville Chamberlain)在与希特勒的谈判中一味地无原则地妥协而产生的恶果，便是最典型的一例。1938年，希特勒已吞并奥地利，开始将魔爪伸向捷克斯洛伐克。当时的英国首相张伯伦和法国达拉第政府想拉住希特勒向东反对苏联，于是在对德的谈判中，采取了一味妥协的态度。8月3日，张伯伦派西曼勋爵去捷克斯洛伐克充当"调解人"，实则起到了把捷克斯洛伐克的一些地区转交给德国的作用。当时，希特勒软硬兼施，一方面以武力恫吓英法，另一方面又宣称，如果德国得到捷克斯洛伐克，就没有别的要求了。德国准备同英国达成广泛的协议，张伯伦就此满口答应。在此后的一系列谈判中，希特勒总是得寸进尺，张伯伦则是一退再退，致使捷克斯洛伐克很快沦陷，也把战火引烧到自家门口，使他成了一个"给鳄鱼喂食，希望它最后才吃自己的人"(丘吉尔语)。在对希特勒侵略他国的罪恶行径问题上，张伯伦在谈判中更是采取无原则妥协的态度，不仅使自己无所得，还丧失了邻国和本国的最根本的利益。张伯伦的前车之鉴，是我们进行各种政治、军事、外交谈判时应引以为戒的。

第三节　谈判的要素和多因素的影响

一、谈判的基本要素

每一次谈判，随着情况的变化，谈判的结构可能会繁简不一，但不管其结构程度如何复杂或多么简单，其基本要素都是同样具备的，这就是谈判的目标、谈判的进程、谈判的方案和谈判的个人四个基本要素。

(一)谈判的目标

谈判的目标是各种谈判最基本的要素。所谓谈判的目标，是指谈判的意图，以及谈判欲达到的目的。

在本章第一节里，我们在具体解释谈判的概念时已阐明谈判是为一定的目的而进行的。因此，谈判的目标是进行谈判的驱动力，也可以说是进行谈判的出发点。由此可见，如果没有谈判目标，也就用不着去谈判了。所以，谈判目标是谈判的最基本要素。其他谈判要素是由此派生出来的。正如本章第一节具体解释谈判概念时所述，无论是什么谈判，无外乎是为了实现建立联系、解决共同问题、处理冲突纠纷、实现各自需要等目的，而谈判的目标，就是这几种谈判目的坐标上不同高低度的标的。在欲实现的两种以上谈判目的的谈判中，其一种目的的标的可能定得高一些，其他的标的可能不同程度地低一些。如日美最初的贸易洽谈，日本方面，对建立两国经贸联系的谈判的目标就定得高一些，而获得较高的经济效益的谈判目标就定得较低。

(二)谈判的进程

谈判的进程是指谈判的进度。任何谈判都是有进度地进行的。在一次性达成协议的谈判中，其进程体现为谈判的各个阶段的进展。在连续性的谈判中，其进程体现为每一轮谈判达到什么样的具体目标。

谈判进程分预定谈判的进程和实际谈判的进程两种。预定谈判的进程体现在谈判方案中，是预先对谈判的各个阶段或每一轮谈判纵向的分目标的规划；实际谈判的进程体现在谈判进行中，是谈判方案开始实施之后，各阶段具体规划的纵向分目标实现的程度。预定谈判的进程对谈判的进行起日程规划的作用；实际谈判的进程能起到调整策略和促进谈判继续进行的作用。由此可见，谈判的进程是谈判的一个重要的基本要素。

在实际谈判的进程中把握和推进谈判的进程，是谈判的难点之一。因为谈判开始之后，在没达成协议之前，其变动因素很大，它的结果常是一个悬而未决的未知数。为了使谈判能顺利地进行，最好应像答试卷那样，先解容易解的题，也就是双方谈判代表应先把谈判的重点放在那些容易解决的问题上，越不好谈的问题越往后放一放。例如，1974 年 6 月，美国和巴拿马就巴拿马运河条约问题恢复了会谈。当时巴拿马人非常希望能在补偿金问题上得到较多的好处，但由于国内政治原因，使这个问题的解决暂时有些麻烦，于是，为了谈判进程的顺利进行，他们决定把这个问题放在最后讨论，从而促成了这次谈判的成功。

(三)谈判的方案

谈判的方案是指谈判计划，它是谈判前预先拟定的具体谈判内容和步骤，是谈判得以顺利进行的依据，是谈判的一个重要的基本要素。

谈判的方案是为实现总的谈判目标，在搜集分析大量的信息材料的基础上设计和确定的方案。搜集信息是制定正确谈判方案的重要基础。例如，1965 年，加拿大议会通过将"枫叶旗"定为国旗的决议。而后第三天，日本、中国台湾地区的厂商赶制的枫叶小圆旗和带有枫叶标志的各种玩具就运抵加拿大。洽谈很快成交，商品很抢手。显然，这些厂商早在决议通过之前，就得到这一信息情报，摸准了内情而抢先生产出这批产品，并制定或完善了谈判方案，使商人们及时利用情报信息赚了大钱。由此可见，为制定好的谈判方案和完善谈判方案，必须随时及早地搜集信息情报，而且还需要谦恭地、广泛地、小心翼翼地搜集，不要打草惊蛇，以免你的对手故意释放假信息，使你受其蒙蔽，难辨真伪。

如果搜集的信息、掌握的资料对谈判大局无关紧要，据此制定的谈判方案很蹩脚，就不能获得令人满意的谈判结果，那么所做的工作便是浪费。所以，如果谈判方案不完善时，应避免谈判。应尽可能地寻找理由拖延谈判，如果推迟不了，那就先进行小而易问题的会谈，大问题则放在详细方案形成后再谈。

总之，谈判要稳操胜券，需制定完善的谈判方案。制定谈判的方案是谈判的一个重要因素。

(四)谈判的个人

在第一章具体解释谈判概念时已经阐明,谈判是人的行为,它是由大小组织的代表或个人相对进行谈判的。谈判的进程把握得如何,谈判的目标实现得怎样,在很大程度上取决于谈判中个人的谈判素质。因为人的素质,包括其修养、知识、能力(特别是智能)、潜力、创造性是决定谈判成功与否的重要的基本要素。

从以上所述可见,谈判的人选问题极为重要。那么,应该选派什么样的人为谈判代表呢?弗雷斯·查尔斯·艾克尔在《国家如何谈判》一书中指出:"根据 17、18 世纪的外交规范,一个完美无缺的谈判家,应该心智机敏,而且具有无限的耐性;能巧言掩饰,但不欺诈行骗;能取信于人,而不轻信他人;能谦恭节制,但又刚毅果敢;能施展魅力,而不为他人所惑。"他的这些看法对我们选派谈判人员是有可鉴之处的。根据发达国家的一些专家们的意见,结合我国的具体情况,各类谈判人员的选拔标准,应注意以下六个方面:一是应具有较高的政治思想素质,即指能坚持四项基本原则,维护国家利益,忠于职守,作风正派;二是应具有较高水平的专业知识,即指熟悉与谈判内容有关的业务知识和其他社会科学知识;三是应具有鲜明的、柔韧的个性,即指在谈判中能敢于交锋,胜不骄、败不馁,柔韧出击和防卫;四是应具有主观能动性,即指能独当一面,随机应变;五是应具有良好的气质风度;六是应具有流利清晰的表达口才。

二、谈判的多因素影响

在谈判的双方坐在谈判桌旁进行紧张的口头较量的过程中,谈判桌以外的多种因素也不时地对谈判起着各种制约和影响作用。

(一)人际关系的影响

谈判是人际交往的过程。谈判中,人们相识后,通过交谈开始相互了解,通过场外接触又增加了理解。在这种客观形态下,虽然谈判者代表着自己实际利益的集团,但个人间的交际对谈判却起着重要的影响作用,因此,谈判中都很注重个人的交际活动,借以沟通意见,疏通情感,以改变谈判桌上的某些局面。例如,在酒足饭饱之后,对方可能会透露他为什么不让步的"苦衷",使我方可以找到打破僵局的突破口;在一场舞会双方翩翩起舞之后,谈判前景可能变得曙光在望;在一曲优美动听的"卡拉 OK"之后,可能会重调谈判桌上紧绷的琴弦;在一席场外的见多识广的高谈阔论之后,可能使对方在谈判桌前对你高看一眼而重整谈判方案……所以,在谈判中,良好的人际关系起着一种心理上和行为上的调整适应作用,它很可能会使僵持的关系缓和下来,推进正常的谈判进程。

(二)实力的影响

所谓实力，从国家来看，可指综合国力，也可指政治、经济、科技、军事等实力；从社会各组织来看，可指财、物、人才、技术、科研、生产、管理等实力。很多谈判的进展，往往要以各方背后的实力为基础而决定进退。这不仅仅表现在军事谈判、政治谈判方面，在商务谈判中有时也会这样。例如，当某件商品在市场紧俏得使买主都争相抢购时，谈判手段固然重要，但此时经济实力则更为重要，因为费了半天口舌也抵不上竞买者提价一分钱的诱惑。

(三)社会环境气氛的影响

谈判易于受社会环境气氛的制约和影响，社会上的"大气候"会直接波及谈判桌上的"小气候"。社会上的"大气候"包括政治、经济、军事、文化、社会心理等动态。中美知识产权第三轮谈判期间来自中方的这些政治、经济、文化动态等"大气候"便使谈判桌上的"小气候"徒然有变，为谈判的继续进行起到了催化剂的作用。由此可见，社会环境气氛对谈判影响的作用至关重要。

本 章 小 结

本章"谈判的概念和特征"分三节对谈判的概念、特征和要素及影响因素问题进行了论述。第一节"谈判的概念"，首先概括地叙述了谈判的活动现象，而后阐释了谈判的概念，最后辨析了谈判与其他易混淆的概念的区别；第二节"谈判的特征"，先后论述了谈判的对抗性和一致性的统一、原则性和灵活性的统一、妥协性和获得性的统一等特征；第三节"谈判的要素和多因素的影响"，首先分析了谈判的基本要素，而后列举了谈判的多因素影响。本章阐释以上与谈判相关的基础概念，为本篇的后续学习打下基本的理论基础。

自 测 题

关键名词

谈判　论谈　辩论　判定

思考训练题

1. 谈判具有哪些基本特征？
2. 谈判具有哪些基本要素？

3. 谈判桌以外对谈判有影响的因素有哪些？

案 例 分 析

目光远大的陈经理

青年陈某创办了一家新澹贸易公司。一次，长驻该县的某地质队要买一种上海壁灯，向其订购。在洽谈时，陈经理觉得本地无此货，若到外地采购，数量又少，可能亏本。但是，地质队提出壁灯是急需品，请无论如何帮助解决。陈经理考虑这是建立信誉的机会，就果断地签了合同。公司派出采购员跑遍几个大中城市，最后才在上海买到。公司为此亏了一千多元钱。地质队知道后非常感动，又与该公司签订了 3 万多元的商品购销合同，还动员附近厂家与该公司做生意，使这家公司后来赚了很多钱。

陈经理这种不顾眼前亏本，而后又获得大利的商务谈判的因果，体现了"予人以利，才能取人之信，并不断得人之利"的经商之道。它是谈判的妥协性和获得性相统一的最高境界的体现。

(资料来源：姚凤云. 现代谈判指导[M]. 哈尔滨：黑龙江科技出版社，1991.)

问题：

陈经理的所为是否体现了谈判的妥协性和获得性相统一特征的最高境界？这对你有何启示？

第二章　谈判的原则和分类

【学习要点及目标】

通过本章的学习，了解和掌握谈判的一般原则，即实事求是原则、公平相议原则、利益兼顾原则、求同存异原则等谈判的一般原则；了解和明确谈判的一般分类，为本篇的后续学习打下基本的理论基础。

【引导案例】

1983 年 6 月 2 日《国际先驱论坛报》刊登的一篇为每一年度的"西方七国首脑会议"(这次会议是在威廉斯堡召开的)而撰写的短评中提到："在这个一年一度的高级经济会议的参加者中，没有一个后来在任何时候承认过自己是失败者。"会议兼顾了各方的利益，如会议关于安全问题的声明、限制赤字增长的建议，以及与减少政府费用的有关引文、同通货膨胀做斗争的号召，均对英国首相撒切尔夫人(Thatcher Margaret Hilda)两周后参加大选有利，对其制定竞选时的经济政策有利，因此，她对会议感到满意。而日本首相中曾根康弘对会议关于安全问题的声明，第一次表示赞同北大西洋公约的全球防御主张，特别是对该国参与了监督军备的世界大事感到满意……其他各国首脑也感到这次会议使自己有所得，兼顾了各自的利益。再如，美国自 19 世纪末 20 世纪初以来，同多个国家进行了关于巴拿马运河的谈判，原因是美国选定了以巴拿马为连接太平洋和大西洋的地峡通道。1847 年，美国同哥伦比亚签订条约，哥伦比亚给予美国通过巴拿马地峡的权力，而美国则确保巴拿马的中立地位，以及承认哥伦比亚对该地峡的主权(这里以前曾是西班牙的殖民地)。当时双方利益均得到了兼顾。

(资料来源: 姚凤云. 现代谈判指导[M]. 哈尔滨: 黑龙江科技出版社，1994.)

人际交往中的谈判活动是一个复杂体。为了使谈判规范化地顺利进行，我们需要清楚谈判应遵循的原则，且有必要对谈判进行适当的分类。本章将理论联系实际地介绍谈判的一般原则和谈判的不同分类。

第一节　谈判的一般原则

谈判原则分各种谈判普遍适用的一般原则和各种不同内容或性质的谈判所分别适用的特殊原则两种。在这一节里我们着重研究任何谈判都适用的一般原则。因为谈判的一般原则是任何谈判都适用的最高规范，也是任何谈判取得成功的一般要求，它对各种谈判具有普遍的指导意义。

我们把谈判的一般原则分为如下几条。

一、实事求是原则

谈判的实事求是原则就是要求谈判者尊重客观事实，服从客观真理，而不要仅凭自己的意志、感情主观行事。通俗地说就是要服从事实、讲道理。

谈判者因为处在相互对立的两端，在既定的立场、自身利益和强烈感情的支配下，很容易陷入臆想偏见、固执己见的泥潭中，导致不顾事实真相，不讲客观真理，一意孤行。例如，1950年4月30日，美国的一架U-2型飞机进入苏联进行侦察活动，被苏联的导弹击中坠毁，驾驶员鲍尔斯被活捉。美国发现飞机逾期未归，便发表了一项声明，说驾驶员在土耳其上空用无线电报告说飞机上氧气出了麻烦，此后就失踪了。苏联马上作出反应，赫鲁晓夫在最高苏维埃会议上宣布U-2型飞机已被苏联击落，并强烈谴责美国的侵略活动。赫鲁晓夫没有提到鲍尔斯已被活捉，这使美国又存在侥幸心理，当天下午又发布了第二个声明，说一架在土耳其阿达纳的U-2型气象飞机由民航驾驶员驾驶，下落不明。赫鲁晓夫宣称"一架美国的飞机在苏联被击落，它可能就是那架飞机"。然而就在当天晚上，美国驻苏大使汤普森，在莫斯科出席埃塞俄比亚使馆举行的招待会时，瑞典大使问苏联副外长雅可布·马利克，苏联将会依据联合国宪章的哪几项，在联合国提出飞机事件？马利克说还不知道，他们仍在审问飞行员。马利克的失言表明苏联已活捉了飞行员。汤普森匆匆返回使馆发出特急电报。可是，此电报比白宫发言人的声明晚了四分钟。此后，美国政府便一步步陷入窘迫境地，而苏联政府则频频发起猛烈进攻。由此可见，美国政府在这一飞机事件中的被动便是不顾事实真相、凭主观臆想、一意孤行、想瞒天过海所致，所以实事求是这一原则对于谈判活动极为重要。

而如何坚持谈判的实事求是原则呢？一是全面收集准确的信息材料。二是客观地分析材料，站在公正的立场上看待事实。例如，在一次财产保险的理赔谈判中，投保人对失窃的家用电器一味强调其为进口货、质量好、功能多、价格昂贵，国内产品不能类比等，要求承保人多付赔偿费。承保人对国内同类产品逐一进行比较，并指出相近型号、相似功能的产品，并坚持按市场价格进行赔款。承保人客观地分析材料，站在公正的立场上看待，应付给投保人的赔偿费额是合情合理的。这样会使投保人没有更多的理由拒绝接受承保人的意见。三是站在对方的立场看问题。一般情况下，谈判者总是从自身的利益出发进行谈判。但坚持实事求是的谈判原则，往往还要求谈判者多站在对方的立场思考问题，多想想对方有什么困难，自己提出的方案会给对方带来什么损失，如何才能满足对方的合理需要等问题。这样一来，就能在很大程度上使谈判实事求是地进行下去。四是寻求客观性标准，作为谈判协议的基础。例如，在交通事故发生以后，投保的汽车被撞坏，投保户凭个人意愿虚报汽车价值，要求承保人赔偿，这样，承保者不会同意；而承保者有意压低汽车价值，投保者也不会同意。双方就此讨价还价，谈判时间再长也难达成统一的意见。而双方若以客观事实为依据，就有了客观、统一的标准。双方的标准一样，就有利于接受对方的建议，可能就会很快达成协议。五是不屈从于压力，只服从事实和真理。这里的压力是指对方的威胁、固执、粗暴及贿赂等。坚持实事求是的谈判原则，就是不感情用事，冷静、忍耐，只有这样，才能尊重双方的客观实际，把握好谈判。

二、公平相议原则

谈判是为了谋求一致而谈、而议、而辩，因此，谈判的相对交锋，应遵循公平相议的原则。

公平相议有下面几方面的表现。

首先，参加谈判的各方的人格和地位是平等的。这正如罗曼·罗兰(Romain Rolland)所说："在争论中是不分高贵卑贱，也不管称号姓氏的，重要的是'人人平等'。"谈判中，时常会是大国与小国、大社团与小组织、地位高的人与地位低的人、权势大的人与权势小的人、权威人士与无名小卒的谈判。但无论谈判双方或多方的差异多么大，一旦进入谈判，各方的人格和地位是一律平等的。

为了维护谈判各方人员地位的平等，就不许在谈判过程中以强凌弱、居高临下，只许一方发言，肆意地把自己的条件强加给对方，而不许另一方讲话，或对方一表明态度就加以攻击。

其次，谈判的标准要公平。所谓公平的标准，就是不以一方认定的标准判定，而应以各方都认同的标准为标准。现代谈判如果标准不公平，就会影响谈判的进行，或达不成好的谈判效果。

为了保证谈判标准的公平，可以采取社会公认的标准判定，如惯例、先例、法律、公德、科学数据和方法等。如某户为建造房屋而与承包商签订了一份承建合同，但合同没有明确该挖多深的基础，承包商认为 2 尺足够，而房主认为得 5 尺，双方争执不下。后来按政府的标准规范和本地区其他房屋的基础深度作为参数，最后取得了积极的谈判效果。为了保证谈判标准的公平，也可以找各方都信服、与任何一方都无利益冲突的仲裁者仲裁，如各种国际冲突中的联合国安理会代表的仲裁调停、邻里纠纷中的居委会的调解等，均是为了确保谈判标准的公平。

最后，达成的协议要公平。公平的最后认定体现在协议上，即各方都感到自己得到了最大可能的满足。只有公平的协议才能保证协议的真正履行，强权之下达成的不平等协议是没有持久约束力的，一旦压力消失，协议就理所当然地被推翻。如 1918 年 3 月 13 日在德国胁迫下，苏维埃俄国与德国及其同盟国(奥匈帝国、土耳其、保加利亚)签订的极为不公平的"布列斯特和约"，在德国战败后，苏维埃俄国便立即废止了这一和约。

三、利益兼顾原则

杰勒德·尼尔伦伯格说:"应该把谈判看作一项合作的事业,如果双方能在一个合作的基础上进行谈判,那就要使他们深明大义,为实现利益均沾的目标而努力。"由此可见,一项利益相关的谈判,其最高境界就是要兼顾各方利益。由于各方的立场和观点的不同,谈判者往往在利益和权益上发生冲突,而谈判的效果不外乎三种情况:一是各方都胜利,二是一方赢一方输,三是各方都败北(达不成协议)。当然这三种情况中的"各方全胜"是最佳的谈判结果。

怎样获得谈判的全胜呢?这就需要在谈判时既要考虑自己的立场和利益,也要考虑对方的立场和利益,使各方彼此互惠、互利,这样问题才能解决,谈判才能成功。

周恩来同志曾指出:谈判的"平等互利,就是不能只利于己,不利于人"。所以,谈判者不应抱着"斩尽杀绝"的态度来参加谈判。如果把对方视作"敌人",务必使其一败涂地,丢尽脸面才肯收兵,那么谈判自然不会成功,各方将会一无所得。比如,在放贷与借贷的谈判中,放贷方应以贷出并能如期收回为目的,而不应以卡住不放为目的。通过放贷,既扶植了借方,又获得贷款增值的效益,达到了共同受益的目的,否则,借贷双方均一无所获。

有的谈判虽以一方胜利告终,以赢家获取了一切而"了结",但这样的"了结"却很难说是就此"了结"。如在经济谈判和邻里谈判中的很多输家,也不会甘心这一次"了结",而很快又从别的方面,或下一次的较量中补回这次"了结"的损失和平衡这次"了结"的不平衡。

四、求同存异原则

求同存异的谈判原则,是1954年周恩来同志为同英国等西方发达主义国家和平共处而提出的一项原则方针,并将这一方针在亚非会议上成功运用。"求同存异",按周恩来的说明,就是把制度、意识形态的不同和相互间的个别争端"放在一边",在和平共处五项原则的基础上"找共同点",以求得国家间的和平共处。

无数谈判的实践体现出,谈判的双方或各方是处于极其复杂的矛盾状态的,相互间在各方面均存在着一定的差异。如国与国之间有制度和政策的差异,各党派间有信仰和意识形态的差异;各组织、团体之间又有组织宗旨和目标的差异;每个人又有各自追求的差异。而走到谈判桌前的谈判者除带有以上的普遍差异之外,还带有以往在人际交往中所酿成的矛盾和出现的问题。然而,矛盾是客观的,追求却是共同的。既然坐到一起谈判,就应在分歧中寻求共同之处,达成一致协议,而对于一时不能弥合的分歧,就允许保留,不应强求一律,可以以后再谈,这样就是遵循了求同存异的原则。

在谈判中遵循求同存异的原则,就是要尽量使双方立场接近,尽量弥合分歧,寻找一个大家都能接受的目标,使各方成为谋求共同利益、解决共同关心问题的伙伴,做到这一点有时很困难，但总是可以实现的。例如，1955 年周恩来率中国代表团参加亚非会议，即"万隆会议"，会上，亚非地区的 29 个国家的代表在意识形态、政策观念、政治主张等方面都极不相同，在一些问题上争吵得很激烈，甚至面临谈判破裂的危险。当时，周恩来同志表现出了卓越的谈判技能，他强调"中国代表团是来求团结而不是来吵架的"。他说："我们共产党人从不讳言，我们相信共产主义和认为社会主义制度是好的，但是，在这个问题上用不着来宣传个人的思想意识和各国的政治制度。"他说中国共产党的目的"是来求同而不是立异的"，我们亚非各国共同的基础就是"解除殖民主义的痛苦和灾难"。经过多方努力，最后，参加会议的各国代表终于在大的方面取得了一致意见，通过了著名的《亚非会议最后公报》。至今，人们仍称颂周恩来为历史所做的贡献。

除了在政治外交谈判中遵循"求同存异"这一原则之外，其他内容的谈判，也需遵循这一原则。如在商务谈判中，往往双方分歧很大，但双方总会寻找到买卖成交后而提高经济和社会效益的共同利益。有时，在供销活动的谈判中，双方议定某种商品的价格，从供方来说，价格虽然可能低于自己原定的理想价格，但商品销售出去，加速了资金周转，最后收回的资金中，除了弥补损失外，还可能获得一定的利润；对于买方来说，购买价虽然可能高于自己原定的理想的购买价，但购进的原料或商品也会有利于自己的生产或消费，保证了生产的顺利进行或实现了必要的消费欲望。所以，在商务谈判中要遵循求同存异的原则，少考虑各自细枝末节的亏损，多注重共同提高经济和社会效益也是很有必要的。在日益频繁的文化交流和文化谈判中，也应多寻求共同的文化心理，不要被地缘政治的复杂性和其他因素而完全束缚手脚。在"清官难断家务事"的家庭谈判及解决邻里纠纷和冲突的邻里谈判中，更应遵循这一谈判原则，使各方能求大同、存小异，达成一致意见，或尽快和解。

第二节　谈判的分类

如前所述，谈判活动，表现在广泛的社会人际交往活动之中。社会的人际交往是多层次、多侧面、多种形式的活动系统。因此，谈判可以依据不同的划分标准，从不同的角度进行分类。

一、按谈判内容划分的类型

按谈判内容划分，谈判主要分为政治军事谈判、经济谈判(或商务谈判)、外交谈判、文化谈判、求职录用谈判、家庭邻里谈判。

(一)政治军事谈判

中印边界问题谈判、20世纪20年代和30年代的两次国共合作谈判、中英关于香港问题的谈判、关于朝核问题的六方会谈、巴以停战谈判、美国工人联合会与通用汽车公司关于工人权益问题的谈判等国家之间、政党之间、民族之间、阶级之间就某些政治、军事的争端、冲突、合作等问题而进行的交涉、磋商、合作和协议的活动均属于政治军事谈判。

(二)经济谈判

黑龙江省进出口公司与俄罗斯哈巴罗夫斯克的口岸易货谈判、青岛啤酒厂与食品公司的供货购货谈判、北大方正集团与有关企业的技术转让或生产合作谈判等,各类经济技术实体之间就有关经济、技术贸易问题的谈判均属于经济谈判(商务谈判)。

(三)外交谈判

中国与格鲁吉亚建交谈判、中印边境问题谈判、日美贸易谈判、巴西科技部长访华就发射卫星问题举行的谈判等,各主权国之间就政治、经济、文化发展等问题进行的谈判,均属于外交谈判。

(四)文化谈判

世界有关国家的人类遗传难题联合科技攻关协议的谈判、第十届中国北京国际文化创意产业博览会中的各种谈判、上海市几大图书馆联网建设谈判、中国曲艺团赴美演出协议谈判、亚洲乒乓球锦标赛的谈判等科技、文化、艺术、体育性问题的谈判都属于文化谈判。

(五)求职录用谈判

人才市场中双向选择的谈判,大中专毕业生与用人单位的面谈,各单位招干、招工的面试等均属于求职录用谈判。

(六)家庭邻里谈判

教育子女、理顺婆媳关系、缓解邻里冲突、互助合作协商等家庭邻里范围的调解、协商均属于家庭邻里谈判。

按谈判内容划分,大致分为以上各类谈判。从谈判内容的角度对谈判加以分类的重要性在于,它是谈判得以顺利进行的前提。因为参与谈判的各方只有在谈判的内容上首先达成意向性的一致,才有共同的谈判目标。

在现实中,政治军事、经济、外交、文化等内容的谈判并不能截然分开,它们往往相互包容、相互渗透。外交谈判中往往包含有政治、军事、经济、文化谈判的内容;同样,政治谈判、经济谈判、文化谈判中涉及国与国之间大范围的问题的谈判也属于外交谈判。另外，国家之间的经济合作谈判、科技文化交流谈判又总要受到各国政治因素的制约，同时，国与国之间的经济合作、科技文化交流也影响着各国的政治关系，特别是在现代经济的发展中科技是关键，经济谈判和科技谈判越来越相互融合和相互渗透。

二、按谈判性质划分的类型

按谈判性质划分，谈判可分为合作性谈判、对抗性谈判和互利性谈判。

(一)合作性谈判

合作性谈判是指谈判各方都具有达成协议的诚意，都不想支配他方，而且各方都采取合作态度进行协商的谈判。这种谈判是诚意、坦率和富有建设性的。在谈判的各个阶段，双方都配合默契，乐于提供信息，积极提出建议，以促使谈判达成协议。联合办学的协商、联合科技攻关的协议、全国华联商厦横向联合的协商、国际合作对南极进行科学考察的磋商等均属于合作性谈判。

(二)对抗性谈判

对抗性谈判是双方都坚持自己的立场，并想支配和驱使对方就范的谈判。这种谈判双方在利益上处于彼得我失，甚至是你死我活的关系中。因而，谈判一开始，便反映出双方将采取进攻性方式，还是采取防御性方式，其形势显得严峻，气氛紧张。在谈判过程中，双方为一系列问题争执不下，其谈判结果也总是一方全胜，而另一方全败；或陷入僵局，不欢而散。国与国之间的政治立场或领土、领空、领海等有关国家主权问题的谈判均属于此类谈判。

(三)互利性谈判

互利性谈判是由对抗性谈判转化而来的，属于对抗性谈判和合作性谈判之间的一种谈判。它是指在谈判双方的利益、目标有很大差异，甚至是相互对立的情况下，而又能在相异、对立中契合利益，获得互补的谈判。前一节里所提到的 1978 年的戴维营"埃以和谈"便属此类谈判。

三、按谈判主体数量划分的类型

按谈判主体数量划分，谈判可分为双边谈判和多边谈判。

(一)双边谈判

双边谈判是谈判主体只涉及你我双方的谈判，像习近平主席与奥巴马总统的中美首脑会晤、买卖双方的谈判、求职录用面谈等均属于双边谈判。

(二)多边谈判

多边谈判是指谈判的主体涉及三方或三方以上的多方的谈判。如埃以三方和谈、朝核六方会谈、伊核六方会谈等，就属于多边谈判。

双边谈判和多边谈判有时是可以相互转化的。一种表现是，双边谈判有时会因相对分歧较大，一时无法解决，往往需要第三者作为调解人或仲裁人出面斡旋或仲裁，这就变成了三方参加的多边谈判。如1978年"埃以和谈"中美国的斡旋、各种国际冲突后的联合国的调停仲裁、邻里纠纷后的居委会调解等均属此种情况。另一种情况是，多边谈判进行过程中，参与谈判的其中一方或几方退出谈判而只剩下两方，这样便由多边谈判转化为双边谈判。如进行联合科学考察，最初多方参与协商，但后来其中的一方或几方因人员体质、科学技术水平或资金等原因退出商讨，只剩两方协商，并达成协议，这就由多边谈判转化为双边谈判。

四、按谈判主体地位等级划分的类型

按谈判主体地位等级划分，谈判可分为对等谈判和不对等谈判。

(一)对等谈判

对等谈判是指同级之间的谈判。这类谈判其谈判主体在权力、地位以及谈判者的级别上均相近或相同。如李克强总理与俄罗斯梅捷耶夫总理的会谈、中美大使级会谈、国与国之间边界问题的外交部长级的谈判、我国西北地区及其他各省开发大西北的省长级协商会议、中国共产党总书记与中国各民主党派主要领导人的政治协商会谈等均属于此类谈判。

(二)不对等谈判

不对等谈判是指各方在权力、地位和级别上不对等的条件下所进行的谈判。如2016年1月4日至6日，习近平总书记在重庆考察期间与重庆市各级领导的密谈就属于不对等谈判。

五、按谈判区域内外范围划分的类型

按谈判区域内外范围划分，谈判可分为内部谈判和外部谈判。

(一)内部谈判

内部谈判是指一个区域或一个组织内部各种不同利益的人们解决分歧、调整利益、谋求一致的谈判。它特指国家内部各组织、个人间的谈判。如各省之间清还"三角债"的谈判；企业内部承包人和职代会的谈判；某知识分子知识产权在国内受到侵害，而与有关组织或个人的谈判均属内部谈判。

(二)外部谈判

外部谈判是指与本区域或本组织之外的其他区域的组织或个人的谈判。它特指与国家范围之外的国家、组织或个人所进行的各种谈判。我国的外部谈判包括对我国大陆范围以外的一切国家和地区的组织和个人所进行的谈判。如中美纺织品谈判、中国进出口公司与日本松下电子集团进行的贸易谈判等均属于外部谈判。

内部谈判和外部谈判有一定的差异和区别。内部谈判各方的根本利益是一致的，所要解决的分歧是局部的；而外部谈判，各方虽然也有共同点，但其国家利益却不同，有的甚至是对立的。另外，内部谈判协议受国家法律和司法机关的保护，具有法律效力；而外部谈判协议，虽然受到国际法和有关国际法庭的干预，但它缺乏强制的力量。

六、按谈判进行的地点划分的类型

根据谈判进行的地点不同，可以将谈判分为主场谈判、客场谈判和中立地谈判。

(一)主场谈判

所谓主场谈判，是指对谈判的某一方来讲，谈判是在其所在地进行的，他就是东道主。

(二)客场谈判

客场谈判，是指与主场谈判一方相对应的谈判的另一方或多方的谈判。他是以宾客的身份前往谈判的，所以称为客场谈判。

(三)中立地谈判

所谓中立地谈判，是指在谈判双方所在地以外的其他地点进行的谈判。在中立地进行谈判，对谈判双方来讲就无宾主之分了。

不同的谈判地点使得谈判双方或多方具有不同的身份(主人身份和客人身份，或者无宾主之分)。谈判双方或多方在谈判过程中都可以借此身份和条件，选择运用某些谈判策略和战术来影响谈判，争取主动。

七、按谈判时间长短划分的类型

按谈判时间长短划分，谈判可分为长期谈判、中期谈判和短期谈判。

(一)长期谈判

长期谈判是指持续相当长的时期进行非常多次数的谈判。例如，在 1972 年以前的 15 年里，中国与美国的大使会谈共进行了 134 次，这是典型的长期谈判。

(二)中期谈判

中期谈判是指进行时间比较长且进行多轮会谈的谈判。例如，中英关于香港回归中国的有关问题的谈判，在几年里进行了多轮谈判，中葡就澳门回归中国的问题的谈判也是如此，这些都可以算是中期谈判。

(三)短期谈判

短期谈判是指进行一次性谈判便达成协议的谈判。例如，买卖双方偶然相遇，互不相识，买方看中一件商品，于是就和卖主交涉，价格谈得拢就买，谈不拢交易就告吹。这类谈判的成败对双方都无长远影响。一般的求职录用谈判也多属于短期谈判。

八、按谈判问题多少划分的类型

按谈判问题多少划分，谈判可分为单一型谈判和统筹型谈判。

(一)单一型谈判

单一型谈判是指只有一个谈判主题的谈判。如一般的买卖谈判、求职录用谈判等均属于单一型谈判。

(二)统筹型谈判

统筹型谈判是指谈判的主题由多个议题构成。如 1945 年 7 月 17 日至 8 月 2 日苏、英、美三国首脑之间在波茨坦会议上的谈判，三方谈判的问题包括对德管制方针，德战败后的赔偿，波兰疆界，对意大利的政策，对罗马尼亚、匈牙利、芬兰的外交承认及其参加联合国组织等，这些问题本身又都包含了具体的政治、军事和经济方面的议题。

在统筹型谈判中，谈判者有较大的回旋余地。其中可以施展的艺术是，为了得到必须得到的某项利益，可以放弃另一项或几项利益去换取它。

九、按谈判规模划分的类型

按谈判规模，即谈判项目的多少、内容的复杂程度，以及涉及谈判人员的范围与多少等划分，谈判可分为大型谈判、中型谈判和小型谈判。

(一)大型谈判

大型谈判类似商务谈判，一些成套项目的引进谈判、大型建设项目的招投标谈判，由于技术性较强，内容复杂，成交额巨大，谈判时需各方面的人员参加，谈判队伍比较庞大，均属于大型谈判。英国人比尔·斯科特(Bill Scott)曾就贸易洽谈提出过划分的方式。他认为，通常情况下，谈判项目较多，内容复杂，各方参与人数超过 12 人时，即可称为大型谈判。

(二)中型谈判

如果各方参与人数在 4～12 人之间，即可称为中型谈判。

(三)小型谈判

如各方参加人数在 4 人以下，则称为小型谈判。

当然，这仅仅是考虑谈判桌上的情况，在谈判桌外，那些协同配合作战的幕后人物包括官员、企业领导、各种咨询专家与研究人员则更多了。

十、按谈判方式划分的类型

按谈判方式划分，谈判可分为横向谈判和纵向谈判。

(一)横向谈判

横向谈判是指把几个要谈的议题同时展开讨论，并同时取得进展的谈判。换言之，就是把问题全面铺开，或者横向铺开，而不是只局限于谈一个问题。简言之，就是要把所谈的问题都摆在桌面上谈。例如，洽谈购置设备，把价格、术语、品质、运输、保险等所有条款都先摆到桌面上来，然后再逐条依次而谈。

(二)纵向谈判

纵向谈判就是按各个问题的先后顺序，或轻重缓急，一个一个地来讨论和解决。也可以认为，每次谈判只能讨论一个议题。如购置设备洽谈，就必须先讨论价格，如果价格确定不了，就不谈其他条款。

十一、按谈判连续性划分的类型

按谈判连续性划分，谈判可分为递进式谈判和重复式谈判。

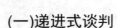

(一)递进式谈判

递进式谈判,既表示谈判内容的逐渐递进,也表示谈判对立的逐步升级。一些国际的重大谈判,一般都分级进行。第一级是由谈判各方的工作人员就正式谈判的时间、地点、各方的谈判代表人数及级别、谈判的议程等问题进行磋商,达成协议;第二级是由各方的主管人员谈判协议的具体内容;第三级是由各方的首脑进行会谈,对各方已同意的协议草案加以确认,并签字生效(有些重要协议还须各国立法机关批准,方能生效)。如 1971—1972 年的中美建交谈判便属于递进式谈判。第一、二级谈判由美国国务卿基辛格及其随员代表美方与中方谈判,第三级谈判由美国总统理查德·米尔蒙斯·尼克松(Richard Milhous Nixon)前来中国谈判。

(二)重复式谈判

重复式谈判,是指围绕同一重大问题在同一级对手之间多次重复进行的谈判。例如,一对夫妇在自建别墅的设计上有各自的蓝图,异议很大。设计师综合他们的要求设计出一张草图,让双方看满意与否,结果双方对图纸都挑剔了一番。之后设计师根据双方对图纸的意见,对其进行了修改,再去征求二位的意见,如此再三,直到双方都满意为止。此例便属于重复式谈判。有些重复式谈判不像这个案例有中间人——设计师提出草案,而是谈判的双方各自提出文本,经过多次交锋,各方不断地对自己的文本加以修改,作出某些妥协,使之逐渐相互接近,最后达成一致的协议。

十二、按谈判内容与谈判目标划分的类型

按谈判内容与谈判目标划分,谈判可分为程序性谈判和实质性谈判。

(一)程序性谈判

程序性谈判是指为实质性谈判顺利进行而在事先就有关议程、日程、议题、地点、时间、范围、级别、人数等安排的磋商,它也是指递进式谈判的第一级谈判。

(二)实质性谈判

实质性谈判是指谈判的内容与参与谈判的各方的谈判目标直接相关的谈判,它是指递进式谈判的第二、三级谈判。

一般较重要的或难度较大的谈判多是程序性谈判和实质性谈判先后进行。

十三、按谈判各方交换方式划分的类型

按谈判各方交换方式划分，谈判可分为直接谈判和间接谈判。

(一)直接谈判

直接谈判是指当事人之间直接的面对面的谈判。

(二)间接谈判

间接谈判是指各方的当事人或某一方的当事人不直接出面参与谈判，而通过委托人、代理人进行谈判，如聘请律师、代理人、经纪人、监护人等，也包括授权下属用信函、电话、电报、电传等方式与对方谈判。

十四、按谈判的透明度划分的类型

按谈判的透明度划分，谈判可分为秘密谈判和公开谈判。

(一)秘密谈判

秘密谈判是指在不同程度保密情况下的谈判。有的谈判是谈判者的行踪、谈判日程公开，但谈判内容和协议在一定时间内(一般是协议生效或实施前)保密，这属于比较秘密的秘密谈判。而有的谈判的一切都须保守秘密，这属于特别秘密的秘密谈判。如"九·一八"事变后，国共两党非正式的秘密接触和谈判；1971 年 7 月美国国务卿基辛格秘密来华与中国领导人解冻式接触的谈判都属于秘密谈判。

(二)公开谈判

公开谈判是指谈判人员、日程、议题、结果公开的谈判。有的谈判除以上几项公开外，甚至谈判过程也公开，允许记者旁听和拍摄，这属于完全公开的公开谈判。

十五、按伦理道德划分的类型

按伦理道德划分，谈判还可分为公正谈判和卑鄙谈判。

(一)公正谈判

公正谈判是指公平合理、坦荡正直的谈判。现代谈判多属于此类谈判。

(二)卑鄙谈判

卑鄙谈判是指谈判各方或单方在不正当场合下进行违法和违反公德的谈判。如走私毒品、黄金及其他走私谈判，嫖娼、"拉皮条"、绑票、分赃谈判，以权势勒索谈判等均属于卑鄙谈判。卑鄙谈判是应予以消除和禁止的谈判。

十六、按谈判各方诚意划分的类型

按谈判各方诚意划分，谈判可分为真实谈判与非真实谈判。

(一)真实谈判

真实谈判是指谈判的具体目的与谈判者的真实目的一致的谈判。

(二)非真实谈判

与真实谈判相反的，就为非真实谈判。如有些商务谈判，表面上看是要谈成生意，但实际上一方谈判者并无心达到谈生意的目的，而主要是想通过谈判来探测对手的商业秘密。如我国的蜡染技术名扬海内外，是独具特色的传统工艺。一家外商以联营建厂生产蜡染纺织品为名与我地方一厂家进行洽谈，待通过谈判，窃走蜡染技术之后，便一走了之。该外商与我方的联营建厂的谈判便属于非真实谈判。

本 章 小 结

本章"谈判的原则和分类"分两节进行了论述。第一节"谈判的一般原则"，先后论述了谈判的实事求是、公平相议、利益兼顾、求同存异等一般原则；第二节"谈判的分类"，逐一地按谈判内容、性质、主体数量、主体地位等级、区域内外范围、进行的地点、时间长短、问题多少、规模、方式、连续性、内容与目标、各方交换方式、透明度、伦理道德、各方诚意等，阐释了谈判划分的类型。通过本章的阐释，能使谈判者了解和明确谈判的一般原则和分类，从而规范化地进行谈判。

自 测 题

关键名词

实事求是原则　互利性谈判　多边谈判　主场谈判　程序性谈判　间接谈判

思考训练题

1. 谈判应遵循哪些一般原则？
2. 按谈判内容划分，谈判主要分为哪些谈判？
3. 按谈判性质划分，谈判主要分为哪些谈判？
4. 按谈判主体数量划分，谈判主要分为哪些谈判？
5. 按谈判主体地位等级划分，谈判主要分为哪些谈判？
6. 按谈判问题多少划分，谈判主要分为哪些谈判？
7. 按谈判连续性划分，谈判主要分为哪些谈判？
8. 按谈判的透明度划分，谈判主要分为哪些谈判？

案 例 分 析

俾斯麦借火点烟

　　1851 年 5 月 11 日，法兰克福邦联议会来了一位新代表，他就是年仅 36 岁的俾斯麦(Otto Von Bismarck)。法兰克福邦联议会由各邦诸侯代表组织，为争取邦联的领导权，各邦诸侯代表之间面和心不和。当时奥地利在各邦中势力最强大，而俾斯麦所代表的普鲁士势力相对较弱。在邦联议会中，俾斯麦对奥地利人藐视一切的做法十分不满，想找机会对奥地利人提出挑战。在议会中有一个不成文的惯例，就是只有担任主席的奥地利人才有权吸烟，俾斯麦看不惯这种特权。在一次会议中，当主席抽出一支雪茄烟时，他也立即拿起一支烟，并向主席借火点燃，大模大样地抽了起来，以此表明普鲁士与奥地利是平起平坐的。当然，因两国实力相差悬殊，很难争取真正的平等，但俾斯麦的这一举动，令主席和其他各方代表刮目相看。

(资料来源：张立强. 经典谈判谋略全鉴[M]. 北京：地震出版社，2006.)

问题：
俾斯麦借火点烟的举动体现了谈判应遵循的什么原则？谈判还应遵循哪些一般原则？

第三章 谈判程序

【学习要点及目标】

通过本章的学习，了解和熟悉谈判的准备程序和进行程序。

【引导案例】

一次，我国南方某机械制造厂的李厂长带着产品图样赶赴大洋彼岸的美国，直接同美商在谈判桌上商讨机械出口事宜。

谈判正式开始，在美国公司会议室内，双方进行了一次科研成果和策略的较量，双方因讨价还价、互不相让，而使谈判陷入僵局。这时对方总裁提议休息一下。对此，李厂长没有异议。第二天，依然如此。第三天，第四天，还没有动静。连续几天，美国公司没有任何答复，也没有磋商的意图。这时，中方有人担心这样拖下去不仅会使谈判告吹，而且时间也将白费。面对如此局面李厂长依然十分冷静，一副沉得住气的模样。

为什么李厂长如此坦然呢？这是因为他到美国之前曾做过大量的调查研究，通过各种信息渠道了解到美国对外贸易政策的调整和机械制造行业的行情变化，对谈判已然成竹在胸。原来，美国为了保护本国的对外贸易，对韩国等国家或地区实行高关税政策。由于税率高及其他原因，韩国迟迟不发货，而美国公司已同客户签订了合同，急需投入生产。

正巧，他们所需要的产品型号与中方公司生产的产品的规格基本一致，这就为中方公司讨价还价提供了保证。李厂长亲自送货上门，等于解决了美方的燃眉之急，他们又哪里会拒绝呢？

正是在这样充分调查的基础之上，李厂长才稳坐泰山。后来，美方公司终于沉不住气，决定重开谈判，经过认真商谈，最后达成了一致协议。

这场谈判，关键是李厂长未雨绸缪，在做好准备之后，又作出了正确的判断，最终使谈判成功，未在对方控制的谈判节奏中失利。

(资料来源：李言，汪玮琳. 跟我学：谈判口才[M]. 北京：中国经济出版社，2006.)

谈判是一门科学，需要顺其基本程序进行。从谈判的实践来看，凡进行较重大的谈判，它的一般程序大都分为谈判的准备、谈判的进行两大阶段。当然，由于谈判的分类不同和方式各异，它的程序也不尽相同。这里我们只介绍一般谈判的程序。

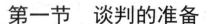

第一节　谈判的准备

每一种谈判都有一个准备阶段，特别是像正规谈判的大型谈判，更要经过充分的准备。因为谈判是一场十分复杂多变的活动，是一场心理决斗，也是一场知识、信息、修养、口才、风度的较量。谈判者要想在错综复杂的谈判局势中左右谈判的发展，就要在谈判前充分做好各项准备工作，打有准备之仗。可以说，谈判前的准备，是决定谈判成功与否的前提。谈判的准备，须做好以下几步工作。

一、广泛搜集资料，摸清对方虚实

《孙子兵法》云："知己知彼，百战不殆。"要使谈判成功，谈判前必须先设法掌握对方有关谈判的情报资料。如若不事先搜集对方情报，而等到谈判需要的时候就来不及了。谈判桌前如缺少谈判资料，谈判者的谈判就等于"盲人摸象"。

谈判所需的对方的情报资料包括对方的实际情况和对方的需要。

实践证明，在当今充满竞争的条件下，谁能掌握对方的需求信息，谁能更全面、准确、清楚地了解对方的利益需求，谁就有可能在竞争中取胜。

谈判所需的对方的情报资料还包括对方的意图、方案、策略，甚至谈判人员构成的素质、性格、嗜好、权限等。

不同性质的谈判，搜集的资料也有所不同。如进行外贸谈判，就要了解对方的财务情况、经营状况、技术状况、公共关系状态等。有的谈判标的非常复杂，如破产企业所有资产的转移、房产转移等都需要制订周密的计划。

搜集对方情况时应注意三点：①情报必须真实可靠。这就要求要摸清对方的虚实，以避免由于不了解对方实际情况或了解到的信息资料的失真而给谈判带来严重损失。②所搜集的资料应尽可能广泛详细。因为许多事情看来好像是跟谈判无关，但如果不通晓一些点点滴滴的情况，那么恰恰可能在这些"小事"或"点滴情况"上出差错而影响谈判效果。③需要从人们司空见惯的情况中寻找有价值的信息。

相反，在此阶段，我方应严守己方的秘密，严防将自己的信息泄露给对方。

二、认定自身实力，理清我方思路

谈判前，还应正确估计各方面的条件和能力。古人云："人贵有自知之明。"评估自己的实力是谈判前不容忽视的一项重要工作。因为过高地估计自己或过低地估计自己易于冒失或怯场，所以，对自身实力的认定，应当采取辩证唯物主义的科学态度。这样才能既看到自己的长处与优势，又看到自己的短处与劣势，能够"一分为二"地认识自我。只有在谈判前客观正确地认定自身实力的优势和劣势，才能在谈判中发扬优势，回避劣势，冷静应变，沉着应战。这就要求在谈判前进行长时间的思想准备，大致理清谈判的头绪，如确立谈判目标、设计谈判方案、确定谈判时地、选择谈判人员等大致的思路。同时，还应结合对对方情况的分析与估计，对谈判中可能出现的意外情况进行充分的估计，并预先制定相应的应变措施，这样才能在谈判桌旁驾驭局势的发展。

三、确定谈判目标，设计谈判方案

谈判目标是谈判的方向和要达到的目的，换言之，即指期望值和期望水平。任何谈判都应在谈判前确立目标，以便在谈判中以目标的实现为导向，因此，谈判的准备工作或重要内容之一就在于确定目标。谈判的目标一般要具有弹性，这样才能在谈判中随机应变，获得较大的成功。它具体体现为目标的分层次，一般可将谈判目标预划为三个层次：①必须达成的目标；②希望达成的目标；③乐于达成的目标。

在谈判中乐于达成的目标，必要时可以放弃。希望达成的目标只有在迫不得已的情况下，才考虑放弃。而必须达成的目标则毫无讨价还价的余地，即宁愿谈判破裂，也不能放弃这个目标。谈判目标初步确立之后，还要对其进行可行性分析。所谓可行性，是指欲要实现的目标，即将达成的协议是否可以施行，它不同于可能性。如果不可行，则完全没有谈判的必要。例如，同外商谈判进口贸易时，达成的协议受我国和对方所在国家法律的限制，这就会使谈判完全失去可行性。只有"可行"才"可谈"。一般来说，考虑可行性要考虑到法律、时间、地点、经济条件、民族风俗等各种因素。

谈判目标经可行性分析进一步确立之后，就要根据谈判目标、所搜集的信息资料和我方的实力设计谈判方案。在设计方案时，首先要确定谈判主题。主题是进行谈判的灵魂。整个谈判都要围绕主题来进行，都要为主题服务。其次要拟定谈判要点，其要点包括目的、程序、进度和人员等。最后是制定谈判战略和策略。方案设计应注意博采众长，广泛听取各方面意见，同时又要有创新精神，讲究时效性和预见性。

四、择定人员时地，预先模拟谈判

1. 选择谈判人员

要使谈判达到预期的目标，提高它的成功率，选择谈判人员尤为重要。有些谈判是个人性质的，只需两人就行了；而许多谈判是集体性质的，就需要认真组织队伍。在组建谈判队伍时，首先，确定谈判班子的规模；其次，要考虑人员的选择。军事谈判、外交谈判和政府首脑间谈判，一般双方的人数和级别是对等的。外贸谈判不一定严格遵守对等原则，但也要参考对方人数而定。谈判人员要慎重选择，要有权威性。要充分注意到他们所应具有的必要的专业知识和丰富的经验、高尚的情操和修养、独立见解和坚强的意志、科学的思维能力和快速决断的能力、善于倾听和清晰表达的能力等。谈判小组的每个成员还要明确分工。所确定的主谈是谈判小组的主要发言人，是谈判小组与对方进行谈判的意志、力量和质量的代表者，他是谈判工作能否达到预想目标的关键；所确定的副主谈是为主谈提供建议或视机而插谈的。此外，还要有人负责谈判记录，负责分析动向意图，负责法律条款和财务。如果是外事谈判还要有翻译。

2. 选择谈判时间

谈判前，还应选择好谈判时间。因为谈判时间的适当与否，对谈判的结果影响颇大。为此，在选择谈判时间时应注意下列情况：①在赴较远地谈判时，如外地、外国，应避免经过长途跋涉以后，立即开始谈判，原则上应安排在有较充分的休息时间后再进行谈判。②尽量避免安排在用餐时谈判。因为用餐地点如果在公共场合，谈判是不适宜的。再者，太多的进食可能会导致思维迟钝。③当自己身体不适时，不宜安排谈判。④注意生物钟，避免把时间安排在身心处于低潮时进行谈判。

3. 选择谈判地点

谈判前，还应选择好谈判地点，因为谈判地点涉及一个谈判的环境心理因素问题。谈判地点和环境的选择是影响谈判的一个不可忽视的因素，谈判人员应当对此十分重视并加以利用。所以，尽量争取在自己所在地和本单位谈判有以下好处。①无须去分心熟悉环境或适应环境，可使自己专注于谈判。②在自己熟悉的场地谈判，一般人都比较审慎。因为都担心在自己的场地举行谈判失败，有损于自尊心。③对手是客人身份，一般都讲究礼仪，而不至于侵犯主人的权益。

例如，日本的铁矿石和煤炭资源短缺，而澳大利亚盛产铁和煤，按理说，日本人的谈判地位低，澳大利亚一方在谈判桌上占据主动。可是，日本人却把澳大利亚的谈判人员请到日本去谈生意。一旦他们到了日本，一般都比较谨慎，讲究礼仪，而不至于过分侵犯东道主的利益，因而日本方面在谈判中的相对地位就发生了显著变化。澳大利亚人过惯了富裕的舒畅生活，他们的谈判代表到了日本之后没过几天，就急于想回国，所以在谈判桌上常常表现出急躁的情绪。但日本谈判代表却不慌不忙地讨价还价，掌握了谈判中的主动权，结果日本方面仅仅花费了少量的款待费，做"诱饵"钓到了"大鱼"，取得了一般人难以获得的大利益。

若争取到在己地或本单位进行谈判，则要选择好谈判的场所，布置好谈判场地，安排出座位次序。谈判环境应选择无噪声、无人为干扰，光线温度适宜的场所。谈判场地的布置应根据谈判的内容、性质、规格而定。圆桌或不设桌子意味着平等、活泼、轻松的气氛；而长方桌使界线分明。有时为桌子及座位的布置，谈判双方在谈判前须多方协商。在国际谈判中，会谈各方的平等地位就要从座位的安排上充分体现出来。例如，朝鲜停战的会谈地点是"三八"线上的板门店，谈判桌的中心又刚好在"三八"线上。在数百次会谈中，一方代表不进入对方的地盘。谈判座次位置的安排：①要安排好双方的座次位置。谈判双方的座次位置应体现主宾之别，按照我国的传统，应让客方坐在左侧或南侧，以尊重客方，增强谈判的友好气氛。②要安排好内部的座次位置。一般是主谈者坐在中间位置，其余的人沿其左右而坐。然而，若争取不到在己地谈判，便应选择双方都不熟悉的地方来谈，而不应选择到对手的根据地去谈。当然，如是多轮谈判，可轮流到双方所在地谈。

择定谈判人员时地以后，还要进行模拟谈判。对谈判方案进行争论、反驳、挑剔，从中找出漏洞，以使方案更加完备。

第二节　谈判的进行

谈判的进行阶段是整个谈判过程的中心环节。由于谈判的内容和类型不同，谈判进行阶段的划分也不尽相同。一般的正规谈判可分为七个阶段，即导入、概说、明示、交锋、相持、妥协和协议阶段。

一、导入阶段

导入阶段的基本作用是营造一个良好的谈判气氛。谈判的顺利开始，与良好的谈判导入所形成的融洽的气氛息息相关。

导入阶段可分为两个方面：一是有形的导入。它是指谈判人员的食宿安排和谈判地点的布置。这种有形的导入虽然与谈判的内容本身似乎无内在的联系，但有丰富谈判经验的人对此却认为，它会关系到谈判的发展前途。二是无形的导入。它是指通过介绍与被介绍使谈判各方相互认识，彼此间了解对方的姓名、地位、工作职务，以使在谈判中分清对方一行人的主次地位，以有针对性地实施谈判计划。各方相识后，最好是制造一种适宜的气氛。制造气氛总的原则应是和谐、自然、从容不迫。如果是互利型、合作型的谈判，就需要制造一种十分和谐、坦诚、富有创造性的气氛，寒暄一些双方感兴趣的、易于产生共鸣的话题，如过去的合作、共同的爱好等。如果是论理型对抗性的谈判，就需要在制造和谐气氛的同时，而不失严肃、慎重。谈判人员应根据谈判的性质去适度地制造相应的谈判气氛。这一阶段，有人认为站着比较好，因为站着随便，容易使用各种社交手段；同时设下一个"伏笔"，一旦这个阶段结束，就用坐下来暗示下一个阶段的开始。导入阶段时间不宜过长。

二、概说阶段

概说阶段是双方彼此都让对方简单地了解自己的基本想法、意图和目标的阶段。也就是说，这一阶段不是把自己的一切想法和盘端出，还隐存着不让对方摸到的有关资料。概说阶段是双方彼此认识谈判对手目标要求的第一回合，因此，必须小心谨慎。这一阶段必须注意以下几个问题：一是谈论的内容要简短而把握重点，并注意双方情感的沟通；二是留有一定的让对方表达意见的时间，找出对方的目的动机，并与己方比较，找出差距；三是要注意使概说的态度诚恳、语言亲切，进而使对方消除戒备，以寻求互助的机会；四是概说时间不宜太长。

三、明示阶段

明示阶段是各方将所要解决的问题开始摆在谈判桌上来讨论的阶段。一般而言，谈判双方都包含四种主要问题：一是自己所求，对此不应过分苛刻，要合理；二是对方所求，对此不要过分谴责；三是彼此互相所求，对此应尽量使对方满意；四是内涵的需求，这一需求一般暂时从外表看不出来，待时机成熟，条件允许时方可提出。为了使谈判顺利进行，这一阶段应心平气和地进行讨论和倡议。

四、交锋阶段

谈判过程中，双方由于利益和心理等的对立，必然存在着分歧，而在交锋阶段，这种对立和分歧会明显扩大。在任何谈判中都将交锋列为谈判进行过程的高峰。它是谈判的实质性阶段，对谈判的总体效果具有不容忽视的影响。但是，应该看到，谈判交锋的目的不是为了扩大分歧和对立，而是通过彼此间的争执，揭示双方利益的异同，从而达成求同存异的一致协议。

交锋的环节有：①表明立场；②磋商。

表明立场是指谈判双方各自把自己的观点和态度向对方陈述清楚。陈述的内容有以下几个方面：一是我方认为这次会谈应涉及的问题；二是我方的利益，即我方希望通过洽谈所取得的利益；三是我方可向对方作出让步的事项；四是我方的立场(包括双方以前合作的结果)；五是我方在对方所建有的信誉；六是今后双方合作中可能出现的机会或障碍等。当一方陈述完毕，另一方接着陈述。

磋商是对对方陈述的观点进行评论、挑剔，在认真交换意见、反复商讨、仔细讨论的基础上，使双方的目标达到相互接近。当然，此阶段如果把握不好，也可能会形成僵局，甚至使谈判不能正常进行下去。

五、相持阶段

相持阶段是谈判交锋形成僵局的阶段。这是交锋阶段的延伸。在这一阶段中，由于双方都对对方提出了很多质询，因此，双方都列举大量的事实，希望对方了解并接受自己的意见与建议。这就犹如打乒乓球和排球一样，你来我往，相持不下。有时也可能达到相对无言的地步，也可能不得不暂时休会。

六、妥协阶段

双方的交锋和相持不可能永远继续下去，其目的还是希望取得谈判的成功。而达到这一目的的中间途径便是让步和妥协。在妥协阶段，双方都要有诚意地适当调整自己的目标，在双方分歧的热点上，各自作出一些必要的让步，以使谈判能继续进行下去。

让步，说起来容易，做起来并不简单，要经过周密的考虑后才不会导致失误或出现得不偿失的结果。

在妥协让步时应注意以下几点：一是原则问题不能让步，特别是政治军事和外交谈判中的有关国家主权的原则问题绝不能让步；二是让步时替自己留下讨价还价的余地；三是让对方在重要问题上先让步；四是尽量以较小的让步给对方以较大的满足；五是一次让步的幅度不宜过大，节奏不要太快；六是如让步后，又觉欠妥，想收回，也不要不好意思，因为这不是协议，完全可以推倒重来。

七、协议阶段

协议阶段是谈判的最后阶段。这是双方经过交锋、相持、妥协之后，认为已经基本达到自己的理想而拍板定案阶段。

这一阶段，双方各代表自己的一方，在协议书上签名盖章，握手言和。在这一阶段应重点推敲协议的内容和文字的准确性，避免出现一些模棱两可的提法，以防日后节外生枝，同时，还要履行必要的公证手续。

以上我们介绍了一般正规谈判所要进行的七个阶段。但有的谈判不必逐一进行所有的程序。如交锋阶段后，很快进入妥协阶段，便不必经过相持阶段。虽然谈判所经过的阶段不必强求一致，但综观各种谈判，说明意图、点出分歧、目的所在，并且就双方不同意见进行磋商，决定进退，均是不可缺少的。

本 章 小 结

本章"谈判程序"分两节进行了论述。第一节"谈判的准备"，先后阐释了谈判准备的四个步骤，即广泛搜集资料，摸清对方虚实；认定自身实力，理清我方思路；确定谈判目标，设计谈判方案；择定人员时地，预先模拟谈判等。第二节"谈判的进行"，先后介绍了谈判的进行阶段，即导入阶段、概说阶段、明示阶段、交锋阶段、相持阶段、妥协阶段、协议阶段等。通过本章的学习，能使谈判者了解和明确谈判的程序，力求使谈判循序渐进地、规范化地进行。

自 测 题

关键名词

表明立场　磋商

思考训练题

1. 谈判的准备，须做好哪几步工作？
2. 一般的正规谈判，谈判的进行过程可分为哪几个阶段？
3. 导入阶段可分为哪两个方面？

案 例 分 析

《独立宣言》的签字场地

大部分人都相信，在《独立宣言》上面签字的美国开国元勋们都是凭着满腔的爱国热情，主动自愿地签下自己大名的。事实果真如此吗？托马斯·杰斐逊(Jefferson Thomas)在其晚年写给朋友的信中说：那时签字的独立厅就在马厩的隔壁，七月天气非常闷热，到处都是苍蝇。代表们穿着短马裤和丝袜参加会议，一边发言，一边不停地用手帕赶走腿上的苍蝇，苍蝇扰得代表们心烦意乱。最后，代表们决定立即在《独立宣言》上签字，以便尽快离开那个鬼地方。杰斐逊曾如此说道："在不舒服的情况下，人们可能会违背本意，言不由衷。"其实事情原委是这样的：一部分人主张尽快发表《独立宣言》，另一部分人则坚持修改完善后再发表。主张《独立宣言》尽快发表的一派，特意把会议大厅安排在一个大马厩的旁边，意在制造逆境，促使另一派同意早点签字。果然不出所料，他们的精心安排奏效了。

(资料来源：赵燕，李文伟. 谈判与辩论技巧[M]. 北京：中国法制出版社，2007.)

问题：

1. 结合此案例，谈谈谈判地点的选择是否是影响谈判的一个重要因素？
2. 谈判有哪些准备程序和进行程序？

第四章　谈判策略

【学习要点及目标】

　　通过本章的学习，了解和掌握谈判的策略的作用、选择和运用等问题，以提高谈判的艺术性，促使谈判取得成功。

【引导案例】

　　1987 年，全国有色金属工业劳动模范——南平铝厂厂长高泽瑞赴意大利与伯勒达公司谈判引进先进技术设备，谈判对手是该公司的总裁、副总裁及两名高级设计师。谈判刚开始，意方藐视我方，居高临下地向高泽瑞提出高于世界市场标准的价格，吹嘘"我们公司生产的挤压型材料技术设备可称得上是世界一流的了"。高泽瑞一方面倾听意方绘声绘色的描绘，同时在思考着对策。最后，他有礼貌地说："我们中国人是最讲实事求是的，还是请你们把图纸拿出来看看吧。"在意方送来图纸后，高泽瑞在图纸上指指点点，指出哪个地方先进，哪个部位不如德国，弄得意方总裁们面面相觑。高泽瑞接着说："先进的液压系统是贵公司对世界铝业的重大贡献，20 年前我就研究过。"高泽瑞以雄厚的技术功底和后发制人的策略折服了意方总裁，他们说："了不起，了不起……你需要什么，我们给提供，一切从优考虑。"而后，南平铝厂引进了一系列先进设备，跻身于全国同类厂家的先进行列。

（资料来源：姚凤云. 现代谈判指导[M]. 哈尔滨：黑龙江科技出版社，1994.）

　　谈判者在谈判中要想获得成功，达到预期的目的，实现各自的需要，除遵守一定的谈判原则和按着一定的谈判程序进行谈判之外，重要的一点就是在谈判过程中要注意运用谈判策略。因为谈判策略是富于技巧的谈判措施和手段，它的运用是谈判者主观能动性的体现，它对于谈判的成功与否关系重大，是谈判中不容忽视的，是任何谈判者都应注重的问题。

　　在这一章我们将分节论述谈判策略的作用、谈判策略的选择和打破谈判僵局的策略运用等问题，并列举一些常见的谈判策略。

第一节　谈判策略的作用

　　如前所述，谈判策略的运用，对于谈判的成功与否关系重大。具体而言，谈判策略的正确灵活运用，对于谈判的开端、进程和结局均有着至关重要的影响。

一、能为谈判的顺利进行奠定良好的基础

在第三章"谈判的准备"一节里，我们已大致了解了谈判前应做哪些准备工作。这些准备工作也往往体现了谈判准备阶段的种种策略，如调查研究、搜集情报、了解对手、布置环境等，这些谈判准备阶段的策略运用得好坏，直接关系到谈判能否有一个好的开端，关系到谈判能否顺利进行和达到预期的目的。适宜、充分地运用好这些策略，便能为谈判的正式进行奠定一个良好的基础。

在商务谈判前，"调查研究、搜集情报"这一策略也显得非常重要。有时，它不仅能为谈判奠定一个良好的基础，而且还决定着谈判的成败。

例如，20 世纪 60 年代，日本人从中国的报纸上看到了中国生产石油的消息，就迫切想知道生产石油的地点，以便判断中国是否需要输油管，好与中国做生意。日本人首先从报刊上刊登的铁人王进喜身穿棉袄、头戴皮帽、顶着漫天大雪的照片，就断定油田很可能在东北。他们又根据报纸上说油田设备是工人们从火车站拉到油田的，便进一步断定油田肯定距离铁道线不远……日本人综合各种信息后判断，油田很可能在北大荒。据此，他们认为中国将需要大批输油管和钻井设备，便提前设计。他们又根据我国报刊上登出的油田井架的照片，算出钻井设备的规格。待到我国大面积开发油田需要进口设备和材料时，日方和我们很快谈判成功。

谈判准备阶段可运用的策略还有"养精蓄锐""以逸待劳""主动预先接触对手，联络友好感情"等，对这些策略的恰当运用，也都能为谈判的顺利进行奠定一个好的基础。

二、能为谈判的顺利进行起到一定的导向作用

"良好的开端是成功的一半。"谈判开局的好坏在很大程度上决定着整个谈判的前途，对谈判的结局有举足轻重的影响。谈判七个阶段的任何一个阶段都存在着成功或葬送成功的可能。而在开局中运用好谈判策略便能起到一定的导向作用。

谈判开局中运用的策略常有"烘托气氛""放试探气球""模棱两可"和"激将"等。在谈判开局中有针对性地运用这些策略，有助于使谈判一开局就很好地打开局面，有一个好的导向和一个乐观的前景。

1. "烘托气氛"策略

"烘托气氛"这一策略在任何谈判开局中都应采用。1971 年 9 月，基辛格为尼克松总统访华一事前来谈判。当时中美关系冷战了二十几年，刚开始有些微妙变化。美国代表时时猜测着周总理会以什么样的态度对待他们。当周总理出现在美国代表团面前时，美国人都不免有些紧张。周总理会意地微笑着，伸手与基辛格握手，并友好地说："这是中美两国高级官员二十几年来第一次握手。"基辛格将自己的随员一一介绍给周总理。周总理根据事

先了解的背景材料，对美方随员分别作了恰如其分的嘉许，烘托调解了气氛，美国人紧张的心情随之放松，隔阂被打破了，使交谈在融洽的气氛中开始进行。

2. "放试探气球"策略

"放试探气球"策略体现在开局发言的巧妙试探上。它对谈判有不容忽视的影响。如1949年国共谈判时，毛泽东接见刘斐先生。毛泽东与刘斐谈起共同关心的和谈问题时，刘斐对于和谈的前途尚有疑问，就"放试探气球"式地说："你会打麻将吗？"毛泽东回答："晓得些，晓得些。""您爱打清一色呢，还是喜欢打平和？"毛泽东听出了刘斐的话中之意，就笑言道："平和，平和，只要和了就行。"寓意深长的一番话，终使刘斐先生疑虑顿释。刘斐先生借"打麻将"为"试探气球"，一语双关地探询到了共产党人对谈判的诚意。

3. "模棱两可"策略

"模棱两可"是谈判开局中经常采用的一种策略。所谓"模棱两可"，就是含含糊糊的意思。在谈判中，对于对方提出的一些不好回答或不便马上回答的问题，用一些模棱两可的语言回复，能起到维系和稳定对方的心态，使谈判的局势趋于平稳发展的作用。如常用的"我理解你的感情""我再考虑一下"等话语，会让对方摸不透你是赞成还是反对，同意还是不同意，让对方对你抱有期待和希望的心理。

4. "激将"策略

在开局中运用"激将"策略也能使谈判很好地打开局面。例如，海南三亚一家商行一直定购江苏扬州瓷厂的茶具，可是商行生意一度不景气，恰逢又更换了新经理，于是瓷厂与商行交易谈判出现了危机。这时瓷厂厂长亲赴三亚同新上任的经理洽谈。瓷厂厂长说："我非常理解你们商行的处境，说心里话，真想继续和贵行建立长年业务联系，但目前商行生意不景气，新上任的经理虽然年轻有为但生不逢时，所以……"未等说完，商行经理觉得受到瓷厂厂长的轻视，于是炫耀般地向瓷厂方介绍了他的经营之道、上任后的宏伟目标及重振商行的具体措施，并表明商行还将继续同瓷厂保持长年业务联系。瓷厂厂长巧妙地运用激将法，使谈判达到了理想效果。

三、能对谈判的顺利进行起到调整和促进作用

谈判开局的导入和概说阶段之后，先后进入明示、交锋、相持、妥协阶段，各个阶段的谈判如同登山，使谈判者步履维艰，谈判室如同战场，使谈判者在看不见的硝烟中挑战或迎战。而在谈判进行中恰当地运用谈判策略，便能对谈判局势起一定的调整作用，对谈判双方的心境起一定的调解作用，对谈判的顺利进行起一定的促进作用。

例如，在1954年6月15日著名的日内瓦会议中的最后一次关于解决朝鲜问题的会议上，朝鲜代表南日外务相提出了保持朝鲜和平状态的六点建议。苏联代表莫洛托夫(Molotov)

发言支持，但美国代表史密斯等蛮横地表示拒绝，其他 16 个在会前受美国威吓和利诱参加联合国军的国家也附和美国的意见。会议已经到了面临破裂的关键时刻。我国代表周恩来总理察言观色，以其过人的智慧提出一个客观公正的协议草案，后发制人地改变了谈判局面，调整了与会者的心境，使谈判得以顺利进行。周总理提出的协议草案是："日内瓦与会国家达成协议，它将继续努力以期在建立统一、独立和民主的国家的基础上达成和平解决朝鲜问题的协议。"几乎所有与会者都紧紧地盯着周恩来，有的表示惊讶、感动、赞赏，也有人惶恐、不安和窘迫。最后周恩来庄严宣布："如果这样一个建议都被联合国有关国家所拒绝的话，那么这种拒绝协商与和解的态度将给国际会议留下一个极不良的影响。"对于周恩来的这些合情合理的建议，与会者无法拒绝。那些跟美国亦步亦趋的国家忽然"哗变"了，就连美国"最亲密的盟友"英国也"造反"了。会议主席英国外相艾登宣布："周恩来总理的建议应该受到最认真的考虑，如果没有不同意见，我宣布周恩来总理的意见成为会议各方的一致意见。"这使美国陷入了空前的孤立，而中国和周恩来的声誉在那一刻得到了极大的提高。

这便是谈判出现僵局时，运用谈判策略将僵局打破的有明显说服力的实例。

谈判进行中的各个阶段都可适当选用一些相应的策略。经常用到的谈判策略数不胜数，在本章第三节里，我们将介绍一些常见的谈判策略，这些策略在谈判进程中可以根据具体情况灵活地运用。只要我们正确、适宜地运用好这些策略，不但能在谈判进程中起调整和促进作用，而且还很有可能在双方势均力敌的情况下最终获取较大的利益，或者在处于弱势的情况下以弱胜强。

第二节　谈判策略的选择和运用

谈判策略的作用是通过恰当的选择和灵活的运用而显现出来的。在这一节里，我们阐释一下怎样选择谈判策略和几个重要的打破谈判僵局的策略运用等问题。

一、谈判策略的选择

(一)要根据谈判对象选择谈判策略

"到什么山唱什么歌，见什么人说什么话""看人下菜碟""量体裁衣"这些俗话的原理在谈判策略的选择上可以适用，就是应根据不同的谈判对象选择不同的谈判策略。具体地说，应根据谈判对象的身份、性别、经验、年龄、态度、性格等因素选择不同的策略。

1. 应根据谈判对手的不同身份选择不同的谈判策略

从谈判对手的身份来看，主谈人可能是国家各级机关的官员、国营集体企业的企业家、个体户的老板、一般业务员等。与以上各种身份的对手谈判，其谈判策略的选择会各有差异。如与政府机关官员和与个体户老板同样是就经济问题进行谈判,其策略的选择就不可能完全相同。国家政府机关官员好表现为居高临下的姿态,对其就应多采用"以柔克刚""以退为进""开诚布公"等策略;而个体户老板常显现出精明油滑的做派,对其就应多采用"以柔克刚""以刚克柔"或"声东击西""旁敲侧击"等多种策略。

2. 应根据谈判对手的不同性别来选择谈判策略

从谈判对手的性别来看,对男性和女性的谈判对手所采用的策略也大不相同。目前,随着改革开放和市场经济的发展,党政女领导、女企业家、女公关人员的数量逐年增多,谈判中异性对手交锋的场合越来越多。在对方是一位年轻貌美的女士的时候,其谈判策略与对同性对手的谈判策略相比应有很大差别。因为善于合理利用人类这一自然现象,也应是策略谋划应考虑的重要方面。怎样应付女性谈判高手?其一,可配备一名年轻貌美、风度谈吐优于对手的女性副手;其二,让谈判经验丰富、颇具男性魅力的人员出任主谈代表;其三,培养自己的女性谈判高手。

3. 应根据谈判对手的经验程度来选择谈判策略

从谈判对手的经验差异来看,其谈判策略的选择也大不相同。如对久经"沙场"的富有谈判经验的高手的谈判,与对初到谈判桌旁,没有经过谈判较量的新手的谈判,其策略的选择便有很大区别。对于前者,选用策略要迅速、多变,甚至是全方位策略的运用,令其防不胜防;对于后者,就应像对乒坛新手那样,不能"打快板",应"发慢球"或"回慢球",使其思维跟得上。所用策略也不能太复杂了,因为这样会使其领会不了,应以诚相待地用一招一式的策略一步一步地与其谈判。

4. 应根据谈判对手的年龄差异来选择谈判策略

从年龄上看,谈判双方年龄差异大和相差无几的谈判策略也有很大的不同。因为双方年龄大小的差异是影响谈判结果的因素之一,所以,善于根据年龄差异"做文章",对谈判工作是有益无害的。如果对方是一位明显大于你年龄的长者,你就应多运用谦和的谈判语言,时时体现出对长者的尊重,"以柔克刚";倘若对方的年龄比你小许多,那么,你的知识和经验就应在谈判中显示出优势,以势、以智取胜。假如对方与你几乎同龄,那么,你应发挥与其不同的优势,如知识、见识、经验等去征服对方,或利用同龄人彼此间有共同语言、思想易沟通的特点,使其放松戒备而争取达成有利于你的协议。

5. 应根据谈判对手的态度选择相应的谈判策略

在各种谈判中,谈判对手的态度往往是不一样的。如有的诚恳,有的狡诈,有的主动,有的不在乎,有的消极等。谈判时,应根据这些谈判对手的态度选择不同的谈判策略。如果对方"开诚布公",我方就应"以诚相待";如果对方狡诈油滑,我方就应"以牙还牙"或"巧妙周旋";如果对方积极主动,我方就应顺应发展,因情而动地采用相应的策略;如果对方对谈判的成败不在乎，我方就应适当地采用"以柔制柔"或"激将法"等策略；如果对方消极或固执，我方就应多采用"以柔克刚""以刚克刚"或"抑制激怒法"等策略。

6. 应根据谈判对手的性格选择相应的谈判策略

个性，是使人具有独特性的一个重要方面。

从接受性来看，一种对手是"开放型"的，这种人热情、开朗、健谈、思想透明度强，心胸开阔，短期行为较少，与其谈判，应多采用"门户开放"，即"开诚布公"策略；一种对手是"封闭型"的，这类对手注重礼仪、客气、言谈谨慎，与其谈判应多采用"忍耐"和"蚕食计"等策略。

从反应性来看，一种对手是"直觉型"的，这种人机敏、干练、精明，富于冒险精神，与其谈判，就应多采用"以诚相待"策略；一种对手是"理智型"的，这种人在谈判中提的问题较多，喜好考虑每一个细节而进行权衡，与这类对手谈判，要多强调不成交会给对方带来哪些利益上的损失，少强调成交会给对方带来多大的利益，因为这种人对你的诚意往往有较高的戒备心。

从社交倾向性来看，一种是"外向型"的对手，这种人热情、友善、宽容、活泼、开朗、急躁、直率，与其谈判应多采用"以静制动""以慢制快"等策略。一种对手是"内向型"的，这种人孤独、害羞、腼腆，与其谈判须以"烘托气氛"策略，使对方放松紧张的心理，并根据谈判的进展，采用相应的策略。

一个人的性格、习惯与他的出生地和成长环境有一定的关系，但是，最重要的是天生的性格。比如，从小一起长大的两兄弟，虽然成长环境一样，但是一个外向爱交朋友、大大咧咧，但另一个却文静少语、喜欢独处。虽然某一个地方的人大都有一种共性，但是，单凭一个人的籍贯就急于对他的性格下定论，准确率不高，而只能作为一个参考。

(二)要根据谈判的性质选择谈判策略

不同性质的谈判，应该选择不同的谈判策略。如对合作性的谈判就应多采用类似商讨式的策略；如对互利性的谈判就应多选择类似"讨价还价"的策略；如对对抗性的谈判，就应多采用类似"针锋相对""以静制动""以牙还牙""有理有节"等策略。

(三)应根据自己当时的处境选择谈判策略

谈判进行中，自己处境的优劣不同，其策略的选择应有所不同。

当我方处于较强的谈判地位，并涉及谈判的一些重大原则问题时，就需采用强硬的对抗性策略，即坚持己方原先的立场，决不妥协，迫使对方让步。相反，若是我方处于弱势，又要与对方建立和保持一定的关系，就应多采用柔和的策略。如采用顺应策略，心平气和地倾听对方的意见，耐心地与其交换意见，循循善诱地充分说理；或采用"真心求助""以长补短"等策略。

(四)应善于观察，随机应变地选择谈判策略

谈判进行的各个阶段有多种多样的谈判策略可以采用，而如何恰当地选择和运用，需要谈判者善于观察谈判对手的言论、表情，揣摩对方的用意和期望，从而灵活机动、随机应变地运筹自己的对策。进而达到你有什么高招，我就能拿出什么策略来应对自如，如同"魔高一尺，道高一丈"所形容的那样。如果你的对策抛出后很奏效，就应坚持和辅以另外的对策；反之，就应及时地更换。

另外，当对方在谈判中使用诡计时，应及时识破对方的伎俩，以适当的策略给予揭穿，使其无法得逞，但所施策略应委婉含蓄一些，不要使对方感到难堪和不安。通过揭穿诡计，使谈判得以顺利进行。如果对方仍然不思悔改，就可以采取"转身就走"的策略，理直气壮地离开谈判现场，以表示抗议，甚至拒绝继续进行谈判。

(五)应依据法律和谈判的规则选择谈判策略

谈判策略的运用是为了实现法律规定的精神和体现谈判的原则和规定。当代社会文明的特点之一是人的行为法制化、规范化。而谈判是人的行为的一种，所以，谈判策略的选择，也必须符合法律规定和谈判规则。

谈判策略不计其数，但各种内容的谈判，如政治军事、商务、文化、求职等谈判和各种范围的谈判，如国际、国家内部等谈判策略上的法律约束和规则约束也不尽相同，所以，谈判策略的选择既要有利于己方和尊重对方，也要以不违反有关法律和谈判规则为前提。

二、谈判中打破僵局的策略运用

(一)对事不对人

参加谈判的人一般是国家利益的代表，或者是一个组织利益的代表，或者是个体利益的代表。谈判之所以出现僵局，是这些谈判者各执己见造成的。他们因其特定的地位和责任为维护其所代表的利益和个人的形象及尊严，而往往不愿动摇自己的立场。所以，在谈判出现僵局、各执己见时，往往立场坚定，不肯退让。因为他们一是怕人说自己软弱和无实力，二是怕个人信誉扫地、丢面子。那么，就此而言，怎样才能打破僵局？这就应该是对事不对人，应对争论焦点的具体问题就事论事，而不要对对方进行人身攻击，即应把人与问题分开。有一则关于"发电机故障"的谈判就是用"对事不对人"的策略而打破僵局的。买方说："你们提供服务的这部轮转发电机又出故障了。这是本月内的第三次故障。本厂需要一部能发挥功能的发电机。我想请你们提供建议，要如何减少故障的发生，或是我们应该换一家公司，或是你们应该如何处理。"这时，买方所指责的只是这部发电机，而不是针对卖方的谈判者，这样不失卖方的体面，因此很快打破了僵局。

(二)采取灵活的方式

在谈判中，当出现僵局时，需要谈判者能及时看出问题的症结所在。因为如果双方坚持的症结问题不解决，那么，僵局就会继续下去，谈判就无法再取得进展。所以，需要采用灵活的方式去消解症结，打破僵局。

1. 在政治军事谈判中采用灵活方式而打破僵局的实例

例如，让步的目的是必须能扭转局势。在政治军事谈判中，让步不仅存在一个适度的问题，还存在一个适时的问题。时机未到，让步只会被对方视作软弱可欺，不但达不到解决问题的目的，反而会助长对方勒索的欲望。

谈判要有结果，必须掌握"互动"的原则，己方要善于在不损害自身根本利益的情况下作出一定的让步，以打破僵局，但这必须以对方表现出谈判的诚意为条件。对方有了诚意，有了松动，就要把握时机，以求成功。

例如，"十月革命"胜利后，成千上万的农民来到莫斯科。由于他们对沙皇的仇恨很深，因此坚决要求烧掉沙皇住过的房子。有人把这件事告诉了列宁。列宁指示干部们对农民进行说服教育。但说服再三，不见效果。最后，列宁决定亲自和农民谈话。列宁说："烧房子可以，在烧房子以前，让我讲几句话行不行？"农民们说："行!"列宁问道："房子是谁造的？"农民说："是我们自己造的。"列宁又问："我们自己造的房子，不让沙皇住，让我们农民代表住好不好？"农民说："好!"列宁再问："那房子还要不要烧掉啊？""不要烧了。"农民被列宁的晓之以理、动之以情的"理利相济"的说教给说服了。

2. 在商务谈判中采用灵活方式而打破僵局的实例

例如，我国曾获得一笔世界银行某国际金融组织贷款，用以建筑一条二级公路。按理说，这对于我国现有建筑工艺技术和管理水平来说是一件比较简单的事情。然而负责这个项目的某国际金融组织官员，却坚持要求我方聘请外国专家参与管理，这就意味着我方要大大地增加在这个项目上的开支，于是我方表示不能同意。我方在谈判中向该官员详细地介绍了我们的筑路水平，并提供了有关资料，这位官员虽然提不出疑义，但由于以往缺乏对中国的了解，或是受偏见支配，他不愿意放弃原来的要求，这时谈判似乎已经陷入了僵局。为此，我方就特地请他去看了我国自行设计建造的几条高水准公路，并由有关专家对其进行了详细的说明和介绍。正所谓百闻不如一见，心存疑虑的国际金融组织官员这才彻底信服了。我方以"眼见为实"的谈判策略促成了谈判僵局的打破。

3. 在文化谈判中采用灵活方式而打破僵局的实例

例如，《福尔摩斯探案集》的作者柯南•道尔(Arthur Conan Doyle)是众所周知的人物，但很少有人了解，柯南•道尔也是一个生性非常固执的人。在写完《福尔摩斯探案集》第四卷后，执意不肯再写，用实际行动，让笔下的福尔摩斯与罪犯莫里亚蒂教授同坠深谷，一了百了。柯南·道尔的出版商梅斯是个精明人，知道柯南·道尔只是厌倦了这种通俗文学的写作，对于这个给作者带来巨大声誉和利益的福尔摩斯，柯南·道尔还是情有独钟的。于是梅斯一面牢牢抓住版权代理不放，一面拼命做柯南·道尔的工作，不时向他透露福尔摩斯迷们的种种惋惜、不满之情，同时又许以一个故事一千英镑的优厚稿酬。如此双管齐下，一年以后果然有了成果，柯南·道尔又重新执笔，让福尔摩斯从峡谷爬了出来，再演出一段精彩的探案故事。试想一下，如果当时出版商梅斯不是给对方一段缓冲时间，而是心急火燎地不断催逼，恐怕侦探文学史上就会失去一颗闪亮的巨星。同样的道理，在任何谈判中遇到难题时，都应该给自己缓冲的时间，同时，也给对方缓冲的时间。出版商梅斯正是在谈判双方谈不拢而陷入僵局时，采用缓冲时间的"拖延法"把谈判的节奏放慢，看看障碍到底在什么地方，以便想办法解决，最后终于打破了谈判僵局。

4. 在家庭谈判中采用灵活方式而打破僵局的实例

例如，约翰先生下班回到家里，发现他的妻子边收拾行李边说："我再也待不下去了!"并喊道："一年到头老是争吵不休，我要离开这个家!"约翰困惑地站在那儿，望着他的妻子提着皮箱走出门去。忽然，他冲进房间，从架上抓起一只皮箱，也冲向门外，对着正在远去的妻子喊道："等一等，亲爱的，我也待不下去了，我和你一起走!"怒气冲天的妻子听到丈夫这句既好笑又充满对自己的爱心与歉意的话，慢慢地消气了。约翰用"以柔制刚"的策略打破了妻子执意出走的这一僵局。

以上我们只列举了各种内容谈判中打破僵局的几种策略的灵活运用。打破僵局的策略、招数、套路很多，策略无穷，常用常新。作为谈判者，特别是主谈，应采取灵活的方式运用好这些策略、招数、套路去打破谈判中的僵局，以获得谈判的成功。

(三)掌握好谈判的"临界点"

美国谈判学家尼尔伦伯格(Gerard I. Nierenberg)认为，"谈判有一个临界点，一旦越过这个临界点，就会发生失去控制的、毁灭性的反应"。所以，掌握好谈判的"临界点"会避免谈判的破裂和破裂后造成的损失，更会使谈判的僵局就此打破。

例如，在美国有一位房地产主打算盖一幢摩天大楼，需要拆除原来的四层楼。四层楼只剩一家房客未搬出去。那位房地产主意识到，要让这家房客搬出去，就得多付钱，因为这家房客的租约还要过两年才期满。房地产主找到房客的代理人尼尔伦伯格谈判，欲付给一些钱，让房客搬出，但经过三番五次的谈判都没有达成协议。到房地产主的开价抬高到12.5万美元时，尼尔伦伯格预测出此价快接近"临界点"了，便同意成交，打破了僵局。后来得知，如果再多要5美元，一架超重机就将把楼房撞成危险建筑而非拆不可，这样房客将一无所获并且蒙受损失。所以，掌握谈判的"临界点"是打破僵局、避免损失的一个适宜的策略。

(四)暂时停止谈判

暂时停止谈判是指在谈判陷入僵局相持不下，不能尽快地找出解决问题的办法时，一方提出，或双方同意的暂停休会。这样，一方面可以使双方谈判人员松弛一下神经，恢复体力，养精蓄锐；另一方面可以利用空间条件的变化，临时改变谈判环境，使谈判双方分别重新整理思路，检查谈判的全过程，及时对谈判作自我分析与自我评价，从而研究如何使谈判继续引向深入。等到谈判恢复时，便可能产生新的构想，出现新的气氛和局面。

(五)变更活动场所

变更活动场所是指暂时停止谈判期间，谈判双方改变一下谈判的紧张环境，共同参加一些娱乐、体育活动或举办酒会、招待会和私下交谈等。多进行一些这样的非正式场合的交往和接触，能缓和谈判场上剑拔弩张的气氛。

例如，当年芬兰的部长都是清一色的男性公民，每当会议僵持不下，便集体去洗桑拿浴，在那种赤诚相见的情况下，许多争议便容易解决了。

(六)更换谈判人员

更换谈判人员是指更换个别谈判人员或谈判班子。谈判中，有时最先谈判的人员可能是代理人，在一些重大僵持的问题上，可能因权限所致，或因慎重起见，他不敢轻易让步，这时可能会主动要求更换为上司来参加谈判；有时也可能因谈判人员在谈判中言辞太死，没留有退路，或此人很不受对方欢迎而无法再谈下去，可这方组织还希望继续谈判时，也必须更换谈判人员。

(七)利用调解人

当出现了比较严重的僵局时，彼此间的感情可能都受到了伤害。因此，即使一方提出缓和建议，另一方在感情上也难以接受，在这种情况下，最好寻找一个双方都能接受的中间人作为调节人或仲裁人。

仲裁人或调解人可以起到以下作用：提出符合实际的解决办法；出面邀请对立的双方继续会谈；刺激启发双方提出有创造性的建议；不带偏见地倾听和采纳双方的意见；综合双方观点，提出妥协的方案，促进交易达成。

最好的仲裁者往往是和谈判双方都没有直接关系的第三者。此人一般要具有丰富的社会经验、较高的社会地位、渊博的学识和公正的品格。总之，调解人的威望越高，越能获得双方的信任，越能缓和双方的矛盾，从而达成谅解。

(八)提出最后期限

大量的谈判实践都表现了这样一个现象：大多数人都是在截止日期才交税；大多数学

生是在最后期限才交作业；甚至像美国国会这样一个纪律严明的责任机构，它的大多数立法也是在即将休会时通过的。所以，谈判者应掌握谈判时间这一规律，恰当使用提出最后期限这一策略。

提出最后期限这一打破谈判僵局的策略是指在谈判前或谈判中，规定谈判结束的时间，这样有助于双方有意识地提高谈判效率，一反以往的拖沓或相持状态，造成一种紧张的气氛，促使双方集中精力，灵活地、创造性地解决未谈妥的问题，从而使谈判加快进行，尽早打破僵局，使谈判圆满结束。

提出最后期限应委婉、有诚意。如"我们能否在四点钟以前结束会谈，使我能赶上飞机？如果这样，可就帮我大忙了"。另外，还应适时地提出。因为过早地告知或提出，可能会使会谈向不利于自己的一方发展。

第三节　常用的谈判策略

一、先发制人策略

先发制人策略是指在谈判中，趁对方不加防备或没有做好充分准备的时候，先下手实施突击，使之失去平和交手的能力；或在谈判过程中，先声夺人，以掌握谈判的主动权，使对方陷入被动，而自己却能获得先机之利。

例如，1985年7月，长沙人民织布厂与德国的依尔玛公司正式签署了购买价值180万马克旧织布机的合同。按合同规定，中方必须在8月底付出一半资金。后因客观原因，中方在11月30日才付出这笔资金。经谈判，德方对我方没有按时付一半资金表示谅解。但到了12月8日，德方突然要求中方赔偿违约金和利息65万马克。这时，在联邦德国发行署印发的47万份《津茨堡城分报》在头版头条刊登出了题为"织布机引起的激烈争论——中国工人感到受骗"的长篇报道，还配发了照片，顷刻间引起了公众的强烈反应。不少德国人看了这篇报道后认为"这种商人不能代表德国人"，而后，几乎每天都有人来看望在该公司拆卸旧织布机的中国工人。紧接着，中国工人积极开展联络活动，利用德国新闻界人士组成的津茨堡"君子俱乐部"，利用邀请中国人参加周末午餐会的机会出示了我们与依尔玛公司签订的合同、清单，解答了许多问题，得到了公众舆论的同情和支持。这样，中方借助公众的舆论，在同德方谈判交涉中采取先发制人的策略，迫使依尔玛公司放弃了65万马克的索赔，还把购买设备的180万马克降到150万马克。再次签约后，双方握手言和，重归于好。

二、后发制人策略

后发制人策略与先发制人策略恰恰相反，它是指谈判中，己方先按兵不动，倾听对方的要求或主张，揣摩分析对方的意图，然后以相应的策略进行说服或辩驳，并言中要地，尽快达成协议。

有一次，在某个交易会上，我方外贸部门与一客商洽谈出口业务。在第一轮谈判中，客商采取各种招数来摸我们的底，罗列过时行情，故意压低购货的数量。我方立即中止谈判，搜集相关的情报，了解到日本一家同类厂商发生重大事故停产，又了解到该产品可能有新的用途。在仔细分析了这些情报以后，谈判继续开始。我方根据掌握的情报后发制人，告诉对方：我方的货源不多；产品的需求很大；日本厂商不能供货。对方立刻意识到我方对这场交易背景的了解程度，甘拜下风，在经过一些小的交涉之后，乖乖就范，接受了我方的价格，大量购买了该产品。

在商业谈判中，口才固然重要，但是最本质、最核心的是对谈判的把握，而这种把握常常是建立在对谈判背景的把握之上的。它是后发制人策略得以实施的重要前提。

三、以诚相待策略

以诚相待策略是指在谈判中开诚布公、以诚取信，从而获得对方的理解和信任。

例如，李嘉诚创办的长江工业公司曾经也有过资金不足的困境，为了走出困境，李嘉诚找到一个需要塑胶花的外商，并与其在咖啡厅里进行了谈判。李嘉诚将前一天晚上才设计出的八种塑胶花样品摆到外商面前，说："先生，这些样品是我们一夜没睡赶制出来的。其中五种我认为基本符合您的要求，而另外的三种，是我们考虑了您这批花是为圣诞节而准备的，因此在您的要求上又加了一些东方风味，我都一起拿来了，希望您会喜欢。"李嘉诚接着说："我们现在虽然没有足够的资金和担保，但是我们保证给您提供最好的质量、最优的款式和最低的价格。如果您喜欢，这些塑胶花的样品都送给您，希望我们有机会合作。"

外商看到李嘉诚如此诚恳，自己又有这么多的款式可以选择，就对他说："年轻人，我同意和你合作。"李嘉诚凭着对这一款不满意，我们还有其他款式可供选择，相信总有一款符合对方的口味的想法，和他的设计师们一夜之间设计出了八种塑胶花，使外商在佩服的同时，也看到了与这样以诚相待的人合作的希望。

由以上例子可见，诚挚相待、肝胆相照也应当是谈判的重要策略之一。

四、装聋作哑策略

装聋作哑策略是指在谈判中，多听对方的陈述，让对方觉得我方有些愚昧或迟钝，而把自己的注意力集中在弄清问题和制定对策上，一旦时机成熟，就以突然袭击的方式抛出自己的方案，迫使对方接受。

例如，日本 B 公司与美国的 S 公司进行过一场许可证贸易谈判。一开始，美方代表滔滔不绝地介绍情况，日方代表则一言不发、埋头记录。美方代表讲完后，征求日方意见，日方代表却说"我们不明白"。美方代表问："哪里不明白？"日方说："全不明白，请允许我们回去研究一下。"六个星期后，B 公司又派另一个代表团来谈。他们好像根本不知道上次谈判的情况，美方代表只好耐心地再叙述一遍。日本代表仍旧以"完全不明白，要回去研究一下"为借口结束了第二轮谈判。又过了六个星期，日方故伎重演，只是结束时，日方代表告诉美方，一旦研究有结果，立刻通知美方。但半年后，日方仍无消息。正当美国人焦躁不安，大骂日本人没有诚意的时候，日本 B 公司的决策代表团突然飞抵美国，抛出最后方案，使美方措手不及，最后不得不同日本达成了一个明显对日本有利的协议。美方首席代表事后感慨地说："这次谈判，是日本在取得偷袭珍珠港胜利后的又一重大胜利。"这是日本人在谈判中采取装聋作哑策略取胜的一个典型案例。

五、真诚求助策略

真诚求助策略是指在己方处于弱势时，真心实意地求助对方，进而达到以诚感人效果的一种策略。

例如，20 世纪 60 年代中期，日本松下电器公司受轻型电气业普遍不景气的影响，亦走入低谷。在公司的全国销售会上，松下董事长并未因尚有 12%的销售公司经营良好而掩盖整体性的经济困境或以此一味责备 88%的销售公司工作不力，而是在最后一次会议上说："松下电器有错，身为最高负责人的我在此衷心地向大家致歉，今后将精心研究，让大家能稳定经营，同时考虑大家的意见，不断改进，最后，请原谅松下电器的不足之处。"说完，松下先生给大家深鞠一躬，此举使原先指责领导不力，对松下电器前途表示怀疑的人深受感动，并自觉反省，重新振作起来。此案例中，松下电器公司董事长在该公司走入低谷的弱势时，以真诚求助的策略争取到了对其前途表示怀疑的人的谅解、反省和再度合作。这是当时采用其他策略难以达到的效果。

六、声东击西策略

声东击西策略是指假装要朝某个方向行动，把对方的注意力引离你真正的目标或对象，在这一过程中实现自己的意图。

例如，某公司与另一公司的谈判中，双方在"硬件"和"软件"上总成交后，有部分设备价格仍高，买方想提出来不要，但按规矩又不能提。这时，卖方正好提出希望扩大散件的买卖，而买方本来就准备再买一些散件，于是本想抛出的订单就不抛了，而是与卖方纠缠买散件的条件，吊他的胃口。卖方一听买方可以增订散件且量又不少，于是把注意力全放在如何卖出散件上。买方就这样通过散件的谈判，把不要的设备从订单上取消，并且使对方的材料价也有所降低。

七、疲劳轰炸策略

疲劳轰炸策略是指在谈判中趁对方疲劳、精神沮丧的时候，不间断地发起进攻，使其答应某个条件或某些要求。在谈判中，有时会碰上锋芒毕露、盛气凌人的对手。对于这类对手，如若采用针锋相对、以牙还牙的办法很容易激起对立的情绪，造成谈判的破裂，一般以采取"疲劳轰炸"策略为好。也可以用车轮战的办法使对方感到精疲力竭，对谈判生厌。在进行谈判时，对于对方所提的要求采取回避实质，虚与周旋的方针，经过几次拉锯，就会使对方失去锐气。到了对方头昏脑涨、精神萎靡的时候，己方即可以守为攻，掌握谈判的主动权，促使对方接受己方的条件。

八、铁腕攻势策略

铁腕攻势策略是指在谈判中提出比期望更高的要求，并采取铁腕政策来降低对方的目标，实现自己的期望。这是英国前首相铁腕女人撒切尔夫人的谈判策略。她曾经说过："我这个女人不会转变方向，我不会为了迎合人们的欢心而改变规定的政策。"正是她有特异的作风，作为女人，她能连任英国三届首相。1975 年 12 月在柏林召开的欧洲共同体各国首脑会谈中，撒切尔夫人提出英国对欧共体负担的费用每年减少 10 亿英镑。这使得各国首脑瞠目结舌，他们以为英国政府可能决定减少 3 亿英镑，就提议只能削减 2.5 亿英镑。撒切尔夫人坚持己见，声称这 10 亿英镑是英国的钱，如果这种预算有所改变，那么，法国和德国的损失会更大，这样，使各国首脑，尤其是法国、德国、丹麦等国首脑极端焦躁。她表现出不向其他各国妥协的姿态，逐渐把欧共体各国首脑的期望转向自己所期望的目标上。欧共体各国最终还是同意每两年削减 8 亿英镑，遇上欧共体经济不景气的时候，则须每三年削减一次。

九、以牙还牙策略

以牙还牙策略即是"以其人之道，还治其人之身"，它多用于回击或回答肆意挑衅的或提刁难问题的对手。

例如，1982 年秋，美国洛杉矶举行了一次中美作家的会议。在一次宴会上，美国诗人艾伦·金斯伯格(Allen Ginsberg)请我国作家蒋子龙解个谜："把一只五斤重的鸡装进一个只能装一斤水的瓶子里，您用什么办法把它拿出来？"蒋子龙略加思索，便回答说："您怎么放进去，我就怎么拿出来。您显然是凭嘴一说就把鸡装进了瓶子，那么我就用语言这个工具再把鸡拿出来。"金斯伯格称赞说："您是第一个猜中这个谜语的人。"

十、刚柔相济策略

刚柔相济策略指的是在谈判中，既要有刚——刚强正直，在原则问题上不让步，力求辩明；又要有柔——柔和含蓄，通情达理，不说过头话，留有余地，并彬彬有礼。这就是谈判的"刚柔相济策略"。换言之，这一策略是指在谈判中实施"硬"和"软"两种相互配合的策略手法，使对手在硬与软的态度转换的攻势下尽快就范。

如果在谈判中，只刚不柔，态度生硬，便难以获得同情与支持，也不易使对方接受；而只柔不刚，优柔寡断，软弱无力，则又达不到谈判的目的。最有效的方法是刚中有柔，柔中带刚，刚柔相济。例如，在第四轮中美知识产权北京谈判中，中方一开始就由每个方面的专业代表分别做了长达 45 分钟的发言，不许美国人插话，并口气强硬地撤回以前谈判中的一切承诺，令美方目瞪口呆。但在谈判陷入僵局后，中方又递过一个信息：还可以谈。这一手段简直可以说是标准的刚柔相济，其实际效果比较明显。首先，表明了中国对知识产权是着力保护的，但也是根据中国国情的；其次，如果美方单方面决定采取关税报复，那么，谈判破裂的责任不在中方；最后，争取到了美国公众与舆论的支持。刚柔相济策略还表现为一场谈判中的一方唱黑脸、一方唱白脸的两人软硬配合的手法。

十一、以长补短策略

以长补短策略是指从己方的劣势中寻找出足以令人注意的潜在优势来说服对方的一种策略。

例如，美国著名企业家维克多·金姆(Victor Kim)在办公室里接待了一个重要部门的员工，该员工声称他刚刚接到别的公司的录取通知，待遇远远高于目前，因此，他准备"跳槽"。维克多·金姆听完他的详细介绍后说："以你目前在本公司的职位，将来的升迁潜力极大，但是，如果你转到他们那边，你就把自己困死在一个位置上，根本没有希望到达公司的权力核心甚至核心的边缘。因为我知道，那个公司是一个家庭世袭领导体制，不沾亲带故的人，别想有大作为。"这么一说，该员工犹豫了，后来他也没有"跳槽"。维克多·金姆用"以长补短"的策略说服了想"跳槽"到待遇高的公司的员工。

十二、以退为进策略

以退为进策略就是在谈判到关键时刻，如果碰到棘手问题或遇到僵持不下的局面，就要适时引"退"或作出必要的"让步"，以小的"代价"换取大的收获。

例如，1986 年 6 月前后，日本东芝公司违反对苏联等国家的禁运协定，私自将一些高精密机床卖给苏联，使苏联潜艇发动机的噪声大大降低，让美军难以发现。这件事被揭露后，美国国会立即作出禁止进口东芝产品的决定。为平息风波，东芝公司同美国进行了谈判，诚恳地向美国"道歉"，并作出总经理等要员辞职的决定，终使这一事件"化干戈为玉帛"。美国原谅了日本，日本获得了美国的谅解乃至新的信任和合作之"进"。如果日本不采取"退"的策略，而是以硬对硬，那么东芝产品就进不了美国，其损失将是惊人的。

十三、反客为主策略

反客为主，就是在谈判中钻空子插脚进去，掌握对方的要害，循序渐进，步步为营，变被动为主动，变劣势为优势的一种策略。日本在商务谈判中，能较好地运用"反客为主"的策略。

例如，为打入美国市场，日本人总是钻空子插脚进去，变被动为主动，变"客人"为"主人"。为此，美国学者柯特勒(Milton Kotler)等在《新竞争》中这样描述日本公司："在日本人进入那些与美国公司直接对抗的市场时，他们经常推出一种低价、标准型但又具有额外功能，并附以出色服务的产品，从而迅速地取代原来占领先地位的美国公司，成为市场领先者。""当日本人的产品得到消费者承认后，他们就开始提价。多年来，索尼电视机的定价一直低于美国产品，但当它有了相当的市场实力后，产品定价就接近了美国产品……"由此可见，日本人在商务谈判中运用"反客为主"策略堪称行家里手。

十四、以静制动策略

以静制动策略是指在谈判中，沉着倾听对方的表述，静观谈判事态的发展，关键时刻反问一两句，转折关头插进三言两语，以己方之静制彼方之动。

例如，1987 年 6 月，济南市第一机床厂厂长在美国洛杉矶同美国卡尔曼(Kalman)公司进行推销机床的谈判。双方在价格问题的协商上陷入了僵持的状态，这时我方获得情报：卡尔曼公司原与台商签订的合同不能实现，因为美国对日本、韩国、中国台湾提高了关税的政策使得台商迟迟不肯发货。而卡尔曼公司又与自己的客户签订了供货合同，对方要货甚急，卡尔曼公司陷入了被动的境地。我方根据这个情报，在接下来的谈判中沉着应对，卡尔曼公司终于沉不住气，购买了 150 台中国机床。由此可见，在谈判中，不仅要注重自己方面的相关情报，还要重视对手的环境情报，只有知己知彼知势，静观其变，才能获得胜利。

十五、以假乱真策略

以假乱真的意思是用假的东西去冒充或混杂真的东西，谈判中也有采用这一策略的。

例如，20 世纪 70 年代初，韩国商人郑周永计划创建蔚山造船厂，制造超大型油轮。经过他的努力，终于筹集了足够的贷款，只等客户来订货了。当时，没有一个外商相信韩国的企业能够造大船。看来订单是不容易得到的，怎么办？郑周永陷入苦思冥想之中。一天，他偶然发现一张已经发黄的旧钞。这张旧钞上印有 15 世纪朝鲜民族英雄李舜臣发明的龟甲船，其开关与现代油轮非常相似。实际上，李舜臣发明的龟甲船是用来运兵的，与现代油轮的性质完全不同。但是，郑周永就像抓住了一根救命稻草，怀揣这张旧钞到国外游说，宣称朝鲜在 400 多年前就具备了造大船的能力，今天完全可以制造出现代化的大油船。经他这么一说，有个外商信以为真，很快向郑周永提供了两份各为 26 万吨级的油轮订单。拿到订单后，郑周永与全体职工埋头苦干，终于在两年后交出了两艘油轮。蔚山船厂一炮打响，订单像雪片般飞来，给郑周永带来不尽的财源。郑周永以一纸旧钞游说外商，以假乱真，令人叫绝。

"故布疑阵"也是以假乱真策略的重要体现。故布疑阵是指一些谈判人员故意将一些所谓机密性的材料，通过一些途径透露给对方，让对方得手，如获至宝，信以为真，最后却付出惨重的代价的策略。例如，不露痕迹地故意在走廊内、纸篓里、谈判室内"遗失"备忘录、便条、文件等"机密"材料，或是在谈判桌上作出故意要让对手知道的事情或"机密"，用大字或较大的字写出，使坐在桌子对面的对手即使倒着看也能一目了然。这些使对手信以为真的资料，将会使对手误入歧途，最终付出代价。

谈判策略还有很多种，因篇幅所限，这里不再一一列举。

本 章 小 结

本章"谈判策略"分三节进行了论述。第一节"谈判策略的作用"，先后阐释了谈判的以下作用，即能为谈判的顺利进行奠定良好的基础、能为谈判的顺利进行起到一定的导向作用、能对谈判的顺利进行起调整和促进作用。第二节"谈判策略的选择和运用"，首先论述了谈判策略的选择，之后阐释了谈判中打破僵局的策略运用。第三节"常用的谈判策略"。通过本章的学习，能使谈判者了解和掌握谈判的策略问题，力使谈判能艺术性地进行，多取得谈判的成功。

自 测 题

关键名词

先发制人策略　　后发制人策略　　以诚相待策略　　声东击西策略　　刚柔相济策略

思考训练题

1. 谈判策略有哪些作用？
2. 谈谈谈判中打破僵局的策略运用。

案 例 分 析

周恩来总理巧答美国记者

有一次，一个美国记者同周恩来总理谈话时，看到桌上有一支美国派克钢笔，就带着几分讥讽的口气问道："请问总理阁下，你们堂堂中国人为何还要用我们美国的钢笔呢？"周总理听出了他的言外之意，庄重而又风趣地答道："提起这支钢笔，话就长了，这是一位朝鲜朋友'抗美'的战利品，作为礼物赠给我的。我无功不受禄，就拒收。朋友说，留下做个纪念吧！我觉得有意义，就收下了这支贵国的钢笔。"那个记者听后一脸窘相，怔得半晌说不出话来。周总理的话，给美国记者以猛烈的一击，揭示了一个与美国记者内心截然相反的结论：这支钢笔绝不是中国落后的象征，而恰好相反，它是帝国主义发动侵略战争遭到可耻失败的历史见证。

(资料来源：姚凤云. 现代谈判指导[M]. 哈尔滨：黑龙江科技出版社，1994.)

问题：

1. 周恩来总理运用的是何种谈判策略？
2. 怎样选择谈判策略？

第五章　谈判经典理论

【学习要点及目标】

通过本章的学习，理解和明确几个谈判的经典理论，以使其用以指导谈判的实践。

【引导案例】

谈判高手布莱恩的心理满足

有一位谈判高手布莱恩帮助一家大公司采办。在一项采办中，有位卖主的报价是 50 万美元。布莱恩委托公司的成本分析人员调查了卖方的产品，成本核算的结果表明，卖方产品只需 44 万美元就可以买到。布莱恩看过成本分析资料后，对 44 万美元这一数字也深信不疑。一个月后，买卖双方开始谈判。谈判一开始，卖方便使用了很厉害的一招，声明："先生很抱歉，对于上一次 50 万美元的报价，我必须做一下更改。原先的成本核算有误，以致我报错了价格。经过重新核算，我现在要求的价格是 60 万美元。"他的发言语调沉稳，使人感到坚定不移，一时间反而使布莱恩对自己所做的成本估计产生了怀疑，于是买卖双方在 60 万美元而不是 50 万美元的价格上讨价还价。谈判的结果是以 50 万美元成交。事隔几年之后，布莱恩回忆起这次谈判时说："直到现在我还不明白，60 万美元的价格到底是真的还是假的。不过，我仍清楚地记得，当我最后以 50 万美元的价格和他成交时，我感到很满意呢。"这也是卖方在谋求己方最大可能利益的前提下给布莱恩以适当的心理上的满足。

(资料来源：李言，汪玮琳. 跟我学：谈判口才[M]. 北京：中国经济出版社，2006.)

第一节　谈判的需要理论

一、马斯洛的"需要层次论"

1954 年，美国布朗戴斯大学心理学教授马斯洛在他的颇有价值的《动机与个性》一书中提出了"需要层次论"。他把人类行为基本要求分为五种需要类型。这为研究与谈判有关的种种需要提供了一个有用的结构。

马斯洛(Abraham H. Maslow)提出的人类五大基本需要是指：生理需要、安全需要、社交需要、自我尊重需要和自我实现需要。

(一)生理需要

生理需要也叫物质或生存需要。马斯洛认为，生理需要是人类最原始最基本的需要。它是指饥饿时有食品，渴了有饮料，冷了有衣穿，休息时有居所，病了有药物治疗等。这些物质和生存需要如不能得到满足，就有生命危险。因而生理需要是最强烈和最低层次的需要。

(二)安全需要

马斯洛认为，当人类的物质需要得到基本满足，并逐步改善之后，就会想满足安全需要，即需要努力达到生活和工作的舒适、稳定和安全。这是指人们要求劳动安全、职业安定，希望免于灾难，希望未来的生活有保障，要求劳动保护、社会保险、退休金保障等。

(三)社交需要

马斯洛认为，当人的生理和安全需要获得相对的满足之后，就会产生一种社交需要。这是指人们需要和亲属、同事、朋友保持友谊，希望得到信任和互爱，渴望有所归属，成为团体中的一员。人的这些社交欲和归属感得到满足，就会为所在的团体努力工作。

(四)自我尊重的需要

马斯洛认为，所有的人都有自尊心。人类一旦在物质需求、安全和社交的需要方面都得到相对满足之后，就会非常注重自己的尊严了。这是指人们希望别人尊重自己的人格，希望自己的能力和工作得到公正的承认与赏识，要求在团体中确立自己的地位。尊重需要一旦有所满足，就会使人们增强自信心，觉得自己有地位、有价值、有实力、有发展前途。

(五)自我实现的需要

马斯洛认为，人类一旦在物质需要、安全和社交，以及自我尊严的需要方面得到满足之后，还会产生一种新的需要，即自我挖掘的需要。这是指人们希望完成与自己能力相称的工作，使自己的潜在能力得到充分的发挥，成为所期望的人物。当然，每个人的自我实现的目标是不尽相同的，有的希望成为高级领导人，有的希望成为科学家，有的希望成为工程师，有的希望成为身怀绝技的能工巧匠，有的希望成为种田能手等。虽然人们自我实现的目标高低不同，但每个人的自我实现，均是该人需要层次中最高层次的需要。

马斯洛的人类的五大基本需要虽然是由低层次向高层次上升的，但需要的层次顺序并不是固定不变的。例如，有的人为了崇高的理想，可以置生理和安全的基本的低层次的需要于不顾，这就是需要次序上的颠倒。而且，人们还经常在同一时间地点同时存在多种需要。另外，这五种需要不可能使所有的人都能得到完全的满足，而是越到高层次，满足的概率就越小。

马斯洛需要层次论中的五层需要的中间一层需要是社交需要。这是人的一种基本的需要。作为谈判这一人际交往行为，便是社交行为的一个具体行为。也可以说是人的社交需要的一个具体的驱动行为。

二、尼尔伦伯格的"谈判需要理论"

继马斯洛的"需要层次论"问世后，20世纪70年代末，美国律师、谈判学家尼尔伦伯格在马氏理论的基础上把反映于谈判行为中的人的需要、人的动机和人的主观作用问题作为谈判理论的核心问题提了出来。

尼尔伦伯格认为："需要和对需要的满足是谈判的共同基础。要是不存在尚未满足的需要，人们就不会进行谈判。谈判的前提是，谈判双方都要求得到某些东西；否则，他们就会对另一方的要求充耳不闻，双方也就不会有什么讨价还价发生了。即使是一个只求维持现状的需要，亦当如此。双方都为各自的需要所驱动，才会进行一场谈判。"

尼尔伦伯格根据谈判的"需要理论"，将各种谈判分为三个层次，即个人间——个人与个人的谈判；组织间(不包括国家)——大的组织之间的谈判；国家间——国与国的谈判。他认为，"需要理论"适用于所有层次的谈判，而且，在每一层次中采用的方法所针对的需要越具体，就越有可能获得成功。

尼尔伦伯格还总结出了六种类型需要的不同适用方法。

(1) 谈判者顺从对方的需要。

(2) 谈判者使对方服从其自身的需要。

(3) 谈判者同时服从对方和自己的需要。

(4) 谈判者违背自己的需要。

(5) 谈判者损害对方的需要。

(6) 谈判者同时损害对方和自己的需要。

他认为，"这些需要的不同适用方法，能使谈判者在谈判中充分利用多种选择。谈判者可以根据自己的需要和对另一方需要的推测，从这六种方法中选择他认为在该适用层次条件下最适当的一种或几种方法"。

他还论述了如何发现需要以及不同的需要、不同的场合和不同的适用方法相结合产生的谈判策略等问题。

尼尔伦伯格总结出的这六种类型的需要，在谈判实践中多有体现。

三、尼尔伦伯格"谈判需要理论"在谈判中的运用

在谈判中适应谈判者的需要特点设计谈判方案是达到理想谈判的有效途径。谈判双方

都试图调控对方的需要与行为，因此，确立应用谈判需要的策略性十分必要。

下面阐释尼尔伦伯格的六种类型需要的不同适用方法在谈判中的运用情况。

(一)谈判者顺从对方的需要

谈判者在谈判过程中，只是站在对方的立场上，设身处地替对方着想，最终达成一致的协议。这种方法最容易导致谈判的成功。

谈判者顺从对方的需要可以应用在各种谈判场合中，因为这是一种广义的谈判策略原则，有着较广泛的谈判应用范围。

应用顺从对方的需要策略对于一些特殊形式的谈判很有效。例如，在与劫机的犯罪分子谈判时，必须采用顺从对方需要的原则，否则劫机犯有可能炸毁飞机或杀害人质。因此，先答应劫机犯的某项需要(如要求给飞机加油)，然后再采取相应措施与其谈判，使飞机上的人质获释。

(二)谈判者使对方服从其自身的需要

谈判者使对方服从其自身的需要是指谈判者因特定的前提事件而要求谈判的另一方或多方必须顺从自己的意愿。

例如，1964年9月29日，《纽约时报》以半版篇幅刊载了汽车工人联合会国际联盟的一则公告。大号字的标题赫然醒目："通用为什么罢工？"副标题是："事由——为更多的尊严，而不是为更多的钱。"眼下的这次罢工，已不是为工资问题而发生争执了。因为通用汽车公司已提供与克莱斯勒公司和福特公司的劳工合同基本相同的工资利益，其中包括汽车工人在历次单独谈判中都未曾得到过的最有吸引力的经济利益。工人尚未满足的需要，比计时报酬问题更深刻、更基本。这则公告写道："通用汽车公司的工人在工作场所得不到体面的待遇，得不到做人的尊严。对此，他们从心底感到愤愤不平……罢工的根由不在于钱，问题的核心在于通用汽车公司如何对待兢兢业业为它干活的工人。"接着，工会列举了通用公司拒不接受仲裁或调解的争议要点：①最起码的人道和体面的工作条件；②公平合理的生产标准；③通情达理和开明的纪律章程；④取消过量的和任意的加班工作；⑤健全保证公司合同义务履行的充分的代表制；⑥改善工人职业保险等条件。

根据谈判的"需要理论"的谈判者使对方服从其自身的需要，我们可以看出，工会正是试图通过强调工人安全、获得尊重和自我实现等方面的需要来对通用汽车公司施加压力的。同时，工会也间接暗示，只要通用汽车公司能对工人致力于改善人际关系，其本身也将能满足获得尊重的需要。

谈判者使对方服从自身需要的策略应用在军事上常表现在停战谈判、撤军谈判、交换战俘谈判、劝降谈判等方面。

(三)谈判者同时服从对方和自己的需要

谈判者同时服从对方和自己的需要是指谈判双方从彼此的共同利益要求出发，为满足双方每一方面的共同需要进行谈判洽谈，进而采取符合双方需要与共同利益的谈判策略。

谈判者在谈判中采用既符合自己的需要，又符合对方的需要的方法是一种上策。无论是在个人之间谈判，还是在组织间谈判，以及在国家间谈判都可应用此原则。

谈判者同时服从对方的需要和自己的需要的策略和谈判的性质与基本条件是有相似之处的。所以，这一项原则使用范围很广。例如，公司管理人员在调动职工的积极性方面可通过谈判阐明职工与公司前途的一致性，激发职工产生参与思想，提高生产效率。

(四)谈判者违背自己的需要

谈判者违背自己的需要是指谈判者为了争取长远利益的需要，抛弃眼前的利益和需要而采取的一种谈判策略。

谈判者违背自己的需要去寻求理想的谈判目标的本质就是妥协。为了满足某种需要而违背自己的另一种需要，从谈判心理学的理论上看，它是人的优势需要战胜次要需要的过程。

国家之间，有这样的事例。例如，1982 年墨西哥面临的债务危机严重地威胁着国家的经济命脉。当墨西哥(谈判者)要求西方国家发放贷款给予救急时，美国政府答应提供 20 亿美元的紧急贷款，但要求贷款的一半用来购买美国的剩余农产品，另一半作为美国购买墨西哥 4.010 万吨优质原油的预付款。墨西哥为了满足其经济发展、偿还外债的需要，接受了美国的要求，违背了多年拒绝扩大对美国出口石油的经济立场需要，宣布了向美国出口的石油由原来占墨西哥出口总额的 52%增加到 72%。

(五)谈判者损害对方的需要

谈判者损害对方的需要是指谈判者只顾自己的利益，而不顾他人的需要和利益的动机，是一种你死我活的谈判策略。采用这一策略的一方往往处于强者的主动地位。

谈判者采用损害对方的需要的方法在个人之间、组织之间、国家之间的谈判中都能起作用。例如，历史上有许多不平等条约、协议的签订，都是一些强国对弱国在谈判中实施损害对方需要的方法而形成的。

(六)谈判者同时损害自己和对方的需要

谈判者同时损害自己和对方的需要是指谈判者为了达到某种特定的预期目的，完全不顾双方的需要与利益，其实这也是一种双方"自杀"的谈判办法。

在谈判发生争端时，谈判者一方为了迫使对方让步，自己也作出一定的让步。双方都无法实现自我实现需要的目标。

例如，在商品贸易洽谈中，谈判双方展开价格战，买卖双方都甘冒亏本破产的危险，竞相压低价格，以击垮竞争对手，此类场合采取的就是这类谈判策略。

采用损害他人与自己的双重需要的做法，如果是从策略方面考虑也是可以的。在商业谈判中，采用损害对方需要和自己需要的策略是为了能有效地进行讨价还价。因此，此方法这时是以退为进的策略。

四、满足双方的需要是谈判者的原则

任何一位谈判者都应明白谈判的目的是为了达到自己的目标，同时，它还应满足对方某一层次的需要。从个人之间的谈判到组织之间的谈判以及国家之间的谈判，都存在一个如何使谈判双方都感到心理上、生理上的需要得到满足的问题。人与人之间的活动交换过程所包容的利益，多于一个主体的利益。在所有主体的共同利益形成之前，各不同主体的利益在活动交换的范围内既可能是对立的，也可能是一致的。谈判活动正是一项包容多重利益的交往活动。谈判者在谈判活动中索取某种利益，以满足各自的需要。

谈判活动的本质是寻求利益。谈判实践表明，谈判者不得已坐在一块儿谈判并非是利益目标不同，相反，在许多情况下，他们的利益目标是一致的。例如，不同制度的国家领导人作为谈判者为了本国经济发展的需要而坐到一起进行谈判，既满足了本国的需要，也满足了其他参与国的需要。

(一)国家之间谈判满足双方的需要的原则

国家之间谈判，欲满足双方共同需要的谈判原则是什么？是中华人民共和国成立后所奉行的外交政策的基本原则，即和平共处五项原则。这一原则于 1954 年 4 月在《中华人民共和国和印度共和国关于中国西藏地方和印度之间的通商和交通协定》中首次提出。该原则的具体内容如下。

(1) 互相尊重主权和领土完整。
(2) 互不侵犯。
(3) 互不干涉内政。
(4) 平等互利。
(5) 和平共处。

和平共处五项原则是针对不同的社会制度、意识形态、信仰的差异确定的，它的目标是寻求共同利益，而不是迫使对方承认自己的政治主张和生活方式。所以，谈判者依据和平共处五项原则与他国谈判能达到理想的谈判目的。

(二)个人之间谈判满足双方的需要的原则

个人之间的谈判，欲满足双方的共同需要的谈判原则如下。

(1) 买卖谈判要立足于互利。

(2) 公共关系谈判要满足双方的心理需要。

(3) 调节争端谈判要着眼于公平。

(4) 领导与被领导者之间谈判要在尊重的基础上，满足高低两个层次的需要。

(5) 日常生活中个人之间谈判要以调节生理、心理平衡为准则。

第二节　谈判的原则理论

谈判原则理论的代表人物是美国哈佛大学法律学院教授罗杰·费希尔(Roger Fisher)、威廉·尤瑞(William Ury)和工商管理学院教授霍华德·雷法(Howard Raiffa)，他们的代表作是《哈佛谈判技巧》。他们在系统研究各种不同类型谈判的基础上，于 20 世纪 70 年代末提出了这种普遍适用的理论，后人将其称为"哈佛原则谈判法理论"。这种理论代表着更高水平的谈判策略，这种策略广泛适用于政治、外交、商贸、管理乃至家庭经常出现的矛盾的处理。它使谈判者跳出"讨价还价"的老框，能洒脱自如地应付复杂事物。从国际之间的谈判到个人之间的谈判，从一个问题的谈判到多个问题的谈判，从双方谈判到多方谈判，从固定谈判到突发情况的谈判，不管谈判对手有无经验，是否风格各异，"原则谈判法"都可适用。一般的谈判策略如被对方识破，就难以继续下去，而"原则谈判法"完全相反，如果对方懂得此法，则更容易谈判。

费希尔等人提出的原则谈判理论精髓，在于其四大基本谈判要点，即把人与问题分开；谈判重点是利益而不是立场；努力寻求有益的解决方法；坚持客观标准。这四个基本要点构成了一种几乎可以在任何情况下都加以运用的直截了当的谈判方法。这四个基本要点应贯穿于谈判过程的始终。

一、把人与问题分开

把人与问题分开，是指强调在谈判中把人与问题分开，对事不对人。因为谈判者都是有一定感情的人，当出现意见分歧时，情感与问题的客观是非容易纠缠不清，因此，人与问题应分开，并分别处理。

原则谈判理论极其重视心理问题的处理，重视对对方看法的引导、情绪的疏通、本意的沟通，同时也要处理自身"人的问题"。为此，原则谈判模式提出以下建议。

(一)重视对对方看法的引导

了解对方的看法是进行引导的基础,现实中看来不可避免的冲突,实际上都是人们"看法"互不相让的结果。人与人之间对问题的看法的歧见是问题的根源。对此,原则谈判理论建议如下。

(1) 注意设身处地审视各自的看法。

(2) 绝对不要以自己的猜想去推测对方的意图,应当注意核实,注意弦外之音。

(3) 讨论问题而不要责怪别人。

(4) 如果对方对你已有成见,就应找机会作出与对方看法不同的行动,以表明你的诚意。

(5) 让对方参与你的行动,使他感到自己也是事业的一分子,在他享受成功喜悦的同时助你一臂之力。

(6) 给对方面子。

(二)重视对对方情绪的疏通

在谈判中,特别是在激烈的争执中,"感受"比"说话"更重要。双方准备"较量一场"的心理,可能大于准备"同心协力"的心理。一方的情绪会影响另一方的情绪。这种情绪如不及时疏通,就容易把谈判带入僵局甚至破裂。对此原则谈判理念提出以下建议。

(1) 谈判者要了解对方和自己的情绪。

(2) 对了解到的双方的情绪,作为一种客观存在来对待。

(3) 要容许对方发泄情绪。

(4) 不要对情绪性的宣泄作出情绪性的反应,情绪导致情绪是非常危险的。

(5) 要抓住机会,利用象征性姿态。

(三)重视对对方本意的沟通

处理"人的问题"的最佳时机是在它变成问题之前,预防胜于一切。你越能很快地把一位陌生人转变成你所认识的人,谈判就越容易进行。如果把对方当"人"来看待,把问题按照其价值来处理,会给谈判者带来利益。

二、谈判重点是利益而不是立场

谈判中的基本问题不是在立场的冲突,而是在双方需求、欲望、关切和恐惧方面的冲突,这些利益的冲突是立场冲突的更深刻的背景原因。

主张谈判的重点应放在利益上,而不是立场上。立场和利益的原则在于一个人的立场是进行决策的基础,一个人的利益则是采取某种立场的根源。

例如，一方谈判的立场可能是合同中必须包括对延期交货严厉惩罚的条款，但它的利益却是保持原材料的不间断的供应。

调和双方利益而不是立场行之有效的原因有以下两个方面。

首先，任何一种利益一般都有多种可以满足的方式。例如，1978年9月戴维营会谈期间，以色列坚持要占有西奈半岛的某些地方，然而，当双方越过对方的立场，而去寻找使他坚持这种立场的利益时，往往就能找到既符合这一方的利益，又符合另一方利益的替代性立场。1979年3月26日签订的《埃及——以色列和平条约》，双方同意在西奈半岛划定非军事区，就是一种替代性立场。

其次，在对立立场背后，双方之间存在着共同利益多于对立性利益，并且所存在的共同利益往往大于冲突性利益。例如，某房客与东家的关系。按租约规定，室内原有设备如果不是故意损坏的，由房东负责修理、更换。有一天房客发现屋子里的电暖气坏了，房间里很冷，便去找房东要求更换。但房东说没有钱买新的更换。拖了一段时间，房东仍不肯让步。最后，房客找到房东说："我今天来通知你，我下个星期搬出你这儿，你必须在下周以前，把预交的三年租金如数退还，如果你下周前还不退钱，我将采取其他方式迫使你退钱。"房东心想，预收的租金已经用来盖楼房了，退不了租金可能就要被告到法庭上去。最终房东作了让步，电暖气得到更换，问题得到解决。这一问题之所以能得到解决，是因为在他们对立的立场背后既存在着冲突性利益，又存在着共同的利益。上例中，双方的共同利益如下。

(1) 双方都希望稳定。房东希望有一个长久房客，房客希望有一个长久住所。

(2) 双方都希望房子得到良好的维护，房客希望住条件好的房子，房东希望提高房子的价值和好的名声。

(3) 双方都希望与对方搞好关系。

他们之间的冲突性利益体现在以下几个方面。

(1) 房客因为太冷，要求房东修理电暖气，房东则不愿意负担更换的费用。

(2) 房客希望退回预交的租金；房东已把钱作他用，不能马上拿出这笔钱。

(3) 房客说要"采取其他方式"迫使房东退钱；房东则不愿把事情闹到法庭上去。

在双方权衡了这些共同利益和不同利益之后，更换电暖气的问题就容易处理了。由此可见，重要的是审视双方的利益，而不是在立场上争执。当然，在谈判中要做到这点，则不是件容易的事情。立场具体而明确，但隐藏在立场后面的利益却可能是不明朗、不具体的，甚至可能是相互一致的。不过大多数在立场上讨价还价的人，在表明自己的立场的同时，都会给出为何坚持这种立场的解释，它也许对我们越过立场审视其利益有一定的参考价值。假如你希望对方考虑你的利益，你也必须向他们解释。两位谈判者如果都强烈追求自己的利益，则往往可以激发自己的创造性思维，从而提出对彼此有利的解决方法。

三、提出互相得益的选择方案

　　"把人与问题分开"和"谈判重点是利益而不是立场"这两个基本要点使我们了解到：为避免立场争执，使双方达成明智的协议，从思想认识上应如何看待人、立场和利益之间的相互关系问题，怎样解决这些相互关系问题呢？这里很重要的一点就是需要提出互相得益的选择方案。

　　提出互相得益的选择方案比较难，这是因为在大多数谈判中，有四个方面的障碍阻止着大量选择方案的产生。

　　一是不成熟的判断。即不经过深思熟虑，就断定某种办法是可行还是不可行。

　　二是只寻求一种答案。有些人只认为我们好不容易才达到目前协议的程度，不到万不得已，不得节外生枝。他们担心构思多种选择方案会扰乱目前状况和拖延谈判时间。

　　三是固定的分配模式。即双方把谈判看作是分一个固定大小的饼，你拿得多，我就拿得少，从而把分配模式固定化了。

　　四是认为"他们自己的问题自己解决"。即对为达成符合自身利益的协议，必须提出也符合对方利益的解决方案的重要性认识不足。一旦任何一方由于某一问题引发情绪反应，都会使他们无法理智地思考能满足对方利益的解决方案。

　　为扫除上述障碍，提出创造性的选择方案，不仅需要纠正上述不正确的思想认识，而且要注意做到以下两点。

1. 构思多种选择方案

　　首先，要做到自己有多种构思，这时可以根据双方的主客观情况作认真的分析，因为没有对方在场，所以，不必顾虑自己的想法多么愚蠢或多么离谱。

　　其次，可以"共同构思"，因为每个人的创新能力都受到自身工作环境及知识结构的限制，而做到"共同构思"可能会更有利。例如，谈判组成员一起，或邀请有关方面的专业人员，一起以即兴讨论的方式让大家畅所欲言，往往一种创新性意见会激发其他创新意见的产生，而且，必要时甚至可以同对方一起"共同构思"。当然，与你的对方共同构思比较困难一些，因为这样你可能会说出与你自己的利益背道而驰的话；可能会泄露秘密；也可能会使对方弄错你的本意，所以，要把这个过程与谈判过程明确划清界限。为了减少对方把你的设想视为要他作出承诺的危险，你可以一次至少提两个方案，而其中一个是与你的本意相悖的方案。

2. 选择出可行方案

　　选择出可行方案是指在已提出各种选择方案的基础上，判断多种方案的优劣，筛选出可行性方案。

　　这是提供一种根据构思方案过程进行筛选的方法。

构思选择方案这项工作有四种连贯的思考形态。

第一种是思考特殊问题。例如，目前谈判中存在什么问题？有哪些是你不希望体现的事实？

第二种思考是描述性分析，即从一般性角度去分析现实情况，把问题归纳分类，并试图找出它们的原因。

第三种思考则是考虑采取什么行动，经过分析判断之后，从理论角度去探求解决办法，研究各种行为构想。

第四种思考形态是研究特定而又可行的行动方案。

把以上四种思考状态动态化，就变成一种构思过程中的四个步骤，即步骤 1：问题→步骤 2：分析→步骤 3：行动方案→步骤 4：研究。

如果能保证每个步骤进行良好，则用这种方法拟定的特定行为方案就是可行性方案。在有了某一可行性方案之后，据此可以按路线进一步追踪获得这一方案的理论依据，然后再利用这一理论依据推出其他的选择方案。也可以先从步骤 4 构思行动方案开始，然后探求隐藏其后的理论根据。

方案是否可行，最终要接受实践的检验，即要看对方是否接受这一方案。所以，构思可行的选择方案，不能只狭隘地关注自己的利益，也必须关注对方的利益和要求。

四、坚持使用客观标准

不管你多么了解对方的利益，不管你契合双方利益的方式多么巧妙，不管你多么重视与对方的关系，你仍然摆脱不了双方利益冲突这一事实。而解决双方利益矛盾问题较好的途径就是坚持使用客观标准，这种方式可以促使谈判者根据原则而不是根据压力进行谈判，即把注意力放在价值上而不是双方的耐力上。

所谓客观标准，应该具有公平性、有效性和科学性的特点。具体来说，它应该符合以下三个条件。

(1) 应该独立于各方主观意志之外，这样，对标准的看法可以不受情绪的影响。

(2) 具有合法性和切合实际。

(3) 客观标准至少在理论上适用于双方。

例如，美国费希尔等著的《哈佛谈判技巧》一书中有这样一个案例。

汤姆的汽车意外地被一部大卡车整个撞毁了，幸亏他为汽车购买了保险，可是确切的赔偿金额却要由保险公司的调查员鉴定后加以确定，于是双方有了下面的对话。

调查员：我们研究过你的案件，我们决定采用保险单的条款。这表示你可以得到 3300 美元的赔偿。

汤姆：我知道。你们是怎么算出这个数字的？

调查员：我们是依据这部汽车的现有价值。

汤姆：我了解，可是你们是按照什么标准算出这个数字的？你知道我现在要花多少钱才能买到同样的车吗？

　　调查员：你想要多少钱？

　　汤姆：我想得到按照保单所应该得到的钱，我找到一部类似的二手车，价钱是 3350 美元，加上营业和货物税之后，大概是 4000 美元。

　　调查员：4000 美元太多了吧？

　　汤姆：我所要求的不是某个数目，而是公平的赔偿。你不认为我得到足够的赔偿来换一部车是公平的吗？

　　调查员：好，我们赔偿你 3500 美元，这是我们可以付出的最高价。公司的政策是如此规定的。

　　汤姆：你们公司是怎么算出这个数字的？

　　调查员：你要知道 3500 元是你得到的最高数，你如果不想要，我就爱莫能助了。

　　汤姆：3500 美元可能是公道的，但是我不敢确定。如果你受公司政策的约束，我当然知道你的立场。可是除非你能客观地说出我能得到这个数字的理由，不然我想我还是最好诉诸法律途经，我们为什么不研究一下这件事，然后再谈？星期三上午 11 点我们可以见面谈谈吗？

　　调查员：好的。我今天在报纸上看到一部七八年的菲亚特汽车，出价 3400 美元。

　　汤姆：噢！上面有没有提到行车里数？

　　调查员：49 000 公里。你为什么问这件事？

　　汤姆：因为我的车只跑了 25 000 公里，你认为我的车子可以多值多少钱？

　　调查员：让我想想……150 美元。

　　汤姆：假设 3400 美元是合理的话，那么现在就是 3550 美元了。广告上面提到收音机没有？

　　调查员：没有。

　　汤姆：你认为一部收音机值多少钱？

　　调查员：125 美元。

　　汤姆：冷气呢？

　　……

　　两个半小时之后，汤姆拿到了 4012 美元的支票。

　　上述案例都是采取了以客观根据为公平的标准，结果是双方满意的。运用客观标准的好处是，它将双方主观意志力的较量(这往往是两败俱伤的事)转换成双方共同解决问题的努力，变"对方是否愿意做"为"问题该如何解决"，变双方以各种方法竞争上风为彼此有诚意地沟通。

　　谈判者应设法引入符合上述条件的具有公平性、有效性、科学性的客观标准。如国际标准、国家标准、专家意见、企业标准、有关先例、社会惯例、法律条文、政策规定等，这样就可能为产生明智的协议打下基础。

客观标准比较不容易受到攻击，通过对客观标准的引入和应用来逐步达成协议，有利于提高谈判效率，有助于减少双方"作出承诺"和"解除承诺"的次数。

原则谈判理论强调，在用客观标准进行谈判时，要把握以下三个基本要点。

(1) 每个问题都以双方共同寻求的客观标准来决定。

(2) 以理性来确定标准及标准的应用。

(3) 决不屈服于压力，而只服从于原则。

原则谈判法在处理国际事务中发挥了积极的作用，如埃以和谈、中东和谈等。费希尔等人认为：无论谈判对方的情况如何，如果能确切知道他们真实的价值观、判断力和政治观点等，就可以在谈判中掌握主动权。原则谈判法，更多地适用于带有价值或政治偏见的谈判，如国际争端、政治冲突等。原则谈判法对商务谈判亦有一定的指导作用。但是，原则谈判法所要求的坦诚、公平、不用诡计等，在现实生活中尤其是在商务谈判中往往并不多见，因此，原则谈判法是一种比较理想的谈判模式，对处理特定的事务才有意义。

第三节　谈判的技巧理论

谈判技巧理论的代表人物是英国的谈判学家比尔·斯科特(Bill Scott)，其代表作是《贸易洽谈技巧》。比尔·斯科特曾担任英国许多大公司和政府机关的谈判顾问，并为世界许多国家培养了大量的谈判能手。

比尔·斯科特从事谈判理论研究和实践三十多年，尤其是在商务谈判领域成绩突出，他在商务谈判领域的研究中更注重谈判技巧的研究，并形成了一套独特的"谈判技巧理论"。

比尔·斯科特认为，技巧是指导谈判者在长期的实践中逐渐形成的，以丰富的实践经验为基础的本能或行为能力。谈判技巧是以心理学、管理学、社会学及政策理论为指导并在实践中锻炼成熟的。他认为谈判技巧只有通过最大限度地与对手沟通，取得双方对问题的共识，才会发挥最大的效用。

比尔·斯科特精心挑选了"谋求一致""皆大欢喜""以战取胜"三句话来表述他的谈判理论(也称为"谈判三方针")，他极力推崇在友好、和谐的气氛下，采取"谋求一致"的谈判方针，但也不妨使用在谋得己方最大利益的前提下给对方以适当的满足的"皆大欢喜"的谈判方针，并力求避免采取冲突型的"以战取胜"的方针，他在其著作中试图消除人们头脑中把谈判看作施展手腕和诡计，争个你死我活、两败俱伤的观念。

一、谋求一致

谋求一致是一种为了谋求双方共同利益，创造最大可能一致性的谈判方针，可将其比喻为双方共同制作更大的蛋糕，使分享的蛋糕更多、更好。

如果谈判双方奉行"谋求一致"的谈判方针，那么在谈判中就要注意运用以下技巧。

(一)建立良好的谈判气氛

斯科特指出，在研究采用什么方法去影响谈判气氛之前，首先必须确定建立怎样的谈判气氛。为建立"谋求一致"型谈判基础，就必须建立良好的谈判气氛。良好的谈判气氛具有诚挚、友好、合作、轻松、认真的特点。要建立这样的谈判气氛，需要用一定的时间，使双方在思想和行动上协调一致。

(二)谈判开始阶段的谈判技巧

斯科特指出，在谈判开始阶段为谋求一致，谈判者应当努力把握好四个问题，即目标、计划、进度和个人。

目标是指双方需要达成的共识、原则、总体目的或阶段性目的。

计划是指谈判日程安排表，其内容主要包括需要双方磋商的议题、原则、规程及时间安排。

进度是根据计划确定的双方会谈进度的预估值。

个人是指谈判者对双方，尤其是对方的单个成员的姓名、职务、爱好、专业、个性以及在谈判中所起作用的熟悉程度。

(三)注意谈判方式对谈判者的影响

斯科特将各种谈判分为两类方式，即纵向谈判和横向谈判。在这两类谈判方式中，谈判双方交流的形式对谈判者的精力产生进一步的约束。

所谓横向谈判方式，是指将若干个谈判议题同时铺开，同时磋商，同时取得某些结果，同时向前推进谈判的进程。

所谓纵向谈判方式，是指将需要谈判的议题依照双方约定进行排序，先磋商某一个议题，待该议题有了磋商结果之后，再开始讨论第二个议题。

当谈判者选定了横向谈判方式之后，他所面临的最大问题是如何把握好他正在讨论的问题与其他议题之间的协调。他必须考虑，怎样利用此议题来推动彼议题的讨论，怎样将此议题的谈判结果转化为彼议题的谈判优势，怎样将此议题的结果引入来推动彼议题的讨论等。这对谈判者的综合协调能力及驾驭谈判方向的能力的确是一个考验。

而当谈判者选定了纵向谈判方式之后，他所面临的最大问题是如何确定并与对方协调所有谈判议题的讨论顺序。他必须考虑，先磋商什么问题才会对自己更有利一些，这样的顺序安排如何才能获得对方的同意，以什么理由去说服对方等。采取纵向谈判方式，双方可能在某个议题上长时间争执不下，一旦形成这种局面，谈判便僵持不前，从而严重影响整个谈判进程，因此，为了避免出现精力分散的情况，谈判者要选择好适合于特定谈判方式的交流形式。在谈判双方刚开始接触时，各自提出的谈判条件会存在许多差异，处理这些差异有两种交流形式：一是"以线为准"，二是"各抒己见"。

(四)"谋求一致"的谋略

谋求一致，首先表现为谈判者单方面的一种希望或一种构想，要使之变成谈判双方一致的行动，还需要谈判者小心地探索对方的真实想法并加以积极有效的引导。谈判者必须认识到，互惠互利要靠有效的沟通，谈判者应当善于分析造成交流障碍的原因，善于在谈判过程中运用沟通技巧。

斯科特针对谈判过程中为谋求一致而应采取的谋略提出以下建议。

(1) 抓住陈述的关键。

(2) 用专业的头脑倾听对方的解释。

(3) 进行建设性引导。

(4) 危险因素分析，重新审查谈判方针。

(5) 对谈判日程进行作业控制。

(6) 努力排除交流障碍。

谋求一致是在谈判双方取得共识的基础上形成的。然而，谋求一致有时不得不表现为谈判某一方的一厢情愿或希望，它不能获得对方的有效呼应和共鸣，这时，谈判者就应当考虑采用其他的方式来谈判。

二、皆大欢喜

皆大欢喜是一种使谈判双方保持积极的关系，各得其所的谈判方针。

斯科特指出，谈判者总是竭力争取为自己在谈判中谋得尽可能大的利益，为此，谈判者可能会采用各种手段与技巧，但是，争取本方最大利益的目标与行为，都绝不意味着要去损害他人的利益，损人而利己的任何手段与技巧都是不可取的。斯科特建议，较好的方式是使用在谋求本方最大可能利益的前提下给对方以适当满足的"皆大欢喜"的谈判方针。

比尔·斯科特用下面这个小故事来说明皆大欢喜的方针。

杰克·琼斯想为女朋友买一枚戒指，他已攒了大约400英镑，并且每星期还继续攒20英镑。一天，他来到史密斯珠宝店，一下子被一枚标价750英镑的戒指吸引住了，但他买不起，琼斯很沮丧。后来他偶然又走进布朗珠宝店，那里有一枚与史密斯店里的那枚很相似的戒指，每枚标价500英镑。他想买，但心里还惦记着史密斯珠宝店那枚750英镑的戒指，希望数星期后这枚戒指还没有卖出去。

数星期后，很幸运，史密斯珠宝店的戒指不但没有卖出去，价格还降了20%，减为600英镑。琼斯很高兴，但钱还是不够，他把情况向老板说明了，老板非常乐意帮助他，再向他提供 10%的特别优惠的现金折扣，现为 540 英镑。琼斯当即付了 450 英镑，并承诺月底付清剩下的 90 英镑，然后怀着喜悦的心情离开了。这样琼斯少花了 210 英镑，他的女朋友得到了价值 750 英镑的戒指，两人都满心欢喜。

当然，史密斯珠宝店也很满意，他们和布朗珠宝店一样，都是以每枚 300 英镑的价格从批发商那里购进同样的戒指，但史密斯珠宝店获得了 240 英镑的纯利，而布朗珠宝店的标价虽然一直比史密斯的低，但未吸引住杰克·琼斯。

在上例中，琼斯对这笔交易的评价是，他得到了一枚价值 750 英镑的戒指，而且那是个仅有的、随时有可能被别人买走的戒指，他为自己聪明地待了数星期后获得了减价的好处而感到愉快，还为经讨价还价后又得到的 10%的优惠现金折扣而高兴。而史密斯珠宝店在这次谈判中所采取的每一个步骤，都是为了使琼斯得到满足，包括：使戒指具有高价感，使他在讨价还价中有获胜感，使他有成交后的获益感等。这些感觉综合起来，使他心理上得到了满足，同时也为卖方带来了利益。

还有在商务谈判中买方在心理上得到了满足，认为谈判为自己带来了利益的例子。例如，一位承包商说"我的收费为 600～700 元"，买主认为价格是 600 元，卖主则以 700 元标价。他们彼此想的就是达成协议的基础。有时买主虽然满怀希望，但仍会预算高一些，他的预算可能早定在 700 元了，所以最后确定为 690 元，买主会高兴，甚至觉得省了 10 元钱。若卖主进一步向买主说明本来价格是 750 元，那么买主便会更相信自己做成了一笔好买卖，甚至会慷慨而爽快地付出其他额外的费用。

总之，"皆大欢喜"的谈判方针所使用的方法，应能保证对方得到满足，同时又使己方获得预期的利益。与"谋求一致"相比，它不是把蛋糕做到尽可能大，而是根据不同需要、不同价值观，分割既定的一个蛋糕。但是，如果任何一方所得到的是半个以上的"果料"，而把另一方喜欢吃的蛋糕上的那层"糖霜"让予他，那就更好了。这样，每一方都觉得他们吃了最可口的部分，都从这块蛋糕上得到了百分之六十的满足。

(一)实现"皆大欢喜"的原则

谈判过程以及谈判结果能不能使谈判各方感到公平，是"皆大欢喜"的谈判能否实现的关键。"公平"的标准是：要么谈判各方的需要都得到了平等的满足，要么各方都感到不满足。为实现谈判的公平，谈判时应遵循以下原则。

(1) 利己不损人。

(2) 积极影响对方评价事物的方法，引导对方获得满足感(合理切蛋糕)。

(3) 明确"本方利益"。

(4) 通过摸底分析对方利益所在。

(5) 恰当确定谈判议程和本方让步方案。

(二)把握好"报价"与"磋商"技巧

斯科特指出,在以"皆大欢喜"的谈判方针进行谈判时,"报价"和"磋商"是两个"相当重要"的阶段,这两个阶段涉及许多细微的技巧问题。斯科特总结出许多报价技巧,这些技巧来源于他对谈判规律和公理的认识与研究。这些技巧如下。

(1) 报价应当符合"公理"。

(2) 首次报价应当明确、坚定、没有保留、毫不犹豫。

(3) 磋商的关键在于搞清楚对方的需求(正确判断分歧)。

(4) 遵从对等让步原则。

(5) 将磋商的积极结果文字化。

(三)灵活运用"皆大欢喜"的谈判策略(12 种)

欲取得"皆大欢喜"的谈判效果,还需适当运用以下谈判策略:

(1) 佯攻(声东击西)。

(2) "权力有限"。

(3) 软硬角色搭配。

(4) 因势利导,变否定为肯定。

(5) 探询理由。

(6) 建议休息。

(7) 提出谈判时间限定。

(8) 多方位假设。

(9) 和盘托出。

(10) 强调有限利益。

(11) "润滑剂"。

(12) "场外交易"。

三、以战取胜

上述的第一种谈判方针"谋求一致",双方是制造机会在谋求一致的基础上达成协议。第二种方针"皆大欢喜"是在合作性机会很少的情况下达成双方满意的公平交易。谈判有时会遇到第三种情况,即通过一场尖锐的冲突,以你败我胜告终。此时,奉行的就是"以战取胜"的方针,即通过牺牲对方利益,取得自己的最大利益而打败对方。

(一)"以战取胜"的危害性

(1) 失去了对方的友谊。

(2)　失去了将来与对方开展更大业务往来的机会。

(3)　遭受对方顽强的反击时，首先发起攻击的一方可能会一败涂地。

(4)　由于对方被迫屈从，所以不太可能积极履行协议。

由于这种谈判方针有上述诸多危害，所以谈判高手极少使用它，只有外行的谈判人员才会去冒这个险。

(二)以战取胜的时机

斯科特极力主张应尽量避免采取"以战取胜"的谈判方针，他警告说："一方胜利而另一方失败的谈判性结局危害性大"，并称"只有外行的谈判人员才会去冒这种风险。"

从客观上看，只有两种情况可以采取"以战取胜"谈判方针。

(1)　一次性谈判。即指在这之后双方不会再遭遇，因而也就没有必要担心长远的买卖关系问题。传统的例子包括：一是上门推销商，二是不需要房地产代理人和律师介入的私人房产的买卖。

(2)　买卖一方的实力比另一方强大得多。例如，一个实力雄厚的垄断者，他可以从彼此相互竞争的任何一家供应者中买进商品，而另一方只能屈从、依附于对方。

在上述情况下，一方可能会受到另一方的攻击。但斯科特认为，即使自己处于较强的地位，也不能采取这种强权策略，而仍应坚持以"皆大欢喜"的方针进行谈判。

(三)如何判断对手有"以战取胜"的企图

己方不要去制造冲突，但却要做好准备，做好面对对方制造冲突的反击准备，即先要具有判断对手有无"以战取胜"企图的能力。

谈判者在与对手打交道时，可以通过对对手谈判的姿态、谈判的目的、谈判方针的判断分析，以确认对方是否有"以战取胜"的企图。有以战取胜企图的谈判者的信条是权力至上，为了完成任务，毫不顾及所采用的手段对别人的影响。他把对方看成是"敌人"，他的目的就是自己取胜而让对方失败，他使用的方法是强有力的。在谈判中，他会通过各种谈判策略来加强自己的权利，他所用的方法有如下几种。

(1)　寻觅各种获得利益的机会。

(2)　在谈判过程中不断要求获得好处。

(3)　每一次让步都深谋远虑。

(4)　采取强权。

(5)　以任务为中心，不考虑对方荣誉、自尊和感情。

(四) "以战取胜"的谈判特征

谈判中，如果一方有"以战取胜"的企图，那么，在他的谈判行为上就会表现出以下特征。

(1) 千方百计地制造冲突，巧妙且令人难堪地将冲突的责任推给对方，使对方为了证明自己的合作姿态而不断地作出让步。

(2) 没有时间和兴趣与对手进行平等友好的初始接触，甚至根本不想听取对方任何关于谈判意图的说明。

(3) "垂直"安排谈判日程。

(4) 谈判态度强硬。

(五)"以战取胜"常用的策略(10 种)

(1) 刺探情报。

(2) 坚持先"获取"后"给予"。

(3) 喜怒于形，富有情绪。

(4) 走上层路线。

(5) "扑克牌"(面无表情)。

(6) 在会议记录上做手脚。

(7) 步步诱逼。

(8) 采取讹诈。

(9) 利用色相，进行欺诈。

(10) 采取窃听手段了解对手内情。

(六)对付"以战取胜"的反策略

(1) 设法不让他参加谈判。

(2) 控制谈判局势，控制讨论的议题和谈判议程。

(3) 采取灵活手段，把谈判面铺得广一些。

(4) 采取各种反措施。

(5) 不要感情冲动，保持冷静。

(6) 在忍无可忍的时候，起身离开会场，以示抗议。

斯科特的谈判技巧理论强调了谈判的技巧性和灵活性，对指导谈判实战和培训谈判人员具有很强的实用性，但它跟任何谈判技巧一样，往往局限于战术，而没有从战略的高度来认识和指导谈判。同时，它更多地适用于商务谈判，而在政治、外交、军事等领域被认同的程度不高。

除了以上的谈判经典理论以外，还有谈判的结构理论、谈判的实力理论、谈判的谋略理论等，因篇幅有限，此处不再一一陈述。

本 章 小 结

　　本章"谈判经典理论"分三节进行了论述。第一节"谈判的需要理论"先后阐释了马斯洛的"需要层次论"和尼尔伦伯格的"谈判需要理论"。第二节"谈判的原则理论"阐释了谈判原则理论。第三节"谈判的技巧理论"阐释了谈判技巧理论。通过本章的学习，能使谈判者理解和明确谈判的经典理论，以使其在谈判的经典理论的指导下，能更好地进行谈判，取得较佳的谈判效果。

自 测 题

关键名词

需要层次论　和平共处五项原则

思考训练题

1. 简述马斯洛需要层次论的内容。
2. 谈判原则理论的代表人物是谁？简述谈判原则理论的内容。
3. 谈判技巧理论的代表人物是谁？简述谈判技巧理论的内容。

案 例 分 析

美国商人图德拉巧施连环计

　　有一个不出名的美国商人，巧施连环计，击败了比他强大百倍的竞争对手，获得了成功。这个商人叫图德拉(Tudela)。在 20 世纪 60 年代中期，他只是一家玻璃制造公司的老板。他喜欢石油行业，自学成才成为石油工程师，他希望能做石油生意。一天，偶然的机会他从朋友那里得知阿根廷即将在市场上购买××万美元的丁烷气体，他立刻决定去那里看看是否能弄到这份合同。当他这个玻璃制造商到达阿根廷时，在石油方面既无人脉关系，也无经验可言，只能仗着一股勇气硬闯。当时他的竞争对手是非常强大的英国石油公司和壳牌石油公司。在做了一番摸底以后，他发现了一件事，阿根廷牛肉供应过剩，正想不顾一切地卖掉牛肉。知道这一事实，他就已获得了竞争的第一个优势。于是，他告诉阿根廷政府："如果你们向我买××万美元的丁烷气体，我一定向你们购买××万美元的牛肉。"阿根廷政府欣然同意，他以买牛肉为条件，争取到了阿根廷政府的合同。图德拉随即飞往西班牙，发现那里有一家造船厂因缺少订货而濒于关闭。它是西班牙政府所面临的一个政治上棘手而又特别敏感的问题。他告诉西班牙人："如果你们向我买×××万美元的牛肉，我就在你们造船厂订购一艘造价×××万美元的超级油轮。"西班牙人不胜欣喜，通过他们的大使传话给阿根廷，要将图德拉的×××万美元的牛肉直接运往西班牙。图德拉的最后一站是美国费城的太阳石油公司。他对他们说："如果你们租用我正在西班牙建造的价值×××万美元的超级油轮，我将向你们购买×××万美元的丁烷气体。"太阳石油公司同意了。就这样，一个玻璃制造商成功地做成了×××万美元的石油交易，他的竞争对手只能自叹弗如。图德拉正是凭借掌握对方需求信息，全面、准确、清楚地了解对方的利益需要，击败了比他强大百倍的竞争对手，获得了成功，在竞争中取胜。

可见，谁能更全面、准确、清楚地了解对方的利益需要，谁就有可能在竞争中取胜。参与谈判的各方的利益需求是谈判的基本动因。

(资料来源：张正忠. 三国智谋应用[M]. 修订版. 长春：长春出版社，2009.)

问题：

1. 上述案例体现了谈判的什么理论？

2. 尼尔伦伯格总结出"谈判需要理论"，有哪六种需要的适用方法？

第二篇 商务谈判实践篇

第六章 商务谈判概述

【学习要点及目标】

通过本章的学习，理解和明确商务谈判的含义、特点、作用、原则和分类。

【引导案例】

罗培兹的采购谈判

美国通用汽车是世界上最大的汽车公司之一，早期通用汽车曾经起用了一个叫罗培兹的采购部经理，他上任半年，就帮通用汽车增加了净利润 20 亿美元。他是如何做到的呢？汽车是由许许多多的零部件组成的，其大多是外购件，罗培兹上任的半年时间里只做一件事，就是把所有的供应配件的厂商请来谈判。他说："我们公司信用这样好，用量这样大，所以我们认为，现在要重新评估价格，如果你们不能给出更低的价格，我们打算更换供应的厂商。"这样谈判下来之后，罗培兹在半年的时间里就为通用公司省下了 20 亿美元！

难怪美国前总统克林顿(William Jefferson Clinton)的首席谈判顾问罗杰·道森(Roger Daw Son)说："全世界赚钱最快的办法就是谈判！"

(资料来源：于杨利. 谈判[M]. 北京：中信出版社，2010.)

随着我国社会主义市场经济体制的确立和改革开放的不断深入，商务谈判已成为我国日益广泛的谈判内容。它在国际贸易和各种经济合作竞争中，在国内的经济交往中，已经起到越来越重要的作用。

第一节 商务谈判的含义、特点和作用

一、商务谈判的含义

(一)商务的含义

商务也叫商事，它是指经法律认可，以社会分工为基础，以提供商品、技术、设备或

劳务为内容的一切有形与无形资产的交换买卖的营利性的经济活动。

按照国际惯例的划分,商务行为可分为四种:第一,直接媒介商品的交易活动,如批发、零售商直接从事商品的收购与销售活动,称为"买卖商";第二,为"买卖商"直接服务的商业活动,如运输、仓储、居间行为、加工整理等,称为"辅助商";第三,间接为商业活动服务的,如金融、保险、售托、租赁等,称为"第三商";第四,具有劳务性质的活动,如旅店、饭店、理发、浴池、影剧院以及商品信息、咨询、广告等劳务,称为"第四商"。

(二)"贸易洽谈"与"商务谈判"的异同

"洽谈"和"谈判"两者之间无本质区别,但两者却有词义上的差异,即"洽谈"强调和睦对话,而又承认分歧;"谈判"则注重表达对分歧的评断,并强调结果性。相反,"洽谈"对结果性不太强调,而强调灵活性、温和性。基于这些差异,有的人喜欢说"贸易洽谈",有的人喜欢叫"商务谈判"。但两种提法均是指一种现象。本书选用"商务谈判"这一称谓。

(三)商务谈判的基本概念

商务谈判是指进行经济交往的当事人或经济实体间为达到各自的经济目的,解决各方的争议,以达成协议所进行交流、讨论、磋商的活动过程。

二、商务谈判的特点

商务谈判与其他内容的谈判相比,有如下自身的特点。

(一)目的的经济性和价值的转换性

1. 商务谈判具有目的的经济性的特点

任何谈判都是有目的的,例如,国与国之间的政治谈判大都是两国就某一政治问题达成一致的意见,或是为了增进两国的友谊。军事谈判多是为了维持和争取一定的政治、军事利益。而商务谈判的主要目的却是维护和争取更多的经济利益,具有其经济性的特点。如顾客购买商品时压价是为了省钱,卖主抬价是为了多赚钱;一个工厂与另一个工厂经谈判签订一项技术协议是为了发展自己企业的生产,提高其经济效益。所有的商务谈判,无一不是以取得一定的经济利益为目的的。所以,参加商务谈判的人员,一定要首先考虑商务谈判必须获得一定的经济利益这一谈判目的的特点。

2. 商务谈判具有价值转换性的特点

商务谈判,产生于商品交换。根据马克思主义政治经济学,商品交换的实质是商品价值和使用价值的转换。一旦买方(商品使用价值需求者)和卖方(商品价值需求者)在谈判中签订合同，商品随之由卖方转让给买方，便实现了其价值的转换。例如，我们到商店购买厨房炊具，一旦拍板成交，付款取货，炊具就由商店的商品价值需求者之手，转换成我们商品使用价值需求者家里的厨具。

(二)主体的多层位性和客体的广泛性

所谓谈判的主体，是指谈判的当事人。商务谈判的买卖或供求双方的当事人构成了商务谈判的主体。商务谈判具有主体的多层位性的特点。

首先，商务谈判的主体具有多层次性。商务谈判不像外交谈判、政治军事谈判的主体只局限于国家和政治、军事团体之间，社会其他各层次的主体均可涉足这一谈判领域。如果大致地划分层次，其主体的最高层次可以是国家之间，甚至是国际组织之间，如中俄边贸谈判。其主体再低一点的层次就是企业或其他经济法人之间的各种商务谈判。如建材公司与建筑公司的材料供求谈判、各商业团体间的商业谈判等。这一层次的谈判比较普遍。其主体最低层次是在个人之间进行的谈判，如小市场上买卖双方个人的讨价还价便是在低层次主体间进行的。而且，各层次之间还可以相互交叉进行谈判，如个人与企业、企业与国家、国家与国际组织等。

其次，商务谈判的主体具有多位性。商务谈判的主体往往不局限于双方，有时，还有多方主体共同参与谈判。像经济合作性的谈判往往由多方当事人参加，如欧共体各国的经济合作协商、2015年10月6日美日等12国TPP谈判等。现代谈判中，如一些大型的设备、技术、成套项目引进的谈判，当事人也不只是双方，而可能是多方参与，往往除买卖双方外，还有政府部门代表和商业银行等金融机构的参与等。

最后，商务谈判还具有客体的广泛性的特点。所谓谈判的客体，是指谈判的议题和内容。商务谈判的客体是根据商业交易活动来确定的。在发展市场经济的国际国内的大环境下，商务交易活动包罗万象。因此，商务谈判的内容和议题的范围也十分广泛，诸如货物销售，劳务、工程、技术贸易，代理和推销、租赁、投资、参股、经济纠纷等有关议题和内容的谈判数不胜数。所以，商务谈判的客体具有广泛性。

(三)对象的可选择性和关系的平等性

1. 商务谈判具有对象的可选择性的特点

商务谈判是处理买与卖、供与求的关系，而商品买卖的基本法则是自由贸易，所以，买者和卖者都有选择谈判对手的自由权。而政治、军事谈判对象的选择就没有这种自由权。如国与国的边境谈判只能与相邻的未定边界的国家谈，停战谈判也只能以交战国为对象。由于商务谈判具有对象的可选择性，所以，买卖双方都应充分行使谈判对象选择的自由权，尽量挑选适宜合作的对手为谈判对象。

2. 商务谈判具有各方的关系平等性的特点

商务谈判的当事人有时可能是对等的，有时可能是不对等的，而且谈判双方背后拥有的政治经济实力也常常是强弱不一。然而，这些并不是左右谈判的重要条件。因商务谈判各方不分地位高下、组织大小、实力强弱，其相互关系均处于平等地位。卖方可用有形或无形的商品，买方以特殊的商品——货币，平等地进行交换。而政治军事谈判虽然要求谈判者职位对等，但它却总是以实力为后盾的，对手之间很难真正称得上是平等关系。

(四)形式的多样性和方法的科学性

1. 商务谈判具有形式的多样性的特点

商务谈判不像政治军事谈判完全需要在正式场合下面对面地进行谈判。它可以是正规谈判，也可以是非正规谈判。比如，双方碰到一起要谈一笔生意，可以在任意的非正式场合和时间内进行洽谈，有时甚至在路上或汽车里相遇，也可以随时洽谈，拍板成交。除了面对面的直接洽谈外，还可以通过信函、电报、电传等现代通信工具进行谈判。这些间接方式往往有快速、及时等不可替代的优点，越来越多地被谈判者采用。

2. 商务谈判具有方法的科学性的特点

随着社会经济的发展和社会文明的进步，商务活动的舞台在不断扩展，流通的规模、结构、内容也在不断扩大、发展、变化着。随之，商务谈判的内容也愈来愈复杂化，商务谈判的方式也就必须科学化。另外，很多商务谈判内容的本身便具有科学性。如引进大型设备谈判以及技术贸易、工程招标投标谈判等，其科学性都很强。如果谈判者不懂其有关科学技术常识，而在谈判中又不注意谈判方法的科学性，就很难使谈判取得成功。即使有些谈判不涉及科学技术较强的内容，但也会涉及哲学、心理学、社会学、语言学、公共关系学、运筹学、逻辑学等科学知识和科学方法。如今，在各种内容的商务谈判中，需要更多地运用辩证方法、系统方法和数学方法去把握和推进谈判的进程。如数学方法中的"概率评估法""线性回归分析法""对策论"等便经常在商务谈判中运用。在商务谈判中需经常采用的一些策略也都是谈判艺术和科学的火花。所以说，商务谈判的方法具有科学性。

三、商务谈判的作用

(一)商务谈判可以起到经济上互通有无、相互合作的作用

正如本书前面所言，谈判不是你死我活的棋盘上的角逐，而是一种合作的事业。而商务谈判更是如此。它的合作，体现为经济上互通有无，满足各自的需求，或共同合作，追求更多的经济利益。双方或多方当事人可通过谈判，增加对各自需求及内部情况和外部环境的了解，而后相互作出适当让步，最后取得一致，达成协议。谈判协议一经形成，便起

到了经济上互通有无，或经济利益上相互合作的作用。

(二)商务谈判可以起到加深相互了解，稳定客户关系的作用

商务活动具有重复性，它不可能在双方发生一次贸易活动后就不再从事这类贸易了。特别是那些正规的或较稳定的企业或商业团体，他们尽量避免做一锤子买卖，而是从长远利益出发，从初次谈判成交后，仍关注以后的来往，并注重在以后的谈判中逐渐增加对合伙人的谈判特点和贸易习惯的了解，不断巩固相互间的贸易联系，以促其在以后的商务活动中与自己多达成谈判协议。

(三)商务谈判可以起到了解市场变化，促进生产经营的发展的作用

在市场竞争的大环境下，企业的生产和经营要经常受到各种经济变动因素的影响，如商品资源、购买力、价格水平、国家的经济政策、市场体系、市场组织等，均处于不断变化之中。作为商务谈判者，既要根据国内外市场变化的形势随机应变地参加谈判，也应通过谈判多了解市场的变化趋势。如有时通过谈判可能会了解到某种原材料紧缺、某种商品供过于求、某项新产品会在市场上走俏等，这对企业购进原材料，保证生产，及早倾销过剩商品，尽快调整产品数量型号或开发新产品，促进企业的生产经营发展都会起到很大的作用。有时，即使一次谈判不成功，但通过谈判而带来的类似以上的作用，也是非常可贵的。

第二节 商务谈判的原则

人类的谈判活动既是错综复杂的活动，又是人的理性的活动，是有规律可循的活动。商务谈判原则是对商务谈判实践的高度归纳和总结的结果，它深刻全面地揭示了商务谈判活动的客观规律，是任何商务谈判都适用的最高规范，也是商务谈判走向成功的一般要求。本节特对商务谈判遵循的几个原则逐一进行阐释。

一、真诚守信原则

真诚守信原则是一个重要的谈判原则，它在商务谈判中的价值不可估量，它会使谈判方由劣势变优势，使优势更加发挥作用。

常言道："人事无信难立，买卖无信难成。"谈判各方人员之间的信任感会决定谈判有一个好的发展前途，因为信任感在商务谈判中的作用是至关重要的。如果双方没有信任感，也就不可能有任何谈判，也不可能达成任何协议。而只有让对方感到你是有诚意的，对方才可能对你产生信任感，只有出于真诚，双方才会认真对待谈判。其中的守信，则要求谈

判各方在交易中"言必信，行必果"。守信给人以信任感、安全感，使对方愿意同你打交道，甚至愿意与你建立长久的交易关系。因此，对于谈判人员来说，真诚守信重于泰山。可以认为，谈判只有做到真诚守信，才能取得相互的理解、信赖与合作，也就是说谈判各方坚持真诚守信的谈判原则，就在很大程度上奠定了谈判成功的基础。

在谈判中注重真诚守信，一是要站在对方的立场上，将了解到的情况坦率相告，以满足其权威感和自我意识；二是要把握时机以适当的方式向对方袒露己方某些意图，消除对方的心理障碍，化解疑惑，为谈判打下坚实的信任基础，但又并非是原原本本地把企业的谈判意图和谈判方案告诉对方。

真诚守信原则，并不反对谈判中的策略运用，而是要求企业在基本的出发点上要诚挚可信，讲究信誉，言必信，行必果，要在人格上取得对方的信赖。真诚守信原则还要求在谈判时，观察对手的谈判诚意和信用程度，以避免不必要的损失。

二、平等自愿原则

平等自愿原则要求商务谈判的双方或多方坚持在地位平等、自愿合作的条件下建立合作关系，并通过平等协商、公平交易来实现双方的权利和义务。

商务谈判的平等是指在商务谈判中，无论各方的经济实力强弱、组织规模大小，其地位都是平等的。因此，在谈判桌前，无论其企业大小、强弱、效益如何，都没有高低贵贱之分，相互之间都要平等对待。平等是商务谈判的重要基础，平等是衡量商务谈判成功与否的最基本标准。就这一点而言，商务谈判比外交谈判具有更高的平等性。

具体来看，在商务谈判中，各当事人对于交易项目及其交易条件都拥有同样的选择权。协议的达成只能通过双方或多方的平等对话，协商一致，不能一方说了算或少数服从多数。从合作项目的角度看，合作的双方或多方都具有一定的"否决权"。这种"否决权"具有同质性，因为只要一方不同意合作，那么交易就无法达成。这种同质的"否决权"在客观上赋予了谈判各方相对平等的地位。

商务谈判中的自愿是指具有独立行为能力的交易各方出于自身利益目标的追求，能够按着自己的意愿来进行谈判，并作出决定，而非外界的压力或他人的驱使来参加谈判。

应该认识到商务谈判是一种自愿的活动，是谈判各方为满足各自意愿而寻求优势互补的一种自愿活动，任何一方都可以在任何时候退出或拒绝进行谈判。谈判的任何一方没有权力以强制手段挟制另一方必须参加谈判或不得中途退场。可以认为，自愿是商务谈判各方进行合作的重要前提和保证。只有自愿，谈判各方才会有合作的诚意，才会进行平等的竞争与合作，才会互谅互让，作出某些让步，通过互惠互利最终达成协议，取得令各方满意的结果。而一旦出现强迫性行为，被迫一方就会退出谈判，谈判也就会因此而破裂。即使谈判没有破裂，被强迫的一方也不会签订合同。我国的经济合同法也规定，凡是通过强迫命令、欺诈、胁迫等手段签订的合同，在法律上是无效的。

贯彻平等自愿原则，要求谈判各方相互尊重，以礼相待，任何一方都不能仗势欺人，以强凌弱，把自己的意志强加于人。只有坚持平等自愿原则，商务谈判才能在互信合作的气氛中顺利进行，才能达到互助互惠的谈判目标。

三、讲求效益原则

讲求效益原则是指人们在商务谈判过程中，应当讲求谈判效益，提高谈判效率，降低谈判成本。

商务谈判一定要遵循讲求效益原则，因为使己方获取尽可能大的利益是商务活动的本性，追求较高的效益是商务谈判的首要和根本目标。这就要求谈判者必须具有较强的效益意识。如果谈判者羞于谈利益，不敢争取自己的利益，轻易牺牲自己的利益，便会使己方失去不该失去的利益或造成不必要的损失，有违商务谈判的根本目标，丧失商务活动的本性。

商务谈判为讲求效益，还必须提高谈判效率。特别是当代社会科学技术发展日新月异，产品寿命周期日益缩短，更要求商务谈判应具有较高的效率。很多企业的做法是，企业开发的新产品还没有上市时，就开始进行广泛的供需洽谈，以便尽早打开市场，多赢得客户，以取得较好的经济效益。

讲求谈判的效益，提高谈判效率之中，也包括注意降低谈判成本。加快谈判进程，有助于谈判成本的降低，也有利于谈判效率的提高。另外，选择适宜的谈判方式也有助于降低谈判成本，如能采用电子商务谈判方式，就不必非得远赴他乡进行面对面的口头谈判。再者，讲求效益原则还要求谈判者不仅应看到眼前的、局部的利益，更要看到整体的、长远的利益，即讲求更远、更大的效益。

四、互惠互利原则

互惠互利原则是指商务谈判的各方在利益上不仅考虑己方利益，也要适应其他方需要，为对方着想，与之互通有无，最终实现等价交换、互惠互利，使各方都能得到满足。

首先，互惠互利是马克思主义经济学原理等量劳动相交换本质的体现。根据马克思主义经济学原理，价值规律是商品生产和商品交换的基本经济规律，商品交换的实质是等量劳动的交换，这种等量劳动的交换最先表现为有偿交换，即在取得对方的商品时，要用自己的商品通过交换来取得经济利益。商务谈判作为有偿贸易谈判，应体现价值规律的这一要求，不搞无偿调拨。另外，等量劳动相交换在商品交易中不仅要求有偿交换，还要求实行等价交换，要根据市场供求状况、各方的经营目的和具体意图等，使谈判各方都能获得利益。

其次，互惠互利是平等自愿原则在经济上的客观要求和直接、具体的体现结果。平等的商务谈判有别于竞技比赛，不会导致一方胜利，一方败北；一方赢利，一方亏本。如果只有利于一方,不利方就会退出谈判,胜利方也就不会存在。

商务谈判的结果有四种:①你赢我输;②你输我赢;③你输我也输;④你赢我也赢。前两种结果实际上是一方侵占了另一方的利益;第三种结果说明双方相互争斗,导致两败俱伤,这是双方都不愿看到的结果;第四种结果表明双方都是赢家,达到了互惠互利,这是谈判各方都应努力争取的结果。

互惠互利原则是谈判取得成功的重要保证。但这并不是说双方从谈判中获得的一种利益必须是等量的。互利并不意味着一种利益的相等,因为人们在同一事物上很可能有不同的利益,在利益的选择上有多种途径。

例如,两个人争一个橘子,最后协商的结果是把橘子一分为二,第一个人吃掉了分给他的一半,扔掉了皮;第二个人则扔掉了橘子,留下皮做药。如果采用将皮和果实分为两部分的方法,则可以最大限度地实现两个人的利益。这就要求谈判者善于发现对方真实的和重要的需要,多考虑对方的合理利益,并善于构思多种方案,把"蛋糕"做大,尽可能给予对方心理和利益上的满足,使双方各取所需、互利双赢。

互惠互利应是商务谈判双方的基本出发点。企业应把眼光看得远一些,要有现代竞争意识,不要计较一时一地的得失,只追求眼前利益的最大化,而要立足长远,争取企业的长远发展和长远利益的最大化,要认识到只有大家都有钱赚,生意才能做长,利益才会久远。

五、灵活变通原则

灵活变通原则是指谈判者在把握己方最低利益目标的基础上,为了使谈判协议得以签署而考虑多种途径、多种方法、多种方式灵活地加以处理。

商务谈判具有很强的随机性,因为它受到多种因素的制约,其变数很多,所以,只有在谈判中随机应变、灵活应对、加以变通,才能提高谈判成功的概率。这就要求谈判者具有全局而长远的眼光、敏捷的思维,灵活地进行运筹,即善于针对谈判内容的轻重、对象的层次和事先决定的"兵力"部署和方案设计,而随时作出必要的改变,以适应谈判场上的变化。

具体来看,谈判者在维护自己一方利益的前提下,只要有利于双方达成协议,就没有什么不能放弃的,也没有什么是不可更改的。在谈判中,往往是冲突利益之中体现着共同利益。例如,产品的交易谈判,双方的利益冲突是卖方要抬高售价,买方要降低售价;卖方要延长交货期,买方要缩短交货期。但双方的共同利益却是双方都有要成交的强烈愿望,双方都有长期合作的打算,也可能是双方对产品的质量、性能都很满意。由此可见,双方的共同利益还是存在的。为此,你可以采取一定的方法调和双方的分歧利益,使不同的利益变为共同的利益。如果买方一次性付清货款,可能换来卖方的优惠价,也可能是卖方的售后服务使得买方乐意出高价。许多时候,恰恰是因为利益的不同,才会使协议成为可能。

交易双方的一方想要得到金钱，一方想要得到物品，于是交易就做成了。

然而，如果在谈判中，虽然己方经过种种努力，对方的主张仍没有一点变通的余地，那么，你所要考虑的则是不接受这种不公正要求的结果。因为这不是自己的最佳选择，这种谈判即使达成协议，也是以牺牲一方利益换取另一方利益的谈判，而不是双方都满意的谈判。

六、遵守法律原则

经济活动的宗旨是合法盈利，为此，任何商务谈判都是在一定的法律约束下进行的，法律规范制约着商务谈判的内容和方法，所以，商务谈判还必须遵守法律原则。

所谓遵守法律原则，是指在商务谈判及合同签订的过程中，必须遵守国家法律和政策，对外商务谈判还应当遵循国际法则及尊重对方国家有关法律。商务谈判的遵守法律原则具体体现在以下三个方面。

(1) 谈判主体合法，即谈判参与的各方组织及其谈判人员具有合法的资格。

(2) 谈判论题合法，即谈判所要磋商的交易项目具有合法性，对于法律不允许的行为，如买卖毒品、买卖人口、走私货物等，其谈判显然是违法的。

(3) 谈判手段合法，即应通过公正、公平、公开的手段达到谈判目的，而不能采用某些不正当的，如行贿受贿、暴力威胁等手段来达到谈判目的。总之，只有在商务谈判中遵守法律原则，谈判及其协议才具有法律效力，当事各方的权益才能受到法律的保护，这样，也就体现了经济活动合法盈利的宗旨。

现代人经商时，仅仅知法、懂法还不够，重要的是会用法，可以通过法律来维护自己的权益。

而长期以来，不少单位守法和用法观念淡薄，其表现之一是一些企业和事业单位有意无意地触犯和违反了政策、法律和条令；其表现之二是，有些企业的利益受到侵犯，却不知依法向对方追究责任，尤其是在与外商交易时更是如此。因此，商务谈判还须遵守法律原则，否则会害人害己。

第三节　商务谈判的分类

一、按商务谈判的具体内容分类

按商务谈判的具体内容分类，商务谈判可分为商品购销谈判、技术贸易谈判、工程承包谈判、租赁业务谈判、合资经营谈判、资金借贷谈判、劳资合作谈判、损害及违约赔偿谈判。

(一)商品购销谈判

商品购销谈判是指就一般商品的购销而进行的谈判,包括国内货物买卖和国际货物进出口业务谈判。

这类谈判包括:价格、质量、规格型号、预付款和最终付款,原材料生产工艺、包装、运输方式、保险、进口关税和许可证、交货日期等。

这类谈判在商务谈判中占有很大的比重,是企业商务活动中较为重要的一部分。总的来说,商品购销谈判,包含商品购进和商品销售两个主要环节。这种谈判交易的动机较确定,标的较清楚,手续也较简单,因而能迅速决定交易是否达成。

(二)技术贸易谈判

技术贸易谈判是指有偿的技术转让,即通过买卖方式,把某种技术从卖方转给买方等问题的谈判。

技术贸易谈判一般分为两个部分,即技术谈判和商务谈判。

技术谈判是指供受双方就有关技术和设备的名称、型号、规格、技术性能、质量保证、培训、试生产、验收问题进行商谈。受方通过谈判可进一步了解对方的情况,摸清技术和设备是否符合本单位的实际和要求,最后确定引进与否。

商务谈判具体来看是双方就有关价格支付方式、税收、仲裁、索赔等条款进行商谈。通过商务谈判确定合理的价格、有效的途径与方法,以及如何将技术设备顺利地从供方转移到受方。

技术贸易谈判包括以下内容:明确协议项目及转让技术的范围;明确供方必须提供相关的技术数据和技术资料,并规定不提供资料的责任;明确转让技术的所有权问题;明确提供的技术属于供方所有并正在使用;技术服务条款;培训技术受方的技术人员;安装试车与考核验收;技术保密;价格与交付方式;销售;不可抗力等。

(三)工程承包谈判

工程承包谈判是指工程项目承包人通过投标或接受委托等方式与工程项目业主签订合同或协议的谈判。

工程承包谈判是最复杂的谈判之一。

1. 谈判主体多元化

谈判常常是由两方以上的人员参加,即使用方、设计方、监理方、承建方。承建方又可能有分包商、施工单位;使用方还可能有投资方、管理方等。

2．涉及面广，程序多杂

(1) 在技术上工程承包谈判的内容往往包括勘探、设计、建筑、施工、设备制造和安装、操作使用，直到生产。

(2) 在经济上，工程承包谈判的内容包括商品贸易、资金信贷、技术转让，以及招标与投标项目管理等。

所以，无论从技术、经济，还是法律角度看，它都比一般的商品购销谈判难度要大。

3．所承担的风险较大

由于工程营建时间长、金额大，双方由此承担的风险也大，因而谈判各方都会小心谨慎、仔细研究，从而使谈判持续的时间相应延长。

工程承包谈判包括以下内容：人工成本、材料成本、保险范围和责任范围、进度报告、承包公司的服务范围、工程设计调整、价格变动、设备保证书、工程留置权。

(四)租赁业务谈判

租赁业务谈判是指承租人(用户)从租赁公司或其他企业租用机器和设备而进行的商务谈判。

租赁业务谈判涉及以下内容：机器设备的选择、交货情况、维修保养责任、租期到后的处理、租金的计算方式以及支付方式，租赁期内租赁者与承租者的责任、权利、义务关系等。

租赁业务谈判应注意的问题是：租赁设备的财产所有权与使用权截然分开，设备所有权属于出租人，承租人仅享有使用权和收益权。在法律上，出租人的所有权不可侵犯。在租赁期间，出租人对出租的设备拥有所有权，承租人享有使用权和收益权。租赁期满后，租赁设备退还出租人或按合同规定处理。

(五)合资经营谈判

合资经营谈判是指两个或多个组织签订合作协议而共同拥有企业的谈判。

1．合资经营谈判的特点

(1) 合资经营企业以货币计算各自投资的股权和比例，并按股权比例分担盈亏和风险。

(2) 合资各方实行共同投资、共同经营、共担风险、共负盈亏。投资各方共同组成董事会，聘任总经理，组成经营管理机构，共同负责企业的经营活动。

2．合资经营谈判的内容

(1) 合资项目的可行性。

(2) 合资各方在合作过程中所应承担的义务和责任以及享有的权利。

(3) 合资各方的违约责任。

3. 合资经营谈判应注意的问题

合资经营必须建立具有法人地位的合营实体。合资企业的组织形式为有限责任公司，即合资企业仅以自己公司的财产承担责任，投资者对企业债务所负的责任，也仅以自己的投资额为限，股东之间互相不负连带责任，债权人不能追索股东投资以外的财物。这种有限责任制易为合资各方所接受，因此，目前在国际上已被普遍采用。

(六)资金借贷谈判

资金借贷谈判是指借贷双方就资金借贷有关问题的谈判。

资金借贷谈判包括以下主要内容。

(1) 货币。资金借贷，特别是国际的资金借贷，涉及货币兑现，双方可按国际汇率的变化，确定兑换的比例，规定由货币的升值或贬值所采取的补偿措施。

(2) 利率，即利息率。借方必须按利率向贷方返回所借资金及利息。贷款一般分为低息贷款、高息贷款和无息贷款。贷款的利率不但取决于贷款的类型，也取决于贷款的期限、项目等。双方可根据国际惯例、行业标准洽谈。

(3) 贷款期限。贷款期限是资金谈判中的重要内容。双方不仅应明确贷款期限，还应明确如延期还款应承担的责任及相应的赔偿。

(4) 保证条件。在资金借贷中，担保是必不可少的。为了保证借方信守协议，贷方不受损失，借方可委托保证人或银行以某种形式担保并督促借方履行协议。

(5) 宽限期。谈判条款中一般附带贷款宽限期，如借方在资金使用、偿还期间发生意外情况或其他原因致使贷款不能如期归还时，可在宽限期间偿还。

(6) 违约责任。为保证协议顺利履行，还必须规定借贷双方的违约责任。

贷方的主要责任是：如不能按协议的期限提供贷款，应根据借贷数额和延期天数按比例向借款方偿还违约金。

借方的违约责任主要有：不按协议的用途使用款项应负责任及处理办法；过期不偿还本息的处理办法；借方因生产经营不善，不能履行协议的处理办法。

(七)劳务合作谈判

劳务合作谈判是指谈判双方就劳务合作相关事宜所进行的谈判。

劳务合作谈判涉及以下内容：劳务提供的形式、内容、时间、价格、计算方法、劳务费的支付方式以及有关合作双方的权利、责任、义务关系等。

(八)损害及违约赔偿谈判

损害是指在商务活动中，由于一方当事人的过失给另一方造成的名誉损失、人身伤害和财产损失。

违约是指在商务活动中，合同一方的当事人不履行或违反合同的行为。在上述两种情况下，负有责任的一方要向另一方赔偿经济损失。

为给受这些损失损害一方的当事人挽回损失，所进行的谈判就是损害及违约金赔偿谈判。

在损害及违约金赔偿谈判中，首先必须根据事实和合同的规定分清责任的归属，在此基础上，才能根据损害的程度，协商谈判经济赔偿的范围和金额，以及其他善后工作的处理。

二、按商务谈判主体的性质分类

按商务谈判主体的性质分类，商务谈判可分为民间商务谈判、官方商务谈判和半官半民商务谈判。

(一)民间商务谈判

民间商务谈判是指参加谈判的代表所属企业是私营企业，是企业本身业务活动而不涉及政府活动，交易的内容纯属两个或多个私营企业经济利益的谈判。

民间商务谈判的主要特征是相互平等、机动灵活，重视私交，更注重经济利益。

(二)官方商务谈判

官方商务谈判是指国际组织之间、国家之间、各级政府及职能部门之间，或者是交易企业属政府管辖(资本和法人代表来自政府)且有政府代表参加(来自政府主管部门或驻外国使馆的外交官)，以及所有执行政府之间科技合作和经济贸易合作项目的谈判。

官方谈判的主要特征是：谈判人员职级高、实力强；谈判节奏快、信息处理及时；注意保密、注重礼貌。

(三)半官半民商务谈判

半官半民商务谈判是指谈判议题涉及官方和民间两方面利益，或者指官方人员和民间人士共同参加的谈判，以及受害方委托以民间名义组织的谈判等。

半官半民商务谈判的特征是：兼顾民间和官方谈判的特点；谈判兼顾官民两方的意见和利益，制约条件多，回旋余地大。

三、按商务谈判达成协议的形式分类

按商务谈判达成协议的形式分类，商务谈判可分为非合同谈判、意向书与协议书谈判、准合同与合同谈判、索赔谈判等。

(一)非合同谈判

非合同谈判又称协商谈判、一般性商业谈判,它是合同谈判的前提和基础,主要目的是在可能参与谈判的各方建立关系,沟通信息,进行摸底。

这种谈判的特点主要是:形式灵活、方法多样;谈判气氛比较平和。

这种谈判的表现形式主要为一般性会见、技术性交流等。

所签意向书或协议书对双方均无法律的约束力。

一般性会见是指相互拜见,礼节性的会晤、交流,是谈判的初级阶段或准备阶段。

技术性交流是指谈判双方就有关商品的特征或合作项目的技术概况进行的交流,这是交易的前奏。它的表现形式可为报告会、讨论会、演示或展示等。

(二)意向书与协议书谈判

意向书与协议书的谈判是指为形成交易双方对谈判意愿和特定立场一致时所需的书面记录而进行的谈判。为了明确双方交易的愿望,保持谈判的连续性、交易的可靠性,谈判双方提出要求签订意向书或协议书。这可以是一场谈判的目标,也可能是结果。

意向书谈判是一种简单的意向表述,主要表明签字各方的一种意愿或带有先决条件的承诺,具有提示、备忘的作用。意向书谈判的主要特点是轻松随意、公正公平等,不具有法律效力。

协议书谈判是谈判各方在特定阶段对其立场的阐述,较详细的协议书也是一种框架协议。协议书的谈判涉及交易达成的所有议题,是商务谈判的一个重要阶段。其特征是预备性、保留性和针对性。由于协议书只是确立双方就交易达成的原则性立场,对解决实质性问题没有作出细节上的规定,因此,它也不具有法律效力。

(三)准合同与合同谈判

准合同与合同谈判是指谈判各方为实现交易并就达成的交易条件草拟成文件而进行的谈判。

准合同是带有先决条件的合同,该先决条件是指决定合同要件成立的条件,如许可证落实问题、外汇筹集、律师审查或者最终正式文本的打印、正式签字(相对草签而言)等,准合同是合同的前身,有时是达成合同的一个阶段。

合同谈判是为实现某项交易并使之达成契约的谈判。合同谈判最基本的"要件"包括商品特性、价格、交货期。倘若不是商品买卖,那么,广而概之,合同"要件"就可理解成"标的、费用、期限"。一旦就这几个要件达成协议,合同的谈判也就基本结束。合同谈判,实质上就是对准合同中"先决条件"的谈判,合同是完成了准合同设定的"先决条件"

的正式文本，具有法律约束力。

准合同与合同谈判的特点是：目标明确；谈判争议力强；谈判策略多变；多以"批准"手续为回旋，这是指在合同类的谈判中，除了简单商品或交易涉及内容的谈判外，一般谈判者多会在谈判结束时明确留有"申请批准"的余地。尤其是复杂的、大型的交易，即便谈判人地位较高，也常留此条件作为保护手段。当时间紧迫，谈判人地位较低时可用此"法宝"以防大意失误。

准合同与合同谈判应注意的问题是：准合同与合同均是在交易诚意下所进行的谈判，所以从谈判的角度讲，二者无本质区别，它们所表现的谈判特征也相似；从形式上也无根本区别，内容格式均一样，只有草本和正式文本之区别。但是，准合同与合同从法律上说，是有根本区别的。准合同可以在先决条件丧失时自动失效，而无须承担任何损失责任；而合同则必须执行，否则叫违约。

(四)索赔谈判

索赔谈判是在合同义务不能或未能完全履行时，合同当事双方进行的谈判。在众多的合同履行中，因种种原因违约或部分违约的事件屡见不鲜，从而形成了一种特定的商务谈判形式——索赔谈判。

索赔谈判的特点是：索赔的处理方式是谈判的主要内容。无论是由于合同中涉及的商品数量、质量，还是交货期限、支付手段等引起的纠纷，或者是因为生产条件、运输过程等问题的争议而产生的索赔谈判，均具有针锋相对、对抗性比较强等特点。

索赔谈判应注意以下问题。

1. 重合同、重证据

重合同，即注重合同中相关条款的规定。违约是相对于守约而言的，"违"与"守"均以"约"，即合同为依据。合同是判定违约的唯一的基础条件。

重证据，即注重履行合同时的相关证据。违约与否除依合同判定外，许多时候需要提供证据来使索赔成立。如质量问题，需要技术鉴定证书；数量问题，需要商检的记录；还有一些索赔问题，需要电传、传真、信件、照片等证据。当然，索赔情况多种多样，所需证据难以一一罗列，"证据"是确立索赔谈判的重要法律手段。

2. 重时效、重关系

重时效，即注意违约的时效性。不论是什么商品、什么服务还是什么合作项目，"索赔的权利"均不是无限的。出于"公平"，也出于"安全或低风险"，交易人视不同合同目的，均订有"有效索赔期"，过期则不负责任。任何合同签订时，都要注意索赔期。

重关系，即注重处理好双方的关系。索赔毕竟不是一件令人愉快的事，谈判双方均处在问题的两端，十分难受，所以，在谈判时"关系"的影响不可忽视，应处理好签约人的关系及索赔后双方的关系。

四、按商务谈判的起因分类

按商务谈判的起因划分，也可以说是按商务谈判发生的时间划分，商务谈判可分为签约前的商务谈判和签约后的商务谈判。

(一)签约前的商务谈判

签约前的商务谈判是指谈判当事各方签订合同前进行的一系列磋商活动。合同条文及其附件的谈判均属于这一类谈判。进行签约前的谈判，谈判各方不受规定的合约条文约束，相互间的了解也不够深入，所以，应当在不断加强了解的基础上，签订能够满足各方需要的合同。关于签约前的商务谈判，可参考"准合同与合同的谈判"。

(二)签约后的商务谈判

签约后的商务谈判是指谈判当事各方在合同签署后，围绕合同履行中的有关问题进行的磋商活动。根据谈判发生的时间，签约后的谈判又可分为合同生效前的谈判和合同生效后的谈判。这两者最大的区别是谈判者选择谈判对手的自由度及其所受约束程度的不同。在合同签订后，特别是合同生效后，当事各方对所签的合同必须承担一定的责任。谈判各方通过签约前的谈判已经建立了合作关系，双方也有了一定的了解，但由于某些因素的变化，使得合作关系受到威胁，使再谈判成为一种必要。签约后谈判的成败，直接关系到谈判各方既得利益的维持和未来利益的实现。

签约的协议和环境条件有冲突，需要进行签约后的商务谈判。例如，由于各国、各地区的法律、法规多少存在一定程度的差异，不同国家的法律体系大不相同，有时同一法律术语在不同国家的法典里的解释是不同的，所以，很有可能导致合同规定的项目与某一国家或地区的特定法律、法规相冲突，导致合同履行失败。

合同生效执行的条件发生了变化，需要进行签约后的商务谈判。例如，许可证的问题是常常导致整个合同不能履行甚至撤销的重要因素之一。如果卖方在谈判时保证能获得出口许可证，买方因此与他签订了协议，但事实上，他最终没有申请成功到出口许可证，这就使已经成立的合同成为无根之本。再如，买方国家突然遭遇大幅度的通货膨胀，而失去了原有的支付能力，使合同不得不终止。因合同生效执行后的这些条件发生了变化，所以需要进行签约后的商务谈判。

签约后的商务谈判应注意的问题是，在签约后的谈判中，面对各种原因所引起的合约争议，谈判当事人应采取的态度不能只是简单的终止合同或者提出索赔，而应该充分考虑到对方发生此变故的主客观原因，作出最恰当的决定，从而将由此可能造成的损失降到最低。

五、按商务谈判的范围分类

按商务谈判的范围分类，商务谈判可分为国内商务谈判和国际商务谈判。

(一)国内商务谈判

国内商务谈判是国内各种经济组织及个人间所进行的商务谈判。

国内商务谈判包括国内的商品购销谈判、商品运输谈判、仓储保管谈判、联营谈判、经营承包谈判、资金借贷谈判和财产保险谈判等。

国内商务谈判的双方都处于相同的文化背景中，这就避免了由于文化背景的差异可能对谈判所产生的影响。

由于双方语言相同、观念一致，因此谈判的主要问题就在于怎样协调双方的利益，寻找更多的共同点。这就需要谈判人员充分利用谈判的策略和技巧，发挥谈判人员的能力和作用。

(二)国际商务谈判

国际商务谈判是指本国政府及各种经济组织与外国政府及各种经济组织之间所进行的商务谈判。

国际商务谈判包括国际产品贸易谈判、易货贸易谈判、补偿贸易谈判、各种加工和装配贸易谈判、现汇贸易谈判、技术贸易谈判、合资经营谈判、租赁业务谈判和劳务合作谈判等。

不论是就谈判形式，还是就谈判内容来讲，国际谈判远比国内谈判要复杂得多。这是由于双方谈判人员来自不同的国家，在语言、信仰、生活习惯、价值观念、行为规范、道德标准，乃至谈判的心理上都有极大的差别，而这些都是影响谈判进行的重要因素。

本 章 小 结

本章"商务谈判概述"，分三节进行了论述。第一节"商务谈判的含义、特点和作用"先后阐释了商务谈判的含义、特点和作用。第二节"商务谈判的原则"论述了商务谈判的真诚守信原则、平等自愿原则、讲求效益原则、互惠互利原则、灵活变通原则、遵守法律原则。第三节"商务谈判的分类"介绍了商务谈判的分类。通过本章的学习，能使谈判者明确商务谈判的含义、特点、作用、原则和分类，力促商务谈判能规范化地进行。

自 测 题

关键名词

商务谈判

思考训练题

1. 商务谈判与其他内容的谈判相比，有哪些自身的特点？
2. 商务谈判应遵循哪几项原则？
3. 按商务谈判的内容划分，商务谈判可分为哪些谈判？
4. 按商务谈判主体的性质划分，商务谈判可分为哪些谈判？
5. 按商务谈判达成协议的形式划分，商务谈判可分为哪些谈判？
6. 按商务谈判的范围划分，商务谈判可分为哪些谈判？

案 例 分 析

是挑战，更是机遇

第二次世界大战之后，日本的经济经历了一个快速发展的时期，这被国际社会公认为一个奇迹。在日本战后经济增长中，一些企业也迅速地成长起来。其中松下电器公司的成功就是一个范例。

松下电器公司成立于 1918 年 3 月。这家企业从最初的一个小规模家族企业最终成长为世界电器行业的巨头之一。追溯这家企业的发展历程，就必然提到它的创始人松下幸之助。正是他的独特管理哲学和正确决策奠定了公司日后成长的基础。他的功勋，从松下与菲利普公司之间的谈判中就可见一斑。

20 世纪 50 年代，为实现公司的业务扩张，松下公司急需引进先进技术。而此时，菲利普公司已经名列世界电器厂商的榜首，具备最先进的技术和最雄厚的资金实力。在这样的情形下，松下公司就技术转让一事与菲利普公司开始了谈判。

当时，两家公司谈判力量之间的差异是巨大的。松下公司仅仅是一个小公司，而菲利普公司却是行业的领先者。松下公司非常依赖菲利普公司来获得生产技术，所以，从一开始，菲利普公司就表现得非常强势。它提出，如想得到技术支持，松下公司除应一次性支付专利版权费 550 000 美元之外，还应支付松下公司年销售额的 7%。此外，其他条款也对菲利普公司有利。比如，对于松下公司的违约条款就制定得相当苛刻，而同样的条款对菲利普公司却显得含糊不清。

经过艰难的谈判，松下公司成功地将价格从销售额的 7%降到了 4.5%，但是对于一次性支付的部分，菲利普公司却拒绝再作任何让步。此时，松下幸之助面临着两难的选择。因为在当时松下公司的总资产为 5 亿日元，而 55 万美元相当于 2 亿日元，占公司总资产将近一半。如果经营中出现意外，公司可能会走到破产的境地。然而，另一方面，如果谈判破裂，公司将失去发展的宝贵机遇。

在仔细思考和权衡之后，在现有利益和未来发展之间，松下幸之助选择了后者，决定冒险。他认为，菲利普公司拥有精良的设备、先进的研究机构和 3000 名优秀的研究员，如果达成协议，松下公司得到的收益就不仅仅是 55 万美元了。他认为冒这个险、接受这个谈判结果还是值得的。

松下公司日后的发展证明了这是一个英名的决定。20 世纪 50 年代的技术优势成了企业起飞的动力。这次谈判，对松下公司是一个挑战，更是难得的机遇。

（资料来源：刘园. 谈判学概论[M]. 北京：首都经济贸易大学出版社，2006.）

问题：

1. 结合上述案例，谈谈你对商务谈判重要作用的认识。
2. 为什么说这一谈判表面上看来是一个挑战，事实上却蕴藏着巨大的商机？

第七章 商务谈判的内容和形式

【学习要点及目标】

通过本章的学习，了解商务谈判的内容和形式。

【引导案例】

"踢皮球"谈判术

某地区生产儿童玩具的若干厂家，为对付某国的批发商，他们把直接影响谈判的五要素——质量、价格、付款方式、交货日期、交货地点进行了排列组合。这种组合从理论上讲，共有120种方式，把其中之一作为基本的"标的"，其余的均在基本"标的"的基础上调整变动。经过重新排列组合的修正方案，其特点是总有一个要素令对方极不满意，导致对方不能接受该方案。这种方法同样可以起到踢皮球的效果，让对方兜圈子，为我所用，调动对方而不被对方调动，使对方每次都乘兴而来、扫兴而归，不得不回到原来的出发点上。对付多因素排列组合，请君入瓮法的策略是：①根据自身的情况，确定能满足自身条件的主要因素，抛出自己的方案，以攻为守；②在谈判的若干对手中，寻找薄弱环节，一点突破，瓦解全局。

(资料来源：百度网. 百度知道. http://zhidao.baidu.com/question/48013918.html，2008-03-11.)

第一节 商务谈判的内容

商务谈判的基本内容大致包括商品的品质、价格、服务以及与合同执行相关的一些问题。

一、品质

商品的品质具体表现为商品的物理、化学属性，如商品的化学成分，物理性能和造型、结构、色泽、味觉等具体规定或标准。商品的品质是价格的主要影响因素，关系到谈判中买方需求能否得到满足和卖方所花费成本的大小，是商务谈判能否成功的关键。

(一)商品品质对谈判结果的作用

1. 商品品质是决定价格高低的关键因素

为了获得竞争优势，以适应竞争激烈的市场经济环境，企业都在不断地追求高品质的产品。一般来说，商品的品质高，其成本就高，产品的成本是影响价格的主要因素之一，因此，品质的高低能直接影响商品的价格。由于商品品质能影响到价格，而价格反馈到市场上又能影响到商品的销量，所以，企业既要注重商品品质，又应在商品品质的选择上注意谨慎，一定要根据企业的实际使用情况来确定。

2. 商品品质是左右谈判结果的重要因素

在很多商务谈判中，特别是技术含量较高的商品的谈判中，买方对商品品质的敏感性甚至要超过对价格的敏感性。因为高技术产品的维护成本是很高的，一旦质量出现问题，不但维护费用高，而且还会影响企业的生产运作。所以，在谈判过程中，企业非常重视商品的质量，商品品质是左右谈判结果的重要因素。

3. 商品品质事关商品提供的长远利益

商品品质是在长期使用过程中体现出来的，如果卖方着眼于长期利益的追求，那么，其提供的商品必须要有过硬的品质。这不仅仅是因为买方能在使用过程中得知商品品质的情况，更重要的是商品品质的情况还会通过买方的使用反馈到市场上，会创造或流失潜在的一些顾客。由此可见，商品品质事关商品提供方的长远利益。

(二)商品品质的表示方法

1. 样品表示法

样品指的是最初设计加工出来或者从一批商品中抽样抽取出来的，能够代表贸易商品品质的少量实物。凭样品表示品质的商品，是不容易规格化、标准化的商品，这类商品多半是不易用语言或文字简短地表述其品质的，例如服装、丝绸、工艺品等。

2. 规格表示法

商品规格是反馈商品的成分、含量、纯度、长度、大小等品质的技术指标，由于各种商品的品质特性不同，所以规格也有差异。如果交易双方用规格表示商品的品质，并作为谈判的条件，就叫作凭规格买卖。

3. 等级表示法

商品等级是对同类商品质量差异的分类，它是表示商品品质的方法之一，这种表示法以规格表示法为基础。一般来说，质量相同的商品属于同一个等级。但是，同类商品由于厂家不同，就会有不同的规格，所以，同一数码、文字、符号表示的等级的品质内涵就不尽相同，有时还差别很大。

4. 标准表示法

商品品质标准是指政府机关或有关团体，统一制定并公布的规格或等级。不同的标准反映了商品品质的不同特征和差异。商品贸易中常见的有国际上各国公认的通用标准，即"国际标准"，我国有国家技术监督局制定的"国家标准"和国家有关部门制定的"部颁标准"，此外，还有供需双方洽商的"协议标准"。明确商品品质标准，以表达供需双方对商品品质提出的要求和认可。

5. 商标或牌名表示法

商标是生产者或商号用来识别所生产或出售的商品的标志，可以由一个或几个具有特色的单词、字母、数字和图形等组成。

牌名是指企业给其创造或销售产品所冠以的名称，以便与其他企业的同类产品区别开来，例如戴尔(Dell)电脑、欧米茄(Omega)手表等。一个牌名可用于一种产品，也可用于一个企业的所有产品。有些商品由于生产企业长期一贯地追求高品质，知名度和荣誉度都很高，在消费者心目中享有非常高的地位，为他们所熟悉和赞誉，例如"龙井"茶叶、"景德镇"瓷器等，在谈判中只要说明牌名或商标，双方就能明确商品品质。

6. 说明书和图样表示法

说明书和图样是指机械、电器、仪表等技术密集型产品，由于其构造复杂，对材料、设计的要求严格，用以说明其性能的数据众多，很难用几个简单的指标来说明其品质的全貌。有些产品即使名称相同，但由于所使用的材料、设计或技术的某些差别，也会在功能方面产生很大的不同。因此，对这类产品的品质，一般需要凭样本或说明书，并附以图样、照片、设计图或分析表及各种数据来说明其具体的性能及构造的特点，按这种方式进行的交易就称为凭说明书买卖。

二、价格

商品价格是商务中最重要的内容，是商业活动的核心问题，是价值的货币表现，价格的高低直接影响着贸易双方的经济利益，商品价格是否合理是决定商务谈判成败的重要条件。

价格通常是指商品的单价，即商品的每一计量单位以某一货币来表示的价格，是买卖双方需要洽谈的一个重要内容，由此，必须厘清商务谈判中关于价格的各个问题。这其中就包括价格的分类问题。

(一)统一价格

1. 统一价格的含义

统一价格是指商务谈判主体，在合同中明确规定具体的交易价格，并且价格一经确定，在合同期内就不能更改。

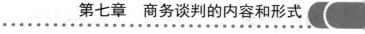

2. 统一价格制定适用的范围

商务谈判中运用统一价格结算，具有一定的优势，但是，在市场行情瞬息万变，存在许多风险的情况下，谈判者可考虑在一定范围内运用统一价格。

(1) 谈判的标的是社会基本的生活资料。如粮、棉、油等社会基本生活资料，无论是什么国家或地区，都会得到政府一定程度的保护。因此，如果商务谈判标的是这类产品，市场价格一般不会在短期内出现大幅度的波动。

(2) 谈判的标的是国际市场上完全垄断或是寡头垄断的产品。垄断性的产品，经营者基本上是具有完全的控制能力的。因此，为了维护利润的稳定和长期的发展，这些经营者在一定时期内，基本上不会任意地降低或抬高该产品的价格。

(3) 国际市场中谈判的标的所属行业稳定。如果在国际商务谈判中谈判标的所属行业是稳定的，而且签订的合同属于中短期，那么就可以使用统一价格，因为在国际市场中，产品价格的波动一般都会事前出现征兆。较为稳定的行业从其发展惯性来看，都会维持一段时间。在这种情况下，国际商务谈判所签订的相关的中短期协议，基本上不会受到价格波动的影响。

(二)浮动价格

1. 浮动价格的含义

浮动价格是指交易双方在合同谈判时，并不规定具体的价格，而是规定按照实际交易时的市场价格为标准。

2. 浮动价格的确定范围

在商务谈判中，浮动价格的确定可以通过以下三种形式来实现。

(1) 谈判协议中规定了基准价和上下浮动的幅度，允许交易双方在浮动幅度内自行确定和调整价格。目前，很多商品都采取这种形式管理价格。

(2) 谈判协议中规定了最高限价，允许双方在限价以下自行制定和调整价格，但不得突破最高限价。这种形式适用于某一时间供不应求、价格偏高的商品，而且通过最高限价，可以控制一些商品价格的过度上涨，保护一方的利益。

(3) 谈判协议中规定了最低保护性限价，允许谈判者到时候在最低限价以上收购或销售商品，但不得低于最低限价。这种形式适用于资源少、再生周期长，但一时供过于求的商品。制定最低保护价，可以保护生产者一方的利益，维持正常生产，保护资源，避免产品价格过低而打击生产积极性。

(三)协议价格

1. 协议价格的含义

协议价格是指在签订合同时，只规定一个初步价格，同时规定未来价格调整的条件和方法，一旦未来行情变化符合条件，则按调整条款中规定的方法对价格进行调整。

2. 协议价格的确定原则

(1) 在协议价格中，购销双方应根据市场供求状况，贯彻共同协商议定的原则，在供求大体平衡的条件下，协议价格应该略低于当地、当时的市场贸易价格水平，以生产者能够接受，收货方愿意购进而且销售出去为准。

在供不应求的情况下，协议价格应参考市场贸易价格水平来确定，一般不超过市场贸易价格。对于个别生产周期长、产量少，而且属于保留品种的商品，可以灵活协商议定价格。在供过于求的情况下，某些商品因不适合市场需要而滞销积压，协议价格应从低掌握。

(2) 在协议价格中，应遵循统算、保本、微利的原则，协议价格以协议为基础，按照商品的合理流向加上必要的费用和适当的利润制定，一般不会高于当时、当地市场贸易同种商品的销售价格。协议价格不仅要有合理的地方差价和季节差价，而且要按市场供求的变化及时进行调整。同种商品在不同地区、不同季节，允许有不同的价格，销售时允许有赔有赚，只要最后统算做到保本盈利就可以了。

三、服务

著名管理大师德鲁克(Peter F. Drucker)曾经说过："某种意义上，服务决定着企业的命运。"

随着科技的飞速发展和社会的不断进步，服务在社会经济生活中发挥着越来越重要的作用，在工作和生活中，人们越来越离不开各种形式的服务，服务在现代营销中占据着越来越重要的地位，会对企业的生存发展产生重要影响。

服务是指谈判一方能够向另一方提供的以无形性和不导致任何所有权转移为基本特征的行动或表现，它的生产既可能与某种有形产品相关联，也可能与之毫无关系。在商务谈判中，服务同商品的品质和价格一样，成为谈判的主要内容之一。

(一)服务对商务谈判效果的影响

1. 完善的服务能保证谈判的顺利进行

商务谈判的目的是为了促使交易的达成，而交易是否能够达成，特别是能否持续进行，会受到商品的资源、商品的需求、价格水平、消费者的认可程度等企业营销的外部环境的影响以及企业管理水平的高低、劳动者的素质、对企业的认同感、归属感的强弱等内部环境的影响。

在商务谈判中，即使上述条件都充分满足，交易能否持续进行还是要看在交易过程中服务质量的高低。服务不仅是其必不可少的环节，而且关系到商品交换规模的大小、效率的高低。例如，价格、优惠条件等因素完全相同的交易，有的可能成交了，并且双方还愿意以后继续合作，而有的则可能会告吹，其中就有可能是服务的原因。

2. 完善的服务能加强谈判双方的友谊

商务谈判的利益主体之间尽管有竞争，但依然是以合作为前提的。谈判的出发点是为了满足双方的需要，双方互通有无，以获得自己的最大需要和满足。当然，这种需要和满足，是以不损害对方的利益为前提的，所以说，谈判要本着合作的目的来进行。谈判是为了合作，而不是为了扩大分歧、强化冲突的，服务能促进利益主体之间的这种合作，加强彼此的友谊。良好的服务会让对方感觉到你的真诚，更重要的是对方也会用同样的真诚来回敬你，这样有利于贸易交往的健康发展。

(二)商务谈判中服务的主要内容

1. 技术服务

1) 技术服务的含义

技术服务是指谈判双方通过洽谈协商，制定同交易有关的一系列技术条件，并在今后的交易过程中加以实施。

现代社会的任何商务交易都会涉及或多或少的技术问题，以比较简单的单项设备的购买为例，至少需要解决设备的技术性能、货物清单、安装调试、保用期限以及要不要培训等一系列技术问题。这些技术问题既繁杂又重要，而且在这些问题上，买方的意愿和卖方所提供的商品之间常常存在不小的差距。因此，为避免纠纷的发生，就需要在谈判过程中加以协商，对复杂的技术问题达成共识，以确保双方的利益。

2) 技术服务的方式

技术服务一般采用两种形式，即培训买方人员或卖方专家到现场进行技术指导。

在技术服务的谈判中，无论采用哪种形式，一定要有针对性，不管是参加培训的实习生，还是现场指导的技术专家，其任务都应明确具体，防止出现人浮于事的现象。

技术服务追求经济实惠。经济是指买方派遣的实习人员数量、培训内容、实习时间要适当；卖方派遣的技术专家人数、业务水平、指导时间应合理。实惠是指在经济的前提下，合同所规定的技术服务能有力地帮助买卖双方顺利实现合同目标，从而给买卖双方都带来实惠。

总之，按照战略的眼光来看，谈判双方必须认真签订和履行技术服务条款，为长期合作做准备。

2. 追踪服务

追踪服务是指企业为了了解新老客户对产品的各种意见与要求，而对产品用户的追踪服务与管理。

追踪服务对商务谈判双方来说都是非常必要的。对买方来说，通过追踪服务可以得到卖方的技术指导，使得企业的生产运营能顺利进行；同时，追踪服务还可以解除买方的后顾之忧，促使谈判交易顺利达成。对卖方来说，通过追踪服务，一方面，可以了解产品在使用过程中出现的各种问题，以便及时反馈到产品的设计和生产中，加以改进；另一方面，通过追踪服务，可以发现使用者对产品的实际需求状况或发现潜在的客户，继而增加或减少产能，以避免不必要的损失。

3. 财务服务

财务服务是指商务谈判各方在资金方面达成的协议，主要是指买方在财务方面得到卖方的一些服务。财务服务是现代贸易中最主要的服务之一，其重要程度甚至超过了技术服务。

现代社会中，交易双方为了节约交易成本，每一次的交易量都非常大，因此，所涉及的资金量也非常大。在这种情况下，如果买方不能立即提供足够的资金，就需要卖方提供财务支持和服务，其手段主要有卖方允许买方分期付款或延期付款，卖方为买方争取银行贷款。

1) 分期付款

分期付款是指买方支付给卖方的资金不是一次性付清，而是分几次付清。对买方来说，分期付款会有巨大的好处，能减轻其资金运作的紧张程度，是买方所极力争取的。但对卖方来说，从经济利益的角度来看，分期付款是一种损失，会减少卖方的财务收入。因此，在有些商务谈判中，买方是不是要求分期付款会对谈判结果产生关键影响。

当然，虽说分期付款会影响卖方直接的经济收益，但是，如果彼此合作是长期贸易往来，而且对方资信状况良好，分期付款的形式是能给卖方长期发展带来益处的。

2) 争取银行贷款

争取银行贷款是指在商务谈判中，卖方以自己的信誉或资产为保证，让银行贷款给买方。在某些交易中，买方的实力规模比较小或者刚刚处在发展阶段，银行出于安全考虑，不会贷款给买方，而卖方基于对自己利益的考虑，在衡量风险与收益的前提下，会尽力说服银行贷款给买方。这对买方来说，无疑是一个巨大的帮助，可以更加紧密地加强买卖双方的关系，促使谈判协议的签订。`

四、保证条款、索赔和不可抗力

(一)保证条款

在现代商务谈判中，除了产品的品质、价格和服务需要认真地进行商谈之外，为了保证谈判双方能按照既定的方案实施，必须在合同中制定一个保证条款。

1. 保证条款的含义和作用

保证条款是指销售方对购买方所允许的在成交后所担负的某种义务的一种协议。例如，明确对交易目标的品质保证以及实现该保证的前提，在有的交易合同中，该保证条款为一系列保证，如保证标的物用料全新，品质全优，性能先进，保证寿命，保证结果以及相应各种保证的先决条件。

保证条款可以减少买方所冒的风险，树立卖方的信誉和良好的形象；同时，保证条款又可以使卖方对产品所负的责任限制在一定范围内，超出保证条款所包括的情况，卖方即可表示不负责任，从而保护自己。诸如：保证一定的有效期，过期不负任何责任的时间限制；在保证书中说明，必须在规定的条件下发生问题时，销售方才负责任等。

2. 订立保证条款的注意事项

保证条款作为商务谈判中一个专门订立的条款，作保证的人不能凭空保证，而应合理明确地体现保证的前提与条件。当然，作为买方要求保证的前提是有力的，那就是"支付"，而卖方作出相应保证也是应该的，在许诺"应该"的同时，可以声明保证的必要性及提出合乎情理的前提条件。例如，培训效果要注意考虑实习生的素质，没有一定的学历和工作经验就难以达到预期效果。技术指导的效果与买方的业务人员能否听取意见有关，如果不听从指导则无法保证该人员能尽快掌握技术能力。需要强调的是，所有条件的提出要合情合理，如果提出的条件超过自己正常增长水平或同行业水平，也是不可取的。

(二)索赔

索赔是指一方认为对方未能全部或仅部分履行合同规定的责任时，向对方提出索取赔偿的要求。引起索赔的原因除了买卖一方违约外，还有由于合同条款规定不明确，一方对合同某些条款的理解与另一方不一致而认为对方违约。一般来讲，买卖双方在洽谈索赔问题时，应洽谈索赔的依据、索赔期限和索赔金额的确定等内容。

1. 索赔的依据

索赔的依据是指提出索赔必须具备的证据和出示证据的检测机构。索赔方所提供的违约事实，必须与品质、检验等条款相吻合，且出证机关要符合合同的规定，否则，都要遭到对方的拒赔。

2. 索赔的期限

索赔的期限是指索赔一方提出索赔的有效期限。索赔期限的长短，应根据交易商品的特点来合理商定。

3. 索赔的金额

索赔的金额包括违约金和赔偿金。违约金只要确认是违约，违约方就得向对方支付。违约金带有惩罚的性质，赔偿金则带有补偿性。如果违约金不够弥补违约给对方造成的损失，则应当用赔偿金补足。

(三)不可抗力

不可抗力，又称人为不可抗力，通常是指合同签订后，不是由于当事人的疏忽过失，而是由于当事人所不可预见，也无法事先采取预防措施的事故，如地震、水灾、旱灾等自然原因或战争、政府封锁、禁运、罢工等社会原因造成的不能履行或不能如期履行合同的全部或部分。在这种情况下，遭受事故的一方可以据此免除履行合同的责任或推迟履行合同；另一方也无权要求其履行合同或索赔。洽谈不可抗力的内容主要包括不可抗力事故的范围，事故出现后果，发生事故后的补救方法、手续、出具证明的机构和通知对方的期限。

第二节　商务谈判的形式

商务谈判的形式是指在交换谈判内容时所采取的方式。谈判的形式一般分为口头谈判、书面谈判和电子商务谈判。

一、口头谈判

口头谈判是指谈判各方面对面地用语言进行谈判，或者用电话商谈。这种形式的谈判在实际工作中通常表现为派出人员主动登门谈判、邀请客户到本单位所在地谈判，或在第三地谈判。

口头谈判是商务谈判的主要形式。它适用于首次交易谈判、同城或相同地域的商务谈判、长期谈判、大宗交易谈判或贵重商品的谈判。

(一)口头谈判方式的主要优点

1. 当面陈述、解释，便于相互间及时、直接、灵活地沟通

在口头谈判中，谈判各方面对面地洽谈交易，谈判各方当面可直接提出条件和意见，

也可当面作出详细的说明，还可解释清楚当场提供的文字性或图表性的说明材料。

谈判各方直接接触，还能随时察言观色，掌握对方心理，便于施展己方的谈判技巧。

谈判各方直接接触，还有利于审查对方的为人及其交易的诚信度，避免作出对己方不利的决策。

谈判各方直接接触能较多地获得新信息，可据此及时调整自己既定的谈判战略和计划，留有较大的回旋余地，从而灵活地应付各种谈判局面，使得谈判各方更容易协商，从而提高谈判的成功率。

2. 直接接触，便于相互间培养起良好的思想感情

双方谈判人员随着日常的直接接触，会在知识、能力、经验等方面相互影响，会由"生人"变成"熟人"，相互间产生一种情感或相互间构成一种"互惠要求"。

在某些谈判中，有些交易条件的妥协让步，就完全是出于感情的原因。在一般情况下，在面对面的谈判中，因为情感因素，即便实力再强的谈判者也难以保持整个交易立场的不可动摇性，或者拒绝作出任何让步。

(二)口头谈判的缺点

(1) 口头谈判要求在一定的谈判期限内作出成交与否的决定，使得各方都不能有更多的时间考虑，因而要求谈判人员具有较高的决策水平。一旦决策失误，就可能给自己造成经济损失或者失去成交的良机。

(2) 口头谈判在主动上门谈判时，由于登门一方人员的身份已经明确，而接待一方人员的实际身份、权限都不易确定，这很可能引起双方特殊的心理反应，对谈判造成不利影响。

(3) 在双方面对面的交锋中，由于口头语言本身具有冲动性，加上谈判气氛的紧张，很容易使有关人员的语言表达失误，导致本方企业的被动或损失。

(4) 主动上门的一方一般要支付往返差旅费，接待的一方要礼节性招待来者，支付招待费，因而谈判费用开支较大。

改革开放以来，许多企业进行口头谈判一般采用"走出去""请进来"的形式，组织为数众多的推销队伍，奔走各地登门寻觅客户，洽谈销售业务。这种形式对实现企业销售任务、开拓销售渠道、及时调整产品的适应性，都起到了较好的作用。但是这种做法有时由于管理不善也会带来一系列问题。比如，外出谈判人员过多，而大大增加了费用和开支；四处盲目奔走，对客户情况不甚了解，往往徒劳一场；路线长，周期长，信息反馈不及时，难以综合汇总情况，也不利于全面提高谈判人员的素质。因此，不能把"走出去"这种口头谈判形式作为唯一的形式，而应与其他形式结合起来使用。

(三)口头谈判较好的形式——交易会谈判

近些年来，随着市场经济的发展，市场日益活跃，出现了各种形式不同的交易会。这种形式一般规模较大、隆重、热烈。同时，由于参加交易会的单位很多，便于沟通情况，便于企业选择，因此，谈判成交额较大。正因为这种形式有其优势，所以交易会谈判被广大企业认为是一种较好的口头谈判形式。具体来说，交易会谈判的作用主要表现在以下几个方面。

(1) 有利于买卖双方广泛地了解市场动态，开展多方面的商品行情调研。通过多方面直接接触的机会，可以全面深入地了解客户单位的性质、地位及谈判人员的地位与谈判风度，了解客户的资金、经营活动和资金信用情况，了解客户生产经营的商品在市场上的营销情况，从而有利于调整自己的经营计划和营销策略。

(2) 有利于买卖双方广泛地选择交易对象和交易商品，促使谈判双方较快地达成交易，从而有利于谈判时间的缩短和争议问题的协商解决。

(3) 有利于信息反馈，加快产品更新换代。交易会一般举办的时间较长，各企业除派谈判人员到会洽谈外，有时为了听取客户对产品的反映和要求，还会派科研、设计、生产人员参加，这样有利于产品的改进和产品质量的提高。

(4) 政府有关经济管理部门一般也要派人员参加，这样既有利于政府人员指导厂商的业务，又有利于各厂商了解政府人员带来的信息，更好地进行面对面的口头谈判。

二、书面谈判

书面谈判是指商务谈判当事人利用信函、电报、传真等书面形式，对谈判的各项条款进行磋商。书面谈判往往作为口头谈判的辅助方式而被采用。

书面谈判的谈判各方所提供的观点和意见通常是经过深思熟虑的，因此，相对口头谈判而言比较正规。在某些情况下，书面谈判所形成的文件可作为最终的正式谈判协议，具有一定的法律效力。例如，在国际贸易中，买方或卖方发盘就可以被视为正式的合同条件，一旦发出，在有效期内发盘人对其不能轻易修改。

书面谈判方式只适合于交易条件比较规范、明确，内容比较简单，谈判双方彼此比较了解的谈判，以及跨地区和跨国界的谈判；对于一些内容比较复杂、多变，而双方又缺少必要的了解的谈判是不适用的，这样的谈判应采用口头谈判。

(一)书面谈判的主要优点

1. 思考从容，利于慎重决策

书面谈判在预定的答复期内，谈判各方有较充足的时间考虑，不必像口头谈判那样当场作出决策。双方在谈判过程中可以自由地同助手和领导进行讨论和分析，以便作出慎重的决策。

2. 表达准确、郑重

书面谈判方式在阐述自己的主观立场时，比口头谈判形式显得更为确切，郑重其事，坚定有力。

3. 方便向对方拒绝

书面谈判方式在向对方表示拒绝时要比面对面谈判方式方便得多，可以减少不必要的矛盾，或使矛盾弱化，特别是在与对方人员已建立起个人交往的情况下更是如此。

4. 谈判人员的精力可集中在交易条件的洽谈上

由于书面谈判，具体的谈判人员互不见面，他们互相代表的是自己的企业，双方都可不考虑谈判人员的身份，把主要精力集中在交易条件的洽谈上，从而避免因谈判者的级别、身份不对等而影响谈判的开展和交易的达成。

5. 有利于把握合适的谈判对象和机会

书面谈判的谈判人员可以坐镇企业，对不同客户的回电(回函)进行分析比较，所以，有利于把握合适的谈判对象和机会。

6. 开支比较节省

书面谈判，只需支付通信费用，开支一般较为节省，有利于提高谈判的经济效益。

(二)书面谈判的缺点

(1) 双方的文字交往大多较简洁、精练，但一味贪图文字简练，很容易引起各方对某一问题的不同解释。如果词不达意，更容易造成争议和纠纷。因此书面谈判对谈判人员的书面表达能力有较高的要求。

(2) 由于各方互不见面，无法观察对手的神态、表情、情绪的变化，因而也无法了解谈判对手的心理活动，从而难以运用行为语言技巧达到沟通意见的效果。

(3) 书面谈判所使用的信函、电报需要邮电、交通部门的传递，如果这些部门发生故障，则会影响双方的联系，甚至丧失交易的时机。

为了发挥书面谈判的作用，便于对方了解自己的交易要求，作为卖方，可以把事先印好的具有一定格式的表单寄给客户，表单上比较详细地反映了卖方商品的名称、规格、价格、装运等条件，可以使客户对卖方的交易意图有一个全面、清楚的了解，避免因文字表达不周而引起误解。同时，谈判双方都要认真、迅速、妥善处理回函和来函，能达成的交易要迅速通知对方，不要贻误时机。即使不能达成交易，也要委婉地答复，搞好与客户的关系，"生意不成人情在"。书面谈判最忌讳的是函件处理不及时，也忌讳有求于人时，丧失企业品格，而别人求我时，又冷眼相待。这不仅关系到企业购销活动的持续开展，而且关系到企业的经营作风和商业信誉。

综上所述，书面谈判形式有利有弊，谈判形式利用的好坏，完全在于对各种谈判形式掌握得如何，应根据交易的需要和各种谈判形式的特点加以正确选择。在实际工作中，不要把两种谈判形式截然分开，可以把它们结合起来，取其长、避其短。

在一般情况下，适用书面谈判的交易，在特殊情况下也可以改用口头谈判。

在实际工作中，既要正确选择谈判形式，又要灵活运用谈判形式。例如，在实际工作中往往是企业之间在刚开始接触时采用书面谈判方式，等双方有明确意向时，再派人员当面谈判，签订协议。而且，经常有交易往来的各方，当原来的约定条件不变时，通常采用书面谈判形式，若情况发生变化时，则用口头谈判。

三、电子商务谈判

电子商务谈判是利用电子化手段(电话、电传、计算机网络等)所进行的商务谈判。这是一种介于口头谈判与书面谈判之间的新的谈判类型。

(一)电子商务谈判的优势与不足

1. 电子商务谈判有利于谈判各方的信息交流

从谈判的性质来看，谈判双方之间存在一个如何将己方的信息传递给对方，同时又将对方的信息接收过来的问题，而电子商务谈判在这方面具有很大的优势。

(1) 谈判中信息传递快。特别是在谈判双方地理位置分布较远的情况下，传统的谈判中花费在使双方坐到一起的时间，也许用在电子商务谈判中已足以达成了目标，而这又特别适用于国际商务谈判。

(2) 谈判中信息传递广。商务本身在朝着国际化、全球化发展，在网络环境下，电子商务谈判真正意义上实现了"世界就是一张偌大的谈判桌"，这使得谈判信息传递广，促进了电子商务国际化、全球化。

(3) 谈判中的信息来源广、多、杂。所需信息须经过更好的研究、鉴别。

2. 电子商务谈判改造了传统的谈判模式

(1) 谈判不受时空限制，即不需要安排时间、场地，因网络突破了时空限制。

① 谈判方式改变了。传统谈判中因时间、地点无法确定而引起的麻烦已不再存在。

② 保证了谈判双方的公平性。由于不安排场地，双方在网络空间中谈判，不涉及谈判主场对主方的有利因素，也避免了客方的不利条件，因此保证了谈判双方的公平性。

③ 简化谈判环节，减少人、财、物的消耗。由于不考虑谈判适宜的时间，不布置谈判环境，不做接待工作，双方不用到一张桌子上谈判，所以，可以简化谈判环节，减少人、

财、物的消耗。

(2) 信息渠道单一。确立了谈判双方后，他们不用面对面坐到一起来，二者之间的信息渠道单一，使双方都不受复杂的人际关系的影响，谈判中"人与问题"掺杂往往使双方关系与讨论的实质问题纠缠不清。电子商务谈判使双方能将"人"与"问题"分开，将双方的关系建立在正确的认识、清晰的沟通、适当的情绪上，保障了公平竞争。

(3) 谈判方式由横向转向纵向发展。由于电子商务谈判是在网络上传输信息，因此必然有一定时滞，使人的思维有一定延迟。这种情况下，易采用纵向的谈判方式。

横向谈判方式是指将准备谈判的议题全面铺开，并在规定了每轮要讨论多少个问题之后，按规定的先后顺序一轮一轮地进行谈判。其特点是在规定的时间内必须讨论完一定的问题，即使对原定问题没有按时解决，也要暂时搁下来，另议时间解决。

纵向谈判方式是指将要谈的问题整理成一个系列，按问题的内在逻辑依次序进行谈判。其特点是一般每次只谈一个问题，这个问题不解决，下一个问题就无从讨论。

纵向谈判方式适合对链条状或复合式问题的谈判；横向谈判方式适合于面对面的商谈。

由于网络的交互式环境远不如人与人之间的直接交流灵活，因此，为保证谈判的效率，采用链条状的纵向谈判方式更适合网络式的商务谈判。

(4) 谈判班子的组织自由度更大。传统谈判中由于人力、财力、物力的因素，必须选派有限的人员组成谈判班子，还必须进行谈判前的合作训练，电子商务谈判不需谈判者亲自前往，因此，对人员数量限制不大，并可随时调拨人员，最大限度地发挥集体智慧。

3. 电子商务谈判获取隐含信息更困难

电子商务谈判是在网络上进行的，因此，谈判人员不必在一定的场所会面。在传统谈判中，除了从语言获取信息之外，从谈判现场还可以获取其他隐含信息来辅助决策：从人的仪态、举止、目光、面部表情获取无声语言信息，从人所用的道具、动作中获取更多信息。而在电子商务谈判中，双方谈判代表无法接收到这种肢体语言所传达的信息，谈判的气氛控制也与传统谈判有很大的不同。

(二)电子商务谈判应注意的信息问题

1. 应注意信息的可靠性

电子商务谈判是建立在信息流的运动之上的，只有信息流动畅通，才能使谈判继续下去。因此，谈判双方都必须提供准确可靠的信息。为此，要解决由于平台不一致，软、硬件不一致所带来的信息交流障碍，还要有效清除网络故障、操作错误、硬件故障、系统软件故障及人为破坏产生的不可靠信息。

2. 应注意信息的一致性、完整性

由于谈判双方在信息传输时的意外差错或欺诈行为，可能导致信息丢失、信息重复或

信息传递的次序差异，也会导致谈判各方获取信息的不同，而信息的完整性将影响到谈判方式和策略。保持信息的一致性、完整性是电子商务谈判应用的基础。因此，要预防对信息的随意生成、修改和删除，同时要防止数据传送过程中信息的丢失和重复，并保证信息传送次序的统一。

3. 应注意信息的安全性

任何谈判都必须保护企业的商业秘密，避免在谈判中泄露，在开放的网络环境中，尤其要重视做好商业信息的保密工作。在谈判中预防非法的信息存取，提防信息在传输过程中被非法窃取。企业要加强保密技术，强化安全管理，保障信息的安全。

4. 应注意信息环境问题

电子商务谈判是源于电子商务的，如缺乏电子商务发展的环境，就谈不上谈判问题了，而电子商务的应用与发展是与互联网的普及程度，企业的介入程度，网民的数量、购买力、购买趋向息息相关的，它会随着整个网络环境和电子商务环境的完善而不断改善。

5. 应注意电子商务谈判后签订合同的问题

电子商务环境下，网上谈判取代了传统谈判，纸质合同也将被电子合同所取代，那么，电子合同签订的方式及技术问题，同时保证了这种电子形式的贸易信息，电子合同的有效性，均是开展电子商务的前提，必须给它提供可靠的标识。

(三)电子商务谈判在国际商务中的发展及其价值

随着信息技术的普及，以及跨国经济活动的空前繁荣，电子商务对经济运行的影响力势必会超出一国的范围，进入国际层面，从而对国际贸易流转产生巨大的影响。尽管世界贸易组织成立以来，直接针对电子商务所采取的决议未能取得实际的成果，但乌拉圭回合的最后文件以及以后达成的其他协议中已经包含了大量调整和促进全球电子商务的规则，在世贸组织相关规则的限制下，电子商务活动中的谈判也有相当大的发展空间。

我国加入 WTO 以后的十余年，电子商务在我国得到了充分发展，虽然起步较晚，但是追赶劲头十足。

电子商务谈判通过收集和利用信息辅助企业的经营决策，改变了企业的营销模式。电子商务在国际贸易中能够将决策信息化，采用现代信息技术对相关信息进行采集、整理和筛选，并且利用信息辅助企业的经营决策。在电子商务谈判活动中，EDI(Electronic Data Interchange)能够将商务谈判等日常往来的经济信息通过网络进行传送，在此过程中交易双方有可能互不见面就产生了电子签名，从而代替了传统的人工签字。经过管理信息系统，建立完善的信息利用机制进行科学管理，保证信息真正在国际贸易经营管理中得到充分利用。另外，电子商务的核心在于改变企业营销活动的方式，给营销和管理活动带来变革。

电子商务的产生和发展改变了市场营销的环境，利用电子平台通过网络进行营销，市场销售环节大大减少，交易和支付手段的变化也使得消费者的行为发生了变化。营销环境和消费者行为的变化改变了营销理念，新的营销模式下"以人为本"的思想体现得更加淋漓尽致。销售渠道不再受地域限制，企业和代理商能够以更低的成本将产品和服务推向新的市场。网上销售、网上交易方便了企业，也方便了消费者。总之，管理方式与营销方式的创新，能够焕发企业活力，刺激国际市场，激发市场活力，促进经济增长。

电子商务谈判促进了第三产业发展，带动了关联产业。国际分工全球化、虚拟化程度在电子商务的推动下不断提高，信息资源开始成为企业争夺的宝贵资源，也是最重要的生产要素。全球市场在信息技术的支持下优化资源配置，实现了帕累托改进，这一新变化引起了国际贸易格局的变化，推动了国际贸易方式的转变。原本在国际贸易中占据主导地位的工业制成品被信息产品所替代，促进了服务贸易等第三产业的发展，国际技术贸易结构开始逐步向知识密集型、信息密集型方向调整。在未来的一段时间内，电子商务的迅猛发展使得国际贸易中形成货物贸易、服务贸易和技术贸易三分天下的格局。电子商务谈判将构建包括资金流、信息流、物流以及商品流等在内的新型流通方式，创新了国际贸易运输方式，呈现出多元化的发展趋势，构成一个具有极强综合性的系统体系。电子商务谈判扩大了世界经济活动空间，带动了关联产业，人们不出国门就能获取国外市场的相关信息，突破了时空限制的贸易模式，极大地提高了交易效率，刺激了经济增长。

电子商务谈判改变了人们的生活方式，增强了消费信心。新世纪迅猛发展的电子商务逐渐在展示自己的魅力，这种新型的商务模式彻底改变了人们的日常生活方式，带来巨大的社会影响。由此产生的虚拟企业、虚拟银行以及伴随出现的网上购物、支付等其他电子商务模式出现在人们的视野里，伴随而来的流行词汇、网络语言成为人们的口头禅。在社会生活中，电子商务谈判改变了商务活动的方式，传统营销模式下推销员"说破了嘴、跑断了腿"推销产品，消费者在商场琳琅满目的产品中选择适合自己的产品，往往要花费很多时间，最后筋疲力尽都有可能买不到自己喜爱的商品。如今通过电子商务谈判只要上网点击鼠标就可以买到自己喜爱的商品，不仅方便了企业，节省了推销成本，也方便了消费者，节省了购买时间。政府通过电子平台购买公共服务，可大大提高行政效率。另外，电子商务谈判改变了人们的消费方式。由于网络巨大的便利性，使得消费者购物的主导性大大增强，消费信心提高，在一定程度上也刺激了消费。总之，电子商务谈判的社会价值十分明显，带来的社会影响也逐步改变了人们的生活方式。

电子商务谈判实现了企业文化价值的"多赢"。许多电子商务企业都有自己的企业文化，如马云创办的阿里巴巴，其核心理念是"共享共担，以小我完成大我"。阿里巴巴的团队合作精神增强了员工的群体意识，有效地将企业员工凝聚在一起，对于企业的发展具有引导作用。企业创造出来的文化价值，吸引了大批人才投身企业的生产和经营，这一价值又会感染其他企业，这种正的外部性能够将企业文化传播出去，有力地促进企业的可持续发展。电子商务时代，信息技术和网络技术的广泛应用，使得国与国之间的交流也日益密切。国际贸易中的电子商务谈判将不同国家、不同文化的消费者与生产者紧紧联系在一起，通过电子数据交换实现交易。在交易的过程中，实际上也是一种文化交流。这种跨文化现象影响了网络广告中的价值观，电子商务企业利用文化现象创新广告语，从而激发了消费者的购买欲望。总之，当今信息技术日新月异，各个国家不同的消费文化、贸易文化以及企业文化，在电子交易平台上通过融合、创新慢慢沉淀，其焕发的文化价值在国际上慢慢渗透，进而影响各国的消费者。

本 章 小 结

本章"商务谈判的内容和形式"，分两节进行了论述。第一节"商务谈判的内容"先后阐释了商务谈判的品质、价格、服务、保证条款、索赔和不可抗力等内容。第二节"商务谈判的形式"先后阐释了商务谈判的口头谈判、书面谈判、电子商务谈判等形式。通过本章的学习，能使谈判者弄清商务谈判的内容和形式，以更好地进行谈判。

自 测 题

关键名词

品质 价格 服务 保证条款 索赔 不可抗力

思考训练题

1. 商务谈判有哪些基本内容？
2. 商品品质对谈判结果有哪些作用？
3. 简述商品品质的表示方法。
4. 商品的价格有哪些分类？
5. 谈谈服务对商务谈判效果的影响。
6. 商务谈判中服务有哪些主要内容？
7. 商务谈判的形式有哪些？
8. 分别说说口头谈判和书面谈判的主要优点。
9. 谈谈电子商务谈判应注意的信息问题。

案 例 分 析

应付要求最低报价的客户

有位顾客在看二手摩托车，从反应来看，似乎挺满意的样子。没多久，他开口问店主："请问这车卖多少钱？"

店主道："4700 元。"

顾客笑着说："我看也就值 3700 元。"

店主应答说："你在开玩笑，3700 元哪能买到这样的摩托车？"

顾客停顿了一下，然后正经地单刀直入地问道："底价多少钱？ 直接开价好了，省得大家麻烦。"

店主一看对方认真了，于是以最简单也是最直接的方法回应："不要老是问我底价多少嘛！你先告诉我喜不喜欢？如果真要买的话我们再谈价。"

顾客一听，也很直接："就是喜欢才问你底价啊！否则我站在这里干什么？"

"这辆车是从 5000 元降下来的，已经降了 300 元，如果你真那么有诚意，我很愿意推荐你买这辆车。这辆车八成新，磨合得没问题了。原车主现在发了点小财，鸟枪换炮，换了一辆小汽车，所以这辆摩托车本身是没什么问题的，价钱也是很公道了。"

顾客说："好吧，我看咱们都是实诚人，4500 元，就是它了。"

（资料来源：有道网，http://vtc.bu.edu.cn/news/zdkc/2009427/09427943579428.html.）

问题：

1. 该案例是何种商务谈判内容的谈判？

2. 试分析一下，店主是如何应付对方要求最低报价的。

第八章　商务谈判的过程

【学习要点及目标】

　　通过本章的学习，了解商务谈判的开局阶段、报价阶段、实质性磋商阶段、结束阶段等过程。

【引导案例】

成功打破谈判僵局

　　笔者去年曾参与过一个合同谈判，刚开始一切都还比较顺利，但最后争论的焦点集中在价格上，对方希望尽量少花钱、多办事，而我方坚持的底线不能降，双方出现了僵局。在这紧要关头，我方拒绝了对方的提议，并告知对方："事情的确很难决定，无法再让价了，如果你方坚持降价，我方只好暂停谈判。"说完之后，我方撤离了谈判现场。

　　之后，我方给对方的老总打了一个电话，(因为对方的谈判人员是被授权来参加谈判的，谈判出现了僵局，回去没法交代。我方也希望能把合同签下，有个结果)告诉他，所有的问题都达成共识了，唯一不一致的是价格，并告诉他，他的人员非常优秀，为了共同的基础，双方一起研究，达成了很多共识，但对价格不肯放松。把这个信息告诉对方老总的目的是使他的谈判人员免遭老板的责怪，因为谈判出现僵局，老板会怪罪他们，这个电话可以帮助他们，他们会因此而感激我方，可能会有利于第二天的谈判。在肯定了对方的谈判人员之后，又告诉对方老总，虽然谈判陷入僵局，但我们还是希望能够合作成功，希望老总有时间直接来谈，因为这不是其下属的权力范围，我方也有难处，希望约一个时间再谈。考虑到对方的谈判人员向领导汇报和沟通需要一定的时间，所以我方把时间约在第二天的晚上下班时。这样做的目的是考虑到第二天上班时，他的下属一定是怀着惴惴的心情，去找他的总经理汇报工作。但我方打过电话之后，总经理一定会因此而夸他们，说"对方谈判人员已经打过电话了，你们处理得非常好"。这些人会如释重负，因此而感激我方，这样谈判的气氛就变愉悦了。而且在与对方沟通之后他们也会发现现在的价格是我方的底线，对方就会抬高价格。这个结局果然在我方的预料之中，第二天晚上，他们的老总只通过电话就与我方把价格谈妥了。

　　(资料来源：商务谈判中如何拒绝对方. 机电通网，http://www.idol.com.cn/;dnews/280507.html.)

　　商务谈判的过程也指商务谈判程序。它是指以谈判双方，或多方坐在谈判桌前作为开始，最后签订合同或协议为结束，在这期间所经历的一个连续的，而又阶段分明的过程。商务谈判的各项准备工作就绪以后，就可以进行正式的、连续的、阶段分明的谈判了。一般来说，一场正式的、连续的、阶段分明的谈判过程由四个连续的阶段衔接而成，分别是开局阶段、报价阶段、实质性磋商阶段和结束阶段。有经验的商务谈判者都十分注意商务谈判程序的安排和运用。本章主要就商务谈判的过程，分四节分别对四个阶段加以阐述。

第一节　商务谈判的开局阶段

商务谈判的开局阶段，一般是指从谈判双方坐在谈判桌边起，到开始对谈判内容进行实质性讨论之前的一段时间。开局阶段是实质性谈判的第一个阶段。在这一阶段，商务谈判的双方开始进行初步的接触、互相熟悉，并就此次会谈的目标、计划、进度和参加人员等问题进行讨论，在尽量取得一致的基础上就本次谈判的内容分别发表陈述。

一、商务谈判开局阶段的作用

开局阶段意味着整个商务谈判的正式开始，但是一般来说，谈判的开局阶段并不涉及谈判的实质性内容，持续时间也比较短。尽管如此，商务谈判的开局阶段对于整个谈判进程仍然具有相当重要的作用，甚至在某些方面将决定谈判的走向。

(一)能够树立良好的第一印象

在人与人第一次交往中留给对方的印象，会在对方的头脑中成型并占据主导地位，这种印象在心理学上被称为第一印象，而该效应也被称为第一印象效应。在商务谈判中，同样存在着第一印象效应，而且往往是由谈判人员带给对方的。在商务谈判的开局阶段，在对方心目中树立起良好的第一印象，对于顺利开展谈判具有相当重要的作用。

(二)可以营造适当的谈判气氛

所有的谈判都是在一定的谈判气氛下展开的，良好适当的谈判气氛可以对谈判的进程起到一定的推动作用，有助于提高谈判的有效性和效率；反之，如果谈判气氛不佳或不适当，往往会阻碍谈判的顺利进行，并影响最后谈判结果的达成。所以，在商务谈判开局阶段营造适当的谈判气氛，对于谈判的成功具有相当重要的作用。

二、商务谈判开局阶段应注意的几个方面

(一)应掌握正确的开局方式

开局的方式是制定开局策略的核心问题。

从谈判内容、程序和谈判人员方面来看，谈判人员的所作所为是左右谈判开局的重要

因素。这里所说的谈判人员的所作所为是泛指谈判人员之间相互作用的方式、谈判人员的各自性格融合或冲突的方式、谈判人员影响谈判的方式以及谈判一方对另一方影响的措施，等等。因此，积极主动地调节对方的所作所为，使其与己方的所作所为相吻合，即主动地对谈判人员这个影响谈判的重要因素施加影响，创造良好的谈判气氛，是顺利开局的核心。

最为理想的开局方式是以轻松、愉快的语气先谈些双方容易达成一致意见的话题。比如，"咱们先确定一下今天的议题，如何？""先商量一下今天的大致安排，怎么样？"这些话从表面上看好像无足轻重，但这些要求往往最容易引起对方肯定的答复，因此比较容易创造一种"一致"的感觉。如果能够在此基础上，悉心培养这种感觉，就可以创造出一种"谈判就是要达成一致意见"的气氛，有了这种"一致"的气氛，双方就能比较容易地达成互利互惠的协议。可见，良好的开局方式可谓成功了一半。

(二)应避免一开局就陷入僵局

商务谈判双方有时会因彼此的目标、对策相差甚远而在一开局就陷入僵局。这时双方应努力先就会谈的目标、计划、进度和人员达成一致意见，这是掌握好开局过程的基本策略和技巧，实践证明，它适合于各种谈判。若对方因缺乏经验而表现得急于求成，即一开局就喋喋不休地大谈实质性问题，这时我们要善而待之，巧妙地避开他的要求，把他引到谈判的目的、计划、速度和人物等基本内容上来，这样双方就很容易合拍了。当然，有时候谈判对手出于各种目的在谈判一开始就唱高调，那么我方可以毫不犹豫地打断他的讲话，将话题引向谈判的目的、计划等问题上来。总之，不管出于哪种情况，谈判者应有意识地创造出"一致"感，以免造成开局即陷入僵局的局面，为创造良好的开局气氛创造条件。

(三)应考虑开局阶段的一些因素

不同内容和类型的谈判，需要有不同的开局策略与技巧与之对应。为了结合不同的谈判项目，采取恰当的策略与技巧进行开局，需要考虑以下几个因素。

1. 看谈判双方的业务关系

根据谈判双方之间的关系来决定建立怎样的开局气氛、采用怎样的语言，以及何种交谈姿态。具体有以下四种情况。

(1) 谈判双方有过良好的业务合作。在这种情况下，开局阶段的气氛应是热烈、友好、真诚、轻松愉快的。谈判双方的语言应热情洋溢，内容上可以畅述双方的友好合作关系，亦可适当称赞对方企业的进步和发展，姿态上应比较自由、放松、亲切，可以较快地将话题引入实质性谈判。

(2) 谈判双方有过业务往来，但关系一般。那么，开局的目标仍要争取创造一个比较友好、随和的气氛，但谈判人员在语言上的热情程度应有所控制，内容上可以简单地说说双方过去的业务往来，亦可谈些双方人员在日常生活中的兴趣和爱好，姿态上可以随和自然。在适当的时候，自然地将话题引入实质性谈判。

(3) 谈判双方有过不尽如人意的业务往来。那么，开局阶段的气氛应是严肃、凝重的。语言上在注意礼貌的同时，应比较严谨，甚至带一点冷峻；内容上可以对过去双方业务关系表示遗憾，以及希望通过本次磋商来改变这种状况，也可谈论一下途中见闻、体育比赛等中性话题；姿态上应充满正气，并注意与对方保持一定的距离。在适当的时候，可以慎重地将话题引入实质性谈判。

(4) 谈判双方从未有过业务往来。那么，开局应力争创造一个友好、真诚的气氛，以淡化和消除双方的陌生感，以及由此带来的防备甚至略含敌对的心理，为实质性谈判奠定良好基础。在语言上应表现得礼貌友好，但又不失身份；内容上多以途中见闻、体育消息、天气状况、个人业余爱好等比较轻松的话题为主，也可以就个人在企业的任职情况、负责范围、专业经历等进行一般性的询问和交谈；姿态上应不卑不亢，沉稳中不失热情，自信但不骄傲。在适当的时候，可以巧妙地将话题引入实质性谈判。

2. 看谈判双方的个人感情

谈判是人们相互交流思想的一种行为，个人感情会对交流的过程和效果产生很大的影响。如果双方谈判人员过去有过交往和接触，并结下了一定的友谊，那么开局即可畅谈友谊，也可回忆过去交往的情形，或讲述离别后的经历，还可以询问对方家庭的一些情况，以增进相互间的个人感情。实践证明，一旦谈判双方建立了良好的个人感情，则对谈判的妥协、让步、成交会有所促进。

3. 看谈判双方的实力

就双方的谈判实力而言，有以下三种情况。

(1) 双方谈判实力大致均衡。为防止一开始就强化对方的戒备心理和激起对方的敌对情绪，以致使这种气氛延伸到实质性阶段而使双方互不买账、一争高低从而造成两败俱伤的局面，开局阶段要注意创造一个友好、轻松的气氛。谈判人员的语言和姿态要做到轻松而不失严谨、礼貌而不失自信、热情而不失沉稳。

(2) 己方谈判实力明显强于对方。为使对方清醒地认识到这一点，并在谈判中不抱过高的期望值，从而产生威慑作用，同时又不致将对方吓跑，开局阶段的谈判，己方在语言和姿态上，既要表现得礼貌友好，又要充分显示出己方的自信和气势。

(3) 己方谈判实力弱于对方。为不使对方在气氛上占尽上风而影响实质性谈判，开局阶段己方在语言和姿态上，既要表示友好和积极合作，也要充满自信、举止沉稳、谈吐大方，而使对方不至于轻视己方。

第二节　商务谈判的报价阶段

商务谈判主要是围绕商品的价格展开的,当谈判进入报价阶段,也就意味着实质性谈判的开始。这里所说的报价,不仅指对于价格的要求,还泛指一方对另一方提出的所有要求,包括谈判标的物的数量、质量、价格、支付条件、包装、责任条款等各方面的交易条件。

所以,报价阶段在商务谈判全过程中具有非常重要的作用。报价的合理与否、成功与否,关系到整个价格谈判的成败,从而也关系到整个商务谈判的成败。

一、商务谈判报价的含义和特点

由于报价对于整个商务谈判过程和结果都具有相当重要的影响,而且报价本身包含对于商品价格、数量、质量等多种因素的确定,所以,报价是一项非常复杂的工作。在报价前后,需要做很多准备,并了解相关的注意事项。

(一)商务谈判报价的含义

商务谈判的报价不同于其他经济活动中的商品价格,这种报价是后面价格磋商的前提工作。商务谈判有很多特别的类型,不同类型的商务谈判报价的含义都有所差别,下面将介绍几种主要类型的商务谈判的报价含义。

1. 商品购销谈判报价

商品购销谈判是最常见的一种商务谈判,其报价的核心便是商品的价格,并结合商品的质量、数量、包装、交货、运输、支付方式、售后服务等一系列的相关条款。

2. 技术贸易谈判报价

技术贸易,就是一般所说的知识产权转让。技术贸易谈判是围绕不同形式的知识产权转让而展开的谈判,包括工业产权和著作权,工业产权又包括对专利、专有技术、产品式样、商标等的独占权。技术贸易谈判报价的核心,是知识产权转让的费用,此外还包括标的物的内容、转让的方式等条款。

3. 工程承包谈判报价

工程承包谈判,主要是工程建筑企业通过投标或接受委托等方式,与发包人进行谈判以达成承包的协议。其报价的核心是承包的费用,此外还包括工程的性质、质量、数量、材料成本、支付方式等条款。

4. 租赁业务谈判报价

租赁业务谈判与货物买卖谈判类似，只不过形式从买卖交易变成了租赁交易。其报价核心是租赁的价格即租金，此外还包括商品的质量、数量、租用时间、支付方式、服务等其他条款。

5. 合资经营谈判报价

合资经营谈判报价与劳务合作谈判类似，合资经营谈判也是目前日益常见的一种商务谈判形式，只不过其谈判的对象从劳务的合作变为了资金的合作。其核心也是双方利益的分配，此外还包括双方合作方式、义务、责任等条款。

6. 加工装配业务谈判报价

加工装配业务主要出现在国际贸易中，也就是常说的"三来一补"中的"三来"：来料加工、来样加工和来件装配。在加工装配业务谈判中，报价的核心是加工费或装配费，同时还包括质量、数量、包装、交货、支付方式等其他条款。

7. 劳务合作谈判报价

随着市场开放程度的不断扩大，劳务合作的机会也越来越多，劳务合作谈判也日益成为一种常见的商务谈判形式。劳务合作谈判报价的核心在于双方利益的分配，即利润的分配，此外还包括双方的合作方式、义务、责任等条款。

(二)商务谈判的报价原则

由于价格磋商是整个商务谈判的关键问题，所以，报价成功与否对谈判的进程有着实质性的影响。要成功地完成商务谈判的报价，谈判人员要遵循以下一些主要报价原则。

1. 采取最高报价(卖方)或最低报价(买方)的报价方式

对卖方来说，开盘价应该是最高的，对买方来说，开盘价应该是最低的，这是报价的首要原则。这样可为下一步的计价还价留有余地。

(1) 作为卖方来说，开盘价即为要价确定了一个最高限额。一般来说，开盘价提出之后，没有特殊情况，就不能再提出更高的要价了，而最后成交的价格通常在这个价格之下。而作为买方来说，开盘价即为要价确定了最低限额，最后成交的价格也通常在这个价格之上。

(2) 由于多数人信奉"一分价钱一分货"的观念，如果卖方开盘报价较高，容易给买方留下商品质量较好的印象。

(3) 如果卖方开盘报价比较高，则能够为以后的讨价还价提供更大的余地，使得己方在价格磋商中更加富于弹性，便于把握成交的时机。

(4) 开盘价的高低往往会对最终成交的水平产生实质性的影响。即开盘价高，最终成交价格也高；开盘价低，最终成交价格也低。换言之，开盘时要求越多，最终获得的往往也越多。

2. 开盘报价必须合乎情理

卖方的报价尽可能高，买方的报价尽可能低，是商务谈判报价的一般原则，但是这并不意味着报价时可以漫天要价。报出的价格必须合乎情理，并且有足够的理由支持己方的价格。

3. 报价应果断坚定、明确完整而不主动作解释和说明

开盘报价应该果断、坚定、毫不犹豫，这样能够给对方留下己方诚实认真的好印象。如果报价拖泥带水、欲言又止，会使得对方对己方产生不信任感。

开盘报价应该明确、清晰而完整，以使对方准确了解己方的期望。如果报价含糊不清，会使对方对己方产生误解。

报价的时候不应对所报价格主动作出解释和说明，因为无论己方的报价是否符合对方的期望，对方都是会对其提出质询的。如果在对方提问之前便主动就报价作出解释和说明，会提醒对方意识到己方最关心的问题，其中可能包括对方先前并没有意识到的问题，从而露出破绽，为对方提供了突破口。所以，主动的解释和说明，会使己方落入被动的境地。

二、商务谈判报价模式的选择

只有掌握了正确的报价程序，才能够有效地发挥报价阶段的作用，在价格谈判中占据有利的地位。商务谈判报价的程序问题，包括报价的先后顺序和报价模式的选择这两个主要方面。

报价的先后顺序在后面的商务谈判策略技巧中将阐释，此不详述。这里主要谈谈报价模式的选择。

国际上有两种通用的报价模式，即所谓的西欧式报价和日本式报价，两种报价模式在原则和方法上有着本质的差别，具体在实际操作中也有各自的用途和适用范围。

(一)商务谈判报价模式

1. 西欧式报价

西欧式报价的一般模式是：首先报出一个对己方有利、对对方不利的交易条件，并留出较大的余地；然后通过双方的磋商，以让步的形式，使对方最终接受交易条件，达成最后的交易。西欧式报价也是平时谈判中惯常使用的报价模式，一般这样的模式也能够为谈判双方默认，以利于顺利开展价格磋商。

2. 日本式报价

日本式报价的一般模式是：先报出一个对对方有利、对己方不利的交易条件，以引起对方的兴趣；但是，在正式进行价格谈判时，表示这个交易条件无法满足对方的全部要求，如果想要满足，需要逐步改变交易条件，并向着有利于报价方的方向发展。所以，就卖方提出日本式报价的价格谈判来说，最后达成的交易条件往往高于开始提出的交易条件；相应的，如果是买方提出的，最后的交易条件会低于开始提出的交易条件。

(二)怎样选择商务谈判报价模式

在商务谈判中，通常采用的是西欧式报价，有利于双方在一个比较熟悉的谈判模式基础上开展价格谈判，并且有利于达到双方都期望的谈判结果。而日本式报价容易在一开始就出乎对方的意料，打乱对方的战略部署。但是，随着谈判的深入，后报价方会有一种被欺骗的感觉，往往不利于后面的谈判在一个友好的气氛中继续展开，要达到一个令双方都满意的结果也比较困难，而且谈判结果往往都是有利于先报价一方的。

所以，如果谈判的气氛是友好的，双方的态度是合作的，一般都应该采取西欧式报价。只有在那些特定的情况下，需要用一定手段来完成谈判目标，那么才可以考虑采用日本式报价。同时，在谈判时，如果是后报价的一方，应该尽量避免落入日本式报价的圈套。

为了避免落入日本式报价的圈套，谈判人员应注意以下几个问题：首先，应仔细检查对方报价的内容，看其是否符合己方的需要；其次，如果同时与多个客商进行谈判，应将他们不同的报价进行比较，比较各自交易条件的异同；最后，不要轻易信任较优惠报价的客商，而终止其他的谈判，以避免陷入被动的局面。

第三节　商务谈判的实质性磋商阶段

在谈判双方作出明示并报价之后，商务谈判就进入了对于实质性内容谈判的阶段，也就是商务谈判的磋商阶段。磋商阶段是商务谈判的中心环节，也是在整个过程中占时间比重最大的阶段。

商务谈判的实质性磋商，主要还是围绕价格展开的，也就是一个讨价还价的过程。在此期间，将会出现的问题有谈判双方的价格争论、冲突甚至僵局，也包括双方为了最后达成交易而各自作出的让步。

一、关于交易条件的磋商

商务谈判中关于交易条件的磋商，就是平常说的讨价还价。讨价还价的内容，不单单是指商品的价格，而是指全部的交易条件，包括商品的数量、质量、价格、支付条件、包装、责任条款等各方面的交易条件。整个讨价还价的过程，就是对谈判中所涉及的交易条件的讨论和确定。

(一)讨价

讨价，是指在谈判中一方首先报价之后，另外一方认为该价格离己方的期望价格比较远，从而要求报价方改善其报价的行为。讨价是一种谈判策略，可以误导对方对于己方价格期望的判断，并改变对方的价格期望，为己方还价做准备。作为讨价阶段的第一步工作，应让对方就报价作出一定的解释，即价格解释。

1. 价格解释

由于对方的报价一般是简单而概括的，对于报价的理由、组成、条件等都不会做充分的解释和说明，如果对于这些不做完整的了解的话，将会给今后的讨价还价工作带来困难，所以，必须首先要求对方对其报价的理由、组成、条件等作出充分的说明。然后，在此基础上对对方的报价作出评价，进而开始正式的讨价还价过程。

另外，在某些时候，对于对方不合理的报价甚至是漫天要价，应及时地要求对方作出合理价格解释也可以起到适当的提醒和警告作用，甚至可以用一些比较强硬的问题来直接拒绝对方的报价。

2. 价格评论

在对方对报价作出解释之后，就可以对对方报价作出评论了。价格评论是进行讨价的基础。在对方报价之后，己方讨价之前，首先应对对方的报价进行评论，这种评论一定是消极的，并据此提出讨价的要求。

具体评价时，可以单就对方报价的整体或者具体部分作出评论，例如，"我方觉得贵方提供的技术已经相对落后，价格水平却非常之高，是我方所无法承受的"。

此外，也可以采取横向比较的方式进行评论，例如，"我方发现，贵方在提供的设备并没有明显优于目前市场上大多数设备的情况下，价格却远远高于市场通行价格。"

总之，价格评论明确提出对对方报价的不满意之处，以获得足够的理由进行随后的讨价。

3. 讨价的阶段和方式

在进行评价之后，就可以进行讨价，要求对方修正其报价，以更加接近己方的价格期望。具体说来，讨价一般分为三个阶段，下面以买方讨价为例，分别说明这三个阶段的讨价方式。

(1) 讨价刚开始的阶段。此时对卖方价格的具体情况尚比较模糊，缺乏清晰的了解，所以，该阶段的讨价方式是全面讨价，即要求对方从总体上改善其报价。需要注意的是，该阶段的讨价不一定是一次性的，可以视具体情况，进行多次讨价，以获得更加接近己方期望价格的报价。

(2) 讨价的实质内容阶段。此时己方对卖方价格内容已经有了一个大致的了解，该阶段的讨价便是有针对性的讨价。即在对方报价的基础上，找出明显不合理、水分较大的项目，有针对性地进行讨价。目的是通过讨价，将这些项目中的不合理部分和水分挤掉，从而获得更有利的报价。

(3) 讨价的最后阶段。此时己方对卖方价格已经有了比较清晰的了解，该阶段可以在第二阶段有针对性讨价的基础上，进行最后的全面讨价，要求对方给出最终改善后的报价。这一阶段的讨价同样可以视具体情况进行多次讨价，以获得最终最优化的报价。

(二)还价

还价是指谈判中一方根据对方报价，结合己方的谈判目标，提出己方的价格要求的行为。在谈判中，还价是一个比较关键的阶段，因为还价是谈判双方真正针对价格进行正面交锋的阶段，还价策略运用得成功与否，直接关系到能否达成最后协议以及己方谈判目标是否能够实现。

为了使谈判进行下去，一方在进行了数次的价格调整后，会要求另一方还价；而另一方在讨价目标实现后，为了表示己方的诚意，也应该接受还价的邀请，进行还价。此时，价格谈判就结束了讨价阶段，而进入了还价阶段。所以，在进行还价时，作为任何一方都应该谨慎，以避免还价不当而影响谈判的进程或损害己方的利益。

1. 还价时机的选择

这里仍然以买方为例。买方何时回应卖方的还价邀请，结束讨价开始还价，时机的选择是一个比较重要也比较微妙的问题。还价的时机选择得好，一方面，可以保证谈判顺利地进行；另一方面，也可以减少还价的次数，提高还价的效率，有利于谈判目标的最终实现。还价是以讨价为基础的，所以，还价的时机也主要确定于讨价的结果。一般来说，卖方在回应买方讨价要求，对报价作出改善之后，会向买方发出还价的邀请。此时，如果卖方只是对报价进行了微小的调整，或者改善的幅度不大，买方应继续讨价，以为还价建立更有利于己方的基础，而不是急于还价。而当卖方已经作出较大的或者实质性的让步时，买方便应该考虑开始还价，因为如果还是一味地坚持讨价，拖着不还价的话，会给卖方造成己方无谈判诚意的印象，影响谈判的顺利进行。

2. 还价方式的选择

采取何种还价方式首先要看是基于什么依据来进行还价。在商务谈判中，还价的依据主要有两种类型：一种是按价格评论还价，另一种是按项目还价。

(1) 按价格评论还价。根据价格评论的不同，又可以分为按分析比还价和按分析成本还价两种方式。

按分析比还价是指买方按同类商品的价格或者竞争者商品的价格作为参考进行还价。这种还价方式的关键在于选作参考的商品是否具有可比性，而能够使对方信服。

按分析成本还价是指买方根据自己计算出的商品成本，再加上一定百分比的利润作为还价的依据进行还价。这种还价方式的关键在于买方所计算的成本是否准确，并能够使对方信服。

(2) 按项目还价。根据每次还价项目的多少，又可以分为单项还价、分组还价和总体还价三种方式。

单项还价是以商品报价的最小项目单位进行还价。如果是独立商品，可以按照计量单位进行还价；如果是成套设备，可以按主机、辅机、备件等不同部分进行还价；如果是服务费用，则可以按照不同的费用项目进行还价。

分组还价是把谈判对象分成若干项目，并按每个项目报价中所含水分的多少分成几个档次，然后逐一还价。对于水分含量较大的项目，就多还一些；对于水分含量少的项目，就少还一些。

总体还价又叫一揽子还价，是将整个报价按照一定的百分比进行还价，而不考虑报价中各部分所含水分的差异。

在商务谈判中，具体按照以上哪一种还价方式来进行还价，首先取决于谈判标的商品的特征。例如商品的规格、数量、市场供求状况以及替代品现状，等等。此外，还取决于谈判当时的一些其他具体情况。例如谈判双方的实力对比、己方所掌握信息量的多少、己方的谈判经验，等等。总之，在确定还价方式时，要本着哪一种方式更有说服力，更容易为对方所接受的原则来选择。

3. 还价起点的确定

在还价时，另一个需要决定的重要因素是还价的起点，也就是买方第一次提出的希望成交的条件。还价起点的确定，从原则上讲要低，但是又不能太低，要接近谈判的成交目标。因为讨价还价的基本原则之一便是还价要尽可能的低，如果还价高了，会使得己方必须在还价之上成交，从而损害了己方的利益；如果还价过低了，又会引起对方的不满，认为己方无谈判诚意，从而影响谈判的顺利进行。所以，还价的起点不宜过高也不宜过低，要接近己方所期望的成交目标。

二、商务谈判磋商过程中对谈判局势的正确评估

商务谈判的磋商过程主要就是讨价还价的过程，但是，一味盲目地讨价还价也不可取。在磋商的过程中，还应该不断地对谈判局势进行评估，这样才能实施最有效的讨价还价策略。所谓谈判局势，也就是谈判的形势。在商务谈判中，谈判局势主要是根据当时的交易

条件能否被谈判双方接受来判断的。

(一)交易条件双方显然都可接受的情况

在这种情况下，谈判一方提出的交易条件或者双方协商的交易条件对于谈判双方来说都很理想，是谈判双方都乐意接受的。此时，只要谈判双方愿意就此达成协议，谈判就可以马上进入结束阶段，双方签约。但是，同样有一些问题是需要谈判双方注意的。

1. 不可过分讨价还价

无论谈判的哪一方，都希望谈判的结果尽量有利于己方，在谈判中都会争取尽可能大的利益。所以，即使当时的交易条件已经能够为己方接受，双方仍然都希望通过进一步的讨价还价来争取更大的利益。但是，此时再做过分的讨价还价显然是不合时宜的，因为在交易条件明显符合双方期望的情况下，过分的讨价还价会让对方认为己方在得寸进尺，容易引起对方的反感。特别是在对方已经作出一定让步的情况下，很可能会使本来已经接近成交的谈判陷入僵局甚至破裂。

此时，如果想获得更有利于己方的谈判结果，可以在一些不触及对方关键利益的条款上向对方寻求一些额外的利益，而不是一味地讨价还价。

2. 欲速则不达

很多时候，当交易条件显然能够被谈判双方接受时，有一方往往会因为想尽快结束谈判，而催促对方签订协议。这是不可取的，因为虽然谈判有了签约的条件，却仍然需要遵循原先商定的议程继续进行，直至签约。仓促结束谈判，会导致许多隐藏的问题被忽略，为将来合同的履行埋下隐患。而且如果操之过急，会让对方怀疑交易条件中有漏洞，从而要求修改交易条件，并且在谈判桌上产生一种不信任的气氛。

所以，正确的做法应该是按部就班，根据事先商定好的谈判议程，一步步走向最终的签约。

(二)交易条件可能为双方接受的情况

第二种情况是交易条件可能为双方接受，也就是说谈判一方或者双方可能接受目前的交易条件，但是必须对交易条件作出一定的修改，否则无法被双方都接受。在现实谈判中，大多数时候处于这样一种局面，这也是谈判继续进行、双方继续磋商的原因和动力。在这种情况下，为了最终达成交易，需要遵循以下几个步骤。

1. 明确进一步磋商的范围

既然双方都愿意达成最终的交易，且有这个可能，那么，关键问题就在于如何通过进一步的磋商来获得双方都能接受的交易条件，也就是明确双方进一步磋商的范围。在明确双方进一步磋商的范围的时候，需要考虑以下一些主要因素。

(1) 沟通的障碍。在双方磋商的时候，很多分歧来自于沟通的障碍，也就是双方就同一问题的表述、传达和理解上的差异。此时，明确双方沟通的障碍所在，就有助于双方消除一些不必要的分歧，从而更好地达成共识。

(2) 讨价还价的表现。很多时候，可以通过对方在讨价还价时的表现来判断对方对交易条件的接受程度以及达成交易的意向。如果对方对一些主要问题或核心条款还抓住不放，说明对方希望目前的交易条件有较大的修改，其达成交易的意向并不明显；如果对方只是在一些细枝末节的问题上讨价还价，则说明对方对于目前交易条件的绝大部分都能够接受，其达成交易的意向也比较明显。根据对方的意向，就可以与对方展开有针对性的进一步磋商，以尽快达成交易，结束谈判。

(3) 真正的分歧。很多时候，谈判双方表面的分歧或冲突并不是无法达成共识的症结所在，双方需要透过表面发现彼此之间真正的分歧，也就是我们常说的"根本矛盾"。找到这个"根本矛盾"，就能据此寻求达成一致的途径，从而为双方达成交易扫清障碍。

2. 进一步磋商直到达成协议

明确双方进一步磋商的范围之后，就应该积极地开始进一步磋商的工作，以求达成双方都能够接受的交易条件。此时的磋商不应再以讨价还价为主，而是双方本着互谅互让的精神，通过一定的让步或者寻找合理的替代方案，来取得一致。

(三)难以达成交易的情况

还有一种情况就是双方难以达成交易，也就是说，目前的交易条件与一方或者双方的心理底线差距比较大。此时，简单的磋商或讨价还价是不足以使双方达成共识的，必须通过其他方法来寻求一致，否则，谈判很可能会陷入僵局或破裂。一般可以采用的方法有以下两种。

1. 修改原来的谈判计划

这是从己方入手的一种方法，即通过修改己方的谈判计划，来调整己方的谈判期望，从而寻求与对方达成一致的可能。具体包括修改己方的谈判目标、谈判底线以及谈判策略等，以适应谈判局势的要求，通过一定程度的让步来向对方表示己方达成交易的意向。但是，这种修改也不是无原则的，还是要建立在己方的利益之上，并根据谈判组的权限来操作。

2. 争取让对手向其上级要求"扩权"

这是从对方入手的一种方法，通过说服对方，让其请示上级，对其谈判权限范围作出修改，也就是扩大其权限。并且，通过说服对方通过修改其谈判计划来作出一定的让步，

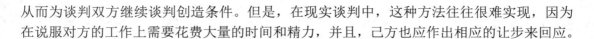

从而为谈判双方继续谈判创造条件。但是，在现实谈判中，这种方法往往很难实现，因为在说服对方的工作上需要花费大量的时间和精力，并且，己方也应作出相应的让步来回应。

三、商务谈判磋商过程中的叫停

商务谈判是高度紧张的智力活动，要求谈判者自始至终保持高度的精神集中，在谈判中及时作出最合理的反应，即采用避免和化解冲突的种种策略。但是，任何谈判人员，哪怕能力再强、经验再丰富，也难免会遇到由于注意力无法集中、个人能力不够或者对方的突然发难等原因产生的一时难以应付的问题。在这个时候，需要采取对谈判叫停的策略，来获得一段时间的缓冲和喘息，同时在己方和对方之间创造出一定的距离，以求缓解一时的不利局面，寻找有利的解决途径。在商务谈判中，叫停作为一项相当有效的策略性机制，被广泛使用。

一般来说，在谈判中，用以下一些借口来要求暂停谈判是非常有效的。

(1) 向对方申请一个晚上来仔细考虑，把问题留到第二天解决，大多数人都不好意思拒绝这个提议。

(2) 借口能够作决定的人不在，或者自己没有权力作这个决定，要求回去同自己的上级领导或者顾问商量之后再给出决定，这样的借口往往也是对方无法拒绝的。

(3) 提议休会一天，大家一起去参加某项休闲娱乐活动，为谈判赢得时间，同时增进双方感情。这样的借口，往往被谈判的主方利用，因为"客随主便"，对方也不太好拒绝。

(4) 借口去洗漱室，没有人会拒绝这样的要求。

(5) 其他借口，或者干脆没有借口，直接离开谈判桌，留下目瞪口呆的对方，当然这样的方法只能使用一次。

第四节　商务谈判的结束阶段

在商务谈判的结束阶段，谈判双方会签订合同或者协议。在有些商务谈判中，谈判双方可能在谈判期限内无法达成协议，就可能选择中止谈判或者使谈判破裂来结束谈判。

一、商务谈判结束的方法

在实际的商务活动中，并不是所有的商务谈判都是以签约或者成交作为结束的，很多谈判会由于双方无法取得一致而暂时中止，甚至最终破裂。成交、中止和破裂是谈判结束的三种主要方式。

(一)成交

商务谈判的磋商不是无止境的，随着磋商的不断深入，双方经过了多个回合的讨价还价以及各自的让步。各自的利益和观点逐渐趋于一致，此时谈判也接近了最后的成交和签约。这时谈判各方需要进行最后的努力，使得彼此的观点完全达成一致，促成谈判的成交。

成交的标志体现为签约。虽然谈判双方就交易的主要条款达成一致便可视为谈判成交，但是为了明确这种一致，并明确谈判后双方各自的权利和义务，谈判的结果还应形成书面文件，即商务合同或协议。签订商务合同或协议的过程就是商务谈判的签约阶段，一般把签约作为商务谈判成交的标志，同时签约也标志着商务谈判的正式结束。

由于合同具有法律效力，合同一经双方签字并批准生效，就成为约束双方的法律文件。双方必须履行合同中规定的各自应尽的义务，不然就要承担法律责任。所以，商务谈判的签约应该是一个非常严肃、谨慎的过程。在签约的时候，通常要注意以下一些问题。

(1) 争取由己方来起草合同文本。最后的商务合同文本，一般是由一方来起草的，并经过另一方的检查，确认无误后双方签字。一般合同文本由哪一方来起草，哪一方就相对掌握了主动。所以，在签约前，应尽量争取由己方来起草合同文本。即使做不到这一点，也要尽量争取与对方一起起草合同文本。

(2) 保证合同的主客体以及签订过程合法。由于合同具有法律效力，所以签订合同的主体、合同涉及的客体以及合同的签订过程都应该合法。否则，所签订的合同就无效。

(3) 保证合同条款严密、详细。为了便于商务合同的履行，在合同中必须对交易过程中涉及的所有会影响到合同履行方式和效果的条款作出明确而详细的规定，如对价格、数量、质量、交货时间、交货地点、交货方式、交货期限以及违约责任等作出详细的规定，否则可能会因为对方钻了合同的空子，而给己方带来损失。

(4) 争取在己方所在地签约。对于比较重要的商务谈判，特别是国际商务谈判，应该尽量争取在己方所在地签约。因为，如果今后发生了有关合同的纠纷，按照国际惯例，法院和仲裁机构一般会根据合同缔结地所在国家的法律来作出判决或仲裁。所以，在己方所在地签约，可以规避合同纠纷带来的法律风险。

(二)中止谈判

谈判的中止是指由于谈判外部或者内部的原因，造成谈判短期内无法继续，双方协议暂时停止谈判进程的行为。因为是中止，所以在一段时间后，谈判还是有继续进行的可能，而且双方此前为谈判所做的努力以及谈判中止前所获得的成果还是基本能够得到保留的，这也就为谈判的恢复提供了可能。

通常谈判中止的时候，谈判双方会就谈判中止的期限作出一定的声明，包括有约期中止和无约期中止。

（1）有约期中止。有约期中止指的是谈判双方在中止谈判时，约定在一定的时间后恢复谈判。一般当谈判由于一些突发情况不得不暂停的时候，谈判双方会选择有约期的中止。有约期中止由于约定了恢复的时间，所以往往不会影响日后继续谈判的可能，更像是一种长时间的暂停。

（2）无约期中止。无约期中止指的是谈判双方在中止谈判时，未约定日后恢复谈判的时间，一般会说成是"无限期延期"。无约期中止往往发生在谈判双方利益无法弥合，或者产生了阻止谈判继续进行的不可抗力的时候。无约期中止在日后恢复的可能性一般比较小，更像是谈判破裂的一种委婉说法。

(三)谈判的破裂

谈判的破裂是指谈判双方由于无法弥合的分歧，无法就交易条款达成一致而提前结束谈判的行为。与谈判的中止不同，谈判的破裂意味着谈判的失败，而且今后再无继续的可能。

一般来说，谈判破裂的原因比较单一，即双方利益的根本对立，且这种对立没有调和的可能。所以，虽然谈判的破裂是谈判双方都不愿意看到的，但是一般无法避免。在实际情况中，如果谈判有破裂的迹象，谈判双方应首先仔细分析双方利益的差距是否有弥合的可能；如果矛盾可以调和却被误认为无法调和而导致谈判破裂，是非常可惜的。

谈判破裂分为友好破裂和对立破裂两种，两者对于谈判双方日后的继续合作有着截然不同的影响。

1. 友好破裂

友好破裂是指谈判虽然破裂，谈判双方的关系却并未因此受到影响，反而为日后的合作创造了一定的可能。所谓"生意不成仁义在"，谈判双方可以借助此次谈判所累积起来的合作关系，今后在其他领域展开新的谈判合作。

友好破裂的原因一般比较简单，即双方在此次谈判的问题上无法达成一致，利益无法弥合，但这并不意味着以后在其他问题上的谈判也无法达到一致，所以，今后还有合作的可能。

2. 对立破裂

与友好破裂相反，对立破裂的谈判双方的关系也会随着谈判的破裂而变得对立，日后一般也不会再有合作的可能。

对立破裂的原因相对于友好破裂比较复杂，除了双方在利益和对谈判问题看法上的不一致外，还有其他的原因。如谈判手段的使用、谈判道德和法律的遵守，甚至谈判人员的个人作用等。也正是因为这些复杂的原因，使得双方日后合作的可能性变得微乎其微。

二、商务谈判结束后的谈判总结

谈判的签约虽然意味着整个商务谈判过程的终结，但是，谈判人员的工作并不是就到此为止了。谈判结束后，无论谈判成功与否，都应该对谈判工作进行全面的、系统的总结，以对将来的谈判进行指导。商务谈判的总结主要涉及以下几部分内容。

(一)商务谈判结果的具体表现

通常，人们将是否签约作为评判商务谈判结果的唯一标准，其实这是不全面的。事实上，商务谈判结果的表现不仅仅在于是否签约，谈判后双方彼此的关系也是其重要的表现之一。

1. 签约和彼此的关系

一般来说，商务谈判签订了己方理想的协议，即视为达成了目标，获得了积极的结果。但是，签约后双方会形成不同的关系：友好的、普通的和对立的。如果能够在签约后与对方形成友好的关系，就可以视为最理想的一种结果，不仅在此次谈判中达成了一致，还为今后继续友好地合作奠定了基础；如果在签约后跟对方关系一般，也不失为一种理想的结果；如果签约换来的是与对方关系的对立，则这样的谈判结果是不完美的，甚至可以说是一种失败。

2. 没有成交和彼此的关系

谈判最终破裂，未能与对方成交，就本次谈判来说应该是失败的，但是，如果结合谈判后与对手的关系变化来看，则可以有新的评判标准。如果谈判后，与对手建立了良好的关系，就等于为下一次谈判提供了可能，从公共关系的角度来看，这次谈判还是成功的。但如果谈判后与对方关系并没有改变或者变差了，则这场谈判就彻头彻尾地失败了。

(二)谈判过程的经验总结

谈判过程中的经验总结同样是商务谈判总结的重要内容之一，谈判过程的经验总结主要包括两部分内容：成绩与教训的总结以及对谈判对手的评价。

在整个谈判过程中，应有专门的人员对谈判过程进行记录，并在每一场谈判后及时整理。这一方面可以对谈判的继续开展进行指导，另一方面也为最后的谈判总结提供材料。

在对谈判进行总结之后，应该将谈判总结的内容，结合对于谈判的总体评价和对今后谈判的建议，写成书面总结报告，作为谈判的成果之一，为今后的谈判工作作出指导。

1. 成绩与教训

谈判的总结从很大意义上来说就是对于谈判得失的总结，这种得失不单单指谈判结果的得失，也包括谈判全过程中的各种经验和教训。对于商务谈判过程的总结包括从谈判准备阶段开始到谈判结束阶段的整个过程，分析其中的成功经验和失误教训。

总结谈判的成绩和教训，目的在于为今后的商务谈判积累经验、提供参考，从而为今后谈判的成功增加砝码。

2. 对谈判对手的评价

对谈判对手的评价也是商务谈判总结中的一个重要方面，这涉及以后双方的长期合作以及与类似客户打交道时需要注意的问题。对谈判对手的评价指标包括对谈判对手的整体印象、对方的工作效率及风格、对方的好恶以及对方的优劣势。客观合理地对谈判对手评价也有利于己方取长补短。

本 章 小 结

本章"商务谈判的过程"分四节进行了论述。第一节"商务谈判的开局阶段"，首先论述了商务谈判开局阶段的作用，而后指出了商务谈判开局阶段应注意的几个方面。第二节"商务谈判的报价阶段"，首先阐释了商务谈判报价的含义、特点和原则，而后介绍了商务谈判报价的程序。第三节"商务谈判的实质性磋商阶段"，首先阐释了关于交易条件的磋商问题，而后提出了商务谈判磋商过程中对谈判局势的正确评估。第四节"商务谈判的结束阶段"，首先介绍了商务谈判结束的方法，最后论述了商务谈判结束后的谈判总结。通过本章的学习，能使谈判者弄清商务谈判的过程，以使商务谈判能循序渐进地进行。

自 测 题

思考训练题

1. 谈谈商务谈判开局阶段的作用。
2. 商务谈判报价应遵循哪些原则？
3. 讨价中应注意哪些问题？
4. 谈谈还价方式的选择，即应按什么方式还价。
5. 商务谈判结束的方法有哪些？
6. 谈谈商务谈判的评价标准。

案 例 分 析

价格解释和评论

1983 年，日本某电机公司出口其高压硅堆的全套生产线，其中技术转让费报价 2.4 亿日元，设备费 12.5 亿日元，包括了备件、技术服务 (培训与技术指导)费 0.09 亿日元。

谈判开始后，营业部长松本先生解释：技术费是按中方工厂获得技术后，生产的获利提成计算出的。取数是生产 3000 万支产品，10 年生产提成是 10%，平均每支产品销价 S 日元。设备费按工序报价，清洗工序 1.9 亿日元；烧结工序 3.5 亿日元；切割分选工序 3.7 亿日元；封装工序 2.1 亿日元；打印包装工序 0.8 亿日元；技术服务培训费，12 人的一个月日本培训 250 万日元；技术指导人员费用 10 人一个月 650 万日元。

背景介绍

(1) 日本公司技术有特点，该公司首次进入中国市场，也符合中方需要。

(2) 清洗工序主要为塑料槽、抽风机一类器物。烧结工序主要为烧结炉及辅助设备。切割分选工序主要为切割机，测试分选设备。封装工序，主要为管芯和包装壳的封结设备和控制仪器。打印包装工序主要为打印机及包装成品的设备。此外，还有些辅助工装夹具。

(3) 技术有一定先进性、稳定性，日本成品率可达 85%，而中方仅为 40%左右。

(资料来源：佚名. 国际商务谈判中的禁忌[J]. 沧州晚报，2009-04-13.)

问题：

1. 卖方价格解释得如何？属什么类型的解释？

2. 买方对此应如何评论？

第九章　商务谈判的策略技巧

通过本章的学习，了解商务谈判的探测、讨价还价、拖延、拒绝等策略技巧。

【引导案例】

库尔曼有位朋友是费城一家再生物资公司的老板。他是从库尔曼手中买下今生第一份人寿保险的。一次，他对库尔曼说："我突然想起来，我是怎么从你那里买下今生第一份人寿保险的。你对我说的那些话，别的推销员都说过。你的高明之处在于，你不跟我争辩，只是一个劲地问我'为什么'。你不停地问，我就不停地解释，结果把自己给卖了。我解释越多，就越意识到对我的不利，防线最终被你的提问冲垮。不是你在向我卖保险，而是我自己'主动'在买。"朋友这番话提醒了库尔曼，原来，不断提问会如此重要；原来，一句"为什么"，竟像一架探测仪，让你在一番寻寻觅觅之后，终于发现客户内心的需要。

有时候即便客户自己，也不一定了解他内心的需要。那么，作为推销员，有必要通过不断提问来帮助对方发现这种需要。如果你能帮助对方发现自己内心的需要，那么，你的推销就变得易如反掌。

斯科特先生是一家食品店的老板。库尔曼通过一番提问，向他推销了自己所在保险公司有史以来最大的一笔寿险：6672美元。下面是两人的对话记录。

库尔曼："斯科特先生，您是否可以给我一点时间，为您讲一讲人寿保险？"斯科特："我很忙，跟我谈寿险是浪费时间。你看，我已经63岁，早几年我就不再买保险了。儿女已经成人，能够好好照顾自己，只有妻子和一个女儿跟我一起住，即便我有什么不测，她们也有钱过舒适的生活。"

换了别人，面对斯科特这番合情合理的话，足以使其心灰意冷，但库尔曼不死心，仍然向他发问："斯科特先生，像您这样成功的人，在事业或家庭之外，肯定还有些别的兴趣，比如对医院、宗教、慈善事业的资助。您是否想过，您百年之后，它们就可能无法正常运转？"

见斯科特没说话，库尔曼意识到自己的提问问到了点子上，于是趁热打铁说下去："斯科特先生，购买我们的寿险，不论您是否健在，您资助的事业都会维持下去。7年之后，假如您还在世的话，您每月将收到5000美元的支票，直到您去世。如果您用不着，您可以用来完成您的慈善事业。"

听了这番话，斯科特的眼睛变得炯炯有神，他说："不错，我资助了3名尼加拉瓜的传教士，这件事对我很重要。你刚才说如果我买了保险，那3名传教士在我死后仍能得到资助，那么，我总共要花多少钱？"库尔曼答："6672 美元。"最终，斯科特先生购买了这份寿险。

一般而言，人们买保险是为了让自己和家人的生活有保障，而库尔曼通过不断追问，终于发现了连斯科特自己也没意识到的另一种强烈需要——慈善事业。当库尔曼帮助斯科特找到了这一深藏未露的需要之后，购买寿险来满足这一需要，对斯科特而言就成了主动而非被动的事。

还有一次，库尔曼向一家地毯厂的老板推销寿险。老板态度坚决地对他说："无论如何我们都不会买。"库尔曼问："能告诉我原因吗？"老板说："我们赔钱了。资金短缺，财政赤字。而你的保险每年至少花我们 8000 到 10 000 美元。所以，除非我们的财政好转，不然我们绝不多花一分钱。"在谈话陷入山穷水尽之际，库尔曼追问："除此之外，还有别的什么原因吗？ 换句话说，到底是什么原因使你这么坚决？"老板笑了，他承认道："确实有点别的原因。是这样的。我的两个儿子都大学毕业了，他们都在这个厂工作。我不能把所有的利润都给了保险公司，我得为他俩着想。对吧？"当真正的原因浮出水面，问题就将迎刃而解。库尔曼为他设计了 TW 案，向他保证财产不会流失。当然，这个方案也使老板的两个儿子有了保障。既然儿子有了保障(老板最关心的)，老板就没有理由不购买库尔曼向他推销的寿险。

如果你能分清什么是表层原因什么是深层原因，当然好；如果你无法辨别，那么，就像库尔曼那样，问一句"除此之外，还有什么原因"，相信你不会空手而归。

库尔曼告诉我们："只要你能让顾客不停地说话，就等于他在帮助你找关键点。"这是库尔曼推销寿险，寿险能谈判成功的很重要的策略技巧。

(资料来源：赵燕，李文伟. 谈判与辩论技巧[M]. 北京：中国法制出版社，2007.)

在商务谈判中，谈判者要想在谈判中获得成功，很重要的一点就是在谈判过程中注意运用谈判策略技巧。因为，谈判策略技巧的运用是谈判者主观能动性的体现，它对于谈判的成功与否关系重大，是商务谈判中不容忽视的，是任何谈判者都应注重的问题。

在这一章里，我们将分六节论述。

第一节　商务谈判的探测方法

在商务谈判中，对方的底价、时限、权限及最基本的交易条件等内容，均属机密。谁掌握了对方的这些底牌，谁就会赢得谈判的主动。因此，在谈判初期，双方都会围绕这些内容施展各自的探测技巧，以了解对方的虚实。

一、火力侦察法

火力侦察法是指先主动抛出一些带有挑衅性的话题，刺激对方表态，然后，再根据对方的反应，判断其虚实的方法。比如，甲买乙卖，甲向乙提出了几种不同的交易品种，并询问这些品种各自的价格。乙一时搞不清楚对方的真实意图，甲这样问，既像是打听行情，又像是在谈交易条件；既像是个大买主，又不敢肯定。面对甲的期待，乙心里很矛盾，如果据实回答，万一对方果真是来摸自己底的，那自己岂不被动？但是自己如果敷衍应付，有可能会错过一笔好的买卖，说不定对方还可能是位可以长期合作的伙伴呢。在情急之中，乙想：我何不探探对方的虚实呢？于是，他急中生智地说："我是货真价实，就怕你一味贪图便宜。"我们知道，在商界中奉行着这样的准则："一分钱一分货"、"便宜无好货"。乙的回答，暗含着对甲的挑衅意味。除此而外，这个回答的妙处还在于，只要甲一接话，乙就会很容易地把握甲的实力情况，如果甲在乎货的质量，就不怕出高价，回答时的口气也就大；如果甲在乎货源的紧俏，就急于成交，口气也就会显得较为迫切。在此基础上，乙就会很容易确定出自己的方案和策略了。

二、投石问路法

投石问路法是指买主在谈判中为了摸清对方的虚实，掌握对方的心理，通过不断询问来了解从卖方那里不容易直接获得的，诸如成本、价格等方面尽可能的资料，以便在谈判中作出正确的决策的方法。

比如，一位买主想购买3000件产品，他就先问如果购买100、1000、3000、5000和10 000件产品的单价分别是多少。一旦卖主给出了这些单价，买主就可以从中分析出卖主的生产成本、设备费用的分摊情形、价格政策、谈判经验丰富与否。最后买主能够得到比购买3000件产品更好的价格，因为很少有卖主愿意失去数量这样多的买卖。

当然，投石问路法并非全能，如果卖方的应变能力强，棋高一筹，决不暴露自己的最低价，那么只好改用其他办法了。

反过来说，如果买方采用投石问路法，那卖方又该如何聪明地应付对手从而以较高的价格(最大极限值)成交呢？

首先，当买方拿出"石子"时，不要立即回答对方的问题，要争取充分的时间考虑，明白对方的"石子"所指的部位在哪里，对方是否急于成交。

其次，对方投出"石子"时，可以立即回敬他一个：要求对方以订货作为满足他的条件。如当买方询问西装数号与价格之间的优惠比例时，可以立即让他订货，这样他就不能轻易提问。

再次，并非买方提出的每一个问题都要正面回答或马上回答。假如对方的问题切中要害，这时，你还没有找出回答的方式，你可以答非所问。如果你的西装确实好销，你就不必急于抛售了，一定要对方给出相当的价码才答应成交。当然这个价码也要让对方有利润可得。

最后应当反客为主，使对方投出的石头为己探路。如买方询问订货数量为多少时的优惠价是多少，你可以反问：

"你希望优惠多少呢？"

在试探和提议阶段，这种发问的方法，不失为一种积极的方式，它将有助于双方为了共同的利益而选择最佳的成交途径。然而，如果谈判已十分深入，再运用这个策略只能引起分歧。如果双方已经为报价做了许多准备，甚至已经在讨价还价了，而在这时，对方突然说"如果我对报价做些重大的修改，会怎么样"，这样就可能有损于已形成的合作气氛。因此"假定……将会"这个策略，用在谈判开始时的一般性探底阶段，较为有效。

三、抛砖引玉法

抛砖引玉法是指同样是要获得对方的基本观点或者倾向，有的时候，不妨先大方地将己方的一些观点和看法告诉对方，然后等待或者要求对方的回应。

抛砖引玉的策略适用于在谈判双方以往关系比较良好，或者谈判开局气氛比较和谐友好的情况。此时，谈判对手为了保持这种良好的关系或者气氛，一般会对己方的主动报以回应，就己方关心的一些问题表明其观点和倾向。

在使用抛砖引玉策略的时候，最关键的是要注意"砖"与"玉"的区别，即以小换大，用己方较少的表示换得对方较多的表示，这也是使用该策略的基本原则。一定要避免"丢了西瓜，捡了芝麻"的情况发生，即用己方较多的表示换回对方较少的表示。一旦发现对方没有回应的意思，就应该立刻停止这种表示，以避免将更多的信息透露给对方。

四、迂回询问法

迂回询问法是指通过迂回或不间断提问使对方松懈，然后趁其不备，巧妙探得对方的底牌的方法。在主客场谈判中，东道主往往利用自己在主场的优势，实施这种技巧。东道方为了探得对方的时限，就极力表现出自己的热情好客，除了将对方的生活做周到的安排外，还盛情地邀请客人参观本地的山水风光，领略风土人情、民俗文化，往往会在客人感到十分惬意之时，就会有人提出帮你订购返程机票或车船票。这时客方往往会随口将自己的返程日期告诉对方，在不知不觉中落入了对方的圈套里。至于对方的时限，他却一无所知，这样，在正式的谈判中，自己受制于他人也就不足为奇了。

五、旁敲侧击法

很多时候，为了了解谈判对手的谈判目的和谈判能力，需要获得对方对于某些关键问题的基本观点和倾向。但是，直接向对方提出这些问题容易过早地暴露己方的意图，引起对方的警觉。所以，可以通过旁敲侧击的策略来了解对手。

旁敲侧击，即指提出一些无关谈判，却和己方关心的问题有关，并能从其答案中获得提示的问题。例如，如果想要了解谈判对手所获得的授权限度有多大，可以借口与对方领导关系较好，询问其近况如何，借以观察对方主要谈判人员与其高层决策者的关系。一般来说，谈判人员与高层决策者关系越为密切，所能获得的权限范围也就越大。

在使用旁敲侧击策略的时候，要注意不温不火，提问的时候要自然，装作顺口提及的样子，而不能表现得太急切，对对方的答案也不能表现得太在乎。如果对方并不想回答问题，切忌步步紧逼，以免打草惊蛇，引起对方的警觉和戒备，而是应该表示理解，并伺机换种方式试探。

六、聚焦深入法

聚焦深入法是指先是就某方面的问题做扫描式的提问，在探知对方的隐情所在之后，再进行深入，从而把握问题的症结所在的方法。例如，一笔交易(甲卖乙买)双方谈得都比较满意，但乙还是迟迟不肯签约，甲感到不解，于是他就采用这种方法达到了目的。首先，甲证实了乙的购买意图。在此基础上，甲分别就对方对自己的信誉、对甲本人、对甲的产品质量、包装装潢、交货期、适销期等逐项进行探问，乙的回答表明，上述方面都不存在问题。最后，甲又问到货款的支付方面，乙表示目前的贷款利率较高。甲得知对方这一症结所在之后，随即又进行深入，他从当前市场的销势分析指出，乙照目前的进价成本，在市场上销售，即使扣除贷款利率，也还有较大的利润。这一分析得到了乙的肯定，但是乙又担心，销售期太长，利息负担可能过重，这将会影响最终的利润。针对乙的这点隐忧，甲又从风险的大小方面进行分析，指出即使那样，风险依然很小，最终促成了签约。

七、示错印证法

示错印证法是指有意通过犯一些错误，比如念错字、用错词语，或把价格报错等种种示错的方法，诱导对方表态，然后探测方再借题发挥，最后达到目的。

例如，小黄为买一台录像机，跑了几家电器商店，这几家电器店的价格都介于 2800～3000 元之间。为了购买到更便宜一点的录像机，他又询问了几家商店，最后来到了一家门面装饰不凡的电器公司。店员十分客气地同他打了招呼。他询问了录像机的价格，店员拿一张价目表让他看，他所要的那种型号的录像机价格是 3000 元，但店员报价 2800 元，小黄觉得应该买，店员随即开票。这时从旁边过来另一位店员，看过货单后说价格应该是 3000元而不是 2800 元，正在试机的店员立即查看价格表，转身对小黄说："真对不起，我刚才看错了，将 3000 元看成了 2800 元。"说完，就将购货单上的 2800 元改成了 3000 元。店员在此用的就是示错印证法。

八、顺水推舟法

顺水推舟法是指有些时候，如果对方并不想很明确地表达某些己方感兴趣的信息时，可以借己方之口把对方的意思"说"出来，然后通过征询对方的意见或态度，来了解对方的真实想法。

在实际操作中，可以在对方陈述结束之后，顺势将己方的一些想法作为对方陈述的补充提出来，把它们变成对方的意思，并观察对方的反应。例如，此时可以说："根据我方对贵方表述的理解，贵方的意思是不是……"此时，如果对方赞同或者不置可否，就说明对方的观点与己方表述的一致或者基本一致；如果对方否认或者驳斥，就说明对方的观点与己方相异或相反。

使用顺水推舟策略的时候，应注意要自然，对于对方意思的补充阐述要合情合理，而不能弄得生硬而突兀。否则，会引起对方的猜疑，并给己方一些具有误导性的回答。

第二节　商务谈判的砍价方法

在商务谈判中，商品的报价、回价既应注意其合理性，也应注意其策略性和艺术性。如果报价巧妙、讲究方法，就能迎合买者心理，成交率就会大大提高。下面介绍一些报价的技巧和方法。

一、优惠法

优惠法即在报价的前后附加有关优惠的内容。例如："这台录像机 3500 元一台，随机赠送两盒录像带，一年内出现质量问题，可凭信誉卡免费保修"。这种方法可以通过附加内容，避免报价生硬，能冲淡价格的刺激性。

二、补充说明法

补充说明法即指在报价时，以补充说明的方法罗列出商品的优越之处。例如，卖主介绍说："这种'三宝酒'，才59元6角一瓶，内有名贵人参，是上等的滋补酒。酒瓶造型别致，形同花瓶，还上盖个酒杯。酒喝光后，酒瓶可做花瓶，酒杯可做酒具……"这种方法把商品及购买商品的好处加在一起，强调出来，能使购买者产生多方面得到"实惠"的心理，有了这种心理，就比较容易接受销售者的报价了。

三、"按灶增锅"法

"按灶增锅"法即指在报价时，把虚头打进价格中，巧妙地为自己抬高价格而设置防线的方法。像常见的乱摊成本乱摊费用，巧立名目，不报实数报虚数，抬高自己价格，就是使用此种方法。例如，在进出口设备贸易中，一些外商把设备主件、附件、配件、安装调试、人员培训、运输费、包装费等各种费用列出来。可明眼人一眼便可看出，附件本来就在主机上，怎么另加费用呢？我们做生意不提倡采用此法，但应能鉴别出对方是否用此法蒙蔽自己。

四、回顾价格法

回顾价格法即指当对方要你当面出价时，则提及一下过去类似的交易，来表示你希望达成交易的价格的方法。例如，我们工程处上个月给 50 号住宅楼内装修抹灰是 92 元 5 角一平方米。这种报价法并不包含有挑战性，只不过是回顾以往价格，供对方参考，以争取达成一个更好的价格协议。

五、对比法

对比法即指报价时，与同类商品价格作比较的方法。例如，"这是山木耳，才 63 元一斤，那边卖的家木耳还 53 元钱一斤呢！"这种货比货的对比报价法容易争得购买者对商品价格的认同心理。

六、损失法

损失法即指报价时引导购买者把商品价格未来变化的因素考虑在内，使对方产生出不买就可能蒙受损失的心理的方法。例如："鸡蛋 4 元 8 角一斤，现在鸡饲料涨价了，很快鸡蛋价就会上涨，你不如这次多买点。"害怕损失，是每个购买者都有的心理，一听说要涨价，就会抢着买。

七、"小数点"法

"小数点"法即指所议价格不是整数，而是带有小数点数字的报价方法。这是一种通过运用精确的数字来争取对手信任的技法。如，劝告对方签约时说："如果贵方同意签约，你们所得到的利润是 580 266.9 元。"这使对方感到其数字精确细致，此人是个精打细算、经营有道的人，进而愿意与其做成生意。

八、除法报价法

除法报价法即指将报价的单位，除至最小单位，以隐藏价格的"昂贵性"，使对方陷入"所贵不多"的错觉中，从而达到转化价格异议的目的的方法。

如100袋一盒"无花果"是50元钱，将报价单位缩小到每袋5角，这是缩小了"数量单位"；如果正常收的电话费每年为480元，用除法报价法将它缩小为每月收费40元，这是缩小"时间单位"；住宅开发部门对个人购房者实行分期付款，这不但给予购房者付款方便，而且还暗示着房价合理，这是用除法报价法将"时间"和付款"数量"(金额)双重缩小的结果。用户听到这种形式不一样，而实质一样的报价，其心理感受大不相同。

九、折算法

折算法即指在报价时，将商品的价格与购买者较熟悉的消费品的价格作折算。如："这扇子才2元钱一把，两个'雪人'的价钱，'雪人'能解一时之热，而一把扇子煽凉可用它几个夏天。"这种价格折算法，会让购买者产生买扇子合算的感觉。

十、搭配法

搭配法即指商品好坏搭配出价的方法。卖方在报价里要求对方对几样商品要买一起买，不买全不买。一般是两样或三样商品搭配出价，有时是一种俏货搭配一种滞销商品，有时是一种俏货搭配两种滞销品。搭配法的优点在于能使买卖双方的心理具有平衡性。如买方虽然不愿买搭配的滞销品，但毕竟买到哪里也买不到的俏货；卖主虽然感到俏货价格不够高，但却把滞销货带出去了。

十一、钓鱼法

钓鱼法是指采用以小的损失促大成的做法。如某国公司在谈判中先与卖方讨论其技术费报价(2.3亿日元)，并以0.96亿日元成交。卖方比较满意。但是在谈设备的费用时(报价12.5亿日元)就收紧了。最后以7亿日元左右成交。卖方说："要不是早定了技术费，设备费就不这么谈了。"而卖方正是采用以"小头"的让步去求"大头"得利的做法。

十二、虚而虚之法

虚而虚之法即指先用一个动人的提议(虚假的提议)来引诱对方降低价格，一旦对方同意签订合同，再运用许多不同的原因和理由，推翻原先的承诺的方法。例如，在一家销售风衣的商店里，买主与卖主砍价。买主问："风衣多少钱一件？"卖主答："180元。"买主说：

"我是上货的，成批买，150元一件吧！"卖主说："批发可以便宜一点，但150元太少了，还不够本。你再多给点。"买主说："152元一件，不卖就算了！"卖主说："你要多少？"买主说："我要200件，不过，今天只拿一件回去做样品。我的老板满意了，我马上来成批上货。"卖主说："既然这样，那就先卖给你一件吧！"买主走后，一去不复返。他在谈判中故意捏造一个"虚而虚之"搞批发的小插曲而大功告成。

十三、吹毛求疵法

吹毛求疵法即指故意挑剔毛病，迫使对方作出让步的方法。

例如，美国谈判专家科思先生到席尔斯百货商店购买冰箱。他看中了一台，但希望能降低几十美元，可店员不肯。科思绕着冰箱转了几圈，然后说："这冰箱看起来很好，可是质量并不过关，我不买了。"店员紧张地说："这是一流产品，有什么毛病呢？"科思先生说："你瞧，这面有一个小斑点，光线较强时，这小斑点难看极了。现在店里不显眼，搬回家就太显眼。"店员也开始顾虑起来。科思先生又说："我又看过冰箱的内部，结构的某一处不是很合理，存放东西不方便……"就这样，他吹毛求疵地指责一番后，店员最后同意降低。

吹毛求疵与故意敲诈不同。它是一种正当的谈判艺术，是按质论价的具体体现。

十四、承认反击法

承认反击法即指先认可对方的观点，随后提出更具体的"相反事实"，促其改变用自卫反应采取的拖延购买的态度的方法。例如，"关于您对价格的意见，我们无话可说，但您不要忽略我们产品的功能，这些才是您应关注的"。首先对对方不买的理由给予承认，然后再强调价格对应的价值(产品的特性功能)，以解除其因价格问题所产生的自卫反应。

十五、反问逼退法

反问逼退法即指在对方价格异议刚一提出时，就马上采用反问的方式，"迫使"对方自省，使其得以转化的方法。例如，当对方说"价钱太贵了"，可不妨问他："贵吗？那你认为什么价更合适呢？"类似这种价格异议，对方若事先未经深思，仅是随口说说而已，必然被突如其来的反问弄得不知所措。若是真有依据，不妨要求提出证据，然后再作调价准备，或用其他方法使其转化。

第三节 商务谈判中的拖延战术和拒绝方法

一、商务谈判中的拖延战术

在商务谈判中，如果对方提问的动机不明，或觉得"从实招来"对我方不利，或问题很棘手而我方又不便回答，则可施"缓兵之计"拖延回答，即采用拖延战术。

商务谈判中的拖延战术，形式多样，目的也不尽相同。由于它具有以静制动、少留破绽的特点，因此成为谈判中常用的一种战术手段。

拖延战术按目的划分，大致可分为以下四种。

(一)为清除障碍而拖延的战术

这是较常见的一种目的。当双方"谈不拢"造成僵局时，有必要把洽谈节奏放慢，看看到底阻碍在什么地方，以便想办法加以解决。

当然，有的谈判中的阻碍是"隐性"的，往往隐蔽在种种堂而皇之的借口之下，不易被人一下子看破。这就更需要我们先拖一拖，缓一缓，从容处理这种局面。

在实际洽谈中，隐性阻碍很多，对付它们，拖延战术是颇为有效的。不过，必须指出的是，这种"拖"绝不是消极被动的，而是要通过"拖"得到的时间收集情报，分析问题，打开局面。消极等待，结果只能是失败。

(二)为消磨意志而拖延的战术

人的意志就好似一块钢板，在一定的重压下，最初可能还会保持原状，但一段时间以后，就会慢慢弯曲下来。拖延战术就是对谈判者意志施压的一种最常用的办法。突然地中止，没有答复(或是含糊不清的答复)往往比破口大骂、暴跳如雷令人不能忍受。

20世纪80年代末，硅谷某家电子公司研制出一种新型集成电路，其先进性尚不能被公众理解，而此时，公司又负债累累，即将破产，这种集成电路能否被赏识可以说是公司最后的希望。幸运的是，欧洲一家公司慧眼识珠，派三名代表飞了几千英里来洽谈转让事宜。诚意看起来不小，一张口，起价却只有研制费的2/3。电子公司的代表站起来说："先生们，今天先到这儿吧！"从开始到结束，这次洽谈只持续了三分钟。岂料，下午欧洲人就要求重开谈判，态度明显"合作"了不少，于是电路专利以一个较高的价格进行了转让。

硅谷公司的代表为什么敢腰斩谈判呢？因为他知道，施压有两个要点：一是压力要强到让对方知道你的决心不可动摇，二是压力不要强过对方的承受能力。他估计到欧洲人飞了几千英里来谈判，绝不会只因为这三分钟就打道回府。这三分钟的会谈，看似打破常规，在当时当地，却是让对方丢掉幻想的最佳方法。

(三)为等待时机而拖延的战术

拖延战术还有一种恶意的运用,即通过拖延时间,静待法规、行情、汇率等情况的变动,掌握主动,要挟对方作出让步。一般来说,可分为两种方式。

一是拖延谈判时间,稳住对方。例如,1986年,香港一个客户与东北某省外贸公司洽谈毛皮生意,条件优惠却久拖不决。转眼过去了两个多月,原来一直兴旺的国际毛皮市场货满为患,价格暴跌,这时港商再以很低的价格收购,使我方吃了大亏。

二是在谈判议程中留下漏洞,拖延交货(款)时间。

总的来说,防止恶意拖延,要做好以下几点工作。

一要充分了解对方信誉、实力,乃至实施谈判者的惯用手法和以往实迹。

二要充分掌握有关法规、市场、金融情况的现状和动向。

三要预留一手,作为反要挟的手段。如要求资金本位制结汇,要求信誉担保,要求预付定金等。

(四)为赢得好感而拖延的战术

谈判是一种论争,是一个双方都想让对方按自己意图行事的过程,有很强的对抗性。但大家既然坐到了一起,想为共同关心的事达成一个协议,说服对方与之合作还是很重要的基础性问题。因此凡是优秀的谈判者,无不重视赢得对方的好感和信任。

例如,有这样一位谈判"专家",在双方刚落座不久,寒暄已毕,席尚未温,此君就好客了:"今天先休息休息,不谈了吧,我们这儿的风景名胜很多的哩。"当谈判相持不下,势成僵局,此君忽然又好客了:"不谈了,不谈了,今天的卡拉OK我请。"于是莺歌燕舞之际,觥筹交错之间,心情舒畅,感情融洽了,僵局打破了,一些场外交易也达成了。此君奉行的这一套,据说极为有效,许多次谈不下的业务,经他这么三拖两拖,不断延期,居然不多时间内就完成了。

心理学家认为,人类的思维模式总是随着身份的不同、环境的不同而不断改变,作为对手要针锋相对,作为朋友促膝倾谈则肯定是另一番心情。当双方把这种融洽的关系带回到谈判场中,自然会消去很多误解,免去很多曲折。

二、商务谈判中的拒绝方法

在谈判中往往会遇到这样的情况,面对突如其来的提问和不合理的要求,感到束手无策,无以对答,这时就只有拒绝。

谈判中的拒绝应讲究策略技巧,是指拒绝对方时,不能板起脸来,态度生硬地回绝对方。相反,应选择恰当的语言、恰当的方式、恰当的时机,而且要留有余地。这就需要把拒绝作为一种手段、一种学问来探究。

(一)商务谈判中常见的拒绝方法

1. 问题法

所谓问题法，就是面对对方的过分要求，提出一连串的问题。这一连串的问题足以使对方明白你不是一个可以任人欺骗的笨蛋。无论对方回答或不回答这一连串的问题，也不论对方承认或不承认，都已经使他明白他提的要求太过分了。

例如，在一次中国关于某种农业加工机械的贸易谈判中，中方主谈面对日本代表高得出奇的报价，巧妙地采用了问题法来加以拒绝。中方主谈一共提出了4个问题。

(1) 不知贵国生产此类产品的公司一共有几家？

(2) 不知贵公司的产品价格高于贵国某某牌的依据是什么？

(3) 不知世界上生产此类产品的公司一共有几家？

(4) 不知贵公司的产品价格高于某某牌(世界名牌)的依据又是什么？

这些问题使日方代表非常吃惊。他们不便回答也无法回答。他们明白自己报的价格高得过分了。所以，设法自找台阶，把价格大幅度地降了下来。 所以运用问题法来对付上述这种只顾自己的利益，不顾对方死活而提出过分的要求的谈判对手，确实是一副灵丹妙药。

2. 借口法

现代企业不是孤立的，它们的生存与外界有千丝万缕的联系。在谈判中也好，在企业的日常运转中也好，有时会碰到一些无法满足的要求。面对对方或者来头很大；或者过去曾经有恩于你；或者是你非常要好的朋友、来往密切的亲戚，如果你简单地拒绝，那么很可能你的企业会遭到报复性打击，或者背上忘恩负义的恶名。对付这类对象，最好的办法是用借口法来拒绝他们。

例如，上海某合资针织企业的产品销路非常好。有人拿了某领导的批条来找销售经理，要以低于批发的价格购买一大批。销售经理看日近中午，灵机一动，先把来人让进餐厅，招待吃饭，并对来人说："你要的东西数量大，批价低，已经超出我的权限。不过你放心，这件事我马上全力去办。你先吃饭。"饭后，他又对持条人说："你的条子，要我们总经理批。可总经理刚到北京开会去了。你是否先回去，过两天再打电话来问问。"这人碰了个软钉子，发不出火，只好怏怏而返。

过了两天，此人打电话去问。销售经理告诉说，他向总经理汇报过了。总经理答复：这种大事要开董事会研究。他安慰持条人说他会尽力向董事会争取的，要持条人过两个星期再打电话来问情况。持条人一听这么麻烦，心里早就凉了半截。他明白要董事会里那些外国人点头同意是不可能的事，所以再也不打电话来问结果了。

销售经理巧妙地把对方的注意力从自己身上转移到总经理身上，再转移到外国董事身上，叫他有气也无处发。

3. 补偿法

所谓补偿法，顾名思义是在拒绝对方的同时，给予某种补偿。这种补偿往往不是"现货"，即不是可以兑现的金钱、货物、某种利益等，相反，可能是某种未来情况下的允诺，或者提供某种信息(不必是经过核实的、绝对可靠的信息)、某种服务(例如，产品的售后服务出现损坏或者事故的保险条款，等等)。这样，如果再加上一番并非己所不为而乃不能为的苦衷，就能在拒绝了一个朋友的同时，继续保持和他的友谊。

例如，自动剃须刀生产商对压价的经销商说："这个价位不能再降了，这样吧，再给你们配上一对电池，既可赠送促销，又可另作零售，如何？"另有一位房地产开发商对电梯供销商报价较其他同业稍高极为不满，供货商信心十足地说："我们的产品是国家免检产品，优质原料，进口生产线，相对来说成本稍高，但我们的产品美观耐用，安全节能，况且售后服务完善，一年包换，终身维修，每年还免费两次例行保养维护，解除您的后顾之忧，相信您能作出明智的选择。"自动剃须刀生产商和电梯供销商均是采用了补偿法。

4. 条件法

赤裸裸地拒绝对方必然会恶化双方的关系。不妨在拒绝对方前，先要求对方满足你的条件：如对方能满足，则你也可以满足对方的要求；如对方不能满足，那你也无法满足对方的要求。这就是条件拒绝法。

这种条件拒绝法往往被外国银行的信贷人员用来拒绝向不合格的发放对象发放贷款。

这是一种留有余地的拒绝。银行方面的人绝不能说要求借贷的人"信誉不可靠"或"无还款能力"等。那样既不符合银行的职业道德，也意味着断了自己的财路，因为说不定银行方面看走了眼，这些人将来飞黄腾达了呢？所以，银行方面的人总是用条件法来拒绝不合格的发放对象。

拒绝了对方，又能让别人不朝你发火，这就是条件法的威力所在。

5. 幽默法

在谈判中，有时会遇到不好正面拒绝对方，或者对方坚决不肯谈要求或条件，你并不直接加以拒绝，相反全盘接受。然后根据对方的要求或条件推出一些荒谬的、不现实的结论来，从而加以否定。这种拒绝法，往往能产生幽默的效果。

例如，某洗发水公司的产品经理，在抽检中发现有分量不足的产品，对方趁机以此为筹码不依不饶地讨价还价，该公司代表微笑着娓娓道来："美国一专门为空降部队伞兵生产降落伞的军工厂，产品不合格率为万分之一，也就意味着一万名士兵将有一个在降落伞质量缺陷上牺牲，这是军方所不能接受和容忍的，他们在抽检产品时，让军工厂主要负责人亲自跳伞。据说从那以后，降落伞合格率为百分之百。如果你们提货后能将那瓶分量不足的洗发水赠送给我，我将与公司负责人一同分享，这可是我公司成立 8 年以来首次碰到使用免费洗发水的好机会哟。"这样拒绝不仅转移了对方的视线，还阐述了拒绝否定的理由，即合理性。

(二)采用拒绝方法应注意的问题

怎样开口拒绝，才不会伤害到对方，应该从以下几个方面进行考虑。

(1) 当你在说不之前，务必让对方了解自己拒绝的苦衷，态度要诚恳，语言要温和。

(2) 避免模棱两可的回答。如我再考虑考虑等。这种讲法，讲话的人或许认为这是表示拒绝，可是有所求的一方却认为对方真的替他想办法。这样一来，反而耽误了对方。所以，切莫使用语言含糊的字眼。

(3) 把不得不拒绝的理由以诚恳的态度加以说明，直到对方了解你是爱莫能助，这是最成功的拒绝。

(4) 要明白拒绝本身是一种手段而不是目的。这就是说，谈判的目的不是为了拒绝，而是为了获利，或者为了避免损失，一句话，是为了谈判成功。这一点似乎谁都明白，其实不然。纵观谈判的历史，尤其在激烈对抗的谈判中，不少谈判者被感情所支配，宁可拒绝也不愿妥协、宁可失败也不愿成功的情况屡见不鲜。他们的目的似乎就是为了出一口气。

(5) 有的谈判者面对老熟人、老朋友、老客户时，该拒绝的地方不好意思拒绝，生怕对方没面子。这是应该注意克服的一点。其实，该拒绝的地方不拒绝，不是对方没有面子，而是你马上就可能没有面子。因为你应该拒绝的地方，往往是你无法兑现的要求或条件。你不拒绝对方，又无法兑现，这不意味着你马上就要失信于对方，马上就要没有面子了吗？

本 章 小 结

本章"商务谈判的策略技巧"，分三节进行论述。第一节"商务谈判的探测方法"，首先提出了商务谈判探测时应注意的问题，而后，介绍了商务谈判具体的探测方法。第二节"商务谈判的砍价方法"，先后介绍了 15 种商务谈判的砍价方法。第三节 "商务谈判中的拖延战术和拒绝方法"，先后介绍了商务谈判中的拖延战术和拒绝方法。通过本章的学习，能使谈判者掌握较多的商务谈判的策略、技巧和方法，以促使商务谈判多取得成功。

自 测 题

思考训练题

1. 商务谈判有哪些探测方法？
2. 答出 10 种商务谈判的砍价方法。

3. 拖延战术按目的划分，大致可分为哪几种？

4. 答出 5 种商务谈判中常见的拒绝方法。

案 例 分 析

善于扩大选择范围的推销员

下班的时候，商场经理问其中一个营业员接待了几位客户。当得知这个营业员一天只接待了一位客户时，经理很生气，因为其他营业员都接待了好几位客户，而他只接待了一位客户。之后经理继续问："那你的营业额是多少？"营业员说卖了 58 000 美金。经理觉得很奇怪，询问这位营业员究竟是怎么回事。

这个营业员说客户买了一辆汽车，又买了一艘游艇，还买了不少其他东西，一共花了 58 000 美金。刚开始这位客户是来买阿司匹林的，他说他的太太头疼，需要安静地休息。营业员在卖给客户药的同时与客户聊天，得知客户一直很喜欢钓鱼，营业员就不失时机地给他推荐了鱼竿。接下来营业员问客户，喜欢在哪儿钓鱼？客户说他家附近的河流、池塘里的鱼太少，他喜欢到大概开车需要 3 个多小时的海边去钓鱼。营业员又问客户是喜欢在浅海钓鱼还是喜欢在深海钓鱼。客户说他希望在深海钓鱼。营业员又问客户怎么去深海钓鱼，之后建议客户买艘钓鱼船，并向他推荐了商场里卖的钓鱼船。客户买了船后，营业员又问客户，去海边需 3 个小时的路程，船怎么运过去，他现在的车是否能够把船拉过去。客户后来一想，他现在的车拉不了这艘船，需要一辆大车，聪明的营业员又不失时机地给客户推荐了一辆大卡车，建议客户用这辆大卡车把刚买的钓鱼船拉过去。就这样，客户前前后后在这个营业员手里买了 58 000 美金的东西。当然，这个营业员也得到了经理的赏识。

(资料来源: (目标范围)营业员推销. 师道中国网，http//www.bxsoo.com/zhuanti/zhuanti/info/4855_1.htm.)

问题:

1. 该推销员在谈判中采用的是何种探测方法？

2. 请再列出 7 种探测方法。

第十章 商务谈判的语言艺术

【学习要点及目标】

通过本章的学习，了解商务谈判语言艺术的重要性、语种和语言类型、语言艺术运用的原则，掌握商务谈判语言的运用技巧。

【引导案例】

一位美国保险业务员在整理名片时，发现一张总经理的名片，看到注明的公司地址距离自己不远，值得走上一回。但是和这位总经理只有一面之缘，估计他早把自己忘记，于是心生一计。

业务员来到这家公司，对前台的接待小姐说："我是杰克，想拜访贵公司的总经理弗兰克先生，麻烦你通报一下。"

接待小姐说："杰克先生，请问您有预约吗，您是在哪家公司工作啊？"

杰克一脸诚恳地告诉接待小姐："马尼(money)公司。我的专职是推销钞票，请你转告弗兰克总经理。"

接待小姐诧异地看着杰克，那眼神流露出的全是不信任的信息，如果不是囿于职业道德，也许她会说"你是个精神病"，但她还是打电话向总经理进行了报告。

杰克获许来到总经理办公室。弗兰克站起身来："你说是来推销钞票的，我倒想听听你是怎么个推销法？"

"弗兰克先生，我的确是来推销钞票的，请问贵公司有什么需要吗？杰克说。"

弗兰克小心翼翼地说："那要看你推销的钞票需要我们公司付出什么样的代价。"

"弗兰克先生，我刚从另外一家公司过来，以这家公司的情形来说，我们收费只有百分之三而已，但是我向您收费的标准要看实际条件而定。"

弗兰克显然不愿绕圈子，直截了当地说："杰克先生，请问你到底要推销什么东西？"

杰克说："我说过了，我是推销钞票的，这是当你在最需要的时候，可以帮助你解围的钱。"

弗兰克说："你的话让我更加难以理解了，这到底是怎样的一桩生意？"

"我是来推销退休保险金的。"杰克终于说出了来意。

弗兰克一脸不屑："你是说替公司里那些游手好闲的人买退休金吗？"

杰克说："这倒不一定，退休金计划本身并没有什么差别待遇和歧视，况且它也没有限定你不能另外设立一项基金，使公司那些重要的主管能够享受到这项特别的福利，请你仔细考虑一下，贵公司 5 年以上工龄的高级主管有多少人，还有多少人是已经服务超过 20 年，但是还没有满 55 岁的？"弗兰克说："差不多十来个。"

杰克说："这些人就是你应该特别考虑的啦。你可以买一套非常好的退休金保险，使你本人和那些高级主管都得到额外的福利，而且税务局规定，这一种退休金可以免税。"

弗兰克倒也觉得言之有理："你的这份退休计划很好，可以让我的公司一举两得。从某种意义上说，你的确是给我送钞票来了。我这就把相关人员的资料给你，你尽快做一份详细计划给我……"

如果杰克直接说自己是来推销保险的，估计连弗兰克都见不到，而早被接待小姐婉言拒绝了。用推销钞票这个新奇创意的词语，解除了接待小姐和弗兰克的防范心理，然后再向弗兰克和盘托出能给他公司带来双重利益的退休保险计划，遂告成功。

(资料来源：李言，汪玮琳. 跟我学：谈判口才[M]. 北京：中国经济出版社，2006.)

语言是人际交往的重要工具。商务谈判又是一项人类经济交往的重要形式。在商务谈判中，谈判者对语言的驾驭能力和语言艺术水平的高低是商务谈判能否顺利进行的关键因素之一。

本章将分三节来逐一对"商务谈判语言概述""商务谈判有声语言的运用技巧"和"商务谈判无声语言的运用技巧"进行阐释。

第一节　商务谈判语言概述

一、商务谈判语言艺术的重要性

(一)语言艺术是商务谈判成功的必要条件

美国企业管理学家哈里·西蒙(Harry Simon)曾说，成功的人都是一位出色的语言表达者。以此而论，成功的商务谈判也都是双方出色地运用语言艺术的结果。在商务谈判中，同样一个问题，恰当地运用语言技巧，可以使对方听来饶有兴趣，而且乐于合作。

当面对冷漠或不合作的强硬的谈判对手时，通过超群的语言及艺术处理，能使其转变态度。例如，有一名推销员，代表斯通公司经销高质量的复印机。一天，他走进张先生的办公室，交谈中才知道张先生是斯通公司的老主顾。一开始推销员就陷入了困境，张先生说："两年前，我们买了一台斯通复印机，它的速度太慢了，我们只得抛出去。用你们的复印机，我们损失了不少宝贵的工作时间。"在这种情况下，一般推销员通常会进行争辩，说斯通复印机速度同其他复印机一样快。这样的争辩很少能有结果，常常会得到这样的回答："好啦，我听到了，但我们不再想要斯通复印机了。谢谢光临，再见。"然而，这位推销员却没有这么做，而是把斯通公司董事长的帽子戴到了张先生的头上，说"张先生，假定您是斯通公司的董事长，已经发现复印机速度慢的问题，您会怎么办呢？"张说："我会叫我的工程技术部门采取措施，促使他们尽快解决这个问题。"推销员笑着说："这正是斯通公司董事长所做的事情。"异议被突破了！张先生继续听完推销员的介绍后，又订购了一台斯通高质量、高速度的复印机。由此可见，语言艺术是商务谈判成功的必要条件。

(二)语言艺术是处理谈判双方人际关系的关键环节

谈判中，双方的人际关系变化主要是通过语言交流来体现的。双方各自的语言都表现着自己的愿望与要求。语言艺术性高，就可能使双方人际关系得以建立、调整、改善、巩固和发展。

在谈判开局，比较理想的方式是以轻松、自然、愉快的气氛，谈一些双方容易达成一致意见的话题。

例如，"我们是否先把会谈的程序初步确定下来，您看行吗？"

这种话看起来无足轻重，但容易取得对方的同意，这就有助于形成一种"双方一致"的气氛，便于正式谈判的顺利进行。

如果在开局阶段，我们还不清楚对方行动的意义，而我方在谈判开始时，则准备采取和对方"谋求一致"，使对方能够响应我们的合作愿望。与此同时，我们自己也应借此机会，把对方的反应与判断搞清楚。这时我们语言技巧之目的就是要努力避开锋芒，使双方趋于合作。

例如，"欢迎您，见到您真高兴！"

"我也十分高兴能来这里。近来生意好吗？"

"这笔买卖对你我都至关重要。但首先请允许我对您的平安抵达表示祝贺。旅途愉快吗？"

"非常愉快，交货还有什么困难没有？"

"这个问题也是我们这次要讨论的事，在旅途中饮食怎么样？来杯茶好吗？"

这一段谈判，并不是漫无边际的闲扯。虽然表面上它与将要谈判的问题不相干。如果他能够接受这种轻松愉快的聊天，虽然也并不能改变"黄灯"仍然亮着的这一事实，但却告诉我们有转为绿灯的可能，谈判双方的人际关系便因语言艺术而变得趋于融洽。

可以认为，语言艺术是处理谈判各方人际关系的关键环节，应对其予以重视。

(三)语言艺术是阐明自己观点的有效工具

在商务谈判中，谈判双方要把己方的判断、推理、论证的思维成果准确无误地表达出来，就必须出色地运用语言技巧这个工具。

美国谈判专家尼尔伦伯格在他的《谈判的奥秘》一书中曾举了这样一个例子：美国大财阀摩根想从洛克菲勒手中买一大块明尼苏达州的矿地，洛氏派手下一个叫约翰的人出面与摩根交涉。见面后，摩根问："你准备开什么价？"约翰答道："摩根先生，我想你说的话恐怕有点不对，我来这儿并非卖什么，而是你要买什么才对。"他一句话说明了实质，而让摩根认识到自己的话的不准确性。

实践证明，只有运用好语言艺术这一有效工具，才能准确地阐明自己的观点。

二、商务谈判中使用的语种和语言类型

(一)商务谈判中使用的语种

商务谈判中使用的语种一般分为本国语言和外国语言。目前世界上到底有多少种语言？说法不一。据联合国教科文组织的调查报告，世界上有 2759 种语言。又据苏联的《今日亚非》杂志载文透露，世界上已知的语言有 5651 种。一般认为世界上的语种在 2000 至 3000 种之间。然而，世界上使用人数超过 5000 万的语言只有 13 种，即汉语、英语、俄语、印地语、西班牙语、德语、日语、法语、印尼语、葡萄牙语、意大利语、孟加拉语、阿拉伯语。

但在国际贸易中，使用比较多的还是英语。如果谈判者通晓其他语言则更好。

在国内商务活动中，由于我国地域辽阔，民族众多，各地的方言很多，因此，在商务谈判中双方应该用普通话交流。但是，一个人能讲一口标准的、流利的普通话也不是那么容易的。所以，作为一名商务人员，在学好普通话的同时，最好能听懂或熟悉几种外地的方言。如广东话(包括广州话、客家话、潮州话)、海南话、上海话、宁波话、四川话、福建闽南话、山西话、山东话(特别是胶东地区方言)、天津话等。

其原因是这些地区商品经济发达和人口众多，历史上从事商务活动的人多，活动范围广。例如，浙江省宁波人在外经商多，素有"无宁不商"之说。加之不少香港商人(讲广东话多)、台湾商人(讲闽南语多)。这些地区的人虽讲普通话，但有时带有地方味，如广东味，偶尔还夹杂着当地一些方言口语。同时，这些地区的商人在相互交谈时，即同自己一方的人交谈时，往往又是讲家乡话，故意让你听不懂，道不清。因此，熟悉总比不熟悉好。此外，熟悉某些地区方言，不仅对国内贸易，而且对国际贸易往来也有利。

(二)商务谈判语言的类型

商务谈判语言各种各样，从不同角度划分，可以分出不同的语言类型。

(1) 按语言的表达方式，商务谈判语言可以分为有声语言和无声语言。

① 有声语言。有声语言是通过人的发音器官来表达的语言，一般理解为口头语言。这种语言是借人的听觉传递信息、交流思想。它包括面谈语言、电话语言。

② 无声语言。无声语言又称为行为语言或体态语言，是指通过人的形体、姿态等非发音器官来表达的语言。一般理解为身体语言。这种语言是借人的视觉传递信息，表示态度、交流思想等。

在商务谈判过程中巧妙地运用这两种语言，可以产生珠联璧合、相辅相成的效果。

(2) 按语言表达特征，商务谈判语言可分为专业性语言、法律性语言、交际性语言、外交性语言、文学性语言、军事性语言等。

① 专业性语言。专业性语言是指在商务谈判过程中使用的与业务内容有关的一些专用或专门术语。也可以说是有关商务业务活动的概念、范畴、规章制度、政策以及沿袭下来的一些"行话""惯例"等。如商品购销活动中的专卖、供求、批发、零售、差价、折扣、行市、库存、畅销、滞销、结算等用语；工程建筑活动中的造价、工期、开工、竣工交付使用等用语；国际商务活动中的到岸、离岸价等专业用语。这些专业用语具有简练、明确、专一的特征。这类语言是商务谈判的主体语言，涉及交易内容与利害关系，应用时要准确无误。

② 法律性语言。法律性语言是指商务谈判业务所涉及的有关法律规定的用语。法律性语言具有规范性、强制性和通用性等特征。因商务谈判业务内容不同，要运用的法律语言也不同。每种法律语言及其术语都有特定的含义，不能随意解释使用。例如，国际贸易方面和国际法中的术语，有特定的内涵，只能按国际上的通用解释，必须依据国际商会编写的《国际贸易术语解释通则》或者别国法律规定性以及国际条约、公约、协定、规则等的规定性来加以解释。法律语言也是商务谈判中的主体语言。通过法律语言的运用，可以使双方的经济地位和权利、利益分配、承担的义务、所负的责任、应有的约束都更加明确。

③ 交际性语言。商务谈判是一种人际交往行为，离不开交际语言的使用。交际性语言是指注重谈判中的注重礼节和分寸，表达一定的感情和留有余地的语言。如："很荣幸能与贵方合作。""请允许我对您的平安抵达表示祝贺。旅途愉快吗？""我十分高兴能来到这里。近来生意好吗？"

谈判中的交际语言不涉及谈判实质信息的传递，其主要作用是建立双方的关系，增进双方的了解，缓和谈判的气氛等。

④ 外交性语言。商务谈判人员虽不是政府的"外交官员"，但他们是企业对外进行经济联系和交涉的"外交人员"。特别是对外经济贸易，从来就与外交关系紧密相连，因而，外交语言在商务活动中占有一席之地。

外交性语言是一种弹性较大的语言，其特征是冷静、庄重、礼貌，带有模糊性、缓冲性和圆滑性。在商务谈判中使用外交语言既可满足对方自尊的需要，又可以避免己方失礼；既可以说明问题，还能为谈判进展留有余地。

典型的外交语言有"可以考虑""无可奉告""深表遗憾""有待研究""请恕我授权有限""一切后果由贵方负责""谈判的大门是敞开的"等。

应当指出的是，外交性语言应运用得当，如果过分使用外交性语言，会让对方感到冷淡、推托、无合作诚意。

⑤ 文学性语言。文学性语言原指小说、诗歌、散文、戏剧等文学作品反映社会生活所使用的语言。这种语言以生动、活泼、优雅、诙谐，以及富于想象力和感染力为特征。在商务谈判中，文学性语言则是指汲取文学语言精华，表述准确、鲜明、生动、活泼、形

象化的语言。

在商务谈判中，文学性语言的运用屡见不鲜。如把谈判比喻为"播种友谊的种子"，把签合同比喻为"收获"，把谈判气氛比喻为"紧张程度随气温升高"，或"虽然室外是寒气逼人，可谈判气氛却温暖如春"等。在商务谈判中运用文学语言，可以调解谈判气氛。

⑥　军事性语言。军事性语言是一种带有命令性的语言。这种语言的特征是干脆、利落、简洁、坚定、自信。

在商务谈判中运用的典型的军事性语言有"你这是声东击西""你这是以攻为守""不乱自己的阵脚""已无退却的余地""最迟于×日×时需得到贵方的答复，否则，我方将作出最终的选择"等。在商务谈判中适当运用军事性语言可起到振奋精神、增强信心、稳定情绪、坚定意志、稳住阵脚、加速谈判进程的作用。

三、商务谈判语言艺术运用的原则

在商务谈判中，运用语言艺术时需遵循以下基本原则。

(一)客观性原则

商务谈判语言的客观性原则是指谈判过程中的语言表述要尊重客观事实，反映客观事实。这是一条最基本的商务谈判语言艺术运用的原则，是其他一切原则的基础。离开了客观性原则，即使有三寸不烂之舌，或者无论语言艺术有多高，都只能成为无源之水，无本之木。

如果谈判双方均能遵循客观性原则，就能使谈判双方自然而然地产生"以诚相待"的印象，从而促使双方立场、观点相互接近，为下一步取得谈判成功奠定基础。

(二)针对性原则

商务谈判语言的针对性原则是指谈判语言要根据谈判的具体内容类型、不同对手、不同需求、不同阶段使用不同的语言。简而言之就是谈判语言要有的放矢，对症下药。

1. 根据不同的谈判内容类别，选用有针对性的语言

商务谈判按内容划分包括商品购销谈判、技术贸易谈判、工程承包谈判、租赁业务谈判、合资经营谈判、资金借贷谈判、劳务合作谈判、损害及违约赔偿谈判等。谈判内容类别不同，其谈判语言的运用就需有针对性地进行选择，特别要注意使用相关语言和行话。

2. 根据不同的谈判对象，选用不同的语言

不同的谈判内容类别和谈判场合都有不同的谈判对手，不同的谈判对手其身份、性格、态度、年龄、性别等均不同，应根据谈判对手这些方面的不同而有针对性地选用恰当的

语言。

3. 根据谈判对手的不同需要恰当地使用不同的语言

例如，有的谈判者对商品质量有高档次的要求，这就需要重点介绍商品的质量、性能；有的谈判者注重商品价格的实惠性，这就需要侧重介绍和阐释本企业商品价格的合理性等。

4. 根据不同的谈判阶段，运用不同的谈判语言

如在谈判开始时，以文学语言、外交语言为主，这样会有利于联络感情，创造良好的谈判氛围；在谈判进行中，应多运用商业法律语言，并适当穿插文学军事语言，以求柔中带刚，取得良效；谈判后期，应以军事语言为主，附带商业法律语言，以促使谈判最后圆满成功。

(三)逻辑性原则

商务谈判语言的逻辑性原则是指在商务谈判过程中运用语言艺术要概念明确，判断恰当，证据确凿，推理符合逻辑规律，具有较强的说服力。

谈判者在谈判前搜索的大量资料，经过分析整理后，只有通过符合逻辑规律的语言表达出来，才能为谈判对手认识和理解。

要遵循谈判语言的逻辑性原则，就要求谈判人员必须具备一定的逻辑知识水平，就需要其很好地学习形式逻辑和辩证逻辑知识。

(四)规范性原则

商务谈判语言的规范性原则是指商务谈判过程中的语言表述要文明、清晰、严谨、准确。

首先，谈判语言必须坚持文明礼貌的原则，必须符合商界的特点和职业道德要求。无论出现何种情况，都不能使用粗鲁的语言、污秽的语言或攻击辱骂的语言。

其次，谈判所用语言必须清晰易懂，口音应当标准化，避免使用地方方言、俗话，禁止用黑话与人交谈。

再次，谈判语言应当注意抑扬顿挫、轻重缓急，避免吐舌挤眼、语词断句，嗓音微弱，大吼大叫或感情用事。

最后，谈判语言应当准确、严谨，特别是在讨价还价等关键时刻，更要注意一言一语的准确性。在谈判过程中，由于一言不慎，导致谈判走向歧途，甚至导致谈判失败的事例屡见不鲜。因此，必须认真思索，谨慎发言，用严谨精确的语言准确地表述自己的观点、意见。这样，才能通过商务谈判维护或取得自己的经济效益。

(五)隐含性原则

商务谈判语言的隐含性原则是指在商务谈判中运用语言时要根据特定的环境与条件，委婉而含蓄地表达思想，传递信息。

例如，汽车销售商回答顾客说："××牌汽车具有多方面的优点，毫无疑问，它很漂亮"，"发动机虽小但能长途跋涉，如果你不走快车道或不需要带人的话，您一定会喜欢它。"言外之意，这种车搭载乘客的能力和安全性很值得怀疑。

第二节　商务谈判语言的运用技巧

一、商务谈判中的陈述语言技巧

陈述就是叙述自己的观点或问题的过程。商务谈判中的陈述是一种不受对方所提问题的方向、范围制约，带有主动性的阐述，是传递信息、沟通情感的方法之一。因此，谈判者能否正确、有效地运用陈述的功能，把握陈述的要领，会直接影响商务谈判的效果。在商务谈判的各个阶段都离不开陈述。在商务谈判过程中，陈述大体包括入题、阐述两个部分。

(一)商务谈判入题的语言技巧

谈判双方在刚进入谈判场所时，难免会感到拘谨，尤其是谈判新手，在重要谈判中，往往会产生忐忑不安的心理。为此，必须讲求入题技巧，采用恰当的入题方法。这样，将有助于消除这种尴尬心理，轻松地开始谈判。

1. 迂回入题

为避免谈判时单刀直入、过于直露，影响谈判的融洽气氛，谈判时可用迂回入题的方法。

1)　以题外话入题

通常可以先介绍一下季节或天气情况，如"今天的天气真暖和"或"今年的气候很有意思，都十二月了，天气还这么暖和　"；也可以用目前流行的有关社会新闻、旅游、艺术、社会名人等作为话题，如"昨天的纪念抗日战争胜利 70 周年阅兵式你看了没有？""这几天北京卫视播出的《巨浪》电视剧很吸引人！"通过上述从题外话入题，可以达到新颖、巧妙、不落俗套的效果。

2)　以"自谦"入题

如果对方是在我方所在地谈判，则可谦虚地表示各方面照顾不周，也可称赞对方的到来使我处蓬荜生辉，或者谦称自己才疏学浅，缺乏经验，希望通过谈判建立友谊，等等。当然，自谦要适度，不要给对方以虚伪或缺乏诚意的感觉。

3) 从介绍己方谈判人员入题

从介绍己方谈判人员入题，简略介绍自己一方人员的职务、学历、经历、年龄等，既打开了话题，消除了对方的忐忑心理，又充分显示了一方强大的阵容，使对方不敢轻举妄动。

4) 从介绍自己一方的生产、经营、财务状况入题

这样，可先声夺人，提供给对方一些必要资料，充分显示己方雄厚的财力、良好的信誉和质优价廉的产品等基本情况，从而坚定对方与你合作的信心。

5) 以卖关子、吊胃口入题

当代世界最富权威的推销专家戈德曼博士强调，在面对面的推销中，说好第一句话是十分重要的。商务谈判的第一句话可以卖卖关子，吊一吊对方的胃口。这样可以避免谈判时单刀直入、过于直露，影响谈判的融洽气氛。

2. 先谈细节，后谈原则性问题

围绕谈判的主题，先从洽谈细节问题入题，条分缕析，丝丝入扣，到各项细节问题谈妥之后，也便于自然而然地达成原则性的协议。

3. 先谈一般原则，后谈细节问题

一些大型的经贸谈判，由于需要洽谈的问题千头万绪，双方高级谈判人员不应该也不可能介入全部谈判，往往要分成若干等级，进行多次谈判，这就需要采取先谈原则问题，再谈细节问题的方法入题。一旦双方就原则问题达成一致，洽谈细节问题也就有了依据。

4. 从具体议题入手

一般而言，大型商务谈判，总是由具体的一次次谈判组成，在具体的每一次谈判会议上，双方可以首先确定本次会议的商谈议题，然后从这一具体议题入手进行洽谈。这样做，可以避免谈判时无从下手，从而提高谈判效率。

(二)商务谈判中阐述的语言技巧

谈判入题后，接下来便是双方阐述各自的观点。这也是谈判的一个重要环节，更应讲究阐述技巧。

1. 开场阐述

1) 己方开场阐述的要点

(1) 开宗明义，明确本次会谈所要解决的主题，以集中双方注意力，统一双方的认识。

(2) 表明我方通过洽谈应当得到的利益，尤其是对我方至关重要的利益。

(3) 表明我方的基本立场，可以回顾双方以前合作的成果，说明我方在对方所享有的信誉；也可以展望或预测今后双方合作中，可能出现的机遇或挑战；还可以表示我方可采取何种方式为双方共同获得利益做出贡献等。

(4) 开场阐述应是原则的，而不是具体的，应尽可能简明扼要。

(5) 开场阐述的目的，是让对方明白我方的意图，以创造协调的洽谈气氛。因此，阐述应以诚挚和轻松的方式来表达。

2) 对方开场阐述的反应

(1) 认真耐心地倾听对方的开场阐述，归纳弄懂对方开场阐述的内容，思考和理解对方阐述的关键问题，以免产生误会。

(2) 如果对方开场阐述内容，与我方意见差距较大，不要打断对方的阐述，更不要立即与对方争执，而应当先让对方说完，认同对方之后再巧妙地转换话题，从侧面进行反驳。

2. 让对方先谈

在商务谈判中，当你对市场态势和产品定价的新情况不很了解，或者当你尚未确定购买何种产品，或者你无权直接决定购买与否的时候，你一定要坚持让对方首先说明可提供何种产品，产品的性能如何，产品的价格如何等，然后，你再审慎地表达意见。有时即使你对市场态势和产品定价比较了解，心中有明确的购买意图，而且能够直接决定购买与否，也不妨先让对方阐述利益要求、报价和介绍产品。然后，你再在此基础上提出自己的要求。这种先发制人的方式，常能收到奇效。

3. 坦诚相对

谈判中应当提倡坦诚相见，不但将对方想知道的情况坦诚相告，而且可以适当透露我方的某些动机和想法。

坦诚相见是获得对方同情和信赖的好方法，人们往往对坦率诚恳的人有好感。

不过，应当注意的是，与对方坦诚相见，难免要冒风险。对方可能利用你的坦诚，逼你让步，你可能因为坦诚而处于被动地位。因此，坦诚相见是有限度的，并不是将一切和盘托出，应以既赢得对方信赖，又不使自己陷于被动、丧失利益为度。

二、商务谈判中的提问语言技巧

提问是商务谈判中经常运用的语言技巧。通过巧妙而适当的提问可以摸清对方的需要，把握对方的心理状态，并能准确表达己方的思想，其目的是了解情况、开启话题、以利沟通。不同的目的，提出不同的问题；对同一问题，也可以用不同的方法、从不同的角度进行发问。

(一)提问的方式

对同一问题，也可以用不同的方法、从不同的角度进行发问。

1. 引导性提问

引导性提问，是指对答案具有强烈暗示性的问句。这一类问题的提出旨在开渠引水，几乎令对手毫无选择地按发问者所设计的答案作答。这是一种反义疑问句的句型，在谈判中，往往会使对方与自己的观念产生赞同反应的表示。

例如：

"讲究商业道德的人是不会胡乱提价的，您说是不是？"

"这样的算法，对你我都有利，是不是？"

"成本不会很高吧，是不是？"

"贵方如果违约是应该承担法律责任的，对不对？"

"谈到现在，我看给我方的折扣可以定为 4%，你方一定会同意的，是吗？"

提问几乎使对方毫无选择余地而按提问者所设计好的答案来回答，即其答案会达到提问者预期的目的。

引导性提问，还可诱发对方的好奇心。一位推销员对顾客说："老张，您知道世界上最懒的东西是什么吗？"顾客感到迷惑，但也很好奇。这位推销员继续说，"就是您藏起来不用的钱。它们本来可以购买空调，让您度过一个凉爽的夏天。"值得注意的是，这类引导性的诱发好奇心的提问方法如果变得近乎耍花招时，用这种方法往往很少获益，而且一旦顾客发现自己上了当，你的计划就会全部落空。

2. 坦诚性提问

坦诚性提问，是指一种推心置腹友好性的发问。这一类问题，一般是对方陷入困境或有难办之处时，出于友好，帮其排忧解难的发问。这种发问，能制造出某种和谐的气氛。

例如：

"告诉我，你至少要销掉多少？"

"你是否清楚我已提供给你一次很好的机会？"

"要改变你的现状，需要花费多少钱？"

3. 假设性提问

假设性提问是在不清楚对方的态度或虚实的情况下，采用虚拟的口吻来探察对方的意向。它既能避开正面提问时对方拒绝回答所产生的难堪，又可以达到相同的目的。

例如：

"如果我答应 30 天以内付款，你可以给我打折吗？"

"如果我现在同意，你可以从周一开始吗？"

"如果我们决定寻找不同的路线，结果将会怎么样呢？"

"假如这个合作项目由我们提供技术，您肯让我们占多少股份呢？"

这些问题都能让对方透露出有用的信息。假设式提问通常也能扩大人们的思考范围。例如：

甲："我实在是抽不出时间来做这项额外的工作。"

乙："如果你做了，会怎么样呢？"

甲："我们必须按时到达那里。"

乙："如果我们不能按时到达那里，会怎么样呢？"

甲："我不想请别人帮忙。"

乙："如果你请别人帮忙，会怎么样呢？"

上述任何一个问题的答案，都能探查出该问题对对方的紧要程度，还可能促使对方进行思考，或引起对方更多的兴趣。

4. 封闭式提问

封闭式提问，是指足以在特定领域中带出特定答复(如"是"或"否")的问句。这一类问题可以使发问者获得特定的资料或确切的回答。

例如：

"你是否认为'上门服务'没有可能？"

"贵公司第一次发现食品变质是什么时候？"

"你们给予 H 公司的折扣是多少？"

"我们能否得到最优惠的价格？"

这类发问将讨论的主题封闭起来，鼓励人们用极其简短的句子作出肯定或否定的回答。

这类发问有时会蕴涵相当程度的威胁性，如上述第三句便是。但如果改用"是非问"的句型，语气就大不一样，效果就好多了，如上述第四句。

5. 借助式提问

借助式提问是一种借助第三者的意见来影响或改变对方意见的提问方式。

例如：

"某某先生对你方能否如期履约关系？"

"某某先生是怎么认为的呢？"

采用这种提问方式时，应当注意提出意见的第三者，必须是对方所熟悉而且是他们十分尊重的人。这种问句会对对方产生很大的影响力；否则，运用一个对方不很知晓且谈不上尊重的人作为第三者加以引用，则很可能会引起对方的反感。因此，这种提问方式应当慎重使用。

6. 探究式提问

探究式提问是开门见山的提问方式。提出一系列追根纠底的问题，要求对方证实或补充先前的答复。

这一提问，可从以下两方面进行。

1) 从一般到具体的提问

向对方反复地提出一个个"为什么"，会使人非常厌烦，有一种受到审问的感觉。如果将提问的句式改换成："那样做，对你有什么意义呢？""那样做，对你意味着什么呢？""那样做，对你有什么影响呢？"对方便不会感觉到是在被人讯问，这使他有机会阐述自己的理由，更清楚地说出对某个问题的真实感受。

例如：

问："花上一年的时间去西南地区旅游，对你有什么意义呢？"

答："这意味着我能探访许多少数民族。"

问："探访许多少数民族，对你又有什么意义呢？"

答："我将能体会到西南少数民族的不同文化，看到许多我现在还没有看到的东西。"

从一般到具体的提问，能层层深入地探询到对方的真实意图。这是一种很重要的提问方法。在谈判中，如果你这么向自己提问，则有助于弄清楚你所希望得到某种结果的真实原因；如果你这么向谈判对手提问，则有助于对方将注意力更明确地集中在他们所关注的结果上。

2) 从具体到特殊的提问

从具体到特殊的提问是指对一个具体情况进一步加以分析，意在弄清对方话语中被省略的内容，知晓更为详细的情况。

例如：

甲："我将参加一次会议。"

乙："你参加的会议很特别吗？"

甲："在达成协议之前，我需要大幅度地裁减人员。"

乙："你谈到的大幅度地裁减人员，其确切的幅度有多大？"

甲："在我同意之前，你们必须作出一些让步。"

乙："在你看来，我们应该作出什么让步？"

甲："我对我的供应商不满意。"

乙："在哪些方面你尤其不满意？"

这类紧紧盯住对方的回答毫不松劲地追问，能将涉及的范围进一步缩小，准确地理清事情的来龙去脉。

(二)提问的目的和心理障碍

1. 提问的目的

(1) 收集资料，即通过提问以了解对方对某一问题的看法。

(2) 探索对方的动机和意向，即通过提问以了解对方的某一方面的要求。

(3) 提供资料，即如果对方对某一方面情况不清楚，通过提问，让对方说出来，以便有针对性地对其作介绍。

(4) 鼓动对手发表意见，即通过提问，以了解对方参与谈判的意向。

(5) 证实双方的见解是否一致。

谈判者还可以利用提问来避免谈判中出现僵局，消除相互间的积怨，给自己思考问题的时间，激发创造性思维，发掘人们的想象力和动力。

2. 提问的心理障碍

(1) 谈判者为了避免暴露自己的无知，担心提问不当会让人瞧不起，因此不愿意提问题。

(2) 谈判者害怕被人认为自己缺乏洞察力，害怕分析的不正确而使提出的问题有失偏颇，因此不积极提问题。

(3) 谈判者曾经想到了某些好问题，可是在讨论时临时忘掉了。

(4) 谈判者想避免令对方困窘，担心谈判会因此失败而避免提出敏感的问题。

(5) 谈判者只喜欢滔滔不绝地说话，忽视了倾听，因此提不出切合实际的问题。

(6) 谈判者缺乏毅力去继续追问答案不够完整的问题，总是轻易地放弃了。

(7) 由于事先没有作准备，因而没有足够的时间思考出好的问题。

(三)商务谈判提问的时机

1. 在对方发言完毕之后提问

在对方发言的时候，一般不要急于提问，因为打断别人的发言是不礼貌的，容易引起对方的反感。当对方发言时，你要认真倾听，即使你发现了对方的问题，很想立即提问，也不要打断对方，可先把发现的和想到的问题记下来，待对方发言完毕后再提问。这样不仅反映了自己的修养，而且能全面、完整地了解对方的意图，避免操之过急，曲解和误解了对方的意图。

2. 在对方发言停顿和间歇时提问

在谈判中，如果因对方发言冗长、不得要领、纠缠细节或离题太远而影响了谈判进程，那么，你可以借他停顿、间歇时提问，这是掌握谈判进程、争取主动的必然要求。例如，当对方停顿时，你可以借机提问："您刚才说的意思是？""细节问题我们以后再谈，请谈谈您的主要观点好吗？""第一个问题我们已经明白了，那第二个问题呢？"

3. 在议程规定的辩论时间提问

对于大型外贸谈判，一般要事先商定谈判议程，设定辩论时间。在双方各自介绍情况和阐述时间里一般不进行辩论，也不向对方提问。只有在辩论时间里，双方才可以自由提问、进行辩论。在这种情况下要事先做好准备，可以设想对方的几个方案，针对这些方案考虑己方对策，然后再提问。在辩论前的几轮谈判中，要做好记录，归纳出谈判桌上的分歧，再进行有的放矢的提问。

4. 在己方发言前后提问

在谈判中，当轮到己方发言时，可以在谈己方的观点之前，对对方的发言进行提问，不必要求对方回答，而是自问自答。这样可以争取主动，防止对方接过话茬，影响己方的发言。例如，"您刚才的发言要说明什么问题呢？我的理解是……对这个问题，我谈几点看法……""供货问题您讲得很清楚了，但保修的问题怎么样呢？我先谈谈我们的要求，然后请您补充。"

在充分表达了己方观点之后，为了使谈判沿着己方的思路发展，牵着对方的鼻子走，通常要进一步提出要求，让对方回答。例如，"我们的基本立场和观点就是这样，您对此有何看法呢？"

三、商务谈判中的应答语言技巧

有问必有答，人们的语言交流就是这样进行的。商务谈判中，需要巧问，更需要巧答，因问有艺术，答也应有技巧，问得不当，不利于谈判；答得不好，同样也会使己方陷入被动。商务谈判由一系列的问答所构成，巧妙而得体的回答与善于发问同样重要。

一个商务谈判人员水平的高低，在很大程度上取决于其答复问题的水平。因此，在谈判的整个问答过程中，往往会使谈判的各方或多或少地感到一股非及时答复不可的压力。在这股压力下，谈判者应针对问题快速反应，作出有意义、有说服力的应答。

答话的方法有很多种，其中主要的有以下几种。

1. 明确直接的应答法

在谈判中己方的某些信息是对方必须了解的，如果对方的提问是为了获得这些必不可少的信息，答话者可以采用此法，忠实地按问题实质作出答复，问什么答什么，直截了当，清楚明确，以保证双方的正常沟通。需要注意的是答话要适度，该说的说，不该说的不说，既不可话留三分，闪烁其词，给正常的信息制造障碍，也不可过于坦白，本来只需局部地回答，却全盘托出，不加保留，让对方摸清底牌。

2. 附加条件的应答法

附加条件的应答法是指如果问话中含有强硬的言辞，在回答时就不要直接回答，而应首先设定条件来抵制对方，从而尽可能多地保证己方的利益。

例如，在买卖洽谈中，当卖家在价格上不肯让步，买方又很想购买，卖家强硬地问买不买时，买方回答：“我们可以买下这批货，但其条件是请允许我们分期付款，您看如何？”该回答中的“请允许我们分期付款”就是买方提出的附加条件。

3. 否定前提的应答法

否定前提的应答法，主要是用来对付限制型提问的，是“是”与“否”以外的第三种答复。

当提问者问“你们是三月交货还是四月交货？”时，应该回答说：“我们根本就不打算在三、四月交货。”这样，对方就占不到便宜了。

4. 借口推托的应答法

如果答话者不便回答或一时想不出如何回答提问时，可以先找个借口，如假称资料不全，还需进一步查找，或声明自己做不了主，还需向上级请示，这样，就避免了仓促表达造成的被动局面。既摆脱了为难处境，又保留了答话机会，以便以后灵活处理。

5. 避正答偏的应答法

避正答偏，在知识考试或学术研究中是一大忌，然而从谈判技巧角度来研究，却是一种对不能回答的问题的一种行之有效的答复方法。避正答偏应答法是指在回答这类问题时，故意避开问题的实质，而将话题引向歧路，借以破解对方进攻的应答法。

有些提问者会提出一些使人处于难以回答的问题，答话者不愿回答，但又不想让提问者失望，就可以巧妙地转移话题，既让对方得不到想要的答案，又不破坏良好的谈判气氛。

在谈判中，有时对方提出的问题，回答者无法从正面作出回答，可是拒不回答，会被对方指责为毫无诚意；如果勉强作答，说不定会落入对方的陷阱。在这种情况下，那些擅长答复的谈判高手，常常会提供一些“没有答复的答复”，巧妙地转移话题，一方面使对方得不到想要的答案，一方面又不破坏良好的谈判气氛。例如，对方反复地强调一个他们认为十分重要，要求己方同意其观点的问题。己方实在难以直接回答时，可以这样说：“这个问题我方也认为十分重要，比如我方就曾遇到过这样一件事……”这样说，貌似回答，而实际上是从原题的侧面“滑过”，谈了与原题相关而实际上却是对另一个问题的看法。

另外，在谈判中，有的谈判者会提一些与谈判主题无关的问题，回答它显然是浪费时间；有时，对方会有意提一些容易激怒你的问题，其用意在于使你失去自制力，回答它只会损害自己。对此，你可以一笑了之，或"顾左右而言他"，外交辞令中的"无可奉告"也可一用。

6. 装傻充愣的应答法

装傻充愣的应答法是答话者常用的行之有效的方法，如果不想回答提问，可以用"不清楚""不明白""不知道"等搪塞，或用一些无实际意义的，说了等于没说的话去回答。在谈判中装傻充愣，会起到意想不到的效果。

本 章 小 结

本章"商务谈判的语言艺术"，分两节进行论述。第一节"商务谈判语言概述"，首先论述了商务谈判语言艺术的重要性，而后介绍了商务谈判中使用的语种和语言类型，最后论述了商务谈判语言艺术运用的原则。第二节"商务谈判语言的运用技巧"，先后论述了商务谈判中的陈述语言技巧、提问语言技巧和应答语言技巧。通过本章的学习，能使谈判者掌握较多的商务谈判的语言艺术，以使商务谈判能因语言的艺术性而更加精彩和取得最佳的效果。

自 测 题

思考训练题

1. 谈谈商务谈判语言艺术的重要性。
2. 商务谈判按语言表达特征可分为哪些语言类型？
3. 商务谈判语言艺术运用应遵循哪些原则？
4. 商务谈判提问的方式有哪些？
5. 商务谈判中应答的方法有哪些？

案 例 分 析

推销员为老夫妇拟写的第二次卖房广告

美国新泽西州一对老夫妇准备卖掉他们的住房。他们委托一位房地产经济商承销。这家房地产经济商请老夫妇出钱在报纸上刊登了一个广告。广告的内容很简短："出售住宅一套，有六个房间，壁炉、车库、浴室一应俱全，交通十分方便。"广告刊出一个月之后无人问津。老夫妇又登了一次广告，这次推销员亲自拟写广告词"住在这所房子里，我们感到非常幸福。只是由于两个卧室不够用，我们才决定搬家。如果您喜欢在春天呼吸湿润新鲜的空气，如果您喜欢夏天庭院里绿树成荫，如果您喜欢在秋天一边欣赏音乐一边透过宽敞的落地窗极目远望，如果您喜欢在冬天的傍晚全家人守着温暖的壁炉喝咖啡时的气氛，那么请您购买我们这所房子。我们也只想把房子卖给这样的人。"广告登出不到一个星期，他们就搬家了。

(资料来源：李言，汪玮琳. 跟我学：谈判口才[M]. 北京：中国经济出版社，2006.)

问题：

1. 推销员为老夫妇拟写的第二次卖房广告运用的是按语言表达特征划分的何种谈判语言？这类谈判语言有何优势？

2. 按语言表达特征划分，商务谈判语言还有哪些类型？

第十一章　商务谈判思维

【学习要点及目标】

通过本章的学习，了解商务谈判中的辩证思维、逻辑思维和创造性思维问题。

【引导案例】

施工合同谈判的逆向思维

笔者作为甲方建设单位商务代表与乙方施工单位代表谈判——家属楼施工承包合同。通过前几轮的要约—反要约—再反要约，初步形成如下两种价格条件：A 种条件投资额 1200 万元，B 种条件投资额 900 万元。以上投资条件，属同一施工图纸，不同的是室内装饰、灯具配备、阳台封闭等稍有不同。甲方代表向其法人汇报后，在最后一轮谈判中，首先摆出了厂内形势不好，资金紧张等一些客观原因，表示考虑接受 B 种投资条件，但随之摆出同类水平中，B 种投资条件造价偏高，难以达成协定，并提出再下降 200 万元左右。乙方代表当即表示降价不合适，而提出宁愿在质量上保证。依此思维，甲方代表也提出了一些适当提高装饰水平的建议和要求，并要求对阳台进行钢窗全封闭，基本上反扣到了 A 种投资条件，从而结束了谈判，双方进行签约。从上面的两个谈判例子，可以总结出逆向反扣思维的思维过程如下：在某产品的谈判过程中，假设 A、B 为两种价格条件(质量、原材料)，a、b 为相对的两种价格条件。

如果 A，则 a；

如果 B，则 b；

要 b，反对 B；

则 A 或 R，其中 R 介于 A、B 之间；

如果 b 是 A 或 R，则买卖双方可接受。否则，买卖双方总有一方不接受，谈判会陷入僵局。

(资料来源：中华文本库网，http://www.chinadmd.com(题目自拟).)

所谓思维，简单地说就是大脑对客观世界的间接的、概括的反映。

古人云："行成于思。"这说明了行为的成功取决于思维。商务谈判行为的成功更是如此。

在商务谈判中，自始至终都是人的思维在起作用，思维是谈判的原动力，每个成功的谈判，都是正确思维运用的结果。谈判人员要想在谈判中及时、准确地分析判断谈判形势，

恰当运用谈判策略，分析对手谈判心理，必须具备一定的思维能力。

人们的一般思维模式可分为辩证思维、逻辑思维和形象思维三类。谈判者在商务谈判中运用好这三种思维模式是处理好谈判过程中各种问题的保证。

本章将分三节，特对商务谈判中这三种思维问题进行具体的阐释。

第一节　商务谈判中的辩证思维

一、辩证思维的含义和特点

(一)辩证思维的含义

辩证思维是用唯物辩证法的观点和方法来认识世界、思考问题的一种科学思维方式。它强调用客观而不是主观的，用普遍联系而不是相互割裂的，用全面系统而不是片面破碎的，用运动发展而不是静止不动的观点来观察世界，认识事物，思考问题。

概而言之，辩证思维是把运动着的包含多样性规定的客观世界在人的头脑中反映出来的思维。

(二)辩证思维的基本特点

1. 辩证思维是反映是非曲直现实世界的多样性的统一

辩证思维是反映现实世界的多样性的统一，即把客观世界的万事万物，既看作是多样性的，又看作是统一性的。

例如：著名谈判家荷伯代表一家大公司到俄亥俄州购买一座煤矿。矿主是个强硬的谈判者，开价 2600 万美元，荷伯还价 1500 万美元。而矿主坚持不变，买方只好不断让步，最后谈判陷入僵局。荷伯只得对谈判重新进行全面、整体思考，一顿接一顿请对方吃饭。后来了解到，矿主的弟弟以 2550 万美元卖了他自己的煤矿，而且还有一些附加利益。荷伯明白了，矿主固守 2600 万美元的理由，他还有别的需要。荷伯就按照这个思路，使谈判达成协议，最后价格没有超过公司的预算。但在付款方式和附加条件方面使卖主感到自己干得远比他的弟弟强。在整体上达到满意。

在商务谈判中，无非有两个客观存在：一是谈判的对象，二是谈判的问题。前者是人，至于是什么人，则要具体分析。但是，分析应力求全面，如人的价值观、文化素质、业务水平、社会地位、民族习惯、政治信仰等。总之，人是多样性的，至于所谈的业务问题，如商品质量、包装、商标、运输、价格、技术要求、售后服务，合同的法律条款，国际贸易惯例，国内市场供求状况、国际市场动态、资金、利润、费用、成本、交费时间、交接方式、付款方式等多方面的因素，更是体现了多样性。然而，商务谈判的目的是达成交易，追求利益。如果不谈生意，没利可图，不想成交，人们又何必走到一起来谈判呢？又何以费时，费口舌呢？这就是谈判者和谈判问题的统一性的问题。

2. 辩证思维要能在思维中反映出客观对象的运动

从商务谈判来看，即使是简单的交易谈判，如到商店里购物，特别是到集贸市场与摊主打交道，也有一个交易过程，要看一看商品，要问一下行情，要"货比三家"，要问价、回价，有的还要讨价还价。在大宗商品交易的谈判中，谈判更有个过程，会遇到很多问题，有曲折，有风险，即使是最顺利、最理想的谈判，也有一个协商的过程，绝不是一蹴而就的，总是有比较、有选择的。

二、辩证思维的基本内容

辩证思维的基本内容包括三大规律和七大范畴。

(一)三大规律

1. 对立统一规律

对立统一规律，即指事物运动的规律，也称矛盾规律，它揭示事物内部矛盾对立双方的统一和斗争，是事物普遍联系的根本内容和事物变化发展的根本动力。矛盾的观点，矛盾分析的方法是它的基点。通过分析矛盾和把握矛盾的性质，在事物诸多矛盾中抓住主要矛盾，在矛盾双方的对立面中抓住矛盾的主要方面，从而占据主动，促使矛盾的转化和解决。

例如，一个美国商人因买方要求交货推迟一个季度，他反过来要求涨价3%，他的理由是：三个月的经济形势变了，年通货膨胀率为12%，每季度平均为3%。当时买方的回答是："经济形势是变了，我希望以第三国报纸为依据，若劳务和材料上涨则涨价3%，若下降则减少3%，请按此话写入合同。"谈判结果是，该美国商人不敢这样写，只好放弃了涨价3%的要求。

2. 质量互变规律

质量互变规律是唯物辩证法的一个基本规律，它揭示了任何事物都具有质的规定性与量的规定性，都表现为质与量的统一；任何事物的运动都相应地采取量变到质变的两种基本形式，都表现为由量变到质变的质量互变的过程；都是连续性与间断性的统一。通过把握一定的度，就能促使事物内在矛盾的转化，从而引起量变，质变。

谈判是双方利益的冲突与协调，要能战胜对手，削弱对方，就要做到知己知彼，对整个谈判过程，从正方和反方进行辩证思考，促使矛盾的转化。在商务谈判中，尤为如此。买主和卖主可以采取同样的方法来处理反对意见，就卖主而言，常常会害怕触怒买主。例如，一位珠宝商对于买主提出的反对意见处理得非常好，使买卖顺利成交。由于买主的妻子视力不好，对表针长短要求极高，这种手表非常难找，费尽心力，总算找到了，但外观却相当丑陋，定价为 200 元。买主对珠宝商说，200 元似乎太贵了。珠宝商则说："这个价格非常合理，手表走时很精确。"买主说："时间精确与否不重要，而这只表样式不好看。"珠宝商立刻说："我从来没有看过这么专门设计给人们容易看的手表了。"他把表的外形丑的原因说成是为了给人们容易看清楚表针，恰好满足了买主的需要。

3. 否定之否定规律

否定之否定规律是事物自身所包含的否定因素(方面、趋势)所引起的由肯定到否定，再到新的否定，即否定之否定的规律。它揭示了事物发展的螺旋式上升、波浪式前进的周期性运动，指明了事物自己发展自己，自己完善自己的总趋势和全过程。与前两个规律相比较，它具有更大的整体性和总括性，把握这一规律就可从整体上理解事物自我运动和发展过程。

(二)七大范畴

除了相互联系着的基本规律外，辩证法还包括一系列相互联系和转化的基本范畴，即现象与本质、个别与一般、形式与内容、原因与结果、必然性与偶然性、可能性和现实性、绝对与相对等。

这七对范畴反映了事物、现象的普遍联系和全面发展的不同侧面，不仅有着各自的特殊内容，而且有着本质上的联系；不仅每对范畴与范畴之间，而且各对范畴内部的两个方面都是紧密联系着的。它们在人们的辩证思维中同三大规律一起相互交织、相互渗透，综合地发挥着作用。这就要求谈判者在谈判过程中，能够通过现象看本质，通过形式考查内容，从一般阐释个别或从个别归纳一般，从结果中探究原因，从偶然中发现必然，促使有利的可能性转化为现实，从绝对中找出相对或从相对中看绝对，从而认识和把握谈判活动的本质，不被表面现象所迷惑，促使谈判获得成功。

掌握辩证思维模式，全面把握辩证法提供的科学思维方法，就能够客观、全面、辩证地去观察和分析整个谈判活动，准确地认识问题，并有针对性地采取措施，使谈判活动的变化朝着有利于己方的方向发展。

三、辩证思维在商务谈判中的作用

商务谈判的思维活动大致可分为两个阶段，即谈判前的准备阶段的思维活动与谈判过程中的临场的思维活动。其二者既有联系，又有差别。它们的联系表现为在两者都要贯彻谈判原则、制订谈判计划和策略等方面的行为、措施等的取舍时采用一致的标准。它们的区别在于谈判的准备阶段即谈判前期的思维方式是以假设为基础，而在谈判过程中临场的思维方式是以事实为基础。

在商务谈判中，谈判者主要是运用思维这个有用工作，"斗智""斗法"。策略的千变万化，也是双方思维能力的较量。成功的谈判对双方来说是正确的、合理的思维的结果。

无数事例和实践表明，一个成功的谈判者所具有的机警、敏感、锐利、细腻、合作等良好的条件与素质，与他的正确、合理的思维能力是分不开的。

而辩证思维对商务谈判能够起到以下的良好作用。

(1) 辩证思维有助于谈判者在谈判中树立全面性观点，能纵观全局，驾驭全局。

(2) 辩证思维有助于谈判者在谈判中树立发展的观点和运动的动态观点。

(3) 辩证思维有助于谈判者在谈判中树立具体性的观点。

(4) 辩证思维有助于谈判者在谈判中树立实践性的观点。

(5) 辩证思维有助于谈判者在谈判中树立合作性的观点，以求同存异。

四、商务谈判中运用辩证思维的步骤

谈判中辩证思维方式要求人们学会辩证地看待买方与卖方的矛盾。这里提出几个运用辩证思维的步骤，供人们演练，会给谈判带来意外的效果。

第一步：在和顾客谈判之前，先写下自己产品和其他竞争产品的优点和缺点。

第二步：记下一切你所能想到的，可能被买主挑剔的产品的缺点和服务不周之处。

第三步：让公司的人在预备会中，尽量提出反对意见，同时让他们在顾客尚未提意见前，练习回答这些反对的意见。

第四步：当顾客提出某项反对意见时，要在回答之前，了解问题的症结。

第五步：等你了解问题的症结后，便得权衡一下，看看问题是否容易应付，若是容易应付的反对意见，便可以利用现有的证据来反驳。

第六步：利用反问来回答对方，诱导他回答你"是"。

第七步：不要同意顾客的反对意见。这样会加强他的立场。

第八步：假如顾客提出的反对意见是容易应付的，你就可以立刻拿出证明来，还要求对方同意。假如顾客所提出的反对意见不易回答，那么就要以可能的语气来回答，然后再指出一些更有利的优点，取得他的认同。目的是为了让顾客或对手明白你了解他的观点。这在商业交易和日常谈判中是非常有价值和实用的。

第二节　商务谈判中的逻辑思维

一、逻辑思维的含义和形式

(一)逻辑思维的含义

逻辑思维是在感性认识形式(感觉、知觉、表象)所取得的材料的基础上运用概念、判断和推理等理性认识形式(即思维形式)对客观世界的间接、概括的反映过程。

形式逻辑(或称普通逻辑)就是研究这种逻辑思维的形式结构及其规律与方法的科学。

形式逻辑研究的对象是思维的形式的规律、规则和一些逻辑方法。其中包括概念、判断、推理、论证等思维形式和同一律、矛盾律、排中律、充足理由律等科学思维的基本规律。

(二)逻辑思维的基本形式

逻辑思维的基本形式是概念、判断和推理。概念、判断和推理这几个思维形式是互相联系的。概念的形成往往要通过一定的判断和推理过程,判断是肯定或否定概念之间的联系关系,而判断的获得通常又需要通过推理。

1．概念

概念是人脑对事物的一般特征和本质属性的反映。概念是在抽象概括的基础上形成的,因此,概念是反映事物的本质属性的,而不反映事物的非本质属性。例如,关于"鸭"的概念,只反映鸭扁嘴、短颈、足有蹼、船形体态、喜游水等本质属性,而不反映其颜色、大小、肥胖等非本质属性。

概念和词不可分割地联系着。每一个概念不但都是由于词的抽象化和概括化的刺激作用而在人的头脑中产生和存在着的,而且都是以词的意义或含义的形态从人头脑中表现出来和巩固下来的。词就是概念的物质外衣,每一个词的意义或含义都是一个概念,每一个词都代表着一个概念。也就是说,概念是用词来标志的。

2．判断

判断是指人的大脑两半球凭借语言的作用,反映事物的情况或事物之间的关系的过程。人在头脑中通过判断的过程所达到的结果,也叫作"判断"。可见"判断"一词具有两种含义:一种是指人脑产生判断的思维过程,另一种是指人脑经过判断过程所产生的思想形式。

判断是通过肯定或否定来断定事物的。肯定或否定是判断的特殊本质。人们在判断中不是肯定某种事物的存在,就是否定某种事物的存在;不是肯定某种事物的价值,就是否定某种事物的价值;不是肯定某些事物之间的某种关系,就是否定某些事物之间的某种关系。

人在判断的独立性和机敏性方面会表现出很大的个体差异。例如,有的人凡事优柔寡断,习惯于人云亦云;有的人遇事当机立断,决不盲从附会。判断的独立性和机敏性主要取决于进行判断所必须依据的有关知识和经验。

判断可以分为简单判断和复合判断、模态判断和非模态判断等。

3．推理

推理,实际上就是人脑凭借语言的作用,通过对某些判断的分析和综合,以引出新的判断的过程。人在头脑中经过推理的过程所引出的新的判断叫作"结论";人在进行推理的过程中所根据的已有的判断,称为"前提"。也就是说,已有的概括性认识和有关材料或事实,是人在头脑中进行推理时所必须依据的前提;对过去的推断或对未来的预测,是人在头脑中经过推理所得到的结论。

判断看起来似乎要比推理简单得多,其实很多的判断都是推理的结果,所以,实际上,推理是思维最基本的形式。

推理可以分为归纳推理和演绎推理。归纳推理是从特殊事例到一般原理;演绎推理是从一般原理到特殊事例。

二、商务谈判中逻辑思维的运用

(一)商务谈判中概念的运用

如前所述,概念是人们进行思维活动的基本单位。没有概念,人们就无法进行思维活动。如商务活动中"商品""货币""价格""合同"等就是概念。假如,你在进行商务活动时,脑子里没有这些概念,那你的思维就是空的,也就根本无法进行商务活动这方面的思维活动了。

在商务谈判中离不开运用概念,而关键问题是如何运用的问题。应该注意的是从谈判的准备开始,就要运用商业和法律的概念。

例如,在国内商业就有一套和本国政策、法规、惯例有关的概念。在国际贸易中有更为复杂的通用的概念,也有各国的贸易习惯的概念。作为一个谈判者,特别是主谈人,如果不通晓各种概念和没有概念知识,是无法去主谈的。因为,你抓不住论战的焦点,易被对方利用概念来钻空子。因此,特别重要的是要求首先要抓住论战分歧的概念,避免抓不住要害,避免迷失方向,即论战的目标。只有对概念的认识清楚了,才能在谈判中争取主动。

以往,在国际和国内贸易中,由于我们一些谈判者不懂商业的许多概念,特别是不懂法律条文的概念,被人欺骗、钻空子而吃亏上当受损的教训是值得如今的谈判者引以为戒的。

(二)商务谈判中判断的运用

在商务谈判中,双方都要发言或提问题,双方也要对对方的心理进行琢磨,并作出判断。可以认为,在商务谈判中,对每一句话、每一件事、每一个问题、每一个策略,必须运用逻辑思维的判断思维。下面从不同的角度对此加以说明。

(1) 在谈判中双方运用科学的判断力争主动权。在商务谈判中,双方可能作出各种姿态,如诉苦、激动、愤怒、委屈、骄横,向对方透露内部消息或内部矛盾,甚至和你说说笑笑等。这一切姿态的表现只是现象,如何揭露其本质的东西,这是每一个谈判人员都应当认真思考的。只有把现象和本质区分清楚了，作出科学的判断，才能作出科学的决策，采用恰当的策略，推动谈判的进程。

(2) 在商务谈判中，谈判各方往往要判断对方肯定了什么或否定了什么，注意这些，就能便于根据当时所处的谈判形势审时度势，准确地作出判断，拿出新招或新办法来。

(3) 在商务谈判中应对价格的各种问题，谈判各方会作出判断。有两种不同的思维方式：一是"报价是标准的，不能动"，二是"没有不可谈的价格"。这两种思维方式反映了报价的不变性与价格的可谈判性。两者之间存在着对立统一的关系。这就要在谈判中判断其是"全部商品品种"的价格不可谈判，还是指"某一个商品品种"的价格不可谈判；"是同一数量"的商品的价格不可谈判，还是"不同数量"的商品的价格不可谈判；是"同一个经济条件或背景"下不可谈判，还是"不同经济条件或背景"下不可谈判；是一个"报价"的全部条件，还是"部分条件"。因此，用逻辑思维方式去思考、判断，你就会从中发现问题。

(三)商务谈判中的推理与论证

1. 谈判中的推理

从某种意义上讲，商务谈判的过程是不断推理的过程，如前所述，推理的形式有类比、归纳、演绎。在商务谈判中，如果能综合运用这些推理形式去揭示某一论点、论据的实质，鉴别对方的真实意图，就能使交易在公正的条件下谈妥。如我们常常使用的"比价"即属"类比推理"。但仅有"类比"不能认识事物的属性，不能说贵与贱，还需要靠原有的知识和一般原理对类比的对象进行分析。这就要靠演绎推理。要从个别认识到一般认识，还须归纳推理。

1) 归纳推理

归纳推理是指由个别知识推出一般知识的推理，它从对许多个别事例的认识当中，总结出这些事例的共同特点，得出一个一般性的结论。

例如，在争论业务自学是否大有可为时，有人运用归纳的推理而得了正确的结论。其归纳推理如下。

荷兰人列文虎克(Antonie Van Leeuwenhoek)，年轻时在一家杂货铺里当学徒，年老后给人看门。在几十年的工余时间里，他用全部精力来琢磨和研究放大镜片，最后，他发明了显微镜，成为世界上第一个发现细菌的人。有趣的是，他的这番惊人事业是在本职之外创造的。

爱因斯坦(Albeit Einstein)是伯尔尼专利局的检查员，他利用晚上和星期天的时间研究数学和物理，蜚声物理学界的"相对论"就是在这个时候发现的。

达·芬奇(Leonardo Da Vinci)是意大利弗朗一世的臣仆。他广泛的业余研究不仅使他成为画家、雕塑家，而且成为物理学家、生物学家。

哥白尼(Nicolaus Copemicus)的职业是医生和大主教的秘书，他酷爱天文学，后来创立了"日心说"。他的"天体运行论"被誉为自然科学的独立宣言。

身为小工匠的斯蒂芬逊(George Stephenson)，经过努力，终于成了火车的发明者。

贝尔德(J. L. Baird)是鞋油工程师，一有空就研究电光声学，电视机就诞生在他的手中。

被恩格斯称为19世纪三大发现之一的能量转换定律，是由4个人各自独立地提出来的，他们都是业余研究员：焦耳是酿酒商；迈尔是医生；格罗夫是律师；赫尔霍姆茨是生理学教授。

这些不胜枚举的例子，给我们以深刻的启示，业余研究，大有可为，业余自学也可成才。

这里成功地运用了"归纳推理"中的"简单枚举法"，从列文虎克业余自学成才，爱因斯坦业余自学成才，达·芬奇业余自学成才，哥白尼业余自学成才，贝尔德业余自学成才，焦耳、迈尔、格罗夫、赫尔霍姆茨业余自学成才的例子中，得出一个一般性的认识，即"业余自学可以成才"。这一结论很有说服力，给人深刻启示。

2) 演绎推理

演绎推理是一种谈判中善于发现并及时抓住对方谈判中与我方具有共识的某一观点，加以强调，并以此为前提，推演出必然性结论，从而实现谈判目标的逻辑推理。

运用此种逻辑思维方法，要注意以下三点。

(1) 作为推理前提的观点，必须取得双方共识。

(2) 使对方确认前提时，不要让对方觉察出来，否则对方会金蝉脱壳，极力转移话题，使我方计划落空。

(3) 共识的前提与结论有必然联系。

例如：20世纪70年代，我国用10亿元人民币巨款从G国引进三套生产化肥的大型设备，其中有一套在调试运行期间，透平机转子叶片三次断裂，每次停机就要损失45万元。中G双方透平专家对事故各有不同的解释，G方认为是偶然事故，中方专家经过仔细推算分析，认为转子叶片三次断裂是它的强度不够，是设计的问题。依据这个判断，事故的责任在G方，G方不仅要更换设备，还要承担由此造成的一切经济损失。因为数额巨大，要使G方接受这种事实并不容易，这将是一场艰巨的谈判。

为了说明他们的产品没有质量问题，G方技术主谈B总工程师强调产品是严格依据世界著名透平权威西德人特莱贝尔(Special Jaibll)教授的理论进行设计的。中谈技术主谈是西安交通大学的孟庆集教授。当他听到特莱贝尔这个名字，心头一亮，但表面上却非常平静。趁机插话说："我们赞同特莱贝尔教授的理论，它应当成为我们双方共同接受的准则。"他说这话时，由于是不动声色地说出的，所以对方没有引起警觉，没有产生危机感，反而是误认为中方在全局上赞同了他们的观点，B总工程师显得非常得意。接着孟教授再强调一次："我们要尊重特莱贝尔教授的理论，钦佩他的才识。"然后停下来等待对方的反应。看到B总工程师频频点头后，孟教授才放了心，至此双方取得了共识。下一步就看孟教授如何在强调共识的情况下，扩大自己的成果了。但 B 总工程师不仅是技术专家，而且是谈判的高手，点头之后，马上意识到危机，声明"不要再谈这些了"。孟教授岂肯放过，仍紧追不舍，他顺着 B 总工程师的话说下去："特莱贝尔教授的理论是我们谈判的共同基础；你们的设计依据是特莱贝尔教授的理论，可教授在他的著作中一再强调，'激振力系数是很难取准、很难确定'的，那么你们依据教授的理论所设计的转子叶片的系数便是很难取准、很难确定的。叶片三次断裂，并不在同一部位，其原因不言自明了。"通过 3 天 4 次谈判，以中方取得完全胜利而告终，其中，孟教授共识演绎法的成功运用，为谈判铺平了道路，发挥了至关重要的作用。

孟教授在这次谈判中的逻辑推理如下。

如果 G 方产品的设计依据是特莱贝尔教授的理论，那么该激振力系数是很难取准，很难确定的。

G 方承认该产品的设计依据是特莱贝尔教授的理论，所以，G 方的产品设计中的激振力系数是很难取准、很难确定的(即设计不合理是转子断裂的根本原因)。

在商务谈判中，谈判家的智慧，不仅表现在运筹帷幄、出奇制胜的韬略上，而且体现在这种善于捕捉共同点，以点破面的战术上。孟教授的谈判成功经验，为我们提供了很好的借鉴。

3)　类比推理

类比推理是指根据两个对象有若干属性相同，从而推出它们另一属性也相同的推理。由于类比推理是两个事物属性之间的类推，所以有比较强的说服力，因而在谈判中也是经常使用的。

例如，1982 年，著名科学家钱伟长在新疆谈到我国新疆的发展远景时说："19 世纪初，加利福尼亚州是美国最落后的地方，后来，人们利用淘金和工业积累了资金，继而建设了大型的水利工程，开辟了农业区，最后使加利福尼亚州成了美国最富裕的地区之一。新疆不但有金矿，还有铂族金属矿和宝石矿，也可以用这个办法积累资金，建设水利、电力工业，开辟荒原，发展农牧业。这样新疆完全能够建设得比美国加利福尼亚州更美。"钱伟长在这里运用的就是类比推理，他通过对新疆与美国的加利福尼亚州之间的类比，从这两个地区各种条件的相同中，得到"新疆完全能够建设得比美国的加利福尼亚州更美"这样令人鼓舞的结论。

2. 洽谈中的论证

论证一般由"论题、论据和论证方式"三个因素构成，要是以语言来表达写出来就是一篇论文，讲出来就是一席完整的论述。一场谈判总是要提出讨论的议题——论题。这一议题或论题，或在开谈之前由对方或由双方议定，或在讨论过程中，对方挑自己论证过程中的某一论据、某一论断为新的议题。自己也可能挑对方论证中的论断或论据为新的论题，这就是论题的产生。商务谈判中要以各种论据判断分析问题，然后经过综合得出"解决问题"的方式。每个洽谈人必须遵循这一程序，掌握自己的论据，否则，洽谈就会迷失方向，这样既浪费时间，又易被对方钻空子。

论证中几种不同的类型如下。

1) 解释型的论证

例如，某纺织厂在有经营自主权的新情况下，有人提议，应在生产外贸产品的同时，兼做内贸业务，因这样可利多，留利多，奖金福利也高。但是，该厂的厂长却在审时度势后力排众议，提出了自己的看法：其一，细支薄型织物适于做内衣，属易耗品，在国际市场上与外衣的需求之比为1/3，只要产品有竞争力，不愁没市场、没饭吃；其二，本厂是有传统外贸生产的优势，有一支熟悉外贸出口产品技术要求的队伍；其三，向外挤，可以为国家多创汇，应在国际市场上与人争高低，反之，一旦从多年开辟的外贸市场上退下来，再想打进就艰难了，因此，"我们厂的出路恰恰是在于专作外贸业务，瞄准国际市场"。这位厂长作为论据的理由，都是从实践中已经提供的情况作总结与概括。这些在他进行逻辑论证以前，业以客观存在。

2) 预见型论证

这是假定其决策设想或问题设想就是一个应该实施的最终决策，或者将要发生的问题。如果按照这个设想去做假定，那么，某种结果设想的问题就一定会产生出来。

例如，"某地可能是某种商品理想的销售市场，那么某种商品应很快销售出去。"这是一种预见性结果，然而，事实如何？仅仅依靠逻辑推理不行，为了判断推理的结论是否可靠，就应先以小批量产品到该地试销一下，如果试销获得成功，则认为试销的结果与预见的结论相符合或相吻合。

3) 寻求共同点论证法

一家公司的总工程师通知西屋公司说，不准备订购他们的发动机了，理由是该发动机的温度过高。西屋公司的推销员前去交涉，他就是从寻求共同点开始进行说服的。推销员说："我同意你的意见，如果发动机太热，不应该买它。发动机的温度不应该超过国家规定的标准。"对方答："是。""有关规定说，发动机的温度可以高出室内温度华氏72度，对吗？"对方说："对。""厂房有多热？"对方答："大约华氏75度。""75加上72度是147度，是不是很烫手呢？"对方答："是的。"结果，推销员就是用这种方式把自己的意见通过对方的"是"灌输到对方的头脑中，使对方最终又接受了订货。

这种方法实际上就是按照对方的思维逻辑去考虑问题，承认对方赖以作出决定的依据，要委婉地指出依据的不合适或依据的基础不正确。这样，在驳倒对方观点的同时，也使对方接受了你的观点。

第三节　商务谈判中的创造性思维

一、创造性思维的含义

何谓创造性思维呢？创造性思维问题，实际上是一个探索中的边缘交叉的学术问题。从广义上看，所谓创造性思维是人们利用已掌握的知识和经验，从某些事物中寻找新关系、新答案，创造新成果的高级的、综合的、复杂的思维活动；从狭义的理解来看，所谓创造性思维也可具体地指在思维角度、思维过程的某个或某些方面富有独创性，并由此而产生创造性成果的思维。创造性思维具有突破性、灵活性、流畅性、多向性、顿悟性、可迁移性、非逻辑性和综合性等特征。

创造性思维不像逻辑思维那样具有系统的理性，而更多地表现为思维的扩散、逆向、转向、想象、联想、直觉和灵感，它通常运用具体、生动、活泼、幽默的语言出人意料地表示出来。

二、创造性思维在商务谈判中的应用

(一)扩散思维在商务谈判中的应用

何谓扩散思维？浙江大学王加微先生认为"扩散思维就是在思维过程中，充分发挥人的想象力，突破原有知识圈，从一点向四面八方想开去，通过知识和观念的重新组合，找出更多更新的可能答案、设想和解决办法"。概括地说，扩散思维是指从一点出发，向各个不同方向辐射，产生大量不同设想的思维。

扩散思维在商务谈判中的应用是指同时对谈判议题各方面进行全方位扫描的思维形式。它的优点在于多路出击、消除死角，使对方议题中的问题暴露在谈判桌上，以便各个击破。而且运用者善于转移"思路"，犹如快捷变频的雷达，更换频率随心所欲，毫无阻碍。如果做不到这种流畅的转移，思维就会显得呆滞，仍会出现"暂时的死角"，使对手有喘息之机，进而影响谈判的进展。

例如，在对一笔煤炭交易的价格谈判中，当作为卖方出现时，买方的扩散思维艺术可以这样来扫描，首先想到"煤质"：发热量(其热值是应用基、空干基，还是干基计算而得，不同条件热值相差几百大卡)、全水分(即在空气中，外在水分及煤的内在水分直接影响煤炭的重量)，作为动力煤还要求含硫量、含氯量，作为家庭用块煤还要求燃烧后残渣量等。根据不同动力设备还有的要求灰熔点。其次是"价格性质"：离岸价或到岸价。由于煤炭系大宗商品，运输风险较大，多数用户要求报到岸价，而到岸涉及船及目的港，船大运费低、船小运费高。5万吨的船与10万吨的船平均吨运价可相差2～3美元。目的港涉及路线远近、

运河费、保险类别，港口可停船的大小、装卸效率大小等。第三是"价格政策"：针对地区市场的竞争情况，国家统一协调价格及对该笔交易的利润追求，价格可以调整多少。在这些因素中，可以动用的有哪些？通过全方位地扫描分析，犹如水银泻地、层层渗透，把谈判的症结化通。总之，扩散思维要求对某一论题进行多角度、全方位的思考、分析，开阔思路，打破僵局，得出客观的结论。

(二)集中思维在商务谈判中的应用

集中思维也叫聚合思维、收缩思维或求同思维。这是一种异中求同的思考方式。具体来说，集中思维是指紧随扩散思维，在大量创造性设想中，通过分析、综合、比较、判断，选择最有价值的设想。概言之，就是从数量中找质量的阶段。集中思维与扩散思维从思维方向上来讲，二者恰好相反，扩散思维的方向是由中心向四面八方扩散，而集中思维的方向是由四面八方向中心集中。集中思维在商务谈判中主要在选取最佳方案、探求相同原因、获取聚合效果等方面具有重要作用。在许多项可供选择的方案中，集中起来选择某一最佳方案时，就要采用集中思维法。

在《索伦森·谢弗利特档案》中记载的保险公司赔偿案的谈判中，围绕赔偿份额，谈判对手各自从自己的立场、占有信息以及对未来的预测，分别使用了集中思维法，最终使一个长达 6 年的赔偿案得到解决。

事故发生在 1968 年 10 月，安德森(Anderson)夫人从索伦森·谢弗利特(Sorensen.Xie Foley's)修车店取回汽车，因车灯未修好，发生交通事故，于是向该店提起诉讼，而该店又在宇宙通用保险公司买了保险。于是由原告律师、宇宙保险公司的代表和索伦森·谢弗利特的律师围绕赔偿金展开谈判。

原告律师要求赔偿 163.3 万元，索伦森·谢弗利特的保险金为 50 万元。保险公司只愿出 1 万元，原告要求得最高赔偿金 50 万元。修车店害怕把此案提交法庭，劝告保险公司接受 50 万元的解决方案，而保险公司拒绝了。

在法庭审查之前，三方进行了谈判，每一方都围绕自己的目标进行分析，在分析过程中运用集中思维方法。

首先，索伦森·谢弗利特坚持宇宙保险公司应该在法院外以小于 50 万元的赔偿金解决。避免由法院判决，可能会使大于保险金的部分，由该店承担，为实现这个目的，他们甚至愿意拿出一部分钱。

其次，宇宙通用保险公司对此案可能的结果，运用集中法，对结果用决策树表示为 20 万元、30 万元、40 万元、50 万元、850 万元，扣除风险，他们决定采取法庭外解决，目标是 360 万元以下。

最后，原告考虑要把赔偿金 30%付给律师，他得 70%，结果最终以 30 万元了结了此案。

(三)快速思维在商务谈判中的应用

商务谈判中的快速思维是指针对论题的快速应答或反击，其对象为某一枝节，或为某一主体，其效力不在说服对手，主要在震吓动摇对手的意志。快速思维的特征是无论捕捉什么论题均能快速启动思想，给对手的某一点、线或截面以凌空打击，决不等方方面面的信息都到后再还击，以避免精妙的思想反击的消逝或给对手以喘息的机会，从而找到各种信息来保护自己。与扩散思维不同的是，快速可能体现在全方位，有面、有空间，也可能仅在于点或线。

例如，某对销贸易的谈判，一方要求买人参须、滑石、化工原料。谈判涉及对销贸易合同、三种商品的购销合同、对销的原则、结算方式，商品的品种规格、包装条件、交货期价格、检验方法、许可证问题、对销合同的报批问题等，谈判议题很纷杂。谈判可以按序而进，但在高级领导会见时，应以快速思维艺术直捣"要害关"对销原则——外汇平衡——买卖商品作价原则，高屋建瓴直指"价格"。由于交锋速度很快，对方本已与供应的单位谈好参须价(48 美元/公斤)，在"市场协调价不能变""初次成交宜高不宜低，以取得许可证""长远贸易再优惠"等道理的说服下，对方将价格提高了 4 美元，变成每公斤 52 美元。在此类例子中，快速思维是直捣目标且见效方撤。

(四)逆向思维在商务谈判中的应用

逆向思维也称为逆反思维或反向思维。它是相对正向思维而言的一种思维方式。正向思维是人们习以为常，合情合理的思维方式，而逆向思维则与正向思维背道而驰，它是指为了更好地想出解决问题的办法，有意识地从正向思维的反方向去思考问题的思维。人们平常所说的"反过来想一想、看一看""唱唱反调""推推不行，拉拉看"等都属于逆向思维。在商务谈判中应用逆向思维可以收到正向思维所起不到的效果。

例如，有这样一个运用逆向思维取胜的案例：山本村估是日本公司的总经理，一次他前往美国的一家公司洽谈生意。美方在谈判之前已经知道了 DG 公司面临破产威胁，就想用最低的价钱买下 DG 公司的全部产品。而此时，DG 公司面临两难的抉择，如果不卖，公司将缺少运转资金；反之，如果答应了美方的苛刻条件，DG 公司将会元气大伤，从此一蹶不振。此时的山本村估，内心十分矛盾，但他是一个善于隐藏内心真实想法的人，所以当美方在谈判中提出了这些要求的时候，山本村估若无其事地对随从人员说，"你看一看飞往韩国的机票是否已经准备好了。如果机票已经拿到，明天我们就飞往韩国，那里有一笔大生意在等待着我们。"山本村估说这番话的言下之意，即是他对这桩生意的兴趣不大，成不成都无所谓。山本的这种淡漠超然态度，使美方的谈判代表如同丈二和尚摸不着头脑，急忙将情况汇报给总部。由于总部非常急需这些产品，经反复权衡之后，只得下决心以原价买下 DG 公司的产品。DG 公司得救了，人们不得不佩服山本村估惊人的逆向取胜的谈判艺术及掩饰内心矛盾的本领。

如前所述，逆向思维是一种以反问或以否定的角度来论述问题、驳斥对方论点的思维方法。在商务谈判中，在扩散思维和快速思维的夹击下，人们如顺其应答会发现自己十分被动，受制于人，受审于人，且因对方穷追不舍，许多隐秘不讲不好。讲了也不好，因为正中对方下怀，此时，逆向思维是进攻和防卫的有效论战武器。

例如，某大厦的灯光照明及控制系统、防火的报警系统的订货合同中，技术验收(货物质量)只有原则没有具体办法，而某方要求签合同，当事另一方以逆向思维方式讨论："×先生，贵方在合同中无具体检验方法说明将来如何验货。按严的方法，你能同意吗？按松的方法，我不同意，您怎么办呢？"一连串的反问，对其所提方案进行了否定。

逆向思维的另一表现形式是反证，即设定对方的立论成立，倒过去推论其成立的条件及依据，如果这些条件及依据是合乎情理的存在，则立论被肯定。反之，则立论是虚假的，不成立的，从而被否定。反证思维的公式是：立论——推理依存条件——评价依存条件的客观性与虚假性——肯定或否定立论。例如某项目技术费的讨论。卖方以科研投资报价基础，按逆向思维，设定其科研投资每年为 Y——年营业利润率为 A，据此，其营业额应为 B，而实际其营业额仅为 B 的一半，那么就须贷款，账目上卖方未贷款——年科研投资额为虚数，其技术费计算基础不实，应调整报价。

(五)侧向思维在商务谈判中的应用

侧向思维是指在正向思维或逆向思维方向之外而选择另一个角度进行思考的思维。

一次国际评酒会上，中国的茅台酒由于装潢简朴，未受重视。酒商眼看好酒通过正式途径得不到承认，便以侧向思维，采用另一种非正式的办法，力促中国名酒得到世人的赏识。他装作失手，将酒瓶跌碎，顿时茅台酒醇香四溢，举座皆惊，与会各评委们另眼相看，而使茅台酒一举成名。

(六)转向思维在商务谈判中的应用

转向思维是指在一个思维方向受阻时，便转向另一个思维方向，经过多次思维转向而达到解决问题的目的的思维。善于转向思维的谈判者，在谈判中，可以在各种思路变换中迂回前进，使其越来越接近解决问题的目标，直至最后取得谈判的成功。

例如，在商务谈判中，一家买方在某个技术合作项目的谈判中，前后找了五家公司，与第一家谈不成，就转向第二家，与最后第五家一家大公司谈，结果也未谈成。在这种情况下，买方又把前面一家情况较好的请回来谈，最后，双方洽谈达成协议。协议对双方有利，因此，双方都感到满意。

再如，基辛格(Henry Alfred Kissinger)在回忆他在白宫的生涯时谈到，有一次美国与苏联就粮食问题进行谈判。当粮食问题一时难以解决时，便转向讨论石油问题，通过解决石油问题，最终解决了粮食问题。

(七)联想思维在商务谈判中的应用

所谓联想思维，就是根据当前感知到的事物、概念或现象，想到与之相关的事物、概念或现象的思维活动。联想思维方式也就是通常所说的由此及彼，举一反三，触类旁通。在商务谈判中运用联想思维会取得很好的谈判效果。

例如，一个个体饭店经营不景气，请来一位专家，他根据当时市场疲软、经济萧条的局面，来考虑如何赢得顾客。他联想到著名的美国希尔顿旅馆依靠"微笑服务，度过 1930 年美国经济大萧条时期，又联想到日本式的一流服务和经验及商业的优惠竞争策略，于是产生了一个新的创意，利用"名片服务"，向每一位来饭店的顾客赠送一张特殊名片，通过名片来与顾客谈判，获得了很大的成功。

又如，一个农夫在集市上卖玉米，因为它的玉米棒子特别大，所以吸引了一大批买主。其中一个买主在挑选的过程中发现很多玉米棒子上都有虫子，于是他故意大惊小怪地说："伙计，你的玉米棒子倒是不小，只是虫子太多了，你想卖玉米虫呀？可谁爱吃虫肉呢？你还是把玉米挑回家吧，我们到别的地方去买好了。"买主一边说着，一边做着夸张而滑稽的动作，把众人都逗乐了。农夫见状，一把从他手中夺过玉米，面带微笑却又一本正经地说："朋友，我说你是从来没有吃过玉米咋的？我看你连玉米质量的好坏都分不清，玉米上有虫，这说明我在种植中，没有施用农药，是天然植物，连虫子都爱吃我的玉米棒子，可见你这人不识货！"接着，他又转过脸对其他的人说："各位都是有见识的人，你们评评理，连虫子都不愿意吃的玉米棒子就好吗？比这小的棒子就好吗？价钱比这高的玉米棒子就好吗？你们再仔细瞧瞧，我这些虫子都很懂道理，只是在棒子上打了一个洞而已，棒子可还是好棒子呀！我可从来没有见过像它这么听话的虫子呢！"

他说完了这一番话后，又把嘴凑在那位故意刁难的买主耳边，故作神秘状，说道："这么大，这么好吃的棒子，我还真舍不得这么便宜地就卖了呢！"

农夫的这一席话，把他的玉米是绿色食品，棒子个大，好吃，虽然有虫但是售价低这些特点表达出来了，众人被他的话说得心服口服，纷纷掏出钱来，不一会儿工夫，农夫的玉米就销售一空。农夫在这里运用的便是联想思维中的因果联想思维而说服了众人。

因果联想是指由事物的某种原因而联想到它的结果，或指由一个事物的因果关系联想到另一事物的因果关系的联想。农夫由"玉米上有虫"这一结果而推出"在种植中，没有施用农药，是天然植物，连虫子都爱吃我的玉米棒子"这一原因，再把他的玉米棒子个大，好吃，虽然有虫，但是售价低这些特点表达出来了，从而让众人改变了态度，使问题由不利转向为有利，使其玉米的销售获得了成功。

(八)直觉思维在商务谈判中的应用

直觉思维是一种未经逐步分析，而是凭借已有的知识与经验，便能对问题的答案作出迅速而合理的判断的一种思维方式。

在商务谈判中，谈判者凭借已有的知识与经验，克服思维定势的影响而运用直觉思维，作出迅速而合理的决断，便多使谈判获得成功。例如：一次一位合伙人邀请谈判专家尼尔伦伯格去参加某飞机制造厂的拍卖会。按拍卖会的一般常识，谁出价最高，拍卖者就与谁成交。他们的保留价格是37.5万美元。他们来到拍卖会时，100多位竞争者已到会了，但他凭直觉断定，其中只有3位是真正的竞争对手。开始，尼尔伦伯格与合伙人开叫10万美元，对手加到12.5万美元。尼尔伦伯格加到15万美元，对手再加到15.5万美元。此时，尼尔伦伯格的合伙人将他拉出场外，尼尔伦伯对合伙人的此举困惑不解，因为他们事先拟定好的最高撤退价为37.5万美元，现在他们的报价还离预定好的最高报价差22.5万美元，为什么要退出会场？合伙人解释说："我读了出售通告，按照这次拍卖的规则，如果拍卖人认为出价不高，就将拒绝出售。我们的出价在所有投标人中位居第一，所以拍卖人一定会来同我们联系，说我们对手的价格已被否定，问我们是否愿意再报个价。到那时候，我们就可出个较高的价格，再压拍卖人让步，我们便可一举成功。"果然他们以比保留价格低得多的钱与拍卖人成交。这次谈判的成功说明他们在拍卖过程中，凭借有价值的信息，靠灵感和直觉产生出新的创意，避开竞拍会导致价格无限上扬的不利因素，通过幕后谈判在保留价格之下，压低价来与拍卖商成交。

(九)灵感思维在商务谈判中的应用

灵感思维也叫顿悟思维。它是一种在不知不觉中产生的突发性的特殊思维形式。它既指突如其来的对事物规律的认识，也指突然闪现的解决问题的创造性设想。

灵感是思维活动过程中特别紧张、集中、敏捷的阶段，是大脑高度兴奋激发状态。不是随时都会产生灵感的。正是这种突发性，才使人们感觉神秘，是可期不可预的，是一种思维的顿悟，而它的产生是有条件的。例如在谈判中存在一个有待解决的疑难问题，具备解决问题的客观因素，思维主体孜孜不倦地探索答案，并经过紧张思考之余，遇有偶然事件触发或知识启发，产生新的联想，打开新的思路，就使意识与潜意识接通，促成问题的解决。

本 章 小 结

本章"商务谈判思维"，分三节进行论述。第一节"商务谈判中的辩证思维"，首先论述了辩证思维的含义和特点，而后介绍了辩证思维的基本内容，最后阐释了辩证思维在商务谈判中的作用。第二节"商务谈判中的逻辑思维"，首先论述了逻辑思维的含义和形式，而后阐释了商务谈判中逻辑思维的运用。第三节"商务谈判中的创造性思维"，首先论述了创造性思维的含义，而后阐释了各种创造性思维在商务谈判中的应用。通过本章的学习，能使谈判者提高商务谈判中的思维能力，更好地运用各种思维进行商务谈判，努力使商务谈判获得成功。

自　测　题

关键名词

辩证思维　逻辑思维　创造性思维

思考训练题

1. 辩证思维包括哪些基本内容？
2. 答出商务谈判中运用辩证思维的步骤。
3. 谈谈商务谈判中判断的运用。
4. 答出商务谈判论证中几种不同的类型。
5. 谈谈扩散思维在商务谈判中的应用。
6. 谈谈逆向思维在商务谈判中的应用。
7. 谈谈联想思维在商务谈判中的应用。

案　例　分　析

网络电视——创造性思维的产物

在帕尔曼(Steve Perlman)着手推出网络电视之际，他面临一次生死攸关的艰难排序。他争取到了种子基金，开发出了将网络接入普通电视的技术，研制出了样机，还聘请到了核心的技术层和管理层成员。然而此时帕尔曼的现金流已岌岌可危，须得要对付一大堆潜在的生意伙伴，这其中包括风险投资商、"天使"投资人(私人资本投资者)和业界合作伙伴(作为潜在的资金来源渠道)；消费类电子公司、网络服务提供商(ISP)和内容提供商(可能的盟友及合伙人)；机顶盒生产商；美国之外的执照持有商；以及批发和零售分销商。眼看着自己前途大好的事业正陷入困境，帕尔曼接下来的谈判似乎应该跟风险投资公司拉资金。然而帕尔曼清楚，在当时，尽管风险投资商可能愿意向他的新公司投放少量资金，但对于诸如网络电视这样的消费类电子产品的大笔资金投入，他们却相当审慎。于是，帕尔曼从自己的风险投资目标来逆向筹划，推导出如果能与一家消费类电子行业的翘楚结成伙伴，网络电视对风险投资商的吸引力和价值就会得到大大提升。他首先选择向索尼公司推广自己的产品，一开始被索尼回绝了。然而他随即与飞利浦公司洽谈成功，并利用所签合约进一步与索尼达成了补充协议。有了索尼和飞利浦入伙，帕尔曼现在可以坐下来洽谈风险投资了——当然此时的价码已经飙升。手握这笔宽裕的资金，再来与生产商、批发和零售商、内容提供商、ISP以及国外的盟友拍档们逐个理出头绪、签下协议，乃至于最终将自己幼小却正茁壮成长的企业作价4.5亿美金卖给微软公司，对帕尔曼来说都显得轻而易举了。

(资料来源：育龙网校，www.china-b.com，2009.)

问题：
1. 该案例帕尔曼运用创造性思维取得谈判的成功对你有何启示？
2. 请列出商务谈判中的几种创造性思维。

第三篇　国际商务谈判实务篇

第十二章　国际商务谈判的特征
和人员素质

【学习要点及目标】

通过本章的学习，了解国际商务谈判的含义、特征、程序以及国际商务谈判者应有的素质。

【引导案例】

美欧"肉鸡战争"

20 世纪 60 年代初期，美欧之间发生的"肉鸡战争"就是一个有名的例子。当时的美国掌握了新的饲养技术，肉禽生产得到迅速发展，对欧共体的肉鸡出口从 1958 年的约 0.1 亿磅猛增到 1962 年的 1.6 亿磅，欧共体极为不安。当时联邦德国为保护欧共体的肉鸡生产，联合欧洲大陆的盟友，对从美国进口的肉鸡征收 3 倍以上的从价税，即从 15% 增加到 50%。对此，美国人非常气愤。他们一方面向贸易协定的法庭进行控告，对欧共体向美国出口的商品征收惩罚性税金；另一方面对欧出口由全鸡改为鸡块出口，并开始一年四季向欧出口火鸡(过去只是在复活节和圣诞节前才出口)。待欧洲对美国切割鸡块和火鸡也征收从价税时，美国商家又改向欧洲出口加料腌制的肉禽。总之，他们想方设法要继续保持在欧共体的肉禽市场份额。与此同时，欧共体加强了在肉禽生产方面的技术研究，肉禽生产也快速发展起来，并大力向其邻国，特别是瑞士、奥地利等国销售，用补贴出口的办法挤掉了美国在那些国家的部分市场份额。美欧之间在肉鸡市场上的分歧因此愈来愈深。但是美欧双方在政治上是盟友，在经济上又互有需求，保持分歧或扩大矛盾对双方都没有好处。在此情况下，美欧双方又回到了谈判桌上，在东京回合谈判中，经过多轮讨价还价，美国同意欧共体可对美国不加佐料的整禽及加佐料的肉鸡征收差价税，并以此为条件，换取欧共体对其他美国产品的让步。欧洲人则同意对美国加作料的火鸡块实行免税，同时停止对可能挤占美国在欧市场的出口品给予补贴，以此为条件，换取美国将欧洲卡车、大众牌大篷车、马铃薯、淀粉和每加仑超过 9 美元的白兰地的征税率恢复到 1962 年的水平。美欧双方从谈判中都得到了好处。

从以上案例可以看出，双方进行谈判彼此都要有利可图才谈得拢，亏本的买卖谁也不会干。如果我们不了解对方，不会打算盘，我们就会吃亏，但是算盘打到尽头，只考虑自己多得一点，对方无利可图，他们也不会干。所以，对每一位谈判者来说都必须明确，一场圆满成功的谈判要使双方的利益要求都获得一定的满足。或者说，双方各自利益都在谈判桌上求得了一定程度的平衡，随之而来的是彼此协作往来关系在此基础上得到了进一步改善与融洽。

(资料来源：夏国政. 经贸谈判指南[M]. 北京：世界知识出版社，1999.)

第一节　国际商务谈判的特征和程序

一、国际商务谈判的含义

国际商务谈判是指在国际商务活动中，处于不同国家或不同地区的进行经济交往的当事人，为达成某笔交易，解决各方的经济利益纷争，以达成协议所进行的交流、讨论、磋商的活动过程。

国际商务谈判是国际商务活动的重要组成部分，是国内商务谈判的延伸和发展。可以说，国际商务谈判是一种在对外经贸活动中普遍存在的、解决不同国家的商业机构之间不可避免的利害冲突、实现共同利益的一种必不可少的手段。因为，由于谈判双方的立场不同，所追求的具体目标也各异，因此，谈判过程充满了复杂的利害冲突和矛盾。正是这种冲突，才使谈判成为必要。

国际商务谈判包括国际产品贸易谈判、易货贸易谈判、补偿贸易谈判、各种加工和装配贸易谈判、现汇贸易谈判、技术贸易谈判、合资经营谈判、租赁业务谈判和劳务合作谈判等。

二、国际商务谈判的特征

(一)国际商务谈判具有跨国性

跨国性是国际商务谈判的最大特点，也是其他特点的基础。国际商务谈判的主体是两个或两个以上的国家，谈判者代表了不同国家或地区的利益。由于国际商务谈判的结果会导致资产的跨国流动，必然在贸易、金融、保险、运输、支付、法律等领域具有国际性，因此在国际商务谈判中必须按国际惯例或通行做法来操作。

所以，谈判人员要特别熟悉国际惯例，熟悉对方所在国的法律条款，熟悉国际经济组织的各种规定和国际法，以国际商法为准则，以国际惯例为准绳。目前，国际上有三项关于国际货物买卖的国际公约，它们是：1964 年的《国际货物买卖统一法公约》《国际货物买卖合同成立统一法公约》以及 1980 年的《联合国国际货物买卖合同公约》。关于国际货物买卖的国际贸易惯例，主要有：《国际贸易术语解释通则》(1936 年制定，1980 年、1990 年、2000 年修改补充形成 2000 通则)、《华沙牛津规则》(1932 年制定)。另外，各国也就对外经济贸易活动建立起各自的法律体系，如美国的《美国贸易法》、英国的《英国货物买卖法》、中国的《中华人民共和国涉外经济法》等。必须指出的是，上述各项国际贸易的规定、法规、国际惯例并不具备普遍的约束力，只有当双方当事人在他们订立的国际货物买卖合同中采用了某种国际法规、惯例来确定他们之间的权利、义务时，该法规、惯例才适用于该合同并对当事人产生约束力。

(二)国际商务谈判具有较强的政策性

国际商务谈判的跨国性决定了它是政策性较强的谈判。国际商务谈判双方之间的商务关系是一国同别国或地区之间的经济关系的一部分，并且常常涉及一国同该国或地区之间的政治关系和外交关系。国际商务谈判参与方经常处于不同国家的政治、经济环境中，谈判常常会牵涉到国与国之间的政治、外交关系。在谈判中，双方国家或地区政府常常会干预和影响商务谈判的进程。因此，国际商务谈判必须贯彻执行国家有关的方针政策和外交政策，还应注意国别政策，执行对外经济贸易的一系列法律和规章制度。这就要求国际商务谈判人员必须熟知本国和对手国家的方针政策和对外经济贸易的法律与规章制度。

(三)国际商务谈判具有内容的广泛性

国际商务谈判由于谈判结果会导致有形或无形资产的跨国转移，因而国际商务谈判要涉及国际贸易、国际金融、会计、保险、运输等一系列复杂的问题。这就对从事国际商务谈判的人员在专业知识方面提出了更高的要求。

(四)国际商务谈判的影响因素复杂多样

国际商务谈判由于谈判者来自不同的国家和地区，有着不同的社会文化背景，人们的价值观念、思维方式、行为方式、语言及风俗习惯各不相同，从而使影响谈判的因素大大增加，导致谈判更为复杂。

(五)国际商务谈判具有较大的困难性

国际商务谈判涉及不同国家、不同国家企业之间的关系，如果出现问题，需要协商的环节很多，解决起来比较困难。因此，要求谈判人员事先估计到可能出现的问题和不测事件，然后加以相应的防范。

(六)国际商务谈判人员应具备更高的素质

国际商务谈判的特殊性和复杂性，要求国际商务人员在知识结构、语言能力、谈判策略及技巧的实际运用能力、防范风险的能力等方面具备更高的水准。谈判人员必须具备广博的知识和高超的谈判技巧，不仅能在谈判桌上因人而异，运用自如，而且要在谈判前注意资料的准备、信息的收集，使谈判按预定的方案顺利进行。本章的第三节将具体地论述国际商务谈判人员的素质问题。

三、与国内商务谈判实践的明显不同之处

(一)在适用法律和管辖法律方面的明显不同之处

适用法律是指签约双方对合同适用的法律的选择权，国际商务适用的法律的选择权可以自主选择，国内商务不能自主选择。管辖法律是指交易履行过程中所受管辖的法律。国际商务交易履行过程中所受管辖的法律可以是多个司法体系，国内商务是单一司法体系。

(二)在引用惯例方面的明显不同之处

引用惯例是指在合同建立中可以借鉴的行业的或商业的习惯做法。国际商务可以借鉴国际和国内行业的或商业的习惯做法，国内商务只能借鉴国内行业的或商业的习惯做法。

(三)在合同支付和合同交易对象方面的明显不同之处

在合同支付方面，国际商务合同支付一般用外汇，但当本国货币为流通货币时，就不一定用外汇。例如，中国与东南亚一些国家做的边境贸易，用人民币结算即可。在合同交易对象方面，国际商务合同交易对象一般为不同国籍的人。在对手雇用交易人员时，情况有所不同。但最终交易人仍是不同国籍的人。

(四)在交易语言方面的明显不同之处

国际商务谈判由双方选择使用的语言，国内商务谈判使用本国语言。

(五)在争议处理等方面的明显不同之处

国际商务谈判由国际仲裁，国内商务谈判由国内仲裁或诉讼。

四、国际商务谈判的基本程序

国际商务谈判的基本程序一般包括准备、开局、正式谈判和签约四个阶段。

(一)准备阶段

一场谈判能否达到预期的目的，获得圆满的结果，不仅取决于谈判中有关策略、战术和技巧的灵活运用和充分发挥，还有赖于谈判前充分细致的准备工作。

谈判准备工作的内容主要包括以下五个部分。

1. 对谈判环境因素的分析

谈判往往涉及政治、经济、社会文化、法律等各个方面的因素，这些因素对谈判的成败有很大影响，必须对这些因素进行认真分析，才能制订出相应的谈判计划。

2. 信息的收集

在商务谈判中，谈判人员对谈判信息的收集、分析和利用的能力，对整个谈判活动有着极大的影响。在谈判信息方面占据优势的一方往往会把握谈判的主动权。因此，应十分注意捕捉对方的思想过程和行为方式中的各种信息。

3. 目标和对象的选择

任何谈判方案的制订都必须首先确定谈判的对象和目标，既要明确与谁谈判，又要明确这次谈判想获得些什么。

4. 谈判方案的制定

在正式进行谈判以前，我们还需制订出一个周全而又明确的谈判计划，即制定一个谈判方案。谈判方案是指在谈判开始以前对谈判目标、谈判议程、谈判策略预先要做的安排。谈判方案是指导谈判人员行动的纲领，它在整个谈判过程中起着非常重要的作用。

5. 模拟谈判

模拟谈判能使谈判人员获得实际经验，随时修正谈判中可能出现的错误，提高谈判能力。

(二)开局阶段

开局阶段，主要指谈判双方见面后，在进入具体交易内容商谈之前，相互介绍、寒暄以及就谈判内容以外的话题进行交谈的那段时间和经过。开局阶段所占用的时间较短，谈论的内容也与整个谈判主题关系不大或根本无关，但这个阶段却很重要，因为它为整个谈判过程确定了基调。

由于谈判的内容、形式、地点不同，因此其谈判气氛也各不相同，有的谈判气氛十分热烈、积极、友好，双方都抱着互谅互让的态度参加谈判，通过共同努力去签订一个双方都满意的协议，使双方的需要都能得到满足。有的谈判气氛却很冷淡、对立、紧张，双方均抱着寸土不让、寸利必争的态度参加谈判，针锋相对，毫不相让，使谈判变成了没有硝烟的战争；有的谈判简洁明快，节奏紧凑，速战速决；有的谈判咬文嚼字，慢条斯理，旷日持久。不过，更多的谈判气氛则介于上述两个极端之间：热中有冷，快中有慢，对立当中存在友好，严肃当中不无轻快。一般来说，通过谈判气氛，我们可以初步感受到对方谈判人员谈判的气质、个性和对本次谈判的态度以及准备采取的方针。

在开局阶段，究竟以营造何种谈判气氛为宜，要根据准备采取的谈判方针和谈判策略来决定，也要视谈判对手是陌生的新人还是熟识的老友加以区别。也就是说，谈判气氛的选择和营造应该因人而异，服务于谈判的目标、方针和策略。

(三)正式谈判阶段

正式谈判阶段，又称实质性谈判阶段，是指从开局阶段结束以后，到最终签订协议或谈判失败为止，双方就交易的内容和条件进行谈判的那段时间和过程。它是整个谈判过程的主体。正式谈判阶段一般要经历询盘、发盘、还盘、接受四个环节。从法律的角度来看，每一个环节之间都有着本质的区别。询盘和还盘不是必须经过的程序，买卖双方完全可以依据实际情况，不经过询盘而直接发盘，或不经过还盘而直接接受，但发盘和接受则是谈判获得成功和签订合同时必不可少的两道程序。国际商务谈判人员只有熟练掌握每道程序的中心问题和重点问题及其相互的衔接关系，精通有关法律规定或惯例，才能在谈判时发挥自如，运用得当，控制整个谈判进程，直到获得成功。

1. 询盘

询盘是指在外贸交易洽谈中，由买卖双方中的一方向另一方就某项商品的交易内容和条件发出询问(一般多由买方向卖方发出询问)，以便为下一步彼此间进行详细而周密的洽谈奠定基础。询盘可以口头表示，也可以书面表示；可以询问价格，也可以询问其他一项或几项交易条件。由于询盘纯属试探性接触，询盘的一方对能否达成协议不负有任何责任，因而它既没有约束性，也没有固定格式。

2. 发盘

继询盘之后，通常要由被询盘的一方进行发盘。发盘又称发价，它是由交易的一方，向另一方以书面或口头的形式提出交易条件，并表示愿意按照有关条件进行磋商，达成协议，签订合同。在多数情况下，发盘是由卖方向买方发出。有时也可以由买方主动发出，这种由买方主动作出的发盘，国际上称为买方发盘或递盘。

发盘是交易洽谈中至关重要的一环。若发盘人发出实盘后，受盘人无条件地表示接受，交易即告达成，协议亦即成为一项对买卖双方均具法律约束力的契约。

3. 还盘

还盘是指受盘人因不同意发盘的交易条件而提出的修改或增加条件的表示。

4. 接受

接受是买方或卖方无条件同意对方在发盘中提出的交易条件，并愿按这些条件与对方达成交易、订立合同的一种肯定表示。一方的发盘经另一方接受，交易即告达成，合同即告成立，双方就应分别履行其所承担的合同义务。一般以"接受""同意"和"确认"等术语表示接受。作为一项有效的接受，应具备相应的条件。

(四)签约阶段

谈判双方经多次反复洽谈，就合同的各项重要条款达成协议以后，为了明确各方的权利和义务，通常要以文字形式签订书面合同。书面合同是确定双方权利和义务的重要依据，因此，合同内容必须与双方谈妥的事项及其要求完全一致，特别是主要的交易条件都要订得明确和肯定。拟定合同时所涉及的概念不应有歧义，前后的叙述不能自相矛盾或出现疏漏和差错。

在国际贸易中，对销售合同的书面形式没有特定的限制，从事进出口贸易的买卖双方，可采用正式的合同、确认书、协议书，也可采用备忘录等形式。在我国进出口业务中，主要采用合同和确认书两种形式，这两种形式在法律上具有同等效力。

第二节　国际商务谈判者的素质和风格

一、国际商务谈判者的素质

如前所述，国际商务谈判人员应具备更高的素质。本节就具体地阐释这一问题。

(一)道德素质

"道德"，是指人类社会所特有的、由经济关系决定的，以善恶评价为标准，依靠社会舆论和传统习惯来维持的，人与人之间，个人与社会之间关系的原则和规范的总和。道德素质主要指个人的道德品质、道德感情和道德修养等。它是指人们从职业良心出发，在本职工作中应该遵守的道德。谈判者的道德素质就是谈判人员的职业道德和修养。

从一定意义上说，谈判活动是一种竞争，是一种谈判人才素质的竞争。因为无论是什么性质的谈判，谈判本身就是参与谈判的个人或团体为维护自身利益而进行的竞争，而谈判者就是个人或团体利益的代表者。所以，一个谈判者道德素质、品德修养如何，直接关系到他所代表的国家或团体的形象，影响着国家或团体的切身利益。

例如，我国某公司从国外某公司购买商品，谈判在中国举行。双方共同了解了中国的市场后，坐到了谈判桌旁。经过几天的谈判，双方初步确定了购买商品的种类、型号、数量、价格等意向，准备进入具体合同条款的谈判。这时，国外公司发生了"经济危机"，急需资金周转，我国公司也得知了这一情况。如果我国公司的谈判代表选择降低价格，对方一定会同意，谈判就会从平等一下子变为对我方公司极为"有利"的情况。但是，我方公司的谈判代表没有选择降价，而是按照最初双方商定的价格，以最快的速度签订了合同，并将资金汇到了对方的账户。国外公司谈判代表离开中国时，握住我方公司谈判代表的手，不停地说："谢谢！谢谢！"之后，对方公司的运营又转入了正轨，与我方公司的合作也大大加强了。乘人之危可以在谈判中取得很多的利益。比如上面的例子，当对方的公司出现困难时，如果我方要降价，因为他们急需资金，为了公司能生存下去，一定会同意我方的价格。但是这样做不符合道德的要求，虽然在谈判中得到了大量的利益，却也成了一个十足的"奸商"。做生意，先做人。在商场中，一个堂堂正正、有道德底线的商人，可能刚开始不如那些为了赚钱什么都做的商人成就大，但是，一段时间之后，他就会成为不仅能创业也能守业的商人，而且是有道德底线，并且从来不会越过道德底线的人。

道德素质差的谈判者对谈判会产生负作用，导致谈判活动的最终失败。由此可见，国际商务谈判人员的道德素质是不容忽视的。那么，国际商务谈判者应该怎样来完善自己的道德素质呢？

第一，要具有全心全意为人民服务，坚持四项基本原则的坚定立场，有为维护国家、民族和人民利益努力奋斗的坚定信念。特别是对外谈判人员，更要发扬爱国主义精神，永远同祖国的利益保持一致。

第二，要有正直守信的品格。谙熟谈判的英国人温斯顿·丘吉尔说过："让人觉得他有某些长处，他就会珍惜那些长处，在长处中求发展。"这正是说谈判者要使对方有一种信赖感，才能为谈判成功打下良好基础。坦率、真诚、正直、守信的谈判者才能使对方更重视谈判内容，也才能作出相应积极的反应。

第三，要有洁身自律、百折不挠、积极进取的品格。

由于国际商务谈判活动是一种微妙而复杂的人际关系的实践活动，而且谈判的结果直接关系着谈判者的自身利益，如果谈判者不能做到大公无私，不谋私利，便很容易被对方所贿赂。在国际商务谈判中，利用物质利益进行引诱是经常遇到的。这又要求谈判者廉洁奉公。不仅如此，每一次谈判任务都需要有克服困难的百折不挠的决心和毅力。

另外，谈判者还应具有不断进取的精神和果断的魄力，同时也要有担当风险的勇气。

第四，要有严格的原则性和组织观念性。作为谈判者来说，所代表的是集体的意志，所以在谈判中必须严格遵守国家的法律制度和有关政策，一切从大局出发，按原则进行谈判。

总之，作为一个合格谈判者，其道德素质要求是十分广泛的，所以，谈判者要不断加强自身道德素质的修养，以能更好地适应各种谈判活动。

(二)知识素质

从一定意义上说，谈判活动是谈判者调动自身知识储备的体现。国际商务谈判者只有具备广博的社会知识和精深的专业知识才能赢得对手。正如哲学家培根所言，"知识使人变得更聪明：史鉴使人明智；诗歌使人巧慧；数学使人精细；博物使人深沉；伦理之学使人庄重；逻辑与修辞使人善辩……"谈判者的知识素质直接影响着谈判活动的成败。试想，一个既对基础知识掌握得不多，又不太懂专业知识的谈判者，怎么能使对手尊重你的谈判意见呢？

由于国际商务谈判的内容极其广泛，又有明显的专业性，所以对谈判者来说，知识素质就既要有广而博的基础理论，又要有比较精深的专业知识。

基础知识是人们成长的基石，也是智慧的源流，一个人的基础知识越丰厚，他的适应能力就越强。当然，基础知识的面是很广的，一个谈判者所应具备的基础知识也是多方面的，哲学、数学和语言学等是最基本的基础知识。哲学可以使谈判者具有哲理性，它对谈判活动具有指导性，使谈判者具有辩证的思维方式；数学能使谈判者具有严密的逻辑推理能力和解决问题的方法；语言是思维的工具，是思想的直接体现，它是增进谈判双方理解的纽带。此外诸如社会学、心理学、法学、运筹学、民俗学等，也是谈判者的必备基础知识，对谈判都有一定的作用。如民俗学，它可以帮助谈判者在国际商务谈判中更准确地了解对方的习惯，得到对方的尊重，从而也就影响着谈判结果。作为外交家的周总理，就十分重视这方面的修养，并且是身体力行的楷模。

作为基础知识，谈判者掌握得越多，对谈判就越有利。上知天文，下知地理，可以使谈判者在谈判中左右逢源，并能表现出一种气度不凡的气质。

专业知识是谈判者从事谈判工作的能力。现代谈判已经向科学化方向发展，而且知识的增长和更新的速度更加加快，国际商务谈判者只有具有精深的专业知识，处理问题才能当机立断，洒脱自如。对专业知识来说，可以分为两类：一类是任何性质的谈判都须具备的专业基础知识。如现代谈判的一般知识及谈判常用的方法、技巧，现代交际的艺术以及公共关系学，它们都直接运用于谈判者的谈判活动中。另一类则是由谈判性质所决定的谈判专业知识。如国际商务谈判者应该具备财务、国际金融、贸易、进出口业务、市场销售学、运输和保险知识，国际结算和国际市场行情等专业知识。同时也需要国际商业各种法律的知识。

当然，一个谈判者很难具备一切基础知识和专业知识，何况浩如烟海的科学知识又不是一成不变的，这就要求谈判者要不断加强学习，不断增长知识，建立起既"专"又"博"的现代谈判者新形象。

(三)心理素质

谈判是人与人之间相互交往的一种社会活动，所以心理因素及其在各种因素影响下形成的心理特点对谈判有着很大的影响，各种心理特点被统称为心理素质。它包括人的气质、性格、能力和兴趣爱好等心理品质。

如同任何事情都具有独自特点一样，每个谈判者有自己独特的气质、性格、兴趣、爱好和能力等特征。对于国际商务谈判者来说，心理素质会影响谈判风格。因此，了解心理素质特征，无论是对于选择和使用不同气质的谈判者，还是对于分析谈判对手，以及谈判人员自觉地加强心理素质修养都具有十分重要的意义。

生理学家和心理学家通过长期对人们心理活动在动力方面表现出来的特点的观察和研究，把人的气质分为多血质、胆汁质、黏液质、抑郁质四种类型，并归纳出每种类型的主要特点。如认为多血质的人性格活泼，喜欢交往，反应敏捷，但注意力不能稳定，而且兴趣也较容易转移；胆汁质的人则精力充沛，直率热情，反应较快，但比较容易激动；黏液质的人安静沉稳，感情内向，有较强的忍耐力，但反应较迟钝；抑郁质的人情感较深，腼腆怯懦，动作比较刻板等。当然，在现实生活中，完全属于某种典型气质的人是极少数的，而绝大多数人的气质都往往是以一种气质为主，兼有其他气质类型的特点。对谈判者来说，了解自己的心理素质，发挥其长处，避其短处，并且善于分析了解对手的气质特征，有针对性地选用最恰当的谈判方法，才能取得谈判的主动权。

生理学家和心理学家认为，性格是个性中最重要、最显著的心理特征，它在人的个性中起核心作用，是一个人区别于他人的主要心理标志。

所谓性格，是指一个人在社会生活中所形成的，对周围现实的一种稳固的态度，以及与之相适应的习惯化了的行为方式。例如：勤劳、懒惰，勇敢、懦弱，沉静、开朗，暴躁、平和等。与不同性格人的谈判，应采用不同的策略。

人们能在实践中不断调整自己的态度和行为方式。人的性格受一定思想、意识、信仰、世界观的影响和制约。性格是在一个人的生理素质的基础上，在社会实践活动中逐渐形成、发展和变化的，并具有一定的差异性、复杂性、独特性、整体性和持续性。

在国际商务谈判中，各国谈判者的性格的表现也具有一定的差异性。例如，美国人的性格多数是外向型的，他们在谈判中表现得自信心十足，处理事情专横果断。而对这样的对手，我们的谈判者如果是性格内向，处理问题刻板，则很难发挥其优势，如果是外向型性格的人员，则效果是截然不同的。再如，日本人沉着冷静，谈吐委婉含蓄，态度认真严谨，并注重群体决策。同他们谈判，就应该以稳定型和内向型相结合的人员为主。总之，谈判者如果能在谈判中随时自我调节心理素质，因势利导，就能争取谈判的最佳效果。

要想使谈判者的心理素质适应各种谈判的需要，就必须注意加强谈判者心理素质的修养，完善积极的特征，克服消极的素质。这需要谈判者首先能正确看待自己的气质，注意以长补短，注意在各种社会实践中加强训练。其次，要注意在良好的教育和社会环境的影响下，来培养积极的性格特征。对一个优秀的谈判者来说必须充分发挥自己的主观能动性，用坚韧的毅力来克制性格的消极面。另外，谈判者注意培养自己的职业兴趣爱好也是形成良好心理素质的重要条件。正如有人说的那样，兴趣是最好的老师。一个谈判者如果深爱

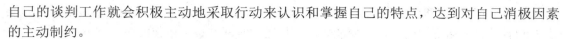

自己的谈判工作就会积极主动地采取行动来认识和掌握自己的特点，达到对自己消极因素的主动制约。

实践证明，无论哪种心理气质、性格的人，都能从事谈判工作，并且可以成为优秀的谈判家，但这需要进行正确的协调和互补，需要加强情操的陶冶。

(四)能力素质

所谓能力素质，是泛指一个人能胜任某项工作或活动的主观条件。它包括思维方式、活动方式以及各种准备条件。能力是在人的生理素质健全的基础上，经过后天的在社会实践中培养和锻炼逐步形成和完善的。能力素质是人们生存于社会的条件，由于社会生活的复杂性，决定了人们只有具备多方面的能力才能完成社会活动。因此，能力素质通常又被理解为具有两方面的内涵，即一般能力和特殊能力。一般能力通常指一个人完成工作或活动的基本条件，它是作为生理健全的人所共有的。特殊能力指在某个特别领域中，别人所不共同具有的条件，它通常表现出超常性。

对于一个优秀的谈判人员来说，所具备的能力应该是二者的综合体。具体来说，重点体现在以下几方面。

(1) 社交能力。谈判本身就是一种社会交往活动，较强的社交能力使谈判者在谈判过程中进退自如，对谈判能起积极作用。当然成为谈判中所需的社交能力，仅仅是一般的应酬能力是不够的，它需要高层次地掌握人际交往的艺术，它要了解对手的心理特征和谈判风格，创造出对手对自己的信赖感，以豁达、开朗、坦荡的胸怀，克服彼此间的猜忌心理。社交能力的培养，首先要使自己有足够的力量或长处以吸引别人；还要破除心理障碍，主动地和人交往；也要对所要联络的对方给予谦逊的态度，这样，才能使你不断提高社交能力。

(2) 观察分析能力。在谈判过程中，谈判者从自身目的出发，往往不直接表明真实意图，这就需要谈判者重视观察和分析对方语言之外的信息，以此来作出自己的推断。一个谈判者正确的思维活动离不开观察，谈判者只有根据观察来的情况和已经掌握的资料的二者综合，才能判断合理。这就需要谈判者随时观察对方的言谈举止，并加以综合分析。另外，谈判过程，可以说是双方智慧的交锋，谈判者的外部表现往往能反映出内心世界的某些特点，通过观察谈判者的某些动作和姿态来捕捉对方的思想、感情信息。再有，表情也是传达思想的一种方式，特别是眼睛是"心灵的窗口"。一个成熟的谈判者既要善于控制自己的表情，更要善于观察对手的表情。

当然，谈判者的观察分析能力要靠谈判实践来不断完善。谈判者欲提高自己的观察分析能力，还需要其掌握现代思维方式，善于从错综复杂、千变万化的事物中观察入微，抓住本质特点，从而作出正确的判断。

(3) 自控应变能力。自控应变能力是指在意想不到的情况下，对突然发生的事情，能够沉着冷静，及时想出妥善解决办法。谈判场上如同战场，谈判者所面临的总是处于千变万化的不同情势，有时风云变幻，有时电闪雷鸣，有时如暴风雨来临前的沉闷等。这就要求谈判者具有灵活机敏的自控应变能力，在最短的时间内拿出最佳的解决方案。

在谈判过程中，常常会出现一些意想不到的情况，如突然遇到对手不礼貌的攻击、无理。面对这种情况，需要谈判者具有一定的自控能力，表现出不论对方的态度怎样，都能头脑冷静、沉得住气。绝不能张皇失措，或者火冒三丈。自控之后，还需要利用变化而适时应变。否则，就会使己方处于不利地位。这就要求谈判人员不但要有理智和智慧，充分熟悉本职工作，还要在进行每次谈判之前，做周密的筹划和准备，多想几个怎么办。这样，才能在突发事件面前镇定自若，随时确定或改变谈判目标，随机应变，及时作出应变决策。

(4) 语言表达能力。谈判的主体媒介是通过语言的交流，最终达成协议。所以谈判人员只有准确无误地把自己的需求和愿望传达给对方，才能沟通双方的思想。因此，表达能力，必须以科学、艺术地运用语言为基础。

同是一件事，可以有各种不同的表达形式，即所谓"一种话，十样说"；同是一句话，可以从很多角度去理解，即所谓"说者无心，听者有意"。所以语言表达得当，就能取得预想的效果，反之，则会引起误会或招致不快。"一言可以兴邦，一言亦可丧邦"这句俗语，高度地概括了语言表达的重要性。有这样一个例子，一位发达国家的外交官问一位非洲国家的黑人外交大使："贵国的死亡率想必不低吧？"那位大使机智地回答说："跟你们那儿一样，每人死一次。"表面看来，这位大使所答非所问。因为外交官问的是针对整个国家人口的死亡情况而言的，而大使所表达的却是就每个人的死亡情况来说的。但这样不卑不亢的回答，却有力地维护了本国和本民族的尊严，恰当地回击了那位外交官的傲慢和无理，显得既幽默又得体，又落落大方。

表达能力的好坏，直接影响着双方的交流，所以，谈判中，除了恰如其分地运用口语以外，必要时还应辅助以手势、神态等。同时，表达能力也包括要有较强的谈判文书的写作知识等。当然，良好的表达能力的形成，是要以充实丰富的信息资料为前提的，这就需要谈判人员在实践中不断学习，丰富语言内容，加强语言修养，并且经常进行锻炼口才的实践活动。这样，就能提高其语言表达能力。例如，古希腊著名演说家德莫斯芬曾有口吃的毛病，为了达到成为演说家的梦想，他坚持每天含着小石子高声演讲，最后，终于梦想成真。站在他的角度想一想，梦想和现实的巨大差距给他带来多么大的挫败感，失败的情绪是不可避免的，然而他战胜了这种不良情绪对他的影响，坚持向自己的目标努力地前进，最终达成了心中的梦想。

二、我国国际商务谈判人员应有的谈判风格

中华民族历史悠久，谈判活动更是早已有之，古往今来，无数谈判者在谈判桌上尽显风采，也树立了丰富多彩的谈判风格。随着时代的进步，谈判风格也更多地融入时代的特色，在我们今天改革开放，建立社会主义强国的新时期，我国国际商务谈判人员也应该树

立新的谈判风格。

英国哲学家、思想家培根在《论谈判》中指出："与人谋事，则须知其习性，以引导之；明其目的，以劝诱之；知其弱点，以威吓之；察其优势，以钳制之。与奸猾之人谋事，唯一刻不忘其所图，方能知其所言；说话宜少，且须出其最不当之意之际。一切艰难之谈判中，不可存在一蹴而就之想，唯徐而图知，以待瓜熟蒂落。"这也正是我们在谈判中所应吸取的经验。

首先，要重视、熟悉了解对手，包括对方的兴趣与爱好，并善于以此制定出自己的对策。既不盲从于对手的意见，又要在尊重对方方式的基础上，来发扬自己的谈判风格。

其次，要注意坚持原则，策略灵活，特别是关系到重大原则问题上，态度要十分鲜明，不能让步。但是原则性又时常通过灵活性表现出来，以灵活多样的方法，来达到谈判目的。否则，就不可能取得理想的谈判效果，甚至会带来严重的后果。在注意坚持谈判的原则性和策略灵活性这一点上，周总理的谈判风格是很值得借鉴的。

再次，在国际商务谈判中，要平等待人，表现出我们中华民族的自信、自重而又谦逊的美德。无论对手是强是弱，是大是小，都以理服人，不以势压人。

第四，要信诺守约，说话算数。表态时，做不到的绝不说，说了就要做到，使对手感到值得信赖。

第五，要具有较强的时间观念，规划、分配好时间。

总之，作为新时期的国际商务谈判人员要灵活而不刻板，善于发挥自身的长处或优势来制约对方的长处或优势。

本 章 小 结

本章"国际商务谈判的特征和人员素质"分两节进行论述。第一节"国际商务谈判的特征和程序"，首先论述了国际商务谈判的含义，而后阐释了国际商务谈判的特征。第二节"国际商务谈判者的素质和风格"，首先阐释了国际商务谈判者的素质，而后提出了我国国际商务谈判人员应有的谈判风格。通过本章的学习，能使谈判者了解国际商务谈判的含义、特征和国际商务谈判者应有的素质，以更好地参与国际商务谈判。

自 测 题

关键名词

国际商务谈判

思考训练题

1. 国际商务谈判具有哪些特殊性？
2. 谈谈国际商务谈判的基本程序。
3. 国际商务谈判人员应具备什么样的素质？
4. 我国国际商务谈判人员应具有什么样的谈判风格？

案 例 分 析

谈判名师罗杰道森

1991 年的一个夜晚，美国一名谈判大师在家中接到一个电话，对方称自己在科威特石油公司(Kuwait Oil Company)的兄弟被伊拉克(Iraq)大独裁者萨达姆(Saddam Hussein)扣为人质，他想聘请他为谈判顾问，说花多少钱都愿意赎回他的兄弟。这位谈判大师告诉对方，他不用花一分钱赎金就能救回他的兄弟。

他联系了一名CBS(哥伦比亚广播公司)的著名记者，问其是否愿意陪他去巴格达一趟，与萨达姆展开谈判，如果他愿意，就把独家采访权给他。时逢美伊激战正酣，真是天赐良机，记者非常乐意，但CBS总编却不同意记者冒险上战场，于是这位大师又拿出第二套方案：在伊拉克临国约旦采访萨达姆。结果，萨达姆喋喋不休地对着电视说了两个小时之后释放了人质，而这正是那段时期萨达姆所放出的唯一的人质。

这位谈判大师就是罗杰道森(Roger Dawson)。

罗杰道森出生于英格兰，1962 年移民加州，用不到三十年的时间就从一个普通移民变成总统顾问，在美国人的眼里，他就是英雄的化身，是现代美国梦的真实注脚。

前美国总统克林顿(Clinton)曾这样评价他的同事："他是我合作过的最有才华的伙伴，睿智、机敏、精力充沛。"作为克林顿内阁最重要的政治高参之一，罗杰道森被认为是当今世上最会谈判的人。

罗杰道森不但富有丰富的政治经验，而且著作颇多，其成名作《优势谈判的奥妙》更是连续30周占据《纽约时报》图书排行榜首。

几十年来，他的著作被翻译成西班牙文、法文、葡萄牙文、俄文、土耳其文、波兰文、日文、阿拉伯文、德文、中文等38种语言，部分书籍还被耶鲁(Yale)、普林斯顿(Princeton)等名校列为指定阅读书目。

(资料来源：中华演讲网，http://www.zhyjw.com/article/html/2936.html.)

问题：

谈谈国际商务谈判人员应具备什么样的素质，案例中谈判大师罗杰道森体现了哪些素质？

第十三章 国际商务谈判的影响因素

【学习要点及目标】

通过本章的学习，了解国际商务谈判的各种环境影响因素、法律影响因素和跨文化影响因素。

【引导案例】

反倾销对我国外贸发展的威胁

据我国商务部统计，自 1979 年 8 月欧共体对我国的出口产品首次反倾销以来，到 2003 年 6 月 30 日，已有 33 个国家和地区对我国出口产品发起反倾销调查案 518 起。反倾销调查案涉及我国五矿、化工、轻纺、土畜、机电等 4000 多种商品，影响出口额 200 亿美元。从 1992 年开始至今，我国已经成为反倾销措施的最大受害国。根据 WTO 的最新统计，仅 1995 年至 2003 年 6 月 30 日期间，针对中国的反倾销案件就达到 324 起，约占同期世界发案总数的 14.19%。同期，实际对我国反倾销结案的案件有 232 件，占了世界总案数的 16.55%。这两者的比例是我国在世界贸易中所占比例的 3~5 倍。由此可见，国外针对中国的反倾销已成为我国外贸发展最主要，并且是越来越大的威胁之一。

(资料来源：沈明其. 非市场经济地位与我国对外贸易的发展. http://lw.3edu.net/mylw/lw_122946.html.)

第一节 国际商务谈判中的环境影响因素

国际商务谈判是在一定的法律制度和某一特定的政治、经济、社会、文化环境中进行的，这些社会环境会对谈判产生直接或间接的影响。

英国谈判专家马什(Marsh)在其所著的《合同谈判手册》中对谈判的环境因素作了系统的归类和分析，对从事国际商务工作的人员具有借鉴意义。马什把与谈判有关的环境因素大体分为以下几类：政治状况、宗教信仰、法律制度、商业习惯、社会习俗、财政金融状况、基础设施与后勤供应状况、气候状况等因素。

一、政治状况

一个国家或地区与谈判有关的政治状况因素主要有以下几个方面。

(一)国家对企业的管理程度

这主要涉及企业自主权的大小问题。如果国家对企业管理的程度较高，则谈判过程中政府就会干预谈判的内容及进程，对于关键性的问题也是由政府部门的人员作出决策的。因此，成败不取决于企业本身，而主要在于政府的有关部门。相反，如果国家对企业的管理程度较低，企业有较为充分的自主权，则谈判的成败则完全取决于企业自身。

(二)经济的运行机制

在计划经济体制下，企业间的交易往来主要是看有没有列入国家计划，列入国家计划的企业就是已争取到了计划指标，与他们的谈判才是可行的。在市场经济条件下，企业有充分的自主权，可以决定谈判对象、谈判内容，以及交易本身。

(三)政治背景

谈判对手对该谈判项目是否有政治兴趣，如果有，程度如何，哪些领导人对此感兴趣，这些领导人各自的权力如何，这些都是有关谈判项目的政治背景因素。一般情况下，业务往来谈判是基于经济目的的，但有时候如果有政府或政党的政治目的掺杂其中，那么，影响因素就复杂得多。发达国家对发展中国家的贸易往来常出现这种情况。在多数情况下，如果谈判中掺杂有政府或政党的政治目的，那么这场谈判的最终结果则主要取决于政治因素的影响，而不是经济或技术方面的因素。

(四)政局稳定性

谈判对方政府的稳定程度如何；在谈判项目履行期间，政府局势是否稳定；总统大选的日子是否定在谈判协议履行期间；总统大选是否与所谈项目有关；谈判对方与邻国的关系如何，是否处于较为紧张的敌对状态，有无战争爆发的可能性等，这些政治因素都将影响谈判。

(五)政府间的关系

如果 A 国政府与 B 国政府有政治矛盾，而 B 国与 C 国是很好的贸易伙伴，那么 A 国就有可能不愿与 C 国做生意。如中东的一些阿拉伯国家有时就拒绝同那些与以色列有政治、经济关系的国家及其企业进行商务往来。

二、宗教信仰

一个国家或地区与商务谈判有关的宗教信仰因素主要包括以下几个方面。

(一)该国占主导地位的宗教信仰

众所周知，宗教对人们的思想行为是有直接影响的。信仰宗教的人与不信仰任何宗教的人的思想行为不同，而信仰不同宗教的人的思想行为也会有差异。因此，宗教信仰对人们思想行为的影响是客观存在的，是环境因素分析中的重要环节。

(二)宗教信仰的影响与作用

宗教信仰会对下列事务产生重大影响。

1. 政治事务

如宗教信仰对该国的大政方针、国内政治形势等的影响。

2. 法律制度

例如在某些受宗教影响很大的国家，其法律制度的制定就必须依据宗教教义。一般情况下，人们的行为如果符合法律原则与规定，就能被认可，而受宗教影响较大的国家，对人们行为的认可还要看是否符合该国宗教的精神。

3. 国别政策

由于宗教信仰的不同，某些国家依据本国的外交政策，在经济贸易制度上制定带有歧视性或差别性的国别政策，以便对某些国家及企业给予方便、优惠或作出种种限制。

4. 社会交往与个人行为

存在宗教信仰的国家与那些没有宗教信仰的国家之间，在社会交往与个人行为方面存在着差别。

5. 节假日与工作时间

宗教活动往往有固定的活动日，而且不同的国家，其工作时间也各有差别，这在制定具体谈判计划及确定日程安排时必须考虑。

三、法律制度

一个国家或地区与商务谈判有关的法律制度因素主要有以下几个方面。

(一)该国法律基本概况

该国的法律制度是什么，它是根据何种法律体系制定的，是属于英美体系(判例法体系)还是属于大陆法系(成文法体系)，它包括哪些内容。

(二)法律执行情况

实际生活中，有的国家因为本身法律制度不健全而可能出现无法可依的情况；有的国家法律制度较为健全，而且执行情况良好；有的国家在执行过程中，不完全是依法办事，而是取决于当权者，即与当权者的关系如何将直接影响法律制度的执行。

(三)司法部门的影响

该国法院与司法部门是否独立，司法部门对业务洽谈的影响程度如何。

(四)法院受理案件的时间长短

法院受理案件时间的长短将直接影响业务洽谈双方的经济利益，谈判双方在交易过程中及以后的合同执行过程中难免会发生争议，一旦诉诸法律，就要由法院来审理。如果法院受理案件速度很快，那么，对交易双方的经营则影响不大；如果时间很长，旷日持久，对双方来讲都是难以承受的。

(五)执行其他国家法律的裁决时所需要的程序

对于跨国商务活动而言，一旦发生纠纷并诉诸法律，就自然会涉及不同国家之间的法律适用问题。因此，必须弄清在某一国家的裁决拿到对方国家是否具有同等法律效力。如果不具有同等法律效力，或者根本无效，那么需要什么样的条件和程序才能生效，才能得到有效执行。其他影响国际商务谈判的法律因素，我们将在本章第二节中作详细说明。

四、商业习惯

一个国家或地区与商务谈判有关的商业习惯因素主要有以下几个方面。

(一)企业的决策程序

美国企业的决策是只要高级主管拍板即可，而日本企业的决策必须同上、下、左、右沟通，达成一致意见后再由高级主管拍板。因此，必须弄清谈判对手所在国家企业的决策程序，决策程序的差异将导致决策时间与谈判风格的不同。

(二)文本的重要性

在不同的国家，文本的重要性如何，是不是做任何事情都必须见诸文字，合同具有什么重要意义，文字协议的约束力如何等问题都存在着差异。有些国家习惯上以个人的信誉与承诺为准，而有些国家则只以合同文字为准，其他形式的承诺一概无效，这也是必须了解的商业习惯之一。

(三)律师的作用

美国人在参与业务洽谈时，总要有律师出场，当洽谈进入签订合同阶段时，要由出场律师来全面审核整个合同的合法性，并在审核完毕后由律师签字，这是美国的习惯做法。

(四)谈判成员的谈话次序

在正式的谈判会见场合，对方领导及陪同人员的谈话次序如何也是需要了解的。如果陪同人员只有在问及具体问题时才能讲话，则说明对方的高级领导人已经介入谈判之中；反之，如果陪同人员的职权很大，说明这个正式场合并非专为双方领导而安排。

(五)商业间谍问题

要了解该国企业在进行业务洽谈时，有没有商业间谍活动，如果有，则应该研究如何保护机密文件，以及采取其他防范措施。

(六)是否存在贿赂现象

在某些国家，交易中的贿赂和受贿属于违法行为，法律对这种行为严格追究。但在有的国家，交易中的行贿和受贿是正常现象，不行贿就做不成交易，因此，有人称行贿是交易的润滑剂，是必不可少的。我们不赞成靠行贿来做生意，但是，我们一定要搞清楚谈判对手有关这方面的商业做法，以便我们采取相应的对策。

(七)竞争对手的情况

要了解该国是否允许对一个项目的洽谈可同时选择几家公司作为对手进行谈判，以便从中选择最优惠的条件达成协议，如果可以，保证交易成功的关键性因素是什么，是否仅仅是价格问题。在几家公司同时竞争一笔生意时，谈判是最复杂、最艰难的，因而必须紧紧抓住影响交易成功的关键性因素，围绕关键性因素来展开洽谈工作，才有可能取得成功。

(八)翻译及语言问题

要了解该国业务洽谈的常用语种是什么，如果作为客场谈判而使用当地语言，有没有安全可靠的翻译。合同文件能否用两国文字表述，如果可以，那么两种语言是否具有同等的法律效力。谈判离不开语言的交流，这对谈判双方来讲都是很重要的，因此，必须选择好合适的交流语言。如果在签订合同时使用双方文字，那么两种语言应该具有同等法律效力。如果为了防止可能产生的争议而使用第三国文字来签订协议，那么对谈判双方来讲都是公平的。如果不是这样，一般都规定双方的文字具有同等效力。

五、社会习俗

不同国家或地区有着不同的习俗,这些习俗都可能在一定程度上影响业务谈判活动。对此,我们应该很好地加以了解和把握。例如,在某个国家或地区,称呼及衣着方面合乎规范的标准是什么;对业务洽谈的时间有没有固定的要求;业余时间谈业务时对方有没有反感;社交场合对于妻子的相伴有何看法;娱乐活动通常在哪里举办;赠送礼品及赠送方式有什么习俗等。如与阿拉伯商人接触,千万别送酒类礼品,因为他们禁酒最为严格;不能单独给女主人送礼,也别给已婚女子送东西,忌送妇女图片及妇女形象的雕塑品。在意大利,手帕不能送人,因为手帕象征亲人离别,是不祥之物;红玫瑰表示对女性的一片温情,一般不送。在西方国家,送礼忌讳"13"这个数字,认为它代表厄运。

此外,在公共场合人们对当面批评是否能够接受,人们如何对待荣誉及名声等问题,妇女在业务活动中的地位如何等,这些社会习俗等都会影响双方意见交流的方式及所采取的对策,是谈判前必须了解的环境因素。

六、财政金融状况

国际商务谈判的结果使得洽谈双方的资产形成跨国流动,这种流动是与洽谈双方的财政金融状况密切相关的。从一个国家或地区来看,与业务谈判有关的财政金融状况主要包括以下几个方面。

(一)外债状况

如果该国的外债过高,虽然双方有可能很快达成协议,但在协议履行过程中,也有可能因为对方外债偿还问题而无能力支付本次交易的款项。

(二)外汇储备情况

如果外汇储备较多,则表明该国有较强的对外支付能力;相反,如果外汇储备较少,则说明该国的对外支付存在困难。另外,还要看该国出口产品的结构如何,因为一个国家的外汇储备与该国出口产品的结构有着密切的关系。一般情况下,如果出口产品以初级产品为主,附加价值低,则换汇能力就比较差。通过分析,可以很好地把握与该国所谈项目的大小,防止由于对方支付能力的局限而造成大项目不能顺利完成的经济损失。

(三)货币的自由兑换

如果该国货币不能自由兑换,有何限制条件,汇率变动情况及其趋势如何,这些问题都是交易双方的敏感话题。很明显,如果交易双方国家之间的货币不能自由兑换,那么就要涉及如何完成兑换的问题，同时还要涉及选择什么样的货币来实现支付等。汇率变化对交易双方都存在一定风险，如何将汇率风险降到最低，需要由双方协商决定。

(四)支付信誉

在国际市场上，该国支付方面的信誉如何，是否有延期的情况，原因是什么。此外，要想取得该国的外汇付款，需要经过哪些手续和环节，这也是必须弄清楚的问题。

(五)税法方面的情况

该国适用的税法是什么，征税的种类和方式如何，有没有签订过避免双重征税的协议。如果签订过，是与哪些国家签订的。所有这些问题均会直接影响到双方最终获利的大小。此外，该国对外汇汇出是否有限制以及其他问题都应分析清楚。

七、基础设施及后勤供应状况

一个国家或地区的基础设施与后勤供应状况也会影响业务洽谈活动。例如，该国的人力、物力、财务状况如何，有无所需的熟练工人和有经验的专业技术人员，有无建筑材料、建筑设备及维修设备，有无雄厚的资金等。另外，当地的邮电、运输条件如何，具体包括邮电及通信能力，港口的装卸设备状况，公路、铁路的运载能力，航空运输能力等。

八、气候状况

一个国家或地区的气候状况也会间接对业务活动产生影响。因此，对该国的雨季长短及雨量的大小、全年平均气温、冬夏季的温差、空气平均湿度、地震等情况均应了解清楚。

以上八个方面的环境因素，是在谈判方案制定之前必须予以充分调查和分析清楚的。

第二节　国际商务谈判中的法律影响因素

一般来说，国际商务的法律因素涉及两个方面：一是影响国际商务谈判的宏观法律环境，二是国际商务谈判中常见的法律问题。国际商务谈判中的宏观法律环境又可以分为国际法和国内法两个方面。国际法方面主要指与国际商务相关的国际商法所营造的国际法律环境，国内法方面主要指一国国内的商务法律环境。国际商务谈判的常见法律问题主要有谈判对象的主体资格问题、合同的效力问题、合同条款问题、争议的解决方式问题。

一、国际商务宏观法律环境

国际商务谈判要在一定的宏观法律环境(包括国际商务法律环境和国内商务法律环境)下进行，了解国际商务的宏观法律环境是进行国际商务谈判的重要前提之一。

(一)国际商法

国际商法作为调整国际商事和商事组织各种关系的国际法律规范的总和，为国际商务交往提供了宏观的国际法律环境。国际商法的调整范围不仅包括有形商品的国际货物贸易，而且包括技术、资金和服务在国际流通中所产生的各种关系。国际商法的主要表现形式是条约(包括多边条约和双边条约)。在国际商务谈判中，谈判人员需要了解对谈判双方都有效的国际经贸条约的基本内容及其营造的国际商务的国际法律环境，国际经贸条约对于促进国际经济发展正起着越来越重要的作用。

仅仅了解规范国际经贸交往的国际条约还远远不够，国内商务法律框架对国际商务交往同样起着重要的指导和规范作用，特别是一国涉外经济法律。谈判人员既要了解本国国内商务法律的基本内容，又要了解对方国内相关法律规定。

一般而言，不同国家的国内商务法律的结构及基本内容是千差万别的，即使是有着相同历史传统的国家，其商务法律也不尽相同；即使属于同一法系的国家，其法律也是各有特色。但属于同一法系的国家在法律制度上往往存在许多相同点，就历史传统而言，当今世界上主要有两大法系：大陆法系和英美法系。

1. 大陆法

大陆法系形成于西欧，除法国和德国以外，还有许多欧洲国家，如瑞士、意大利、奥地利、比利时、卢森堡、荷兰、西班牙、葡萄牙等国也都属于大陆法体系。而随着殖民主义的扩张，各国又把自己的法律体系带到了各个殖民地，在殖民地建立了相应的法律秩序，因此，大陆法也随之向世界各地扩展。现在，除西欧外，整个拉丁美洲、非洲的大部分、近东的某些国家都属于大陆法体系。此外，日本和土耳其等国也引入了大陆法。在属于英美法体系的国家中，某些国家的个别地区，如美国的路易斯安那州和加拿大的魁北克，也属于大陆法的范围。

大陆法的一个特点是强调成文法的作用。它在结构上强调系统化、条理化、法典化和逻辑性。它所采用的方法是运用几个大的法律范畴把各种法律分门别类归纳在一起。这种结构上的特点，在法学和立法中都有所反映。

首先，大陆法各国都把全部法律分为公法和私法两大部分。这种分类法最早由罗马法学家提出。按照乌尔比安的说法："公法是与罗马国家状况有关的法规，私法是与个人利益有关的法律。"当时，公法包括调整宗教活动和国家机关活动的法规，私法包括调整所有权、债权、家庭与继承等方面的法规。大陆法继承了罗马法的这种分类方法，并根据现代法律发展的状况，进一步把公法再细分为宪法、行政法、刑法、诉讼法和国际公法，而把私法分为民法、商法等。大陆法国家之间，尽管语言不同，但它们的法律词汇可以准确互译。只要掌握了一个大陆法国家的法律，就很容易了解其他大陆法国家的法律。

其次，大陆法各国都主张编撰法典。法国资产阶级革命胜利后，曾先后颁布了五部法典：《民法典》《民事诉讼法典》《商法典》《刑法典》和《刑事诉讼法典》。其他大陆法国家也制定了类似的法典，但各国在法典编撰的体例上却不完全相同。

2. 英美法

英美法形成于英国，以后扩展到美国及其他过去曾受英国殖民统治的国家和地区，主要包括加拿大、澳大利亚、新西兰、爱尔兰、印度、巴基斯坦、马来西亚、新加坡以及中国香港地区等。南非原属大陆法体系，后被英国侵占，受英美法的影响，是大陆法与普通法的混合体。斯里兰卡也有相似情况。菲律宾原是西班牙殖民地，属大陆法系，后来随着美国势力的渗入，引进了英美普通法的因素，所以菲律宾法也是一种混合体。但是，英国的苏格兰、美国的路易斯安那州和加拿大魁北克却不是英美体系，而属于大陆法体系。

英美法系各国不区分公法和私法两大部分，也不强调成文法的作用。英美法强调判例的作用，判例是英美法的主要渊源，成文法居于次要地位。但是，自 19 世纪末至 20 世纪初以来，英美法国家为了适应社会关系和国家活动日益复杂化的要求，国家机关立法活动大大加强，颁布了大量的法律，成文法在社会生活中的作用日渐重要。但是，成文法必须通过判例的解释才能产生效力。

因此，在进行国际商务谈判时必须考虑不同国家商务法律的特点，了解一国商务法律的基本框架，这样，既可以在合法的前提下进行谈判，又可以为将来维护自己的合法权益打下基础。

(二)商务法律环境的可预测性

一个成功的谈判人员，必须对自己商务目标中的法律后果的可预测性作出判断，即对自己在多大程度上可以依靠法律、自己行为的法律后果是什么，以及利用法律手段解决纠纷的成本有多高等作出判断。例如，向第三世界国家投资，就要考虑其法律制度的不健全而可能导致的一系列问题。法律手段的价值的大小主要取决于法律制度健全与否、一国法律制度的公开性与透明度，以及该国执法状况等。

二、国际商务谈判的常见法律问题

(一)谈判方的资格问题

所谓资格问题是指法律意义上的资格问题，即对方公司的签约能力和履约能力。法人是指拥有独立的财产，能够以自己的名义享受民事权利和承担民事义务，并且按照法定程序成立的法律实体。法人是由自然人组织起来的，它必须通过自然人才能进行活动。在当代，最常见的法人是公司，国际社会的经济活动，主要也是通过各种公司来进行的，因此，探讨谈判对手公司的签约能力是非常必要的。

根据各国公司法的规定，公司必须通过它授权的代理人才能订立合同，而且其活动范围不得超出公司章程的规定。例如，英国公司法在公司的行为能力问题上，强调公司的行为不得越权，公司的签约能力必须受公司章程的支配，不得越出公司章程规定的范围。如果公司订立的合同超出了公司章程规定的范围，即属于越权行为，这种合同在法律上是无效的。又如，在某些国家，外贸经营权是特许的，没有外贸经营权的公司就没有签订国际货物买卖合同的能力。

在考察了对方的签约能力之后，考察谈判对手的履约能力也是一项非常重要的工作。就法律意义而言，须考察对手的负债与实际资产的状况，如果资不抵债或负债率过高，就将是一个危险的信号，因为如果一个公司资不抵债，该公司就将进入破产程序。

(二)合同的效力问题

商务谈判成功的最终结果就是双方签订合同。依法订立合同是受法律保护的，无效合同与可撤销合同则会导致谈判双方的合法权益得不到法律保护，并可能导致谈判的目标功败垂成。了解合同的基本概念和各国法律是合同有效成立的要件，对于谈判人员来说非常必要。世界各国对合同的定义并不完全相同。按照《中华人民共和国民法通则》第八十五条的规定："合同是当事人之间设立、变更、终止民事关系的协议。依法成立的合同，受法律保护。"由此可见，合同具有以下三个特征。

1. 合同是双方的民事法律行为，不是单方的民事法律行为

合同的签订至少要有双方当事人参加，而且双方当事人的意思表示必须一致，合同才能成立。如果双方当事人意思不一致，就不能达成协议，合同就不能成立。这是合同的基本法律特征。

2. 订立合同的目的是为了产生某种民事法律上的效果

合同的订立包括设立、变更或者终止当事人之间的民事法律关系。例如，买卖双方通过订立买卖合同，便在双方当事人之间产生了买卖关系；如果在买卖合同订立之后，双方当事人同意对原合同进行修改或通过协议终止原来的买卖合同，就变更或终止了它们之间的民事法律关系。

3. 合同是合法行为，不是违法行为

依法订立的合同，受法律保护，而违法订立的合同在法律上是无效的。

世界各国对合同所下的定义也各有特点。在大陆法国家中，《德国民法典》运用法律行为这个抽象概念，把合同纳入法律行为的范畴，作为法律行为的一种。《德国民法典》第三百零五条规定："依法律行为设立债务关系或变更法律关系的内容者，除法律另有规定外，应依当事人之间的合同。"按照大陆法学者的解释，所谓法律行为是指当事人之间为了发生私法上的效果而进行的一种合法行为。

英美法国家对合同所下的定义与大陆法国家的定义有所不同。英美法强调合同的实质在于当事人所做的许诺，而不仅是达成协议的事实。例如，美国的《合同法重述》对合同作了如下定义："合同是一个许诺或一系列许诺，对于违反这种许诺，法律给予救济，或者法律以某种方式承认履行这种许诺可以成为合同，而且只有法律上认为有约束力的、在法律上能够强制执行的许诺，才能成为合同。"英美法认为，法律上强制执行的是当事人所做的许诺；而大陆法则认为，法律上强制执行的是当事人之间的协议或合议。

尽管各国对合同的有效成立都要求具备一定的要件，即所谓合同的有效成立要件，但各国的要求也不完全相同。综合起来看，各国对合同有效成立的要求主要有以下几项。

(1) 当事人之间必须达成协议，这种协议是通过要约与承诺达成的。

(2) 当事人必须具有订立合同的能力。

(3) 合同必须有对价或合法约因。

(4) 合同的标的和内容必须合法。

(5) 合同必须符合法律规定形式要求。

(6) 当事人的意思表示必须真实。

(三)争端解决方式

在国际经济贸易活动中，发生争端是难免的，因此，采用何种争端解决方式就需要国际商务谈判双方事先进行仔细探讨。解决争端的方式有多种，仲裁与诉讼是当今世界各国当事人普遍选择的解决争端的基本方式。

1. 仲裁与诉讼的概念

仲裁是指发生争议的各方当事人自愿地达成协议，将他们之间发生的争议提交一定仲裁机构裁决、解决的一种办法，裁决结果对各方当事人均具有约束力。

诉讼是经济纠纷的一方当事人到法院起诉，控告另一方当事人有违约行为，要求法院给予救济或惩处另一方当事人的法律制度。法院的判决具有国家强制力。

2. 仲裁与诉讼的区别

仲裁与诉讼都是解决双方当事人经济纠纷的手段，都有着保护当事人合法权益和促进国际经济贸易发展的作用，并且，已生效的仲裁裁决和法院判决都具有法律效力，当事人必须全面履行。但仲裁与诉讼又各具特色，存在明显的区别。

(1) 受理案件的依据不同。法院诉讼是强制管辖，而仲裁则是协议管辖。法院诉讼不需一方当事人事先得到另一方当事人的同意或双方达成诉讼协议，只要一方当事人向有管辖权的法院起诉，法院就可依法受理所争议的案件，另一方则必须应诉；仲裁机构必须依据当事人之间达成的仲裁协议和双方的申请受理案件，仲裁机构的管辖来自于双方当事人的自愿和授权。这是仲裁与诉讼的根本区别。

(2) 审理案件的组织人员不同。在法院诉讼的当事人不能选定审判员，应由法院依职权指定法官或组成合议庭审理案件；仲裁的双方当事人有权各自指定一名仲裁员，再共同指定或由仲裁委员会主席指定一名首席仲裁员组成仲裁庭审理案件。

(3) 审理案件的方式不同。法院审理案件一般是公开的；仲裁庭审理案件一般是不公开进行的，案情不公开，裁决也不公开，开庭时没有旁听，审理中仲裁庭或仲裁机构的秘书处不接受任何人采访。

(4) 处理结果不同。我国法院是两审终审制，一方当事人对法院判决不服的可以上诉；仲裁裁决是终局性的，不能上诉，也不允许再向任何机构提出变更裁决的要求，败诉方如果不自动执行裁决，胜诉方可以向法院申请强制执行。

(5) 受理案件机构的性质不同。受理诉讼案件的机构是法院，受理仲裁案件机构的一般是民间性质的社会团体。

(6) 处理结果境外执行的不同。法院受理诉讼作出的判决要到境外执行时，须根据作出判决的所在地国与申请执行的所在地国之间签订的司法协助条约或者互惠原则去处理；仲裁机构所作出仲裁裁决要到境外执行时，如果作出裁决的所在地国与申请执行的所在地国均为 1958 年联合国《承认及执行外国仲裁裁决公约》的成员国，则当事人可以向执行国主管法院提出承认及执行申请；不是该公约成员国的，则须根据司法协助条约或者互惠原则处理。

3. 仲裁协议的概念

仲裁协议是指合同当事人在合同中订立的仲裁条款，或者以其他方式达成的将争议提交仲裁的书面协议。仲裁协议有三种类型：第一种是当事人在争议发生之前订立的，表示愿意将他们之间今后可能发生的争议提交仲裁解决的协议，它是合同的一个不可分割的部分，这种协议通常在合同中写明，称为仲裁条款；第二种是当事人在争议发生之后达成将争议提交仲裁裁决的协议，这是狭义的仲裁协议；第三种是当事人往来函电及其他有关文件中关于将争议提交仲裁的特别约定。

4. 涉外仲裁协议的内容

涉外仲裁协议一般包括以下内容。

(1) 仲裁意愿。它是当事人一致同意将争议交付仲裁的意思表示。

(2) 仲裁事项。它是指提交仲裁的争议范围，一般应写明：凡因执行本合同或与本合同有关的一切争议，均应提交某种仲裁机构解决。仲裁庭根据仲裁事项写明的争议范围有权进行审理，超出范围的无权审理。如果对超出部分进行审理，其裁决无法律效力。

(3) 仲裁地点。它是仲裁协议中的主要内容，与仲裁所适用的程序法和实体法有密切的关系，应写明在哪个国家、哪个城市进行仲裁。一般来说，当事人对自己所在国家的法律和仲裁程序比较了解，而对外国的做法缺乏了解和信任，因此，当事各方均力争在本国进行仲裁。如果争取不到在本国仲裁，也可以选择在被告国或第三国仲裁。

(4) 仲裁机构。它是指受理案件并作出裁决的机构。国际上有常设仲裁机构和临时仲裁庭两种。如果约定在常设仲裁机构仲裁，应写明该机构的名称。常设仲裁机构除了有详细、具体的仲裁规则便于仲裁时照章行事之外，还可提供仲裁的行政管理、组织工作和各方面的服务，优于临时仲裁庭。临时仲裁庭只是在仲裁地点无常设仲裁机构或没有临时仲裁条款或所签订的是临时仲裁协议的情况下，为进行仲裁而临时组成的仲裁庭。如果约定由临时仲裁庭仲裁，则应写明组成仲裁庭的人数和如何指定仲裁员及采用的仲裁规则等。一般来说，在仲裁中，选用常设的仲裁机构比选择临时仲裁庭更为方便。

(5) 仲裁程序规则。它是进行仲裁的准则。仲裁申请、指定仲裁员、组成仲裁庭、审理、裁决和收取仲裁费都在仲裁程序规则中作出具体的规定，供当事人和仲裁员参照执行。各国常设仲裁机构都制定了自己的仲裁程序规则，订立仲裁协议时就应写明按协议约定在哪个常设仲裁机构仲裁，应按其仲裁程序规则进行仲裁。但是，有些国家也允许双方当事人自由选用他们认为合适的仲裁规则，例如，在瑞典进行仲裁时，双方当事人可以不采用瑞典的仲裁程序规则，而选用其他国家的仲裁规则。

(6) 仲裁裁决的效力。它主要是指裁决是否具有终局性，是否对双方具有约束力。我国法律规定，经我国涉外仲裁机构作出的裁决，当事人不得向法院上诉。

第三节　国际商务谈判中的跨文化影响因素

在国际商务谈判中，由于各国文化差异的影响，跨文化商务谈判的冲突问题时有发生，进而增加了谈判的复杂性。为了促使国际的经济竞争与合作的顺利发展，有必要对国际商务谈判中文化差异的影响问题进行分析。

一、跨文化商务谈判的含义

(一)跨文化的含义

1. 什么是文化

"文化"一词来源于拉丁文，原意是耕作、培养、教育、发展、尊重的意思。汉语中的"文"本有"文雅""文字"等义。作为"文化"，本义是指"文治教化"。自近代以来，无论是西方东方，人们由上述始源性的文化含义已衍生出数百种关于文化的定义来。根据国内外理论界的研究探讨，众多的文化定义大致可划分为狭义的、广义的和次广义的文化。狭义的文化专指文字艺术。广义的文化指人类在社会生活中所创造的一切，包括物质生产和精神生产的全部内容。次广义的文化指与经济、政治有别的全部精神生产的成果，它包括哲学、宗教、科学、技术、文学、艺术及社会心理、民间风俗等。我们这里所说的文化，特指次广义的文化。我们还可以将文化形象地比喻为心灵软件，它是一类人不同于另一类人的集体的头脑编程，正是所谓的这种心灵软件、集体程序，使得每个人都是自己文化氛围熏陶下的产物，使得人的行为举止受其文化制约，而文化又是通过人的行为予以体现。文化是一种社会现象，它是人类通过自己的创造活动而形成的产物，因此文化是相对于自然而言的。文化具有社会性、历史性和民族性。

2. 什么是跨文化

在汉语的解读中，"跨"有超越、凌驾的意思。因此，跨文化研究中的一个重要命题便是谁的文化在跨越谁的文化。换言之，就是应该如何应对经济全球化背景下文化的交流、碰撞与融合。经济全球化要求现代人必须具有跨文化意识。这种跨文化意识就是对于与本民族文化有差异或冲突的文化现象、风俗、习惯等有充分正确的认识，并在此基础上以包容的态度予以接受与适应。同时，也将自己的文化跨越出去，让别人认同。

(二)跨文化商务谈判的含义

跨文化商务谈判是指两个或多个不同文化背景的人彼此相互交流和沟通的过程，是彼此为实现各自的利益而与对方协商、讨论以获得一致的意见的过程。跨文化商务谈判是一种属于不同文化、不同思维形式、不同沟通方式、不同行为方式的谈判行为。随着我国加入世贸组织和改革开放逐步扩大，跨文化商务谈判活动越来越多地呈现在国人面前，已有越来越多的人涉入了跨文化商务谈判场合。

(三)了解跨文化商务谈判的文化差异及其影响的必要性

中西方有着截然不同的文化。中国是四大文明古国之一，中华民族是唯一传承千年文明的民族。西方社会，是几大古代文明的继承者，曾一直和东方的中国遥相呼应。西方各国经过中世纪的黑暗，最终迎来了文艺复兴，并孕育了资本主义和现代文明，产生了现代科技和文化。

国际的跨文化的商务交往和谈判，是国际关系的重要内容。如今，国际商务活动日益频繁，跨文化商务谈判已成为国际商务活动的重要环节。跨文化商务谈判中的文化障碍问题已引起包括来自不同文化背景的企业人士等人的广泛的关注。因为，国际商务谈判不仅是经济领域的交流与合作，而且是各国文化之间的碰撞与沟通。在不同国家、不同民族之间进行的国际商务谈判更是如此。国际商务谈判受到各自国家、民族的政治、经济、文化

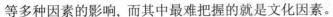

等多种因素的影响，而其中最难把握的就是文化因素。

现在人们意识到跨文化谈判失败的主要原因是缺乏了解双方文化背景以及文化差异在谈判过程中的影响与作用。在单一的文化背景下的谈判，谈判过程是可以预见并可以准确把握的。然而跨文化谈判比单一文化谈判更具有挑战性。因此，在跨文化商务谈判中，针对不同文化背景的商务伙伴，强化基于文化差异的谈判管理，对于提高谈判效率和效果是十分重要的。所以，要顺利地开展商务活动，必须了解不同国家的文化背景及其差异，并在此基础上扬长避短，制定出合理的谈判策略，才能在国际商务活动中游刃有余，获得成功。

随着我国经济的迅猛发展，尤其是加入 WTO 后，我国各企业和单位所面临的跨文化商务谈判越来越多。人们更应正确认识中西方文化差异，深入研究跨文化商务谈判的特点，使我国在跨文化商务谈判中多能克难制胜，在国际贸易中取得较大的主动权。

二、跨文化商务谈判中的文化差异及其影响

(一)跨文化商务谈判语言的差异及其影响

语言是文化的载体，是文化的主要表现形式。语言是随着社会生活的发展而发展的，语言是社会文化的一个组成部分。不同民族有着不同的文化、历史、风俗习惯和风土人情等，各民族的文化和社会风俗又都在该民族的语言中表现出来。一个民族所使用的语言与该民族所拥有的文化之间存在着密切联系。而不同民族或国度的文化之间又存在很大的差异。例如，中国文化讲究谦逊、含蓄，听到对方一句"谢谢"，中国人习惯说"不用谢"或"不客气"；而英国人的回答是"That's all right"(没关系)，甚至是"It's an easy case"(举手之劳)，反映了其直率、个性张扬的异域文化。

语言也是谈判进行的纽带。语言运用程度对跨文化商务谈判效果会产生直接影响。在谈判中，准确到位地理解对方语言的意思是整个谈判良性发展的基础。

1. 跨文化商务谈判口头语言的差异及其影响

在跨文化商务谈判口头语言的选择和运用上，中西双方就有很大的差异：西方人尽量简洁、明了，是非表态清楚，谈判时爱争辩，语言具有对抗性，口气断然。例如在美国，批评和意见一般都通过比较直接的方式提出并且正式地记录下来。美国人喜欢说："坦率地讲，你们的底线是什么？"他们认为东方人委婉式的语式的表达方法令人感到不可靠、狡猾和不诚实。他们可能会说："这家伙真狡猾。他不想说'是'还是'不是'。"对于他们来讲，直接讲述事实的真相关系到诚实与否的问题；"公开摊牌"和表达自己的观点则是力量的表现，即便这些观点讲出来关系重大也要如此行事。他们憎恶含含糊糊、不明不白，希望将不确定性最小化。他们期望人们说话时"不要兜圈子"，而是直接"进入正题"。他们认为争辩是发表个人意见的权利，也有利于解决问题，观点的分歧不会影响人际关系。而

中国文化主张"以和为贵",把创造和谐氛围作为谈判的重要手段。为了保全双方的面子、群体的面子或别人的面子,经常使用暧昧的、间接的语言。即使不同意对方的意见,也很少直接予以拒绝或反驳,而是迂回曲折地陈述自己的见解,尽量避免谈判摩擦。中西两方在谈判中如果口头语言的运用不一致,可能就会导致谈判走向歧途,甚至导致谈判失败。

2. 跨文化商务谈判非语言的差异及其影响

在跨文化商务谈判中,谈判各方除了用口头语言来交流外,还采用非语言行为方式。人的非语言行为可包括面部表情、身体距离、手势、沉默等,这也称为身体语言方式。由于文化的差异,非语言行为,即身体语言的表达方式和其含义有所不同。例如,美国人认为文弱的手给人一种缺乏自信的感觉,这种想法常常使美国人作出错误的估计。从美国加利福尼亚来的一位进口商回忆他在北京同中国谈判对手握手时的感觉时说"他的手像一块蛋糕一样软弱无力",然而很快在谈判中他便发现他的中国谈判对手充满了自信,效率很高,并且态度强硬。又如,西方人在谈判或交谈中,喜欢目视对方的面部或眼睛,表示对话题的兴趣与态度;中国谈判者则不习惯于一直注视对方,而是不时转动目光以避免与对方目光相遇。一般情况下,笑被看作高兴,而中国人有时会用笑表示无奈,不认可,这是西方人很难理解的。西方人在说"no"的同时双手摊开,耸耸肩膀,表示不知道,我无能为力,这种状况毫无希望等;而同样表示上述含义时,中国人的习惯动作往往是摇头或摆手,有时中方谈判者喜欢做这一动作,却因不解其含义而步入了不伦不类的误区。再如,在世界上大多数国家和地区,人们多以点头表示赞同或接受,以摇头表示不同意或反对,但在南非一些国家却相反,人们用点头表示否定,用摇头表示赞同,这常常令与之谈判的外国商人大惑不解。另外,中国人在沉默时表示自己正在考虑问题,有时还表示自己处于"是说还是不说"的犹豫状态;而西方人认为沉默就是表示不同意,他们会失去耐心从而打破沉默,催促对方快速作出反应,以使谈判继续。殊不知这种做法被认为很粗鲁,结果谈判难以达到预期的效果。非语言表达方式中的一个关键因素是人们交谈时彼此间相隔的距离。阿拉伯人和拉丁美洲人与他人交谈时,喜欢站得很近,他们之间的距离不到 1 尺;而美国人之间比较舒适的距离要宽得多,将近 1 米;但对于中国人来说,2 尺左右是通常的距离。由此可见,具有不同文化背景的谈判对手极易误解这些信号,而且还意识不到所发生的错误。所以,在国际商务谈判中,谈判者应了解这一非语言差异,否则,其谈判就有可能因其理解对方身体语言不当而使谈判结果与自己的意愿背道而驰。

(二)跨文化商务谈判思维的差异及其影响

思维方式具有社会文化属性,在不同的社会文化结构中形成的思维方式是有差异的。东西方由于各自的地理位置、自然环境、种族渊源、历史变迁、宗教信仰、风俗文化等的差异,便形成了不同的、具有各自民族文化特色的考虑问题、认识事物的思维方式。在进行国际商务谈判时,来自不同文化区域的谈判者往往会遭遇思维方式上的冲突。这一点在中西文化之间表现得尤为明显。中西方在思维方面有如下具体的差异。

1. 中西方形象思维与抽象思维的侧重及影响

中国人的形象思维方式强调的是根据某一清楚界定之立场所判定之目标或结果的价值。中国人对于直观经验较为重视，而在理论上往往停留在经验论。而西方人的思维方式则多是抽象思维方式，讲求概念分析、逻辑推理。它强调的是不具任何价值色彩的事实。

2. 中西方统一思维与对立思维的侧重及影响

中国传统文化强调"人与天地万物一体"，以"天人合一"为最高境界。所以中国人习惯从总体上观察事物，将宇宙看作一个整体，从全局观点进行综合研究。而西方独特的海陆交错的地理特征孕育了西洋文化中勇于探究自然、注重分析、关注客体的重客体、善分析的思维方式。他们采用的思维方式主要是从整体观念出发的综合型思维方式。

在国际商务谈判中，中国人的谈判方式是首先就有关合同双方所共同遵守的总体性原则和共同利益展开讨论。他们主要关心的是双方长期合作的可能性，因此他们避免在谈判起始阶段讨论细节问题，并把所谓的具体的细节问题安排到以后的谈判中去解决。这种"先谈原则，后谈细节"的谈判方式是中国的谈判方式最明显的特征之一。

而西方人则恰恰相反，他们注重"先谈细节，避免讨论原则"。尤其美国人采用的谈判方式是局部取向，重视细节。美国人由于受线性思维和分析思维方式的影响，最重视事物之间的逻辑关系，重具体胜过整体。他们的思维方式在谈判桌上的具体体现就是"直接"和"简明"。因此，他们惯于开门见山，直截了当。

3. 中西方螺旋形思维与直线形思维的侧重及影响

中国人的思维方式是螺旋式的，叙述事物过程中围绕一定的中心思想，以反复而又发展的螺旋形式对一种问题加以展开，尽量避免直接切入主题。在国际商务谈判中，中国人采用的是含蓄的表达方式，他们认为含蓄的表达方式优于直接的表达方式。

相反，西方宇宙观认为事物之间是独立的，一切都在直线向前发展变化，由此引发为"线性推理"的观念。在国际商务谈判中，西方人多采用直接的表达方式。

(三)跨文化商务谈判观念的差异及其影响

观念是人类支配行为的主观意识。观念的产生与所处的客观环境关系密切，正确的观念就是人的大脑对客观环境的正确反映。人类的行为都是受行为执行者的观念支配的，观念正确与否直接影响到行为的结果。跨文化商务谈判中有许多观念差异，这些差异对谈判均具有很大的影响。

1. 中西方的价值观念的差异及其影响

价值观念是文化的核心因素，它包括世界观、人生观、人与自然的关系，宗教信仰，道德标准等，表现为某些符合社会文化，具有持久性、稳定性，为社会成员所普遍接受的信念。在不同的文化中，价值观念会有很大的差异。在一种文化中很恰当的行为，在另一种文化中可能会被看成是不道德的。因此，了解某个社会中流行的价值观念以及这些观念在个人行为中受尊重的程度是很重要的。商务谈判中价值观方面的差异远比语言及非语言行为的差异隐藏得深，因此也更难以克服。

中国人崇尚和谐，更看重谈判前通过宴会和参观等建立良好的关系。在观念上，认为信任与和谐比任何合同都重要；同时，中国人富有浓烈的民族感情、宏放的气魄和极强的爱国之心，就慢慢形成了一种"面子"。而西方国家的国民性千差万别。美国人表现出强烈的个人主义。他们崇尚奋斗和独立行动，性格外露，充满自信。他们在参与国际事务中，不拘礼节，对表面的、仪式性的东西看得极淡，而对实质性的问题却非常敏感，认为时间就是金钱，对直率的谈判对手怀有好感，努力在最短的时间内获取最大的利润。因此，在谈判桌上，如果要在"体面"和"利益"这二者中作出选择，他们则更看重利益。德国人非常崇尚契约，严守信用。在谈判中，涉及合同的任一条款，他们都非常细心。他们对交货期限要求严格，一般会坚持严厉的违约惩罚性条款。

2. 中西方的伦理和法制观念的差异及其影响

伦理是处于道德最底线的一种人与人之间的关于性、爱，以及普遍自然法则的行为规范。这种行为规范不便明文规定，而是约定俗成的，并且随着道德标准的普遍上升而呈上升趋势。

"法制"一词，分广义和狭义的解释。广义的法制，认为法制即法律制度。详细来说，是指掌握政权的社会集团按照自己的意志，通过国家政权建立起来的法律和制度。狭义的法制，是指一切社会关系的参加者严格地、平等地执行和遵守法律，依法办事的原则和制度。法制是一个多层次的概念，它不仅包括法律制度，而且还包括法律实施和法律监督等一系列活动和过程，是立法、执法、守法、司法和法律监督等内容的有机统一。

中西方的伦理和法制观念存在很大的差异。中国人通常从伦理道德上考虑问题，而不是从法律上考虑，但大多数西方人却相反。在中国，"伦理至上"的观念始终占据着人们思想的重要地位，一旦发生纠纷，首先想到的是如何赢得周围舆论的支持，"得道多助，失道寡助"，这在中国人看来有着极其特殊的内涵和意义。于是，很多应该利用法律来解决的问题，中国人感到不习惯，而是习惯通过"组织"、通过舆论来发挥道德规范化的作用。西方人对于纠纷的处置一般采用法律手段，而不是靠良心舆论的作用。西方很多人和公司都聘请有顾问、律师，有纠纷时由律师处理。在国际商务谈判中，他们要求按程序办事，谈判结束后涉及合同管理以及后续交流，根据商务活动的规则即共同签订的合同来约束双方，一旦发生分歧与争端，主张按正式的途径给予解决。一些在中国人看来非得通过复杂的人际关系网去解决的纠纷，在西方人看来却未必如此。

3. 中西方的时间观念的差异及其影响

时间观念以及它如何决定人们的行动计划及其工作效率对国际商务谈判有着广泛而无形的影响。

西方人的时间观和金钱观是联系在一起的，时间就是金钱的观念根深蒂固，他们历来认为，时间和商品一样，是赚钱的资本，尤其是美国人将"时间就是金钱""金钱决定一切"定为不渝之信条。他们在商务活动中往往直截了当，急于求成，谈生意开门见山，总是拨个电话就谈，坐下来没有寒暄，单刀直入，早已打印好的合同揣在兜里，就等谈判后签署。他们以小时和天数来计算进度，往往使他们的对手感到压力。中国商人认为初次见面的寒暄十分重要。他们会热情地为客人奉上茶和咖啡，像遇到老朋友一样问长问短。而西方商人对于会晤问候、寒暄方式不太在意，他们见面问声好，握个手，报一下家门，就切入主题。在两种不同的时间观念上，急于进入谈判正题的西方人显示出的无奈和焦虑，往往会被中方误认为缺乏诚意。而中国人的问候、寒暄也往往使西方人感到不适应，尤其是在美国人眼里，这是一种极为浪费时间、浪费生命的行为。

然而在世界的许多其他地方，时间是弹性的，并且不被看作有限的商品。人们可能约会迟到，或者根本不出现。例如在印度，一次世界银行的一个代表团要去参观某水厂，要求司机在2点钟时开车送代表团去水厂，然而司机直到3:30才出现。当被问及迟到的原因时，司机振振有词地说，印度是一个民主国家，每个人都享有在午饭后好好休息的权利。再如，一个美国人应邀在一次商务会议上发言，会议的地址在中美洲的一个小国，时间是上午9点钟。他在8点钟时做好了一切准备并在饭店中等待来接他的主办人。时间到了8:15，没有人来；8:30了，仍然没有人来；8:45了，依然无一人出现。他和饭店的接待员校对了时间，他的表没有任何问题。时间走到了9:15，一种噩梦般的感觉突然袭来，难道他把开会的国家和时间搞错了？直到9:20主办人才终于出现了。当他问主办人是否已经耽误了开会时间时，主办人却轻松地说，在这里从来没有迟到这一说。他们非但没有迟到，反而早到了，因为会议在一小时后才开始。对这样的迟到和无故推迟会议的事情如果表示愤怒或不耐心的话，将会使阿拉伯人、拉丁美洲人或者亚洲人感到吃惊和不理解。

(四)跨文化商务谈判风格的差异及其影响

1. 中西方谈判风格的温和与热情的差异及影响

西方学者认为，在谈判桌上，美国人常常表现出热情、诚恳、信心和积极性，常准备去讨价还价，并同时会作出让步达成协议。他们对充满逻辑的争辩情有独钟。他们为了达到目的，不惜工本——使用包括威胁、警告、强迫在内的各种手段。他们直言快语，惯于对抗，说话口气断然。相反，中国人则显得温和，他们不喜欢争辩，很少对抗，说话间接隐晦，但对别人的行为常常不敢贸然相信。他们虽然灵活多变，但爱面子，重感情，重友情，常常把对方当成有血有肉有感情的整体人来对待。

2. 中西方谈判风格的合作与竞争的差异及影响

对西方人来说，谈判是一种竞争，而不是合作。谈判不是你输就是我输，尤其是美国人喜欢直截了当、速战速决地谈判。但这在中国人看来有些不可思议，因中国人自古强调"和为贵""买卖不成仁义在"，不太注重短期利益，而多注重长期合作。

3. 中西方谈判风格的表明方式与摊牌方式的差异及影响

中西方谈判风格的表明方式与摊牌方式存在一定的差异。例如，美国人在谈判前就要求双方能开诚布公，直接切入主题。他们对讨论的内容或条件会直接作出接受或不接受的表态。双方可共同努力解决分歧，达成共识。由于中国人倾向迂回婉转的沟通方式，因此不会当面否认或拒绝对方的要求，以免伤害双方的感情，而很可能改变话题、变得沉默、问别的问题，或者是用带有微妙的否定暗示与含糊和不那么肯定的语言表示。美国谈判者"摊牌"方式也与中国人不同。中国人善于讨价还价，美国人却不擅长。由于美国人最初报价很接近他们的预期价位，而中国人的最初价格与他们的底线差距很大，误解由此产生。中国人会认为美国让步不大，缺乏诚意；而美国人却认为中国人要求太高，超出了他们的底线。

本 章 小 结

本章"国际商务谈判的影响因素"分三节进行论述。第一节"国际商务谈判中的环境影响因素"，先后介绍了国际商务谈判中的政治状况、宗教信仰、法律制度、商业习惯、社会习俗、财政金融状况、基础设施及后勤供应状况、气候状况等问题。第二节"国际商务谈判中的法律影响因素"，首先论述了国际商务宏观法律环境，而后列举了国际商务谈判的常见法律问题。第三节"国际商务谈判中的跨文化影响因素"，首先阐释了跨文化商务谈判的含义，而后论述了跨文化商务谈判中的文化差异及其影响。通过本章的学习，能使谈判者了解国际商务谈判的影响因素，使其能多加注意各种影响因素，进而比较顺利地进行国际商务谈判。

自 测 题

思考训练题

1. 国际商务谈判中的环境影响因素有哪些？
2. 谈谈国际商务宏观法律环境。
3. 国际商务谈判中有哪些常见的法律问题？

4. 谈谈了解跨文化商务谈判的文化差异及其影响的必要性。

5. 跨文化商务谈判有哪些文化差异及其影响？

案 例 分 析

迪士尼乐园在法国的经营失误

1992 年以前，迪士尼公司开办主题公园一直非常成功。1955 年，公司在美国加利福尼亚州阿纳海姆市开办了第一家主题公园；20 世纪 70 年代在佛罗里达州再开一家主题公园；1983 年成功开办了东京迪士尼乐园。

迪士尼公司在海内外的成功运作，使他们将注意力转向巴黎，大约 1700 万欧洲人居住在离巴黎不到两个小时的汽车旅程的地方，还有 3.1 亿人用不到两小时或更短时间就可飞到巴黎。法国政府对迪士尼公司到巴黎给予了很大的热情和支持，将提供超过 10 亿美元的各种奖励。法国政府期望这个项目能给法国创造 30 000 个就业机会。1986 年年底，迪士尼公司开始和法国政府进行痛苦的谈判，谈判比预期要长得多。到 1992 年夏，迪士尼公司终于开办了价值 50 亿美元的主题公园。

然而，欧洲迪士尼乐园开张不久，法国农民就将拖拉机开到乐园门口并将它封锁，各国电视台都转播了这次抗议行动。但这一行动不是针对乐园本身，而是针对美国政府的，原因是美国政府要求法国削减农业补贴。尽管如此，这一事件还是使全世界都关注起迪士尼乐园与巴黎之间这桩没有爱情的"婚姻"。

这之后发生的是经营上的失误：其一，迪士尼公司的政策是在乐园内不提供酒精饮料，但法国人的习惯是中餐要喝一杯酒，这一政策引起了法国人的恼怒。其二，迪斯尼公司认为星期一旅客最少而周五最多并按这种想法安排人手，但实际情况与此相反。其三，旅馆早餐一片混乱，因为他们认为欧洲人不吃早餐而压缩了餐厅面积，结果在只有 350 个座位的餐厅里招待 2500 个吃早餐的人。队伍排得让人害怕，而且他们不仅想吃小面包、喝咖啡，还想吃咸肉和鸡蛋。此外，还有职工问题和游园时间问题等。结果到 1994 年年底，欧洲迪斯尼乐园累计亏损额已达 20 亿美元。

（资料来源：刘文广，张晓明. 商务谈判[M]. 北京：高等教育出版社，2005.）

问题：

欧洲迪士尼乐园失败的原因有哪些？

第十四章　国际商务谈判礼仪

【学习要点及目标】

通过本章的学习，了解国际商务谈判的礼仪、礼节和各国商务礼俗与禁忌。

【引导案例】

割草机谈判

中国某企业与德国一公司洽谈割草机出口事宜。按礼节，中方提前五分钟到达公司会议室。客人到后，中方人员全体起立，鼓掌欢迎。不料，德方脸上不但没有出现期待的笑容，反而均显示出一丝不快的表情。更令人不解的是，按计划一上午的谈判日程，半个小时便草草结束，德方匆匆离去。

事后了解到：德方之所以提前离开，是因为中方谈判人员的穿着。德方谈判人员中男士个个西装革履，女士个个都穿职业装，而中方人员呢？除经理和翻译穿西装外，其他人有穿夹克衫的，有穿牛仔服的，有一位工程师甚至穿着工作服。

(资料来源：百度知道，http://zhidao.baidu.com/question/47124312.html.)

商务谈判礼仪是商务谈判必须注重的问题。本章将分四节来对其阐释。

第一节　礼仪和国际商务礼仪概述

礼仪作为人类社会发展中逐渐积淀下来的一种文化，始终以某种形式的约束力支配着每个人的行为以及社会经济活动。礼仪作为人类历史发展的一种成果，是人类文明进步的重要标志。商务谈判礼仪是商务谈判活动规范化的体现，更是促进社会经济活动发展的重要途径。

这一节将逐一阐释礼仪的含义、渊源、发展和基本构成因素，礼仪的特点，礼仪的作用，商务礼仪运用的目的和商务礼仪的原则等问题。

一、礼仪的含义、渊源、发展和基本构成因素

(一)礼仪的含义、渊源和发展

在西方，礼仪一词是从法语演变而来的。它原是法庭上用的一种通行证，通行证上面

记载着进入法庭应遵守的事项。后来，其他各种公众场合也都制定了相应的行为规则，这些规则由繁到简，构成系统，逐步形成，得到大家公认，即大家都愿自觉遵守的通用的行为准则。

在我国，"礼"泛指社会道德规范或行为准则，也是表示敬意的通称。"礼仪"一般指仪式、仪典，也可指仪容。"礼""仪"合用是指敬意而隆重举行的仪式。如迎送、会见、会谈、宴请、凭吊、慰问等仪式。

(二)礼仪的基本构成因素

礼是表示敬意的通称，它是人们在社会生活中处理人际关系并约束自己行为以表示尊重他人的准则。

礼貌是人与人之间在接触交往中，相互表示敬重和友好的行为准则。礼貌的内容大致可概括为：遵时守纪、正直守信、待人谦和、仪表端庄、举止文雅、讲究卫生、尊重老人和妇女等方面。礼貌的具体表现是礼节。它体现了时代的风尚与道德水准，体现了人们的文化层次和文明程度。

礼节是礼仪的节度，即人们在日常生活中相互问候、致意、祝愿、慰问以及给予必要的协助照料的惯用方式。也可以说礼节是礼貌在语言、行为、仪表等方面的具体规定。

礼仪通常是指在较大或隆重的场合，为表示重视、尊重、敬意等所举行的合乎社交规范和道德规范的仪式。它是社会交往中对礼遇规格、礼宾次序等方面应遵循的礼貌、礼仪的礼的较隆重的仪式。

礼、礼貌、礼节、礼仪的联系与区别是：首先，礼包括礼貌、礼节、礼仪，其本质都是表示对人的尊重、敬意和友好。其次，礼貌、礼节、礼仪都是礼的具体表现形式。礼貌是礼的行为规范，礼节是礼的惯用形式，礼仪是礼的较隆重的仪式以及给予必要的协助与照料的惯用形式，是社会文明的组成部分。

(三)礼仪的特点

礼仪的基本特点就是律己、敬人，具体体现在以下几个方面。

1. 规范性

人们在长期反复的实践活动中形成了一系列有关礼仪的风俗、习惯、传统方式，并且要求后人遵从。这种行为准则，在一定程度上支配和控制着人们的行为举止。

2. 继承性

礼仪是一个国家、民族文化的重要组成部分，通过人类社会的延续代代相传，不断补充符合时代标准的新的礼仪。

3. 差异性

不同民族、地区之间的礼仪有着自己鲜明的特征，同一礼仪形式或举止在不同的地方或者时代，可能产生截然不同的含义。

4. 社会性

礼仪是一种社会文化形态，渗透到社会各个领域和角落中，只要有社会活动存在，就有礼仪存在。

5. 综合性

礼仪是一门专门研究人的交际行为规范的科学，它又广泛吸收了其他学科的内容用以充实完善自身，礼仪包含了人文、营销、公关、心理等多方面的知识。

6. 变动性

礼仪是社会历史发展的产物。历史和社会的前进引发了新的社会问题的出现，要求礼仪不断随之变化。

二、礼仪的作用

(一)尊重的作用

礼仪形式，即是向对方表示敬意。在社会生活中，你对对方有礼貌、讲礼仪，你才会受欢迎，才会受到别人的尊重。同时对方也还之以礼，双方礼尚往来，蕴含着彼此的尊敬和尊重。"尊敬"或"尊重"二字，应该是礼仪之本，也是待人接物之道的根基所在。你不管是坐、请坐、请上坐也好，茶、上茶、上香茶也好，关键是要通过这种形式，向别人传递出尊重对方的信息，这恐怕是礼仪作用的要点。

(二)教化的作用

礼仪通过评价、劝阻、示范等教育形式纠正人们不正确的行为习惯，倡导人们按礼仪规范的要求协调人际关系，维护社会正常生活。

(三)调节的作用

在社会交往时出现了不和谐，或者需要作出新的调整的人际关系，往往需要借助某些礼仪活动去化解矛盾，调整关系。礼仪在协调人际关系方面有着难以估量的作用，除了起着"媒介"的作用以外，还起着"黏合"和"催化"的作用。现在我国正在积极倡导和谐社会，而讲究礼仪当之无愧地会成为新时代人际关系和谐的润滑剂，成为团体和行业发展的促进因素。

(四)美化的作用

良好的形象离不开美，礼仪带给人们的正是形象的美化。仪表规范、言辞谈吐、行为方式中的礼貌、礼节，能展示人们独特的个性，内在的修养和发展潜质。

三、商务礼仪运用的目的

商务礼仪是指人们在商务活动过程中所表现的良好的礼貌、礼节、仪表、仪式。在商务活动中，商务人员为了树立良好的个人和公司形象，应该遵从社会公认的程序或行为规范。商务礼仪是一般礼仪在商务活动中的体现和运用。

商务礼仪运用有以下目的。

(一)为了提升个人的素养

比尔·盖茨讲："企业竞争，是员工素质的竞争"，进而到企业，就是企业形象的竞争。教养体现细节，细节展示素质。如果企业成员不注意礼节，带着粗俗的行为举止，满嘴污言秽语，油腔滑调，随意讽刺和攻击人，对人极不礼貌，那便会使人对其感到厌恶和鄙弃。相反，一个企业的人员如果经常采用适当的有规范的礼仪进行工作，坚持处处讲究礼节，举止大方，态度和蔼，言谈适度，不卑不亢，就会让人感受到较高的文明水准和良好的社会风尚与精神风貌。该员工的素质便会在无形之中得到提升。

(二)为了方便个人交往应酬

礼仪、礼节反映了人们追求真、善、美的愿望，我们在商业交往中会遇到不同的人，对不同的人进行交往注重礼仪、礼节，就满足了人们追求真、善、美的愿望，他人就愿意与你交往。这也就方便了个人的交往应酬。

(三)为了有助于维护企业形象

在商务交往中个人代表整体，个人形象代表企业形象，个人的所作所为，就是本企业的典型活体广告。一举一动、一言一行，此时无声胜有声。商务交往涉及的面很多，但基本来讲是人与人的交往，所以我们把商务礼仪界定为商务人员交往的艺术。人们对礼仪有不同的解释。有人说礼仪是一种道德修养，有人说礼仪是一种形式美，有人讲礼仪是一种风俗习惯。礼出于俗，俗化为礼。商务礼仪的操作性，即应该怎么做，不应该怎么做。礼仪的隆重形式为人们的礼节惯用形式的采用，便能烘托、维持和促进企业的良好氛围。因为礼仪和礼节形式的本质是尊重别人，这使组织和公关成员对公众，既易于缓和与之的矛盾，又易于调适与之的偏差；既易于拉近与之的距离，又易于融洽与之的关系，从而使企业与公众之间形成一种密切和谐的气氛，有助于维护企业的良好形象。

四、国际商务礼仪的原则

商务礼仪是社会交往、商务活动成功的一个重要条件，尤其对从事商务活动的个人或组织而言，其言行举止、仪表仪容是与个人或企业形象休戚相关的，是商务活动者的行为准则。

国际商务礼仪应遵循以下原则。

(一)尊重宽容原则

如前所述，礼仪具有尊重的最基本作用。尊重也是商务礼仪应遵循的首要原则。因参与商务活动的主体之间关系是平等的，所以，相互尊重也是最基本的商务礼仪。在商务活动过程中，彼此在相互尊重中建立情感关系，对推进商务活动的进程至关重要。据此，在商务谈判中，企业实力强的谈判代表，在谈判中切不可为了取得高人一等的主动权，作出伤害谈判对手自尊、侮辱他人人格的举动。

另外，商务礼仪还应遵循宽容的原则。宽容的原则也称与人为善的原则。在商务场合，宽容是一种较高的境界，《大英百科全书》对"宽容"下了这样一个定义："宽容即容许别人有行动和判断的自由，对不同于自己或传统观点的见解的耐心公正的容忍。" 宽容是人类一种伟大的思想。在商务交往中，宽容的思想是创造和谐人际关系的法宝。所以，应宽容他人、理解他人、体谅他人。例如，商务谈判高手都能宽容地原谅对方的失礼或欠妥之处，显示自己心胸坦荡、豁达大度的素质。

(二)真诚谦虚原则

苏格拉底曾言："不要靠馈赠来获得一个朋友，你须贡献你诚挚的爱，学习怎样用正当的方法来赢得一个人的心。" 可见，真诚谦虚是商务礼仪的重要原则。真诚谦虚是对人对事的一种实事求是的态度。真诚谦虚首先表现为对人不说谎、不虚伪、不骗人、不侮辱人，态度谦和。在商务活动中，只有言行一致、真诚相待、诚实无欺，才能有发自内心的良好表现，得到对方的尊重和友好。这种真诚谦虚的态度，表现为参与者在商务活动中严于律己、谦以待人。

(三)不卑不亢原则

在商务活动中，所有的尊重宽容、真诚谦虚，都需要保持一个适当的度，那样才能真正取得良好的效果。想通过言行举止体现出自己的真心实意，要适可而止。过度的迎合，会让人觉得虚伪做作，结果适得其反。

所谓的适度，即指在商务交往中应把握礼仪分寸，根据具体情况、具体情境而行使相应的礼仪。主要是指情感适度、谈吐适度、举止适度。在商务活动中，参与者既要做到彬彬有礼，又不能卑躬屈膝；既要表现得热情大方，但又不是低三下四；既要热情大方，又不能轻浮谄谀；既要自尊却又不能自负；既要坦诚但又不能粗鲁；既要谦虚但又不能拘谨；既要老练持重，但又不能圆滑世故。例如，中国人在商务活动中，有喜欢宴请客人的习惯，主人在宴会上往往会非常热情地敬酒。在劝酒的举止上，就需要把握适度原则，过度的热情不仅不能起到良好的效果，反而会让人感到反感。

(四)自信自律原则

自信的原则是商务场合中一个心理健康的原则，也是商务场合中一份很可贵的心理素质。一个有充分自信心的人，才能在商务交往中不卑不亢、落落大方，遇到强者不自惭，遇到艰难不气馁，遇到侮辱敢于挺身反击，遇到弱者会伸出援助之手。然而，自信不能自负。一贯自信的人，往往就会走向自负的极端，凡事自以为是，不尊重他人，甚至强人所难。那么如何剔除商务交往中自负的劣根性呢？自律原则正是正确处理好自信与自负的又一原则。自律乃自我约束的原则。在商务交往过程中，在心中树立起一种内心的道德信念和行为修养准则，以此来约束自己的行为，摆正自信的天平，就能做到既不必前怕狼后怕虎地缺少信心，又不能凡事自以为是而自负高傲。

第二节　国际商务谈判的一般礼仪

礼仪通常是指在较大或隆重的场合，为表示重视、尊重、敬意等所举行的合乎社交规范和道德规范的仪式。而国际商务谈判的礼仪是指国际商务谈判参与者，为向对方表示重视、尊敬、敬意，为塑造自身的良好形象，达到建立和发展诚挚和谐合作关系的目的，所举行的合乎社交规范和道德规范的仪式。

这一节将逐一阐释国际商务谈判中的迎来送往礼仪、商务谈判中的会谈礼仪、商务谈判中娱乐休闲活动的礼仪和商务信函电文中的礼仪等问题。

一、国际商务谈判中的迎来送往礼仪

由于商务谈判类型很多，对商务谈判礼仪的要求也不尽相同，但商务谈判礼仪的一般要求基本是相同的。无论是国际还是国内商务谈判，都要服从商务谈判一般礼仪的要求。

(一)迎来送往前的准备

在国际商务谈判中，必然会有主场方和客场方之分。对应邀前来参加谈判的各方人士，在抵达和离开时，都要安排相关人员专门负责迎送。

1. 掌握迎送客人的背景资料

首先必须掌握客人的人数、性别、相貌特征，弄清来访者的身份、来访目的，与本组织的关系性质和程度，特殊要求与生活习惯等基本情况。

2. 确定迎送的相应规格

根据前述的国际商务谈判的尊重和对等的原则，应根据谈判人员的身份、此行的目的和己方与谈判人员的关系确立。对来访的客人应安排身份相称、专业对口的相应人员前往机场(车站、码头)迎接。对较重要的客人，亦可根据特殊关系和特殊需要，安排身份较高的人员破格接待，安排较大的迎送场面。一般的客人按常规派人迎送即可。遇有事情变故，则应另外安排地位相当的人员迎送并作出解释。对于特别重要的客人或者初次打交道的客人，应安排专人负责迎送。在迎送规格中，还有一项是交通工具的选择，要注意与来宾身份和公司规模相匹配，过于节省和过于炫耀都会令人产生不舒服和不信任的感觉。

3. 做好迎送的安排

与有关方面联系核实抵达(离开)的班机或车船班次、时间；安排好相应的迎送车辆；指派专人协助办理出入境手续及机票(车船票)和行李提取或托运手续事宜；预先安排好食宿；如迎送身份较高的客人，须事先在机场(车站、码头)安排贵宾休息室，准备饮料；如所迎接的客人不熟悉，须准备迎客牌子，写上"欢迎×××先生(小姐、女士)"及本组织名称。要严格掌握和遵守时间，无论迎送均须考虑交通与天气情况，一般须提前15分钟或半小时到达机场(车站、码头)，绝不能让客人等主人。

(二)迎来送往中的礼仪

迎来送往中的礼仪看似简单，其实不然。在商务谈判之前，大家初次接触，如果是怠慢的态度，会让对方认为己方没有谈判的诚意与愿望，产生抵触情绪；有时只是因为接待人员对对方的礼仪、习惯、民俗不了解，在接待过程中产生误解、不快，而使对方谈判人员产生抵触情绪，导致谈判夭折。

1. 介绍

如来者是熟人，则不必介绍，主人主动上前握手或拥抱，互致问候。如来者是生客，互不相知，则应说上些诸如"欢迎您的光临""路上辛苦了"的话表示欢迎或慰问，然后相互介绍。通常首先是自我介绍，并递上名片，接着把前来欢迎的人员一一介绍给来宾，然后再听取来宾的介绍。介绍完毕后应主动帮助客人提行李，但客人自提的贵重小件行李则不必代取。为解除客人的拘谨感，接待人员应主动与客人寒暄，交谈话题宜轻松自然，如问候客人旅途情况，介绍各地风土人情、气候、物产、旅游特色等，客人来访的活动安排，食、住、行等有关建议，以及客人感兴趣和关心的问题。

2. 献花

献花礼仪一般安排在来宾刚下汽车、飞机等交通工具的时候。如果是政府性的外交需要，己方最好安排活泼可爱的小学生负责欢迎献花；如果是一般性的商务来宾，则由己方负责接机(站)的女性工作人员呈上适宜的花束即可。

3. 迎接与陪同

按照国际交往礼节，迎接宾客时，一般须有身份相应的人员陪同。如有身份高的主人陪同，宜提前通知对方，并根据情况安排随从或翻译人员。徒步陪同时，应让客人走在右侧，主人走在左侧，并让客人行走略前一点表示尊敬，主人一般陪同主宾在前，随从人员则尾随其后陪同其他客人。乘车陪同时如果主宾不同乘一辆车，则应主人的车在前，客人的车在后。如果主客同乘一辆车，主人亲自驾车，客人则安排在主人右侧；如果司机驾车则随员坐在司机右侧，主人坐后排左侧，客人坐后排右侧中间。上车时，主人不必换位；下车时主人应先下车，然后迅速打开客人座位的侧门请客人下车。

4. 其他

(1) 迎送身份高的客人，事先在迎送地安排贵宾休息室，准备饮料。

(2) 指派专人协助办理出入境手续及票务、行李托运等手续。及时把客人的行李送往住地，以便其更衣。

(3) 客人抵达住地后，一般不要马上安排活动，应稍作休息，起码给对方留下沐浴更衣时间。只谈翌日计划，以后的日程安排择时再谈。

(4) 多头接待要做好协调工作，规格要相差不大，活动不能重复，更不能脱节。

二、国际商务谈判中的会谈礼仪

(一)国际商务谈判会谈开始前的礼仪

商务谈判是一种高度理性化的行为，是不同利益主体之间为了满足自己的需要而进行的磋商活动。同时，商务谈判过程又是谈判代表交往沟通的过程，所以，同样必须遵循人与人交往的礼仪规范。

1. 谈判地点的选择

选择谈判地点的主要原则是要方便与会者，同时有利于谈判的进行。商务谈判不论规格、级别如何，一般应安排在备有基本商务会议设施的会议厅。可以是己方自己的办公场所的会议室，也可以向当地专门的会议中心、酒店租借设施完备的区域。

2. 谈判者座次的确定

举行双边谈判时，应使用长方形或椭圆形的桌子，宾主应分坐于桌子两侧。如果桌子对门横放，则对门的一侧为上，应属于客方，背对着门的一边属于主方；如果桌子竖放，则进门左侧属于客方。

区别了主客方后，各方的主谈判者应该在自己一方居中而坐，其余人员遵循右高左低的原则，依据自身的职位等，在主谈判者的两侧依次落座。应事先做好列有各位来宾姓名的席卡，并按计划顺序放置在每个座位前，暗示、引导各位成员。因为与会者一旦落座，就要坐到整个会议结束，座位安排不当，会使与会者产生猜疑、抵触甚至愤怒的情绪，严重影响谈判。

需要翻译时，翻译应直接坐在主谈判者的右侧第一位。

举行多边谈判时，为了淡化尊卑关系，通常选择没有明显主从之分的圆桌落座，这就是我们通常所说的"圆桌会议"。

就座时，应力求主客两方同时落座，或者至少主方不能在客方未到场时就已经落座。

3. 谈判场所的安排

国际商务谈判注重的是简洁高效，在谈判过程中，要大量运用到科技演示手段，所以，电脑、投影仪、显示屏等都是必需的，甚至电源插头的个数、空调的马力大小等都要符合与会谈判者的要求。必要时，还应准备无线话筒、红外线指示笔等工具。

谈判场所应该空间宽裕、光源充足、通风，狭小的场所会使经历长时间谈判的人员感到憋闷和烦躁，影响谈判效果。

谈判场所应该保证安静，隔音效果良好，当谈判中发生争执时，不至于让会场外的人听起来不雅。

(二)国际商务谈判会谈中的礼仪

会谈是谈判的主体，是国际商务谈判的实质性阶段，所以是谈判中最重要的阶段。必要的会谈礼仪能使气氛紧张的谈判过程，始终都维持有理、有力、有据的得体局面，即使谈判不成功，也能维持各方友好的关系。

1. 国际商务谈判过程中的"说""问""听"

(1) 规范谈判语言。在国际商务谈判中，一切与会言语都要出自有理、有力、有据的基础上，无的放矢或者指桑骂槐都不是一个商务谈判者应有的风范。这样不仅达不到期望的谈判效果，还会给己方公司造成恶劣影响。

(2) 谈判使用的函件。国际商务谈判过程中运用到的一切商务应用文件都有一定的格式和规范。在书写这些文件时，一定要注意合理使用语言和格式，在必要的地方要加上谦

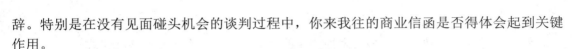

辞。特别是在没有见面碰头机会的谈判过程中，你来我往的商业信函是否得体会起到关键作用。

对于一些具有法律意义的函件，意思清晰、表达流畅、关键词语清楚是最基本的要求。

2. 国际商务谈判中处理僵局的态度

避免僵局的出现和妥善处理僵局，是国际商务谈判礼仪中应该注意的问题。当国际商务谈判中不可避免地出现僵局或者尴尬场面的时候，需要有人负责出面调解这种相持不下的气氛。组织谈判的一方可灵活掌握调节时机，合理安排谈判间歇，可以从与会者感兴趣的话题入手，适当转移各方的注意力，缓解紧张情绪，让各方适度放松，重新回到心平气和的谈判氛围中来。

3. 签约仪式

整个国际商务谈判结束后，最终结果一般要体现在一个签约仪式上。签约仪式虽然往往时间不长，也不像举办宴会那样涉及许多方面的工作，但由于它涉及各方关系，同时又是谈判成功的标志，有时甚至具有历史转折的意义，因此一定要认真筹办，一丝不苟。

1）人员确定

签字人应视文件的性质，由缔约各方确定，双方签约人的身份应大体相当。

出席签字仪式的人员，应基本上是参加谈判的全体人员。如果因某种需要一方要求让某些未参加会谈的人员出席，另一方应予以同意。双方出席人数应大体相等。

2）必要的准备工作

首先是签字文本的准备，有关单位应及早做好文本的定稿、翻译、校对、印刷、装订、盖火漆印等项工作，同时准备好签约使用的文具、国旗等物品。

3）签字厅的布置

由于签字的种类不同，各国的风俗习惯不同，因而签约仪式的安排和签字厅的布置也各不相同。

在我国，一般在签字厅内设置一张长方桌作为签字桌。桌面覆盖深绿色台呢，桌后放置两把椅子，作为双方签字人的座位，面对正门主左客右。座前摆放各自的文本，文本上端分别放置签字的工具。签字桌中央要摆放一个悬挂双方各自国家国旗的旗架。

4）签字仪式的程序

双方参加签字仪式的人员进入签字厅后，签字人入座，其他人员分主方和客方按身份顺序排列于各方的签字人员座位之后。双方的助签人员，分别站立在各自签字人员的外侧，协助翻揭文本及指明签字处。在签完本国本企业保存的文本后，由助签人员互相传递文本，再在对方保存的文本上签字，然后由双方签字人交换文本，相互握手。有时签字后，备有香槟酒，共同举杯庆贺。

5) 应注意的问题

涉及商业秘密的协议或一般技术性协议的签署，不需要有公开的签约仪式。

三、国际商务谈判中娱乐休闲活动的礼仪

为了辅助谈判进程，促使各方有更多共同交流的机会，主办方一般会在会议进程中安排一些相关的会务活动，以达到融洽气氛、增进了解的目的。

(一)参观游览

参观游览是人们到达一个陌生的地方以后首先考虑的活动内容。这种形式，也是东道主招待客人的主要方式。

1. 参观企业、机构

在邀请境外或其他公司的代表到本公司所在地进行谈判时，可以安排与会者参观本企业。在安排参观一些生产有特殊性要求的场所时，如钢铁、化工企业，要注意相应的安全措施，宾客也要积极配合以免发生不必要的麻烦。

2. 游览

与会谈判各方如果是初次来到会议所在的地点，最感兴趣的就是当地有代表性的风景景点。例如，上海的外滩、北京的故宫，基本上每个初来乍到的人都会有兴趣去看一看。这时候，主办方就要根据会议的实际需要与自己的具体实力，合理地安排一些参观内容。

3. 到休闲娱乐场所娱乐

在休闲娱乐场所娱乐，通常有观看文艺演出与联谊活动等。观看文艺演出是谈判活动中常用到的一种休闲方式。联谊活动一般适用于同行业内进行的商务谈判活动，比较容易找到共同的话题，也较适用于在年龄相仿的谈判者之间展开。

(二)宴会

商务宴请是国际商务谈判过程中的一个组成部分，是谈判者进行情感沟通的重要途径。

1. 宴会规格

宴请是国际交往中最常见的交往活动。宴请规格通常根据活动目的、邀请对象、人数及开支等因素而定。一般来说，宴会分为国宴、正式宴会、便宴、工作进餐等。

(1) 国宴。国宴是国家元首或政府首脑为招待应邀访问的外国元首或政府首脑及其他贵宾或在重要节日为招待各界人士而举行的正式宴会。国宴规格最高。宴会厅内悬挂国旗，安排乐队演奏国歌及席间乐，席间须致辞或祝酒。

(2) 正式宴会。正式宴会是为招待国内外来宾及国内各种庆祝活动而举行的宴请活动。它是地方政府常用的宴请形式，规格较国宴次之，宾主均按身份排位就席。

(3) 便宴。便宴是非正式宴会。规格不高，形式简便，可以不排坐席，不作正式讲话，比较随便。

(4) 工作进餐。工作进餐是边谈工作边进餐，比较简便，使人感觉亲切，有关工作人员均可参加。

2. 宴请活动的准备

1) 宴会的组织礼仪

对于商务宴会的主办方来说，要针对会议的性质、级别、与会者的总体喜好和人数安排不同形式的宴会。

2) 宴请的时间和地点的选择

宴请的时间应对主客双方都合适。注意不要选择对方的重大假日、有关重大活动或有禁忌日的日期和时间。小型宴请应首先征询主宾的意见，最好伺机口头询问，也可用电话联系。主宾同意后，时间即被认为是最后确定，可按此邀请其他来宾。注意不要在客人住的宾馆招待设宴。

各种宴请活动在宴会前一般均发请柬，工作餐可不发。请柬的格式和书写方式要遵从一定的规范，对于不熟悉本地情况的与会者，应该写清楚路线指示或者派专人接送。如果对宴会有服饰要求，则一并在请柬上注明。

3) 菜肴的选择

选菜不是依据主人的爱好，而是主要考虑主宾的喜好与禁忌。比如，伊斯兰教徒用清真席，不用酒和大肉，甚至不用带酒精的任何饮料；印度教徒不能用牛肉；佛教和一些宗教人士吃素；也有因身体原因不能吃特定食品的，应事先询问并注意。不要以为价格越高，菜就越好，如海参价格最高，但很多外国客商却不喜欢。事实上，用特色食品招待更受客人欢迎。但是，无论哪一种宴请，最好都要事先开列菜单，征求主宾的同意。宴请不求豪华，以温暖、愉快、民族特色鲜明为上。

4) 宴会的桌次和席位

大型宴会，最好是排席位，以免混乱。一般桌次高低，比离主桌位置远近而定，国际上的习惯，原则是右高左低。桌数较多时，还要摆桌次牌。同一桌上，席位高低以离主人的座位远近而定。外国习惯男女穿插安排，以女主人为准，主宾在女主人右边，主宾夫人在男主人右边。我国一般按人员的身份、职务排列。如夫人出席，通常把女方安排在一起，即主宾坐男主人右方，其夫人坐女主人右方，其他各桌第一主人的位置可以与主桌主人位置同向，也可以安排在面对主桌的位置为主位。

礼宾次序是排席位的主要依据。在排席之前，要把已经落实出席的主、宾双方出席名单分别按次序列出来。除了礼宾顺序之外，在具体安排席位时，还需考虑其他一些因素，如双方身份大体相同的，尽量安排在同桌。译员一般安排在主宾的右侧。以长桌做主宾席时，译员也可考虑安排在主宾对面，以便于交谈。但有些国家忌讳以背向人，在他们那里用长桌做主宾席时，主宾席背向群众的一边和下面第一排桌背向主席的座位均不安排坐人。在许多国家，译员不上席，为便于交谈，译员坐在主人和主宾的背后。

以上是国际上安排席位的一些常规。遇特殊情况时可灵活处理。如主宾有夫人，而主人的夫人又不能出席，通常可以请其他身份相当的妇女作第二主人。如无适当身份的妇女出席，也可以把主宾夫妇安排在主人的左右两侧。

3. 宴会的程序礼仪

主办方应提前到宴会现场查看宴会布置情况，迎接人员应及早等候在宴席入口处。宾客应比宴会开始时间提早一些到，以便与主人寒暄以及认识其他客人。宴会开始前通常可在休息厅交谈，不要急于入座，赴宴者基本到齐后主人会邀请大家入席。

在宴会主办方开席前致辞的时候，宾客要表现出应有的注意力及礼貌，不要同时在下面交谈。整个宴会应在友好舒适的气氛中进行，宾客尽欢而散。

(三)舞会

舞会是增进交往和友谊的社交活动，是广交朋友、融洽关系的公关形式之一。舞会的组织工作应注意以下几点。

(1) 舞会是一种大众化的高雅文娱活动，老中青皆宜，通常在晚上举行，时间一般为三小时左右，重大喜庆节日可延长。

(2) 邀请男、女客人，人数上要大致相等，对已婚者，一般应邀请其夫妇一起参加。如果男女人数不平衡，男客人多，可有计划地邀请外单位女性参加。

(3) 较正式的舞会要发请柬，请柬上注明舞会的形式，如是交谊舞会还是化妆舞会，参加地点和起止时间，客人来去自便等。

(4) 舞会场地应宽畅，邀请人数要与舞场规模大小相应，以免过多则拥挤，过少则冷场。

(5) 舞池地板应光滑上蜡，舞厅内把握光线明暗度，灯光柔和，不宜过亮，四壁用彩带装饰；规格较高的舞会，一般安排乐队伴奏。通过场地、灯饰、舞曲等方面为舞会创造热烈气氛。

(6) 在舞池周围准备好适量的桌椅供一曲舞完的客人们休息，略备茶点供客人饮用。

(四)礼品

国际商务谈判的礼仪还有一项内容，就是主客之间互赠礼品。

在国际商务谈判过程中，为了加深彼此的印象、互增好感的需要，谈判各方可以互相馈赠有纪念意义的礼品。

馈赠礼品的主要依据是对方的习俗和文化素养。谈判人员的文化背景不同，偏好和要求就会有所差异。比如，美国、英国、加拿大、澳大利亚等一些西方国家的谈判人员通常不在商务活动中赠送礼品，但是在日本，赠送礼物则是建立和保持业务关系的重要因素之一。因此，馈赠礼品必须注意以下问题。

1. 礼物价值不宜过高

礼物的价值不宜过高，但一定要特色鲜明。比如在美国，一般的商务性礼物的价值在25美元左右，而亚洲、非洲、拉美和中东等国家的客商则往往比较看重礼物的货币价值。

2. 要注重对方的习俗和文化背景

谈判人员由于所属国家、地区间有较大差异，文化背景有所不同，爱好与要求必然存在差异(这方面请见第四节)。馈赠礼品必须注意对方的习俗和文化背景。

3. 礼物的选择

选择礼物时，既要尊重对方的风俗习惯和偏好，又要突出中国的民族特色，并有一定的纪念意义，比如传统工艺品或奥运吉祥物等。有时，过于贵重的礼物反而会给对方造成有求于对方，或产品本身可能存在缺陷的误解，结果会适得其反。

根据调查，外国客商大多喜欢我国以下几种礼品。

(1) 景泰蓝礼品。景泰蓝是我国传统工艺的杰出代表，用它制作的纪念品种类繁多，受到外国朋友的普遍欢迎。其中，男士主要欣赏用景泰蓝工艺制成的打火机、笔，而女士则喜欢饰物、镜子和随身盒等。

(2) 玉佩。玉本身充满了神秘的东方色彩，我国的吉祥如意护身符更是如此。外国友人对玉的偏好以色泽温润、明光通透为佳，带有太极、八卦、汉字等图案的玉制品深受外国友人的喜爱。

(3) 具有我国传统风格或印有汉字的服饰。这类礼品最受外国朋友，特别是年轻朋友的偏爱。

(4) 绣品。在我国各种刺绣礼品中，苏绣、湘绣受到普遍欢迎。

(5) 水墨字画、竹制工艺品。

4. 礼物的包装

在选择好上述礼品后，要打好包装。在包装前，必须取下价格牌，否则是失礼的表现。这与我们有些国人在日常生活中的习惯是完全不同的，因为礼物价值过高，往往会产生贿赂的嫌疑，常常会引起对方不必要的疑虑，从而对谈判结果带来负面影响。

5. 收受礼品的礼仪

除了要向对方赠送礼品表示友好之外，商务谈判人员也经常遇到对方向我方赠送礼品的问题。对于赠送的礼品是否能够接受，要做到心中有数，因为如果你接受了一件礼物，就容易失去对某些事物或进程的控制。在国际商务谈判中，接受礼物必须符合国家和企业的有关规定和纪律。

国际商务谈判人员必须牢记自己是企业、国家的代表，而不是个人行为。当对对方所送礼品不能接受时，应说明情况并致谢。除中日两国外，对欧美客商一定要当面亲自拆开礼品包装，并表示欣赏、真诚接受和道谢。受礼后的还礼可以是实物，一般为对方礼物价值的 1/2。也可以在适当时候提及，表示"不忘"和再次感谢对方。

四、国际商务信函电文中的礼仪

(一)规范格式

一般写信开头须用谦辞，结尾要有祝词，落款要有日期。如果是一般商业信笺，可以用打印的样式节省时间。但打印信笺最后要有写信者正式、工整的手写签名，以示对对方的尊重。

信封的书写要求与信件一样，要规范、工整，不可写错、写漏，造成投递的困难。

(二)内容完整

文字要简明清楚，区分时间、对象，合理地运用谦辞。对于商务活动的细节，尤其在时间、地点的描述上，要清楚明确，不能使用一些意义模糊的概念、词语，以免产生不良的后遗症。

对于收到的商业信件，如果需要回复，则应尽快回复；对于一些有保留价值的商务文本，要注意整理和归档。

第三节　国际商务谈判礼节

如前所述，礼节是礼仪的节度，即人们在日常生活中相互问候、致意、祝愿、慰问以及给予必要的协助照料的惯用方式。也可以说礼节是礼貌在语言、行为、仪表等方面的具体规定，是社会文明的重要组成部分。国际商务谈判礼节也是国际商务谈判礼仪的节度，也是社会文明的重要组成部分。

这一节将阐释日常交往礼节的原则和介绍一些日常交往的一般礼节。

一、日常交往礼节的原则

(一)遵时守约

在国际商务活动中，如果有拜访约会，应该按约定时间到达。提早到达会使主人觉得没准备好而感到难堪，迟到则是失礼。万一因突然发生的交通原因或意外不得不迟到时，应当向等候的一方表示歉意；如果临时有重大事情不能出席既定的会议，应清楚诚恳地向对方说明原因，求得对方的谅解，并为由于己方未能出席造成的损失或麻烦作出一定的补救措施。

(二)敬老尊妇

我们一般说"尊老爱幼"，在国际商务活动过程中，没有说特别年幼的就需要给予保护，但是长辈和女士是一定要尊重谦让的。例如，在国际商务活动过程中，均让年长者和女士先行；对同行的年长者或女士，男士应主动帮助其提、拎沉重的物品；进出大门，男士应为年长者和女士开门、关门；进餐时，男士应主动关怀、照料身边的年长者或者女士就餐。

(三)举止适度

在国际商务活动过程中，出入公共场合或在会议现场举止得体、气度平和，是体现个人修养的重要因素。例如，不论在商务谈判中讨论有多么热烈，争辩有多么激烈，谈判者的举止都应该有分寸。不要随便询问对方有关隐私的任何问题，这与商务活动无关。

(四)随俗防禁

不同的国家、地区、民族，由于不同的历史、文化、宗教等原因，各有特殊的风俗习惯和礼节。在国际商务活动中出访到这些地方，就必须入乡随俗，理解和尊重当地人的习惯。

二、日常交往的一般礼节

(一)仪表服饰礼节

仪表服饰是非语言交流的重要媒介，人们常常通过仪表服饰来传递一定的信息。国际商务活动参与者的特性，如民族、国籍、社会与经济地位、品位、修养、喜好、精神状态、个性等，都可以通过仪表服饰语言含蓄而精确地表达。

1. 对仪表服饰的总体要求

对仪表的总体要求是：谈判人员的发型要经过修整，发式要大方得体，不可追求过分时尚华丽；发丝要保持清洁无头屑，不粘连；眼镜大小要不夸张，镜框要清洁，不可佩戴有镜链的眼镜；口腔要卫生，忌吃洋葱和大蒜；指甲要保持清洁；男士胡须应经常修整；在公众场合不可口嚼口香糖。

服饰是指人在服装上的装饰。穿着打扮是人类生存的基本要素，也是人体外在形象的重要组成部分。服饰是形成谈判者良好的个人形象的必备要素。

服饰功能包括自然功能和社会功能。自然功能是指服饰的自然属性，即人类出于保护自身的需要，要求服装能遮阳防雨、抵御寒冷等。社会功能是指在自然功能的基础上所产生的社会效益。民族、性别、习惯、年龄等差异使人们在服饰上也有很大区别。

在国际商务谈判中，服饰的颜色、样式及搭配合适与否，对谈判人员的精神面貌、带给对方的第一印象和感觉都将带来一定的影响。

首先，服饰要庄重、大方、优雅、得体。谈判者应根据自身的气质、体形特点选择适宜的着装，而凡是最适合自身特点的服饰，一定是最美和最优雅的。从服饰的样式来看，尽管世界各民族的服饰各有千秋、式样繁多，但男士西装和女式西式套装已成为谈判桌上普遍认可的着装。

在国际商务谈判的场合，谈判者应选择黑色、深蓝色、灰色和深褐色的单色服装，这些颜色会带给谈判对手稳重、成熟、严谨的可信任感觉，不遵守这一礼仪就会带来麻烦。1983年6月，美国前总统里根出访欧洲四国，曾因其穿了一套格子西装而引起一场轩然大波，因为按照惯例，在比较重要的正式场合应着黑色礼服，以示庄重。男士西装分为简易西装和精制西装两类，前者穿着比较随意，而后者穿着却有一定的讲究。精制西装在穿着时应符合规定的制式：上衣、西装背心和长裤必须用同一种面料裁制，穿着时不可内套毛衣和外现其他内衣，不可卷袖和翻袖，应佩戴领带或领结，同时应配穿颜色款式协调的皮鞋，不可穿旅游鞋和运动鞋。

其次是服饰要符合身份、个性、体形。国际商务谈判人员的穿衣打扮应具有一定的个性，要针对自己在谈判桌前的身份和自身的特点，包括性别、年龄、性格、职务等，确定服装的式样和色彩的搭配。

人的身材有高低之分，体形有胖瘦之别，肤色有深浅之差。人的穿着应因人而异，扬长避短，藏拙显慧。换言之，体胖或身形高大者应选择冷色调，体瘦或矮小者宜选择暖色调；颈短者应选择低领装，瘦削者不宜选择过于宽大的服装。

再次是服饰颜色的选择。服饰的颜色不宜过于单调，而应在某一色调的基础上求得变化。配色不要太杂，一般不能超过三种颜色。

黑色象征庄重，黑色的西装配上白色的衬衫会给人潇洒大方的感觉。

白色象征纯洁、素雅和洁净，给人以端庄的感觉。

灰色象征文静、朴素、含蓄，给人以谦虚、平和的感觉。

咖啡色象征浑厚、高贵，给人以力量、尊严的感觉。

蓝色象征安静、理智，给人以愉悦、智慧的感觉。

2. 对不同性别谈判人员仪表服饰的具体要求

1)　男士的仪表服饰

在一般比较正式的场合，男士的服饰需要从西装、衬衫、领带、鞋袜、公文包等方面考虑。

(1) 西装。

颜色：西服的色彩以黑色、深藏青、深灰色、深蓝色为佳，有时可以根据谈判中职位的高低选择相适应的服装色彩。

款式：款式以三件套式最为正式，当然一般成套的西装上衣与裤子也已经符合要求，男士西服的大致样式区别不大，但款式不能过于休闲，一般来说单排扣的西装比双排扣的更正式。

细节：谈判时不卷袖子，除了西装上衣口袋的装饰用手绢，西装马夹口袋里的怀表外，不在西装或衬衫的外部任何口袋里装东西，在西装贴身的胸部衣袋里，可以装上名片、钱夹以备取用，但切忌装得鼓鼓囊囊。

(2) 衬衫。

颜色：以单色为主，在正式的商务场合，白色衬衫可以说是商务男士的唯一选择。

款式：以纯色无图案为主，有隐暗条纹的衬衫也可出席商务场合，但不可搭配有明显条纹图案的西装。衬衫衣领的大小形状要兼顾穿着者本人的脸型、气质。

细节：衬衫一般选择没有胸口口袋的为佳，如果有胸口口袋，也不能在里面放置东西；在商务谈判的场合里，一般不能直接穿衬衫打领带，而必须穿着西装上衣。

(3) 领带。

面料：领带面料以真丝或纯羊毛为佳。

颜色：黑色、蓝色、深紫红色等单色都是适宜的颜色，总之要与西装、衬衫及本人相配。

款式：领带一般没有太多的款式改变，但是佩戴者打的领带结的大小要与衬衫领子与本人脸型等相配。

细节：如果西装外衣口袋佩戴有装饰性手帕，领带最好与其是一套的。

(4) 鞋袜。

鞋袜的选择比较简单，一般正式非休闲款的深色皮鞋即可，皮鞋颜色与西装相配，一般以黑色最为保险；袜子一般选择黑色或深的单色。

(5) 公文包及其他配件。

男士除了上述必备的服饰外，还可以在公文包、签字笔、怀表、手表、手帕等方面有些选择。

2)　女士的仪表服饰

女士服装的选择范围实在太广，但是，在正式的商务场合中，女士的服饰首选一般为西式套裙。

(1) 套裙。

颜色：女士服饰的颜色有多种选择，但一般也以选择单色为主，可以根据个人性格以及会谈的总体氛围决定是穿偏暖的色调还是偏冷的色调。但全身上下不能超过三种颜色，否则会显得杂乱无章。

款式：女士服饰的款式应适当跟随当时当地的时尚潮流。一般来说，简约、大方、端庄的款式最佳，要突出穿着者本人的优雅气质。

细节：西式套裙适合绝大多数商务人群里的女士。裙长要适宜，一般及膝或到小腿肚为佳。穿着正装套裙，在化妆、发型、步幅等方面都要有所注意。

(2) 配饰。

女士可以通过得体的配饰来提升自己的品位，突出自身的亮点。配饰通常包括项链、戒指、耳环、手表等。一般来说，参加正式的商务活动场合，女士佩戴一块得体的手表，再搭配一样首饰是最适宜的。

戴了手表的女士就不要再在另一只手上佩戴手链，手镯、手链一般是不出现在商务活动场合的。至于脚链，根本就不应该出现在会议室或者办公室。

(3) 皮包、鞋袜。

与男士的服饰礼节类似，女士的皮包等要符合当时当地商务会谈的环境需要，斜挎、过大、繁复的款式都不可取。一般女士皮包要小而自然实用。如果商务会场当时需要与会各位自带大量资料，女士也可以和男士一样选择得体的公文包，免去携带坤包以及它的纯装饰作用。

女士的皮鞋一般与套装是成套相配的，这可以免去一般的搭配费心思之苦。跟高则随个人喜好，一般有 2～5 公分鞋跟的皮鞋，比完全平跟和 6 公分以上高跟的皮鞋更为正式得体。女士的丝袜应颜色适中，以肤色为佳，当然黑色的套裙也可以配以黑色的丝袜。

(二)见面时的礼节

1. 致意的礼节

1) 握手礼

握手是社交活动中见面、告辞或相互介绍时表示致意和礼貌的常见礼节。

握手的一般顺序是：应由主人、身份高者、年长者、女士先伸手；客人、身份低者、年轻者、男士见面时先点头致意，待对方伸手再握。男士不应主动向女士伸手，这是不礼貌的。多人同时握手应注意不要交叉，待别人握完再握。

见面一般先点头致意或打招呼，然后握手，寒暄问候。初次见面者轻握一下即可，关系密切者时间可长些。身份低、年轻者对身份高、年长者应稍弯腰，以双手握住对方的手，以示尊敬，也有先鞠躬再握手的。男士与女士握手，只握手指部分，切不可用力握和握的时间太长。握手时应目视对方，微笑致意，不能看着第三者或东张西望，与第三者说话。对方伸出手来，不能拒绝，否则失礼。

握手须用右手，伸出左手与人握手是不礼貌的；男士握手时如果戴着手套或帽子应先脱下，再与人握手，妇女和地位尊贵的男士见面则可免去握手；军人戴军帽与对方握手时应先行举手礼，再握手；为表示更加亲切和敬重，可用右手握后，左手加握，表示热烈情绪。

2) 鞠躬礼

鞠躬是典型的东方色彩的礼节，尤其在日本，九十度的鞠躬简直就是日本人的标志。鞠躬时，应脱帽立正，双目凝视受礼者，慢慢地弯下腰去，男士双手紧贴裤缝两端，女士双手交叉放在腹前。

虽然一般的商务场合不需要鞠九十度的躬，但是鞠躬的角度越大，代表对对方越尊敬。切忌对着别人三鞠躬，那是只有在追悼会上才用到的礼节。

3) 合十礼

合十也叫合掌，双手面对面十指贴拢，指尖向上，置于胸前高度，上身微欠，略略低头。这种礼节一般出现在伊斯兰教或佛教信奉者相遇的场合，不可乱用。

4) 拥抱礼

在西方国家，拥抱是和握手一样最常见的礼仪，人们在见面、道别、祝贺时，都常常用拥抱来表达内心的感情。拥抱时双方面对面站立，各自举起右臂搭住对方左肩，再用左臂轻轻揽住对方右边的腰际，首先先向对方左侧拥抱，然后是右侧拥抱一次，最后再回到左侧。一般完整的拥抱礼是拥抱三次，但是普通场合如果方向搞反了或者次数少了也不会十分尴尬。

5) 亲吻礼

亲吻礼通常会和拥抱礼同时使用，即一边拥抱一边亲吻，长辈吻晚辈可以吻额头，晚辈吻长辈的下颌或者面颊。在商务场合，没有长晚辈之分，同性之间是互相贴一下面颊，异性之间可以吻面颊，接吻仅限于夫妻或情侣之间，如果不是很清楚亲吻的礼仪，则少用或者不用，以免产生笑话或者误会。

6) 脱帽礼

脱帽适用于朋友熟人见面时，如果戴着帽子，应脱帽比较合适。具体做法是，用一只手脱下帽子，将其置于大致与肩膀齐平的位置，同时与对方交换目光；如果双方相遇速度较快，也可一边问好，一边将一只手轻轻地做一个掀帽子的动作，并不完全将帽子脱下也可。

7) 点头礼

点头致意适宜不方便交谈的场合，与交情尚浅的人相会在商务场合，微微低头颔首，头轻点一到两下，同时面带微笑，与对方目光交会，幅度不用太大，表示出了自己的真诚即可。

2. 称呼的礼节

正式介绍时，应使用对方的尊称和对方的姓，同时要注意姓名的构成。一般来说，西欧和美国的姓名构成是名在前，姓在后，拉美国家一般是母亲名字在前，父亲名字在后。而讲西班牙语的国家，则是父亲的名字在前，母亲的名字在后。韩国和中国一样，姓在前，名在后。美国和比利时的已婚职业妇女，仍使用他们婚前的姓。在德国，"先生"或"女士"用在职称前，两者并用。在日本，在姓名后加"san"表示尊敬，意思接近于"先生"或"女士"，但这是一个敬语，切忌在自己姓名后加"san"。

在称呼对方姓名时，应注意自己的发音。如不知对方姓名如何发音，可直接向对方请教，否则，如果每次都把对方姓名读错，是非常不礼貌的。

3. 介绍的礼节

介绍是人们互相认识的开始，是社交活动的基本形式，介绍有自我介绍和居中为他人作介绍。介绍要讲究礼节。

(1) 介绍的基本原则，是先把别人介绍给应该受到特别尊重的具有了解优先权的人。所以介绍的一般顺序是，把身份低的介绍给身份高的，把年轻的介绍给年长的，把男士介绍给女士，把未婚女士介绍给已婚女士。介绍时，须先称呼身份高者、年长者和女士，以表敬意，再将被介绍人介绍出来。如介绍人和被介绍人双方地位、年龄均等，且性别相同，则可向在场者介绍后到者。集体介绍时，主人可从贵宾开始，也可按他们的座位顺序开始。

(2) 介绍时，除女士和年长者外，一般应起立示意。但在宴会桌和会谈桌，则不必，只要微笑点头致意即可。被介绍双方可握手，互相交换名片，问候致意，对身份高的人可以说："久仰大名，认识您很荣幸。"对一般人可以说："认识您很高兴。"

(3) 为他人作介绍时，还可以说明被介绍者与自己的关系，便于新结识的人相互加深认识和信任。在西方，个人行动去向、年龄、身体、婚姻状况和工资收入均为隐私，介绍时要避忌，以免对方反感。与人同行，在路中遇熟人可不必介绍，但时间逗留较长则应介绍。在家里告辞中的客人不必介绍给刚到的客人。

(4) 自我介绍。想认识对方，一般主动向对方点头致意，得到回应后再向对方介绍自己的姓名、身份和单位，同时双手递上名片。如对方回送名片亦应双手接过，点头致谢，不要立即收起，随意玩弄和摆放，应细读一遍，记住对方，以示敬意。

4. 名片交换的礼节

名片是个人用作交际或送给友人纪念的一种介绍性媒介物，一般为 10 公分长、6 公分宽的白色或有色卡片，在社交中以白色名片为佳。名片是自己的替身，是证明一个人自身存在的最有力的证据，它在国际商务谈判活动中必不可少。这不仅是因为书写的外国名字比口头表达的便于记忆，还因为在一些国家和地区，地位和职业显得很重要。在名片上不要用缩写，包括公司的名称，个人的职位、头衔等。到国外，名片最好同时印有中文与当地文字。

中式名片，职务用较小字体印于名片左上角，姓名印于中间，办公地点、电话号码或寓所地址等印于下方。如印中外文名片(一般为中英文)，可将英文按规范格式印于背面。名片印刷应用正楷标准字体印刷，忌用或少用花体字。

西式名片，姓名印在中间，职务则用较小字体印于姓名之下，住所或工作地点大都印于右下角(也有印于左下角的)。印刷时多为楷书或行书，也有使用阴影楷书的，但很少用花体英文。西式名片，可夫妻共同一张名片(如 Mr. and Mrs. John Forster Hug hen)。男士的姓名前可加"Mr"。已婚女士要加"Mrs"，其后用丈夫的姓。小姐可加"Miss"。对于有医师、牧师、军官或官员等头衔的人士，可将其头衔加于姓名之前。

在不同国家，名片交换的重要程度不同。在国际商务谈判中，应根据有关国家的礼仪来决定名片如何交换。当然，无论采用何种方法，名片的交换都是有助于加深双方了解的。

在设计和交换名片时，应注意以下几点。

1) 初次见面交换名片的礼节以及如何设计名片

初次见面，对方递过名片并作自我介绍，意欲结识自己。这时，应双手接过名片，端详片刻后装入名片夹或上衣袋中。在感谢对方的同时，将自己的名片交换给对方。如果当时没法交换自己的名片，应说明情况并致歉，事后补上。在我们的商务活动中，习惯的做法是初次见面时互相交换名片；而在外国人看起来，名片就像一张传单，他们是不轻易交换名片的。因此，到国外一般不要像发传单那样发名片。

设计有两种语言的名片，一面是中文，另一面是英文或东道主国家语言的名片。在名片上，应标有职务和头衔，这种头衔有助于对方给你以恰当的礼遇。这种头衔在许多国家是非常重要的。

2) 把名片放在自己口袋里或公文包内，以便随时取用

名片应保持完整无损，并放在一个精致的名片盒或袋内。同时，要带足够的名片，因为有时可能见面人数较多，交换名片时必须保证每人一张，少了是比较尴尬和失礼的。

3) 了解递交名片的场所与时机

在美国和澳洲，交换名片比较随意，有时甚至不需要交换。但在有些国家，交换名片则显得比较正式、隆重。

在日本，交换名片是在鞠躬和自我介绍后进行的，客人先递交名片。如果你是被介绍者，则递交名片必须在被介绍之后进行。

在阿拉伯国家，名片交换一般是在会面后进行，但也往往在握手时交换名片。

在葡萄牙，名片交换是在见面后立即进行。

在丹麦，名片交换是在见面开始时进行。

在荷兰和意大利，通常是在第一次见面时递交名片。

在社交活动场合，不宜递交名片或要求赠送名片。

4) 熟悉递交名片的方式

递交名片时，应把英文或东道国国家文字的那一面朝上，把中文的那一面朝下。

在中东、东南亚和非洲国家，应用右手递交名片，因为印度、印度尼西亚、马里等一些国家的人用手抓饭，认为右手是干净的，而左手则是不干净的。

在日本和新加坡，应用双手递交名片。

一般要将名片的正面对着接受者，以便对方能一眼就看清名片上的名字。

5) 懂得如何接受名片

当接到名片时，应说一声"谢谢"或点头微笑，同时对名片加以研究。在接受对方名片时，不应看都不看，随意装入衣袋。而把对方的名片拿在手中搓玩或弯折，是十分不礼貌的行为。应在认真阅读后，郑重地将名片放入自己的名片盒内或夹到文件上。如参加会谈时接到的名片较多，可将名片在桌上摊开，并将名片与人对号，会谈结束时再将名片收起放好。

(三)电话联系的礼节

国际商务谈判中，双方互通电话，在礼节上很有讲究。在谈判双方休整过程当中，一方给另一方打电话，一般是有重要的事情，双方对此类电话都会很注意。因此，打电话之前应做好准备，打好腹稿，选择好表达方式、语言、声调等。不论拨打或接听电话，都要讲得慢一些、清楚一些，让对方可以听得明白。凡是谈到地名、人名、数字、日期、时间或关键话语，最好重复一遍，或询问对方是否听清，再往下讲。对方讲话时，要用心听，可发出"嗯"等表示，不要随便打断其讲话。若通话过程中电话突然中断，应由拨打电话一方重拨，即使中断可能是由接电话一方引起的。

通话时，不要随意同身旁的人讲话或同时干别的事情；若万不得已，应向对方说明，然后尽快把事情处理完毕。在恢复通话时，要向对方致歉后再谈下去。

通话后，不管与你对话的另一方是什么人，你一定要态度友善，语调温和，讲究礼貌。无论事情多么紧急，切忌表现出丝毫的粗鲁和急躁，也不可一挂通就急着进行交谈，而应小心询问接话的是否是某先生或女士。在国外通电话时，常会遇到对方讲话听不清楚，而不知如何是好的情形。此时拜托旅馆服务员代劳不失为一个好办法。若接他人电话应首先报清自己的通话地点、单位名称及姓氏，然后转入正题。

(四)宴请的礼节

(1) 在接到宴会邀请后，能否出席要尽早答复对方，以便主人安排。或打电话，或复便函。如果不能出席，应尽早向组织者解释或道歉。

(2) 作为宴会的参加者，应掌握抵达的时间，一般应正点或提前二三分钟到达。作为主人或主持者，应在客人到达时站在门口迎接，和每一位客人打招呼或握手。

(3) 在宴会入座时，要了解自己的桌次和座位，按座位卡上写的名字入座。如果不用按名入座的话，则应按职位高低、年龄长幼，请职务高、年长者和妇女先入座。

(4) 在宴请开始时，应由职务高、年长者和妇女先动筷。用餐时，尽量控制打喷嚏、咳嗽等，万一控制不住，则应用手帕掩住口鼻，扭转头避开桌面。不要让杯、盘、筷、匙或刀叉等，相撞乱响。骨头、残屑等物，不能吐在地上或桌布上，而应放在自己面前的小碟中。

(5) 吃东西要文雅。闭嘴咀嚼，喝酒不要啜，吃东西不要发出声音，如汤、菜太热，可待稍凉后再吃，切勿用嘴吹。嘴内有食物时，切勿说话。剔牙时，用手或餐巾遮口。

(6) 祝酒时，应是主人和主宾先碰杯，其他人再碰或也可以举杯示意，但不要交叉碰杯。主人和主宾致辞、祝酒时，应暂停进餐，停止交谈，注意倾听。宴会时，可适当饮酒，饮酒量要控制在自己酒量的 1/3 以内，饮酒过量或勉强他人饮酒都是失礼的行为，一定要避免。

(7) 在餐具的使用上，中餐一般就是碗、筷、匙，西餐则是刀、叉、盘子。对于西餐餐具的使用，有一定之规。进餐时，刀叉使用次序是从自己面前最外侧开始用。右手持刀，左手持叉，将食物切成小块，然后用叉送到嘴里。菜若吃完，则将刀叉并拢平排放在盘内，以示吃完。如未吃完，是摆成八字或交叉摆，刀口应向内。除喝汤外，还用匙进食。喝汤时用匙由内往外舀起送入嘴。盘内汤将喝尽时，可将盘向外略托起，但不要端起盘子喝。

(8) 喝茶或咖啡时，要用左手端起茶碟或咖啡碟，右手端杯，不要将搅拌用的茶匙把茶或咖啡放入口中。

(9) 吃水果时一般会去皮切块，要用叉子或牙签取食。

(10) 在宴会进行中，如果不慎将酒杯碰倒或餐具掉到地上或酒水打翻溅到邻座身上，应表示歉意，或协助擦干。

(11) 宴会结束后，应与宴会主人或主持者打招呼，表示感谢，方可离去。

(五)舞会的礼节

(1) 作为舞会的组织者，客人来到时，应向他们指示脱放外衣之处。之后，应引导客人在步入舞池之前同其他来宾相聚攀谈、寒暄，示意客人在自己喜欢的任何地方坐下。

(2) 参加舞会，要仪容整洁，举止文明。服装要能充分体现出人的高雅风度和优美线条。切忌粗俗与轻浮。

(3) 一般来说，是男方邀请女方跳舞。邀请时，可以稍微俯身问"可以请您跳舞吗？"女方一般不应拒绝，微微点头说："可以。"如果女方的男伴或女伴还在一旁，邀请者应向他们点头，说声"对不起"。如果被邀请者事先已经先同意别人，则可婉言解释："对不起，已经有人邀请我跳了，下一个曲子再和您跳吧！"或者说："对不起，我想休息一下。"总之，应是邀舞者彬彬有礼，受邀者落落大方。

(4) 一曲结束，男方应对女方说"谢谢"，并伴随女方回到原座位，点头致谢再离开。

(5) 跳舞时，男方的右手应在女方腰部正中，不能超过女方腰的中部。参加舞会的来宾，特别是男宾，不应整个晚上独占一位女性，而应邀请别的任何一位他所喜欢的人跳舞。女方若辞谢邀请后，一曲未终，不要再同别的男子共舞。

第四节　各国商务礼俗与禁忌

在国际商务交往中，我们不仅要遵从国际商务礼仪，而且要了解与尊重有关国家的商务礼俗和注意其禁忌。以避免不知道某些特殊礼俗和禁忌而使外宾不快。这一节，特对各国的商务礼俗与禁忌作扼要的介绍。

一、英国与澳大利亚的商务礼俗与禁忌

(一)英国的商务礼俗与禁忌

英国人注意仪表，讲究穿着。男士每天都要刮脸，凡外出进行社交活动，都要穿深色的西服，但忌戴条纹图案的领带；女士则着西式套裙或连衣裙。

英国人初次引见时，一般是礼貌地说声"您好"并添加些"见到您很高兴"之类的话。英国人的见面礼是握手礼，见面告别时要与男士握手，戴着帽子的男士在与英国人握手时，最好先摘下帽子再向对方示敬；与女士交往，必须她们先伸出手时再握手。称呼时，要用"先生""夫人""小姐"，只有对方请你称呼其名时，才能直呼其名。与人交往时，注重用敬语"请""谢谢""对不起"等。

在商务谈判中，英国人说话、办事，都喜欢讲传统、重程序，对于谈判对手的身份、风度和修养，他们看得很重。

与英国人会谈要事先预约，赴约要准时。英国人习惯约会一旦确定，就必须排除万难赴约。所以，和英国人约会不能提前太久，如果所约的时间很早就约定，则被约的英国人就只能支吾其词地回答。

多数商务款待在酒店和餐馆举行，若配偶不在场，可在餐桌上谈论生意。受到款待之后，一定要写信表示谢意，否则会被认为不懂礼貌。社交场合不宜高声说话或举止过于随便，说话声音以对方能听见为妥。

避免谈论政治、宗教和私人问题，亦不要对英国皇室地位、财富或角色加以评论。要明显表示出对年长者的礼貌。英国人喜欢谈论其丰富的文化遗产、动物等。

赠送礼品是普通的交往礼节。所送礼品最好标有公司名称，以免留下贿赂对方之嫌。如被邀作私人访问，则应捎带鲜花或巧克力等合适的小礼品。

(二)澳大利亚的商务礼俗与禁忌

澳大利亚人的特殊习俗主要有三。一是奉行"人人平等"的信条，遵从"女士优先"的社交原则；二是谦恭随和，遵时守约；三是喜欢上酒店进行商务交谈，且边吃边谈，效率极高。澳大利亚因地广人稀，在商务活动中极讲究效率，从而形成了澳大利亚商务谈判中的两个明显特点：一是澳方派出的商谈代表，一般都对事务具有决策权，从而他们也要求对方派的商谈代表也具有决策权。他们厌恶那种不解决实际问题的漫长"磋商"。二是对采购物品、输入劳务等，一般采用"招标"方式，以便能够用最低代价和最短时间找到合作伙伴。若和他们漫天要价，以期在商谈中慢慢减价，则很可能导致合作机会的失去。澳大利亚人忌讳兔子，喜爱袋鼠，偏爱琴鸟。

二、美国与加拿大商务礼俗与禁忌

(一)美国的商务礼俗与禁忌

美国的特殊发展历史，形成了美国商人一般具有性格外露、自信、热情、坦率和办事利索的性格特征。

美国人崇尚进取和个人奋斗，不大注意穿着，通常相见时，一般只点头微笑，打声招呼，而不一定握手。彼此较随便，大多数场合下可直呼名字；一般也不爱用先生、太太、小姐、女士之类的称呼，而认为对关系较深的人直呼其名是一种亲切友好的表示，从不以行政职务去称呼别人。对年长者和地位高的人，在正式场合下，则使用"先生""夫人"等称谓；在比较熟识的女士之间或男女之间会亲吻或拥抱。

约会要事先预约，赴约要准时，但商贸谈判有时亦会比预定时间推迟 10～15 分钟。

美国人在进行商务谈判时，喜欢开门见山，答复明确，不爱转弯抹角；在谈判中谈锋甚健，不断地发表自己的见解和看法；商务谈判前准备充分，且其参与者各司其职，分工明确；一旦认为条件适合即迅速做出是否合作的决定，通常在很短的时间内就可以做成一大笔生意。

宴会进餐时，宾主可以谈论生意。餐巾一般放在膝上，左手经常放在腿上，他们认为把肘部放在餐桌上是不文雅的举动，当然不少美国人也不介意。

(二)加拿大的商务礼俗与禁忌

加拿大是和美国相邻的一个大国，但在礼俗上与美国人存在区别。与加拿大人进行商务交往时，应注意以下几点。

(1) 赴约时要求准时，切忌失约。

(2) 日常生活中忌白色的百合花，白色的百合花只在开追悼会时才使用。喜欢枫叶，国旗上就印有五个叶瓣的枫叶，有"枫叶之国"之称。

(3) 切勿将加拿大与美国相比较，这是加拿大人的一大忌讳。

(4) 销往加拿大的商品，必须有英法文对照，否则禁止进口。

(5) 当听到加拿大人自己把加拿大分为讲英语和讲法语的两部分人时，切勿发表意见。因为这是加拿大国内民族关系的一个敏感问题。

三、法国、德国的商务礼俗与禁忌

(一)法国的商务礼俗与禁忌

在与法国人的社交中，对年长者和地位高的人士要称呼他们的姓。有区别同姓之人时，方可姓与名兼称。一般的人则称呼"先生""夫人""小姐"，且不必再接姓氏。熟悉的朋友可直呼其名。

法国人天性浪漫好动，喜欢交际。在商务交往中，常用的见面礼是握手。见面时握手，且迅速而稍有力。而在社交场合，亲吻礼和吻手礼则比较流行。

在商务活动中，法国商人特别注重"面子"，在与之交往时，如有政府官员出面，会使他们认为有"面子"而更加通情达理，有利于促进商务活动的进行。在商务谈判中，法国商人对双方提交的各方面材料十分重视。合同在法国客商眼里极富有"弹性"，所以他们经常会在合同签订后，还一再要求修改它。

在商务交往中，法国商人有一个十分独特的地方，就是坚持要求使用法语。在商务活动中，法国人若发现跟自己交谈的人会说法语，却使用了英语，他肯定会生气。但也忌讳别人讲蹩脚的法语，认为这是对其祖国语言的亵渎，若对法语不纯熟，最好讲英语或借助翻译。

当主要谈判结束后设宴时，双方谈判代表团负责人通常互相敬酒，共祝双方保持长期的良好合作关系。商业款待多数在饭店举行，在餐桌上，除非东道主提及，一般避免讨论业务。法国人讲究饮食礼节，就餐时保持双手(不是双肘)放在桌上，一定要赞赏精美的烹饪。法国饭店往往价格昂贵，要避免订菜单上最昂贵的菜，商业午餐一般有十几道菜。交谈话题可涉及法国的艺术、建筑、食品和历史等。

与法国人交往，约会时要事先预约，并准时到场，简短互致问候后，直接进入讨论要点，商业用语几乎都用法语。受到款待后，应在次日打电话或写便条表示谢意。告辞时，应向主人再次握手道别。

(二)德国的商务礼俗与禁忌

德国人勤勉矜持，讲究效率，崇尚理性思维，时间观念强。他们不喜欢暮气沉沉、拖拖拉拉、不守纪律和不讲卫生的坏习气。

德国人在称呼时，往往在对方姓氏之前冠以"先生""夫人"或"小姐"。对博士学位获得者和教授，则在其姓氏之前添加"博士""教授"。因此知道谈判对手的准确职衔很重要，并应在会谈中重视以职衔相称。

谈判时，穿着要整洁，举止得体，处事克制，不要主动提出没有依据的观点。交谈时不要将双手插入口袋，也不要随便吐痰，他们认为这些是不礼貌的举止。

在商务活动中，德国商人讲究穿着打扮，一般会穿着整洁得体。一般男士穿深色的三件套西装，打领带，并穿深色的鞋袜。女士穿长过膝盖的套裙或连衣裙，并配以长筒袜，化淡妆。

在商务谈判中，德国商人不仅讲效率，而且准备周详，瞧不起"临阵磨枪"缺乏准备的对手；喜欢在商谈前即准确地做好谈判议程安排；在谈判中他们倔强好胜，表现得较为固执，难以妥协，因而在交易中很少让步。但他们重合同，讲信誉，对合同条文研究得极为仔细与透彻，合同一旦签订，任何对合同的更改要求都不会得到他们的理会，他们执行合同也十分严格。

与德国人约会要事先预约，且务必准时到场。德国人重视礼节，社交场合中，握手随处可见；会见与告别时，行握手礼应有力。

四、俄罗斯与东欧国家的礼俗与禁忌

(一)俄罗斯的礼俗禁忌

俄罗斯是一个重礼好客的多民族国家。其礼俗兼有东西方礼仪的特点。俄罗斯人整体文化素质很高，许多家庭都有极丰富的藏书。俄罗斯人的地位意识较强，称呼时要加头衔(如部长、主任等)。会见时要事先预约，并准时赴约，他们的"见面礼"是亲吻与拥抱。同其他国家相比，俄罗斯人常有较多的身体接触，但他们不善于使用手势和脸部表情，即使在商务活动中也是如此。

俄罗斯人做生意比较谨慎。在谈判桌上，他们从不吝惜时间，擅长讨价还价，在生意场上则显得有些拖沓。

商务款待时，要准备多方敬酒及回敬。就餐时双手放在桌上；用餐毕，稍坐一会儿，并称赞俄方东道主的款待。

俄罗斯人性格中有对朋友重视的一面。与俄罗斯人做生意，最好先成为他们的朋友。大多数俄罗斯人喜欢轻松、友好的谈判气氛。在谈判前，最好先互相问候一下，拉近了距离再进入正题。谈判中也不要一直严肃，而应穿插一些轻松、适当的话题或者笑话，这样谈判气氛会更和谐。如果让俄罗斯人感觉到双方已经成为朋友，那么，他们会十分信任你。

(二)东欧一些国家的礼俗禁忌

波兰盛行吻手礼，他们认为吻手象征着高贵，连街头执勤的女警，也要求人们行吻手礼；波兰人喜欢谈论和赞美他们的国家和文化，也乐于谈及你的个人家庭生活，但忌讳谈及"二战"中的苏联和法国；一切有战略意义的地点和建筑都严禁拍照；洗手间的表示方式极为独特，"△"符号表示男用，"○"表示女用，去波兰进行商务活动或旅游时切勿搞错。在匈牙利、罗马尼亚、保加利亚等国，每年6～8月是商人的度假月，在此期间，商事活动不宜往访。还有圣诞节及复活节前后两周期间也不宜往访。多数东欧人家都铺有地毯，客人进门时最好脱鞋，以示对主人生活习惯的尊重。

匈牙利人习惯以白色代表喜事，黑色表示庄重或丧事。罗马尼亚人忌穿堂风，认为穿堂风有损健康，他们不允许两个对着的窗子同时打开。保加利亚人和阿尔巴尼亚人习惯"点头不算摇头算"。保加利亚人喜欢玫瑰花，不喜欢鲜艳明丽的色彩。

阿尔巴尼亚大多数人信仰伊斯兰教，在南斯拉夫也有为数众多的穆斯林，他们遵循伊斯兰教教义。在阿尔巴尼亚的某些乡村，男女有别的传统较为严格，有些地方还设有不许女人进入的"男人堂"。

五、日本和韩国的商务礼俗与禁忌

(一)日本的商务礼俗与禁忌

日本人经商带有典型的东方风格，一般比较慎重、耐心而有韧性，信心、事业心和进取心都比较突出。

(1) 日本重视礼节和礼貌。日本人的谈吐举止都要受到严格的礼仪约束，称呼他人使用"先生""夫人""女士"等，不能直呼其名。他们强调非语言交际，鞠躬是很重要的礼节，鞠躬愈深，表明其表达敬意的程度愈深；但与西方人交往时，通常行握手礼。

与日本商界打交道，要注意服饰、言谈、举止的风度。与日本人初次见面，互相鞠躬，互递名片。与日本人交换名片时，要向日方谈判班子的每一位成员递送名片，不能遗漏。没有名片就自我介绍姓名、工作单位和职务，如果是老朋友或者是比较熟悉的就主动握手或拥抱。日本人盛行送礼，他们既讲究送礼，也讲究还礼，不过日本人送、还礼一般都是通过运输公司的服务员送上门的，送礼与受礼的人互不见面。

(2) "笑脸讨价还价"。日商一般都具有较高的文化素质和个人涵养，能自如地运用"笑脸式的"讨价还价，以实现获取更多利益的目标。

(3) "任劳任怨做细致准备"。对商业谈判，他们往往事先就已撰写了详尽的计划方案，做了精心准备；若在谈判中出现新的变化，他们会夜以继日地迅速形成文字，使对方充分理解，为其成功创造机会。

(4) "吃小亏占大便宜"。这是日商经商的典型特征之一，其常用的手法是打折扣吃小亏，抬高价占大便宜。日商很注意交易和合作的长远效果，而不过分争执眼下的利益，善于"放长线钓大鱼"。

(5) "抓关键人物，促成交易"。日商很重视在交易中建立和谐的人际关系，十分重视做对交易有决定作用的人物的工作，在他们身上不惜花大工夫。在同日商商谈开始的时候，去拜访日本企业中同等地位的负责人也十分重要，他会促使日本企业重视与你之间的合作关系。

(6) 日本人在商务谈判中往往不明确表态，常使对方产生模棱两可、含糊不清的印象，甚至误会。应切记的是，若日商在你阐述意见时一直点头，这并不表示他同意你的主张和看法，而仅仅表示他已经听见了你的话。他们在签订合同前一般都很谨慎，且历时也很长，但一般很重视合同的履行。同时对对方履行合同也很苛求。

(7) 会谈要遵守时间，若到东京等闹市赴会，要预留一点时间以免交通堵塞而迟到。谈论日本饮食、建筑、体育以及世界各地旅游观感是容易引起兴趣的话题。

(8) 日本公司在与外国客户开始业务联系时，常常会馈赠礼品，收到礼品后，应向东道主表示深切的谢意，并应回赠以公司为名义的礼品。

(二)韩国的商务礼俗与禁忌

韩国是一个礼仪之邦，其习俗与我国朝鲜族基本相同，尤其在尊老爱幼、礼貌待人方面，更为注重。

韩国的商务习俗比较复杂，主要应注意以下几点。

(1) 前往韩国进行商务访问的最适宜时间是从 2 月到 6 月、9 月、11 月和 12 月，尽量避开多节的 10 月以及 7 月到 8 月中旬、12 月中下旬。

(2) 韩国商务人士与不了解的人来往，要有一位双方都尊敬的第三者介绍和委托，否则不容易得到对方的信赖。为了介绍方便，要准备好名片，中文、英文或韩文均可，但要避免在你的名片上使用日文。到公司拜会，必须事先约好。会谈的时间最好安排在上午 10 点或 11 点左右，下午 2 点或 3 点。

(3) 韩国也忌讳"4"这个数，因此无论是赠送鲜花还是水果都应注意避开这些敏感数字。

(4) 在商务交谈中，至关重要的是首先建立信任和融洽的关系。否则谈判要持续好长时间，尤其是在韩国进行长期的业务活动，需要多次访谈才能奏效。

(5) 韩国商人不喜欢直说或听到"不"字，所以常用"是"字表达他们有时是否定的意思。此外，在商务交往中，韩国人比较敏感，也比较看重感情，只要感到对方稍有点不尊重自己，生意就会告吹。韩国人重视业务中的接待，宴请一般在饭店举行。吃饭时所有的菜一次上齐。饭后的活动，有的是邀客人到歌舞厅娱乐、喝酒，并用麦克风唱歌，拒绝是不礼貌的。

六、新加坡、泰国的商务礼俗与禁忌

(一)新加坡的商务礼俗与禁忌

新加坡商人谦恭、诚实、文明和礼貌，他们在谈判桌上一般会表现三大特点：一是谨慎,不做没有把握的生意;二是守信用,只要签订合同,便会认真履约;三是看重"面子",特别是对老一代人,"面子"往往具有决定性的作用。新加坡人禁忌说"恭喜发财",认为"发财"是指"发不义之财",因而是对别人的侮辱与漫骂。在新加坡,留长发的男子不受欢迎。新加坡注重环保,文明卫生,在新加坡随地吐一口痰,要罚款 200 新元,随地扔一个烟头罚款 1000 新元(相当于一般人的月收入)。

(二)泰国的商务礼俗与禁忌

泰国商人喜欢诚实而富有人情味的人。在泰国,佛祖和国王是至高无上的,人的头是神圣的。泰国人见面时,通行的是行合掌礼,双掌相合上举,抬起在额与胸部之间,双掌举得越高,表示尊敬程度越高,但地位高者、老者还礼时手腕不得高过前胸。泰国人喜欢大象与孔雀,白象被视为国宝,荷花是他们最喜欢的花卉。他们喜欢红、黄色,尤其喜欢蓝色,视为"安宁"的象征。他们忌用红笔签名和狗的图案。

本 章 小 结

本章"国际商务谈判礼仪"分四节进行论述。第一节"礼仪和国际商务礼仪概述",首先阐释了礼仪的含义、渊源、发展和基本构成因素,而后论述了礼仪的作用和商务礼仪运用的目的,最后阐释了国际商务礼仪的原则。第二节"国际商务谈判的一般礼仪",先后介绍了国际商务谈判中的迎来送往礼仪、会谈礼仪、娱乐休闲活动礼仪、信函电文中的礼仪。第三节"国际商务谈判礼节",首先阐释了日常交往礼节的原则,而后介绍了日常交往的一般礼节。第四节"各国商务礼俗与禁忌"分别介绍了各国商务礼俗与禁忌。通过本章的学习,能使谈判者了解国际商务谈判的礼仪、礼节和各国商务礼俗与禁忌,提示谈判者在谈判过程中能注重国际商务谈判的礼仪和礼节,能注意各国商务礼俗与禁忌,以更好地参与国际商务谈判。

自 测 题

关键名词

礼仪

思考训练题

1. 国际商务礼仪应遵循哪些原则?

2 国际商务信函电文中的礼仪有哪些?

3. 日常交往礼节应遵循哪些原则？

4. 致意的礼节有哪几种？

5. 谈谈美国与加拿大商务礼俗与禁忌。

6. 谈谈俄罗斯与东欧国家的礼俗与禁忌。

7. 谈谈日本和韩国的商务礼俗与禁忌。

案 例 分 析

左手引起的麻烦

　　某厂长去广交会考察，恰巧碰上出口经理和印尼客户在热烈地洽谈合同。见厂长来了，出口经理忙向客户介绍，厂长因右手拿着公文包，便伸出左手握住对方伸出的右手。谁知刚才还笑容满面的客人忽然笑容全无，并且就座后也失去了先前讨价还价的热情，不一会儿便声称有其他约会，急急地离开了座位。

　　（资料来源：百度知道，http://zhidao.baidu.com/question/47124312.html.）

问题：

印尼客户为何急急地离开了座位？谈谈国际商务谈判礼仪中握手礼的规范。

第四篇 管理沟通理论实践篇

第十五章 管理沟通基本理论

【学习要点及目标】

通过本章的学习，了解管理、沟通的含义及二者的联系与区别；明确管理沟通的含义、目的、基本架构、基本要素、分类和原则。

【引导案例】

企业成功源于沟通

沃尔玛公司已连续多年成为世界 500 强之首，其成功的因素很多，但是其中有一点重要的原因就是组织内部的良好沟通机制的建立。美国沃尔玛公司总裁萨姆·沃尔顿(Sam Walton, 1918—1992 年)曾说过："如果你必须将沃尔玛管理体制浓缩成一种思想，那可能就是沟通。因为它是我们成功的真正关键之一。"沟通就是为了达成共识，而实现沟通的前提就是让所有员工一起面对现实。沃尔玛决心要做的，就是通过信息共享、责任分担实现良好的沟通交流。

沃尔玛公司总部设在美国阿肯色州本顿维尔市，公司的行政管理人员每周花费大部分时间飞往各地的商店，通报公司所有业务情况，让所有员工共同掌握沃尔玛公司的业务指标。在任何一个沃尔玛商店里，都定时公布该店的利润、进货、销售和减价的情况，并且不只是向经理及其助理们公布，也向每个员工、计时工和兼职雇员公布各种信息，鼓励他们争取更好的成绩。沃尔玛公司的股东大会是全美最大的股东大会，每次大会公司都尽可能让更多的商店经理和员工参加，让他们看到公司全貌，做到心中有数。萨姆·沃尔顿在每次股东大会结束后，都和妻子邀请所有出席会议的员工约2500人到自己的家里举办野餐会，在野餐会上与众多员工聊天，大家一起畅所欲言，讨论公司的现在和未来。为保持整个组织信息渠道的通畅，他们还注重向各工作团队成员全面收集员工的想法和意见，通常还带领所有人参加"沃尔玛公司联欢会"等。

萨姆·沃尔顿认为让员工们了解公司业务进展情况，与员工共享信息，是让员工最大限度地干好其本职工作的重要途径，是与员工沟通和联络感情的核心。而沃尔玛也正是借用共享信息和分担责任，适应了员工的沟通与交流需求，达到了自己的目的：使员工产生责任感和参与感，意识到自己的工作在公司的重要性，感觉自己得到了公司的尊重和信任，积极主动地努力争取更好的成绩。

沟通的管理意义是显而易见的。如同激励员工的每一个因素都必须与沟通结合起来一样，企业发展的整个过程也必须依靠沟通。可以说，没有沟通，企业管理者的领导就难以发挥积极作用，没有顺畅的沟通，企业就谈不上机敏的应变。

(资料来源：赫红. 管理沟通. 北京：科学出版社，2010.)

第一节　管理与沟通简述

随着人类社会的发展，产生了群体活动和行为，从而产生了管理活动或管理行为，而在一个群体中，要使每一个群体成员能够在共同的目标下，协调一致地努力工作，就绝对离不开沟通。沟通，是人类活动和管理行为中最重要的职责之一。因此，组织成员之间良好有效的沟通是任何管理艺术的精髓。

管理沟通是一门交叉学科，是以管理学、心理学、社会学、公共关系学等学科为基础而建立起来的新型学科。管理是人类最重要的活动之一，自从人们开始形成群体去实现个人无法达到的目标以来，管理沟通就成为协调个人努力沿着组织确定的方向所必不可少的因素。

一、管理的含义

管理是社会经济实现有效运行的方式与方法，是任何社会存在和发展的不可缺少的组织活动。人类的基本活动是生产活动，而人类的生产活动自从动物界分化而出时，就存在着分工、合作、协调、劳动与分配的组织行为。有组织的生产提高了生产效率，维持和推动着人类的发展。而随着生产力的发展与生产规模的扩大，管理产生的效率就越来越明显和重要。

一般而言，管理是指一定组织中管理者通过协调组织中人的适当行为和劳动，以充分利用各种资源工具，从而实现生产系统最高效率目标的社会组织。如果把政治活动、文化活动都视为是建立于经济活动之上，也最终服务于更高效生产目标意义的社会活动的话，那么所有的社会形态、体制、结构及其种种变革也都具有管理的意义。管理的实施是通过计划、组织、指挥、协调和控制等基本环节进行的。管理虽然不能直接产生、形成物质产品或知识产品，但却是在生产经营活动中决定社会集体劳动生产力的关键。因此，从某种意义上来说，管理是生产关系，是生产力诸要素的催化剂。

管理具有计划、组织、领导、控制、创新等基本职能。计划职能是指对未来活动进行的一种预先的谋划。其具体内容包括研究活动条件、编制计划。组织职能是指为实现组织目标，对每个组织成员规定在工作中形成的合理的分工协作关系。其具体内容包括：设计组织结构、人员配备、组织运行、组织监督。领导职能是指管理者利用组织所赋予的权力去指挥、影响和激励组织成员为实现组织目标而努力工作的过程。其具体内容包括：指挥职能、协调职能、激励职能。控制职能是指保证组织各部门各环节能按预定要求运作而实现组织目标的一项管理工作活动。其具体内容包括：拟订标准、寻找偏差、下达纠偏指令。创新职能是在与其他管理职能的结合中表现自身的存在与价值，即从计划开始，经过组织、领导到控制结束，又导致新的创新计划。创新在管理循环中处于轴心地位，成为推动管理循环的原动力。

二、沟通的含义、作用和风格

(一)沟通的含义

《大英百科全书》的解释：沟通就是"用任何方法彼此交换信息。即指一个人与另一个人之间用视觉、符号、电话、电报、收音机、电视或其他工具为媒介，所从事的交换信息的方法"。《韦氏大词典》的解释，沟通就是"文字、文句或消息之交流，思想或意见之交换"。拉氏韦尔的解释：沟通就是："什么人说什么，由什么路线传至什么人，达到什么结果。"著名管理学家西蒙认为：沟通"可视为一种程序，借此程序，组织中的一成员，将其所决定意见或前提，传送给其他有关成员"。从管理学的角度，特别是从管理者工作职能特性的要求出发，综合各种沟通的定义把沟通定义为：沟通是信息凭借一定符号载体，在个人或群体间从发送者到接收者进行传递，并获取理解的过程。

沟通的基本模式是：谁向谁说了什么而产生了效果。根据这个模式，有三个沟通要素被认为会对信息的效果产生重要影响：沟通者、内容和接收者。

1. 沟通者

对任何沟通效果而言，信息发送者都是很关键的。沟通的信息发送者所发送的信息源的可信赖性、意图和属性都很重要。"研究的证据表明，对沟通的反应常受到以下暗示的重要影响：沟通者和意图，专业水平和可信赖性"。但到了接收者能区分信息和来源的时候，信息来源可能就要失去它的重要性了。但如果不能做出这种区别，沟通者就变得非常关键。

2. 内容

影响沟通效果的另一个重要因素就是信息的内容。信息的内容可以用两种方法构筑出来。第一，利用情感诉求："从总体看来，现有的证据表明，当听众中的情感强度上升了，对沟通者所提建议的接受程度并不一定相应地上升。对任何类型的劝说性沟通而言，这种关系更可能是曲线形的。当情感强度从零增至一个中等程度时，接受性也增加；但是情感强度再增强至更高水平时，接受性反而会下降。"这就表明情感强度在高与低的两头时都可能有钝化的作用。中等情感强度是最有效的。然而，在现实中，对某信息应施用多大程度的情感诉说还要靠主观判断。第二，沟通可构筑在理性诉求的基础之上。有一个研究报告给出以下建议："在劝说型的沟通中，对非人格化的主题给出了一系列复杂的论据，通常明确地给出结论比让听众自己得出结论更为有效，特别是听众一开始不同意评论者的主张时更应如此。""从长远来看，给出双方面论据相对于只给出单方面论据更有效。如果听众一开始就同意评论者的主张，而后来又不会处于反面宣传之中，那么提供双方面的论据就没有只提供单方面论据有效。"我们从以上分析可以推断：一个令人信服的单方面观点沟通，能使人们转向期望的方向，至少可以是暂时的，直至他们听到问题的另一方面。然而，双方面的沟通效果都是持久的。它为听众提供了消除或不理睬负面看法而保留正面看法的基础。"一个可能的假设表明，在开始时给出主要论据收到的效果最好，在这种情况下，人们开始时对沟通的兴趣很小。"在开始时兴趣就很高的情况下，其他的因素如接收者的个性和倾向，以及沟通者、消息的内容等，对表达更为重要。这些因素的相关组合可构成特定情况下的最佳表达。

3. 接收者

接收者是沟通中的第三个重要因素。个人的个性及他所处的群体都很重要，个性可从总体智力和需求倾向两方面来考虑。第一，具有较高智商的人，由于他们具有正确推理的能力，所以当他们处于劝说沟通之中时，比智商较低的人更易受影响，这种沟通主要依赖于印象的逻辑论证。第二，具有较高智商的人，由于他们具有很好的批判能力，所以当他们处于劝说沟通之中时，比智商较低的人更少受到影响。具有很强自尊心的个人更倾向于自己思考，而不会放任自己过分地受外界影响。个人所处的社会群体也会对沟通产生重要的影响，特别当这种沟通违背这个群体的文化惯例时，表现尤为强烈。一个人的态度很大程度上依赖于他所属群体的观点和态度，特别是在他很珍惜在这个群体中的成员这一身份时。研究表明："在一个群体中最珍视其成员身份的人，他们的观点最不易受那些违反原则的沟通的影响。"这就表明对一个群体的归附程度和这个群体文化准则的内部化之间有着直接的关系。因此，企业文化对沟通者在沟通中的接收者的影响是十分明显的。

(二)沟通的作用

美国著名管理学家哈罗德·孔茨(Harold Koontz)认为："管理就是设计和保持良好环境，使人在群体里高效率地完成既定目标。"既然如此，为了设计和保持一种良好环境，为了使人在群体中能够高效率地工作，就需要沟通。

中国有句俗话：一言能使人笑，一言也能使人跳。这就极其形象地说明：沟通既是一门科学，更重要的是一门艺术。沟通的重要性越来越受到人们的重视，沟通的作用在市场经济的今天正日益发挥出强大的作用。

1. 沟通有助于改进个人以及群体作出的决策

任何决策都会涉及干什么、怎么干、何时干等问题。每当遇到这些急需解决的问题时，管理者就需要从广泛的企业内部的沟通中获取大量的信息情报，然后进行决策，或建议有关人员作出决策，以迅速解决问题。下属人员也可以主动与上级管理人员沟通，提出自己的建议，供领导者作出决策时参考，或经过沟通，取得上级领导的认可，自行决策。企业内部的沟通为各个部门和人员进行决策提供了信息，增强了判断能力。

2. 沟通促使企业员工协调有效地工作

企业中各个部门和各个职务是相互依存的，依存性越大，对协调的需要越高，而协调只有通过沟通才能实现。没有适当的沟通，管理者对下属的了解也不会充分，下属就可能对分配给他们的任务和要求他们完成的工作有错误的理解，使工作任务不能正确圆满地完成，导致企业在效益方面的损失。

3. 沟通能提高员工的士气

沟通有利于领导者激励下属，建立良好的人际关系和组织氛围。除了技术性和协调性的信息外，企业员工还需要鼓励性的信息。它可以使领导者了解员工的需要，关心员工的疾苦，在决策中就会考虑员工的要求，以提高他们的工作热情。人一般都会要求对自己的工作能力有一个恰当的评价。如果领导的表扬、认可或者满意能够通过各种渠道及时传递给员工，就会产成某种工作激励。同时，企业内部良好的人际关系更离不开沟通。思想上和感情上的沟通可以增进彼此的了解，消除误解、隔阂和猜忌，即使不能达到完全理解，至少也可取得谅解，使企业有和谐的组织氛围，所谓"大家心往一处想，劲往一处使"就是有效沟通的结果。

(三)沟通的风格

随着社会文化的变迁，沟通的模式也要相应地改变。作为经营管理环境的一部分，企业文化因素在企业管理沟通的有效实现过程中起着关键的作用。企业文化上的不同可表现在思维模式、信念、价值观及共同的风俗习惯等方面，也可表现为信息处理方式的不同。在统一的企业文化中，信息处理是直接的、线性的。坚持按进度表行事、准时性等是一维文化的良好指标。如果企业文化是多维不一的，人们同时在不同的前沿思考、工作。它的信息处理通常是迂回的、深度的。对进度计划坚持程度比较松散，也不太按时，这都是多维文化的典型表现。企业文化不统一，管理人员和普通工人需要深度地了解背景信息后才能行动。这就导致了企业管理效率低下。另一方面，统一的企业文化，人们对企业各种事物的认知一致，价值判断相同，不必了解深度的背景信息就可以行动，从而可以促进效率提高。

从总体上看，伴随着社会的发展过程，沟通的情境也在实现从多维(迂回的、微妙的)到一维(个人化的、切中要旨的)的转变。官僚主义的工作文化，是处在两级中间的过渡阶段，在这种文化中，正规的结构、规章、法则，以及设定的程序占绝对的统治地位。它们决定了什么是能做的，该怎样做，以及该由谁来做。因此，在这种文化中的沟通会带有它固有"故弄玄虚的用语和官腔"，这就是它繁缛的和正规的本性。追求效率是现代企业的重要特征，沟通的顺畅是所有管理者的期望，要想达到这一目的，高度重视企业文化的整合，使企业内部的每一项工作都有一个统一的理念进行指导，每一项事物都有一个相同的价值判断标准，这对提高企业管理效率，适应市场变化和激烈的竞争具有十分重要的价值。

三、管理与沟通的区别和联系

纵观管理的各项职能和管理的各项具体活动，其中充满了沟通活动。管理的实质和核心内容是沟通，管理和沟通有着十分紧密的内在联系，两者有许多地方相同、相似或共通。管理和沟通两者的内涵和外延并非简单地完全相等，它们也有不同或差异。管理和沟通存在以下一些基本异同。

(一)管理与沟通的区别

其一，管理和沟通毕竟是两个不同的概念。管理比较侧重于人和人、人和物等多种企业资源的组合及组合过程。而沟通则比较侧重于管理活动中必不可少和核心的资讯交流行为过程，是管理活动中最重要的一大部分。

其二，管理的概念比较注意从物流等资源流方面考虑问题，包括了沟通所代表的信息流这一块。如果从现代企业管理角度来看，管理的领域和物件包括了物流、人流、资金流和信息流。而沟通主要的还是以信息流的正确处理为主要内容。

其三，虽然管理和沟通都是人类和企业组织中重要的社会行为，但两者的目的和结果并不完全相同。管理的目的和结果是要企业输出更大产出，而沟通的目的和结果则是互相正确理解，但理解并不是一定能达成共识，没有共识从效果上讲有时并不一定能产生最大产出。当然，两者都以充分利用企业或组织资源，争取最大产出为其基本目标和初衷。

其四，管理活动和沟通活动作为人类和企业组织的基本活动，两者在内涵和外延上存在着重叠部分和区别部分。管理与沟通有相当一大部分重叠，即该活动既是管理又是沟通。管理与沟通也有各自独立不相重叠的部分，即是管理但不是沟通，或者是沟通但不是管理的活动。如管理行为中的决策者个人自己决策，是典型的管理行为，但不是沟通；如果说是沟通，则要将其称为自我沟通。

其五，与管理主要针对组织来定义不同，沟通却是针对整个人类社会来定义的。也就是说，只要有人的地方，或者说有两个或两个以上的人的地方，就必定会发生沟通行为，与存不存在组织或企业没有必然联系。在企业内要沟通，不在企业内也要沟通。而管理，必须以企业存在为前提和物件才能成立和实施。可以说，沟通发生的范围更大更广阔。这也是管理和沟通的重要区别。

(二)管理与沟通的内在联系

管理和沟通虽然有区别，但它们也有数不尽的重合部分。管理和沟通是两种存在大量重叠的人类行为过程。追寻管理与沟通的内在联系，人们可以发现管理和沟通的内在联系如下。

其一，所有的管理行为过程，绝大部分就是沟通行为过程。沟通是管理的实质和核心内容，也是管理得以实施的主要手段、方法和工具。如管理职能中的计划，计划必须有信息收集、整理、分析作基础，信息收集处理的过程就是沟通的过程。计划制订时需要吸收团队意见，计划制订后需要形成正式文档，并下达给所有与计划执行有关的组织成员，组织领导还需要向组织成员解释计划和计划执行方法与难点，组织成员对计划必须有反馈，必要时还要在具体执行计划时对计划内容进行一些修正，等等。所有这些管理功能与活动，无一不是沟通行为过程。

其二，如果把沟通行为过程由人类社会大背景缩小到企业或组织内外部这一相对较小的范围来考查，从组织行为学的角度看，大量的沟通行为过程必然与企业或组织的管理相关或重叠，除了一小部分沟通行为与过程是个人性的或反管理性的，大部分沟通行为过程都是管理行为过程。例如，在一个企业中，同事与同事在办公时间甚至办公时间以外进行的交往和沟通，往往也都是讨论公司公事，或是为了协调出良好的工作关系，这样的行为当然可以看作是管理行为。在组织中，领导向员工讲一句话，也会因为它是发生在组织内，因而就不可能或不应该只是沟通，而是围绕着企业或组织目标来进行的管理行为之一。

其三，随着人类社会发展，信息化程度越来越高，在管理行为中，沟通行为具有了非同寻常的重要性。在工业革命之前，企业或组织信息交流只能依赖于见面会谈和通信，等到后来有了电报电话，信息交流一下加快了许多倍，原来一个月甚至一年才能沟通的信息，变成一个电报、电话就能达成的沟通。交通工具的发展也起到了同样作用。想想飞机在信息和物质交流方面所起到的无与伦比的巨大作用，它已经使以前不可能的交流沟通成为可能。而到了20、21世纪，人类进入了信息时代，企业经营管理的资源要素中，劳动力、资本、土地等传统要素的作用虽然依旧巨大，但科技、知识、资讯的作用尤其突出，以信息为载体的知识、技术及信息本身，已经成为推动企业和社会经济发展的第一生产力，信息沟通的效果在很大程度上会决定企业整体经营管理的效果，沟通因此在企业管理中具有了前所未有的重要性。另一方面，经济和市场全球化促使现代企业成为人数、机构、业务众多的大型跨区、跨国、跨洲企业，在这样空前巨大和复杂的企业中，管理沟通的难度在客观上成倍增加，成为许多大企业经营管理的关键和瓶颈，从而更突显了沟通在管理中的地位和作用。值得人们关注的是，在现代信息社会，随着电子、通信技术的惊人发展，信息本身已经发展成为一个独立的产业部门，并且成为全球经济发展的强劲动力。而在信息产业及其相关企业中，信息的传播、交换、共用速度对企业经营成败更是具有直接决定性意义。在咨询公司，团队沟通、知识共用、协调配合这些管理性质的沟通，负担起了企业资源、智力整合以为客户创造价值的重任，企业资源的整合基本靠的是有效的沟通与组织。在这样的形势下，沟通必然获得越来越多管理者和管理学家的重视。

其四，如果从广义上来理解沟通，管理中原本不属于沟通的自我管理，其中包括组织成员对自己和自己负责的物品的管理，也可以理解成为是另一种以自己为沟通物件的沟通，即自我沟通行为。如此，企业管理中的绝大部分行为都可以被认为是沟通行为，说管理就是沟通或主要是沟通就有了可靠的依据。事实上，由于人是有思想、会思想、有感情、有情绪的，在自我管理时，他们的所作所为，在客观上确实存在着一种自我沟通的行为，尤其是在出现偏差时最为明显。在出现偏差时，自我管理者会与自己进行交流，即与自己进行沟通，通过交流找出偏差产生的原因，然后要求自己及时改进。从沟通学角度来讲，这显然是典型的沟通行为。

其五，对于有一定反馈能力的机器、动物来讲，在原本纯粹的人对机器、动物的管理中，也存在着一种人机对话或者说人机沟通行为。如运用电脑进行管理或对电脑进行管理时，人与电脑会有资讯交换过程。又如动物园和马戏团中，人对动物的管理，管理的过程必然也是人与动物进行有效沟通的过程。

第二节　管理沟通概述

一、管理沟通的含义

管理沟通就是指为达成企业目标，通过各种信号和方式，有目的地交换想法、意见、信息、命令以及喜好的行为。

这其中的目的是指管理沟通必须具有预先就确定、与企业整体目标一致的目的。这一目的可能是正式的或非正式的，但一般不会是社会性的，除非它与企业的最终目标相符；这其中的交换是指管理沟通总是至少涉及两个或两个以上的人，包括信息发送者和接收者；这其中的内容是指管理沟通的想法、意见、信息、命令及喜好，随沟通的目标及环境的不同而制定各种内容；这其中的方式是指管理沟通可能通过直接的或间接的、面对面的或远距离的方式进行；这其中的信号是指管理沟通采用各种工具将信息变成易于传播的信号，信号可能是直观的或是抽象的、语言的或非语言的，取决于被理解的程度；这其中的目标是指作为正式组织，企业都有一套由管理层确定的经营目标，管理沟通应有助于企业目标的达成。

二、管理沟通的基本目的

广义来说，管理沟通的目的就是要实现变革，使按有利于企业目标实现的方向左右企业的行动，对有利于企业利益的活动施加影响。沟通把企业的各项管理职能连成一体，把企业与所处的环境和社会相接，对于企业的正常运转和各项目标的实现是必不可少的。

企业内部沟通使企业全体员工对企业的问题与任务获得共同的了解。其目的是要使各相关人员对共同问题达成共识，并且使企业的员工间，以及员工在其工作上、职权上都有相互的信赖与一致的共识。

管理学家哈罗德·孔茨(Harold Koontz)和海因茨·韦里克(Heinz Weihrich)认为，信息沟通对于行使企业内部职能尤其重要的是如下几项。

(1) 设置并传播一个企业的目标。

(2) 制订实现目标的计划。

(3) 以最有效果和效率的方式来组织人力资源及其他资源。

(4) 选择、培养、评估企业中心成员。

(5) 领导、指导和激励人们，并营造一个人人想要做出贡献的环境。

(6) 控制目标的实现。

企业的外部沟通使企业成为一个有机的整体，社会不可缺少的部分。与顾客、股东、新闻媒体、政府、社区、上下游企业等组织间的相互沟通与信息交流，使企业得以对外传播企业形象，并在制定、执行企业政策及目标时能够有的放矢，既有助于企业获得充分的外部支持以提高其经济效益，又使企业以各种形式回馈社会。

三、管理沟通的基本架构

就任何一个企业本身而言，它是一个由多个子系统组成的复杂系统；就其所处的环境而言，它不可能是一个远离尘世的"孤岛"，需要与外部环境各要素发生千丝万缕的联系，沟通的意义，就在于使企业形成一个整体，同时通过与环境的信息交换维持企业在市场上的生存与发展。管理沟通的基本架构如图 15-1 所示。

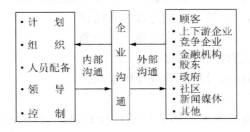

图 15-1 沟通的基本架构

四、管理沟通的基本要素

管理沟通是信息沟通的一种形式，因此它也是一个信息的发送者通过选定的媒体(或沟通渠道)把信息传送给接收者。沟通包括六个基本要素。

(1) 信息发送者或沟通主体。

(2) 信息内容。

(3) 沟通渠道或媒体。

(4) 信息接收者或沟通客体。

(5) 主、客体相互作用，即反馈。

(6) 噪声或干扰因素。

这六项要素形成了沟通的基本模型，如图 15-2 所示。编码是指沟通者通过某种形式来传递信息的内容，例如将信息表达为计算机语言。译码是指信息接收者对接收到的信息进行解释和理解的过程。

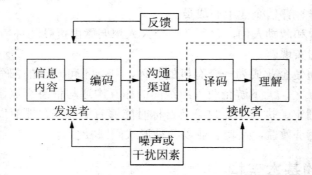

图 15-2　沟通的基本模型

信息内容是通过联结沟通者和接收者的沟通渠道进行传递的。沟通渠道多种多样。

任何妨碍信息沟通的因素，都构成"噪声或干扰因素"。例如下列因素均为噪声或干扰因素。

(1) 噪声或受到限制的环境可能会妨碍一种明确思路的形成。

(2) 由于使用模棱两可的符号可能造成编码错误。

(3) 传递可能在沟通渠道中被干扰而使信息扭曲。

(4) 因漫不经心可能造成错误的接收。

(5) 因用词不当和错用符号可能造成译码误差。

(6) 各种成见可能影响理解。

反馈不仅能检验沟通的效果，同时可通过校正接收者与发送者的偏差，改善沟通的效果。

五、管理沟通的分类

对管理沟通的形式至少可以从两个不同的角度来分类。一个角度是按管理沟通所采用的信息载体和渠道进行划分；另一个角度是按照管理沟通的参与人数多少和沟通覆盖范围大小进行划分。

(一)管理沟通按其信息载体和渠道进行形式分类

企业管理沟通正如一般沟通，如果按照沟通所用的信息载体和传送渠道不同，可以将管理沟通分为语言沟通和非语言沟通两大沟通形式。

1. 语言沟通

语言管理沟通形式建立在语言文字基础上，以语言文字和言语声音为其载体。语言沟通形式又可分为口头语言和书面语言及电子数据语言三大类沟通形式。

(1) 口头语言沟通形式。口头语言沟通形式是人们最常用的一种沟通形式。按照它发生的不同方式，口头语言沟通形式又可细分为演说、倾听、正式交谈、私人交谈、讨论、征询、访谈、闲聊、小组会议、小组讨论、传话即捎口信、大型会议、传闻等多种具体形式。

(2) 书面语言沟通形式。书面语言管理沟通又可细分为正式文件、备忘录、信件、公告、留言便条、内部期刊、规章制度、任命书等多种具体形式。

(3) 电子数据语言沟通形式。在现代社会，随着有线、无线电技术与信息技术的发展，电子数据语言沟通成为企业管理沟通的重要语言沟通形式。所谓电子数据语言是指将包括图表、图像、声音、文字等在内的书面语言性质的管理信息通过电子信息技术转化为电子数据进行信息传递的一种沟通方式或形式。它的主要特点和优势是，可以将大量信息以较低成本快速地进行远距离传送。电子数据沟通形式只存在于工业革命之后，即电子、信息技术得到人类认识、应用之后。按照电子数据采用的具体设施和工具、媒介的不同，电子数据沟通又可细分为：电话沟通、电报沟通、电视沟通、电影沟通、电子数据沟通、网络沟通、多媒体沟通七种主要形式。电话沟通又可细分为有线电话和无线电话沟通形式；或电话交谈、电话会议、电话指令等多种形式。

2. 非语言管理沟通

非语言管理沟通形式是指通过某些媒介用非语言文字来传递管理性质的信息。非语言管理沟通形式主要包括身体语言沟通形式、副语言沟通形式和物体操纵或者说道具沟通形式三种。

(1) 身体语言沟通。身体语言沟通形式是指通过动态的目光、表情、手势等身体运动、姿势、空间距离、衣着打扮等人体形式来传递信息的沟通形式。

(2) 副语言沟通。副语言沟通是指通过非词语的声音，如重音、声调、哭、笑、停顿、语速等，来传递信息的沟通形式。

(3) 物体操纵。物体操纵即道具沟通，则是人们通过物体的运用、环境布置等方式来传递信息的沟通形式。

(二)管理沟通按其参与人数多少和沟通覆盖范围大小进行形式分类

管理沟通如果换个角度，从参与沟通的人数多少和沟通的覆盖面大小，又可以分为人际沟通、群体沟通、企业沟通、跨企业管理沟通、跨文化沟通等多种形式。

1. 人际沟通

人际管理沟通是为了达到管理的目的而进行的人和人之间的情感和信息的传递、交流过程。它是群体管理沟通、企业管理沟通、跨企业管理沟通、跨文化管理沟通的基础。

2. 群体沟通

群体管理沟通也可以叫作小组或者团队管理沟通。它是指在为数不多的有限人群内部进行的管理沟通。它是企业管理沟通内部的重要组成部分。

3. 企业沟通

企业管理沟通是指发生在整个企业内部和相关外部的沟通，可分为企业内部管理沟通和企业对外管理沟通两大部分。

4. 跨企业管理沟通

跨企业管理沟通是指两个以上的企业与企业之间的信息沟通，如数据共享、互联网、供应链管理，等等。

5. 跨文化管理沟通

跨文化管理沟通，则是处于两种不同社会文化背景下的企业内部或外部人员间进行的管理性质的信息沟通。

第三节　管理沟通的原则

管理沟通作为特殊的沟通性质的管理行为过程，不但必须遵循一定的沟通原理，以保证管理沟通的顺利进行，而且还应当遵循作为管理性质的沟通行为过程的一些管理原则，才能充分保证实现其管理的目标和目的。企业管理沟通一般应遵循以下十条基本沟通原则。

一、公开性原则

　　管理沟通的公开性原则，是指在同一个企业管理沟通过程中，管理沟通的方式、方法和渠道及其沟通的内容要求必须公开。即应当对参与沟通的个人和团队、部门都全面公开。而不能对某些沟通成员公开，对另一些沟通人员不公开。只有所有的管理沟通成员都十分清楚地知道自己应该参与沟通的详细过程要求，沟通成员间才能遵循规则，产生正确完整的沟通行为。这是针对企业中绝大多数的无须保密的企业管理沟通行为而言。

　　对于企业需要严格保密的管理沟通其实也是如此。即对所有该保密性管理沟通系统内部沟通成员来说，管理沟通的方式、方法、渠道、内容仍然是公开的。在该保密性沟通系统内，人人都应该清楚：①该管理沟通系统只对系统内成员是开放的；②在该系统内自己和别人应怎样作出、作出什么样的信息传送与反馈；③在该保密管理沟通系统中，自己只有权利掌握自己有权获取和掌握的信息；④按照企业的要求，该保密沟通系统内的信息对系统外成员严格保密。

　　公开性指的不是企业的所有信息都应该对你公开，而是指管理沟通的规则、方式、方法、渠道、内容要求必须公开，没有公开的管理沟通规则，正确的沟通行为过程就会失去方向和指引。管理沟通的公开性受损，将导致企业整体或局部的管理沟通系统产生沟通遮蔽或沟通盲点，致使某些应该参与沟通的企业成员或群体无法知道并确认自己应该参与及怎样参与沟通，管理沟通也就无法正确实施。

二、简洁性原则

　　管理沟通的简洁性原则包括几层意思。一层意思，是指沟通的具体方式、方法设计应当尽量简单明了，以便于所有沟通成员掌握和运用。只要利用简单沟通方式、方法能够沟通良好，并能有效达到沟通目标的沟通过程，就不应当采用复杂、烦琐、迂回的沟通方式、方法进行沟通。一两句话就完全能有效地达到沟通效果的沟通，更应该采取口头通知的方式，而不应该闲聊一两个小时来沟通。这一层意思的简洁性，主要指的是具体的沟通方式、方法的简洁性。如果不注意具体沟通方式、方法的简洁性，将降低管理沟通的效率。

　　另一层意思是指管理沟通应当采用最短沟通渠道或路径进行沟通。如能面谈就无须叫人转告；可设立总经理信箱以取代基层员工将信息通过中层管理者向上层层传递。渠道简洁性的目的在于提高信息传递速度，通过减少渠道环节降低信息损耗或变形的可能性。许多管理者违反了这条沟通原则——他们在进行管理时，采用的不是最近的沟通渠道，沟通的最终效果虽然达到了，但浪费了更多时间和精力。在沟通信息时效性紧急的情形下，还有可能延误时机，给企业造成巨大损失。

　　管理沟通的简洁性也包括沟通内容的编码简洁性及解码简洁性，防止将简单的管理信息人为地复杂化，致使沟通双方无法准确互相理解。总之，管理沟通的简洁性要求体现在管理沟通的各个方面,即体现在管理沟通的整个沟通模式里面。因此,管理沟通的简洁性应该是企业管理沟通总体模式的简洁性。

三、明确性原则

管理沟通的明确性是指管理沟通在公开性的基础上,必须将沟通的各项事宜,如渠道的结构、沟通的时间要求、地点要求、内容要求、频率要求,等等,进行明确、清晰的告示,要尽量避免含糊不清。其目的在于使全体沟通成员准确理解企业所期望的管理沟通要求,明白他们在沟通中所担当的角色,即他们所应当履行的沟通职责和义务,从而最大限度地排除沟通成员对沟通要求的模糊和误解,保证管理沟通能够顺畅高效地进行,顺利达到管理沟通的预期目标。

明确性原则要求企业管理者与被管理者修炼和提高准确分辨、总结、表达、传递管理信息的能力。管理信息的沟通应尽量做到言简意赅、深入浅出,以便于信息接收者准确把握自己所传递信息的真实内在意义。如领导讲话,切忌夸夸其谈,空洞冗长,言之无物,或者说东道西,讲的内容没有重点,缺乏条理,沟通了半天,下属无法抓住其用意,对于企业资源是种浪费。又如向领导反映情况或对下属下达工作指令,不可反复、啰唆,而应简单扼要,明了清晰。显然,如果管理沟通违反了明确性原则,沟通的效果就不能令人满意。

四、适度性原则

管理沟通的适度性原则,是指管理沟通的渠道设置及沟通频率不能太多,也不能太少,而应当根据企业具体业务与管理的需要,适度适当,以能达到管理目的为基准。有些管理者往往容易产生这样两种心理:不放心下属是在按照自己的要求工作,所以自己过于频繁地去现场查看或查问下属的工作进展情形,导致不必要的忧虑和管理资源浪费,这是管理沟通过于频繁的情形;或者又过于相信下属会按照自己指令开展工作,因此对下属的工作进展很少过问,造成管理失控,给企业带来损失,这又变成了管理沟通过于稀少的毛病。

而从被管理者的角度来讲,也容易存在着相应的沟通毛病:一是沟通频率过高。有些下属为了讨取上级领导欣赏与信任,或让领导更多地了解自己的工作业绩,有事没事,有空没空,经常前往领导办公室汇报工作情况,既影响了自己工作开展,又给领导的正常工作造成干扰和低效率。二是沟通频率过低。很多下属以为自己干好自己的本职工作就行了,至于向不向领导汇报工作进展情况,则根本不重要,理由是事实上不汇报我的工作也已经圆满完成了,由此造成了应当按照要求及时汇报时他不汇报,使管理层对于具体工作的开展失去必要的信息反馈。沟通过多与过少,渠道设置太多或太少,均会影响企业人员进行管理沟通的效率、效益。沟通时间过长会形成沟通成本太高,企业资源浪费;过短又使得必要的管理沟通缺乏渠道和机会,信息交流受到人为限制,管理的质量和强度受到影响,严重时影响企业生存发展的大局。因此，适当地把握住适度性原则，对企业经营管理有其现实的重要性。

五、针对性原则

管理沟通的针对性原则是指，所有管理沟通的活动与过程设计，都是为了解决企业管理中的某些具体问题，支持、维护企业正常高效运行而设置，每一项管理沟通活动都有其明确合理的针对性。笔者认为，虽然不同企业的管理与管理沟通具有一定的共性，但每个企业的内外部条件与管理传统等因素却是个别的、独特的，因此，每个具体企业的管理与管理沟通均应该具有自己的个性化特征。这就要求我们在设置企业管理沟通模式时，必须充分考虑到具体企业的实际情况；所设置和采用的管理沟通模式，必须切合该企业的管理实际需要，企业管理沟通模式的设置必须有针对性。以上是针对企业大的整体沟通模式而言。

具体到企业管理沟通模式里面的具体沟通渠道、方式、内容等的设计，也必须具有明确的针对性。即必须考虑到企业设计这一沟通渠道、沟通内容的目的是什么，是为了完成企业管理中的哪项工作，达到哪个目的。凡是无助于企业完成管理任务的沟通设计，无论其表面看来多么得好，或多么得有吸引力，都应该毫不犹豫地抛弃；而对于那些明显有益于企业经营管理，少了就会产生不利影响的沟通设计，则应该将其加入和融入企业的总体管理沟通模式。

六、同步性原则

管理沟通的同步性原则是指，在管理沟通过程中，笔者必须遵循这样的原则：沟通的双方或多方应当全部进入沟通系统和沟通角色，沟通必须是双向的交流过程，而不应当是单向或其中一方信息处于封闭或半封闭状态。也就是说，成功的管理沟通必须是在沟通主体之间互动的，双方是处于平等交流地位的沟通。而不是一方强迫另一方接收自己的信息，或人为地拒绝接收对方的信息，即双方均应当对沟通同时具有适当、及时、同步的反应。这样才能使双方互相理解，充分把握住对方所传达信息的意义。

当管理沟通的双方或多方处于相距遥远的两个或多个地点，所进行沟通的信息发送与接收存在时间差异的时候，同步性就有可能会因为缺乏现场交流而受到严重威胁。而有时间差异的管理沟通行为是客观存在并且是必需的。那么如何来把握其沟通的同步性呢？笔者首先要说明的是，管理沟通的同步性并不纯粹或主要指沟通在时间上的同步性，而是指管理沟通的双方或多方应该适时进入角色，相互进行信息传送与反馈，强调的是其行为过程的互动性和沟通角色的同步性。当然，时间上的同步性无疑也是十分重要的，如能不断提高管理沟通在时间上的同步性，则有利于管理沟通圆满达到沟通目的。

同步性原则告诫和提醒我们，作为管理者或被管理者，管理沟通必须是一个互动的双向的同时行动的过程，哪怕是在等级森严的军队中也是如此。在战场上，当指挥官下达了冲锋命令时，士兵必须有反应，而指挥官更必须观察和分析士兵们的反应，以调整自己的指挥。哪怕当场士兵们没有说一句话，但士兵服从的举动本身就是一种沟通语言，它表明士兵是否同意、支持指挥官的工作指令。而一旦有士兵出现不冲锋的局面，指挥官就必须进行再管理沟通，迅速了解、分析士兵如此反应的动机原因，找出答案后，采取相应的管理措施。这一过程可能发生在两分钟之内，但一个士兵与指挥官之间可能发生多次完整的管理沟通过程。

七、完整性原则

同步性原则强调的是管理沟通的互动性。而管理沟通的完整性原则强调的是管理沟通过程的完整无缺。企业在设置管理沟通模式时，必须注意使每一个管理沟通行为过程均要素齐全、环节齐全，尤其是不能缺少必要的反馈过程。只有管理沟通的过程完整无缺，管理信息的流动才能畅通无阻、管理沟通的职能才能够充分实现。如果管理沟通过程本身不完整，则管理沟通必然受阻。

在企业管理实践中，管理沟通多多少少会出现一些过程不完整的情形：一是没有信息发送者，或信息发送者不明，信息没人发送，自然没有人能接收；二是没有传递的沟通渠道，信息发送者不知道有什么渠道可以向接收者发送信息；三是接收者不明，到底信息应该发给谁，没有明确方向；四是有渠道，有发送者，有接收者，但没有设定具体沟通方式，如本来应该通过电话沟通的，他却采用信件沟通，原因是企业没有规定他打个电话就行了；五是其他一些情形。管理沟通过程不完整，如缺乏反馈，就会使原本设想得很好的管理沟通受阻，对企业管理和管理沟通不利。

八、连续性原则

管理沟通的连续性原则是指，大多数管理沟通行为过程，尤其是例行日常管理沟通活动，并非一次沟通就可以一劳永逸地完成沟通工作任务，而是要通过反反复复多次的沟通，才能较好地履行和完成管理沟通的工作职责。连续性是企业管理工作本身所具有的客观属性，作为管理的信息化表现，管理沟通自然也具有这一客观属性。

连续性原则要求企业在进行管理沟通时应注意以下三大方面：一是管理沟通在时间上的连续性；二是管理沟通在方式、方法、渠道等，即沟通模式上的连续性；三是沟通内容上的连续性。时间上的连续性要求企业管理沟通行为要持续地进行。而沟通模式上的连续性则要求企业一方面要慎重选择适合企业管理沟通的高效简洁模式，另一方面要求企业在要使用和改变企业管理沟通模式时考虑到人们的习惯，尽量使其具备操作上的连续性。内容上的连续性与模式上的连续性均是从提高管理沟通的熟练与效率角度出发考虑问题的。

九、效率性原则

正如管理活动本身，管理沟通活动可以衡量而且应当追求其活动效率。管理沟通的效率体现在沟通的各个要素与环节上。如编码有编码的效率，发送有发送的效率，渠道有渠道的效率，接收有接收的效率，解码也有解码的效率，就连噪声也有其效率：噪声高，必然影响沟通达到其更高效率；噪声低，在客观上有利于提高沟通效率。

以远程正式书面沟通渠道效率为例。远程正式书面沟通在现代至少可以采用以下几种渠道：一是业务信件；二是业务传真；三是电子邮件，等等。在一般正常情况下，电子邮件的沟通效率最高，传真次之，信件较差。而在业务信件中，还可以分成快件与平信，快件一至两天即到，而平信则需要更长时间才能被拆阅。

又如编码效率。有人可以在一小时内完成一份业务文件的起草，而另一个人可能需要一两天时间才能完成。有的人具有很强的综合分析与语言组织、表达能力，很复杂的问题在他嘴里，只需要三五分钟就可以向大家说清楚，但有的人可能编码能力太差，他花上再多时间，也还是没法说清。所有这些管理沟通过程的要素与环节的效率，最后都反映到整个沟通活动上来，构成了企业进行管理沟通活动的总体效率。

十、效益性原则

与管理一样，管理沟通是需要成本的，而且这些成本如文件纸张、人员、会议费用等，都是可以量化计算的，因此，管理沟通的成本是不难理解和把握的。还是同管理一样，管理沟通也是能产生或增减企业产出的。虽然有的管理沟通活动的产出较难量化处理，但仍有相当一部分管理沟通的产出可以量化。如企业采用电脑信息化后，节约下来的管理沟通成本就是其为企业增加的产出。既然管理沟通有成本有产出，自然也就应该衡量其效益——管理沟通的产出与成本的比例关系。

在实际企业管理中，企业时常会碰到下列一些情形：某些管理与管理沟通活动虽然有益于企业管理，但做起来相当烦琐，需要投入大量的人力、物力；或者现在企业要进行管理沟通，有几种模式可选择，有的模式成本很高，效果也很好，有的模式成本较高，效果也较好，有的模式成本低，但效果一般，等等。以上问题迫使企业必须思考和重视管理沟通效益问题。具体企业在进行管理和管理沟通时，考查沟通效益是完全可能和必要的。在具体的沟通设置与大的企业总体沟通模式设计上，企业都应该根据自身的发展战略和资源组合能力，对不同效益的沟通方式、模式进行选择和组合，确保整个企业的管理与管理沟通效果最好，效益最大化。而要防止盲目地追求管理与管理沟通的大而全或小而全或沟通技术的先进。企业管理沟通模式的选择，关键在于对本企业的适用性。

本 章 小 结

本章"管理沟通基本理论"分三节进行论述。第一节"管理与沟通简述",首先论述了管理的含义,而后阐释了沟通的含义、作用和风格,最后辨析了管理与沟通的区别和联系。第二节"管理沟通概述",先后阐释了管理沟通的含义、管理沟通的基本目的、管理沟通的基本架构、管理沟通的基本要素、管理沟通的分类。第三节"管理沟通的原则",先后阐释了管理沟通的公开性原则、简洁性原则、明确性原则、适度性原则、针对性原则、同步性原则、完整性原则、连续性原则、效率性原则和效益性原则。通过本章的学习,能使学生了解管理沟通的基本理论,为后续内容的学习奠定理论知识基础。

自 测 题

关键名词

管理　沟通　管理沟通

思考训练题

1. 简述沟通的作用。
2. 谈谈管理与沟通的区别。
3. 谈谈管理与沟通的内在联系。
4. 管理沟通的基本目的是什么?
5. 管理沟通有哪些基本要素?
6. 谈谈管理沟通的分类。
7. 管理沟通应遵循什么原则?

案 例 分 析

沟通"迷路"

公司为了奖励市场部的员工,制订了一项海南旅游计划,名额限定为 10 人。可是 13 名员工都想去,部门经理需要再向上级领导申请 3 个名额,如果你是部门经理,你会如何与上级领导沟通?

部门经理向上级领导说:"朱总,我们部门 13 个人都想去海南,可只有 10 个名额,剩余的 3 个人会有意见，能不能再给 3 个名额？"

朱总说："筛选一下不就完了吗？公司能拿出 10 个名额就花费不少了，你们怎么不多为公司考虑？你们呀，就是得寸进尺，不让你们去旅游就好了，谁也没意见。我看这样吧，你们 3 个做部门经理的，姿态高一点，明年再去，这不就解决了吗？"

同样的情况下，在去找朱总之前用异位思考法，树立一个沟通的低姿态，站在公司的角度上考虑一下公司的缘由，遵守沟通规则，做好与朱总平等对话，做好为公司解决此问题的心理准备，效果可能就大大不同了。

部门经理："朱总，大家今天听说去旅游，非常高兴，觉得公司越来越重视员工了。领导不忘员工，真是让员工感动。朱总，这事是你们突然给大家的惊喜，不知当时你们如何想出此妙计的？"

朱总："真的是想给大家一个惊喜，这一年公司效益不错，是大家的功劳，考虑到大家辛苦一年，年终了，第一，是该轻松轻松了；第二，放松后，才能更好地工作；第三，是增加公司的凝聚力。大家只要高兴，我们的目的就达到了。"

部门经理："也许是计划太好了，大家都在争这 10 个名额。"

朱总："当时决定 10 个名额是因为觉得你们部门有几个人工作不够积极。你们评选一下，不够格的就不安排了，就算是对他们的一个提醒吧。"

部门经理："其实我也同意领导的想法，有几个人的态度与其他人比起来是不够积极，不过他们可能有一些生活中的原因，这与我们部门经理对他们缺乏了解，没有及时调整都有关系。责任在我，如果不让他们去，对他们打击会不会太大？如果这种消极因素传播开来，影响不好吧。公司花了这么多钱，要是因为这 3 个名额降低了效果太可惜了。我知道公司每一笔开支都要精打细算。如果公司能拿出 3 个名额的费用，让他们有所感悟，促进他们来年改进，那么他们多给公司带来的利益要远远大于这部分支出的费用，不知道我说的有没有道理？公司如果能再考虑一下，让他们去，我会尽力与其他两位部门经理沟通好，在这次旅途中每个人带一个，帮助他们放下包袱，树立有益公司的积极工作态度，朱总您能不能考虑一下我的建议？"

(资料来源：王耀路. 经理人：沟通迷路 VS 沟通达标. 金羊网，2004-2.)

问题：
1. 你认为用哪一种沟通方式比较好？为什么？
2. 面对这个旅游计划，你认为还有没有更好的方案？
3. 请提出一个你认为最合理的方案。

第十六章　管理沟通的内容和形式

【学习要点及目标】

通过本章的学习，了解管理沟通的内容，掌握管理沟通的形式。

【引导案例】

议而不决　错失良机

2005 年 3 月的第一个周一的早晨，南方通用电子公司总经理李群召集公司各个部门的负责人开一个会，会议要讨论由研发部第一组组长顾杰提出的一个新型空调机概念的可行性论证。与会者包括研发部经理朱哲、市场部经理胡波、生产部经理周俊、人事部经理田静和财务经理邵金羚，当然还有顾杰。顾杰早在年初就提出了这个新产品动议，但李群需要高层的经理者对这个动议进行充分讨论后再作决策。李群的秘书安排了三次，才使这个会议得以召开。

会议的第一个发言人当然是顾杰，他说："这个新产品概念包含三大优势，其一，这个新产品具有环保功能，现在市场上绿色产品受到消费者的青睐。其二，这个产品能够迎合我国家庭现代住房发展的趋势，据统计表明，越来越多的家庭住上了多居室成套住宅，单套住宅对空调的数量需求上升，却希望减少外机的数量，而我们的新产品正可以满足这一需要。其三，我们的产品由于改进了制冷模式，极大地提高了工作效率，降低了工作电耗，这也是我们新的优势。因此，我们建议尽早进行该产品的研制，并赶在今年的销售旺季来临之前投产。"

听完他的介绍后，研发部的经理做了个补充，他说："而且，在技术上，我们的力量雄厚，开发不成问题。我很看好这个产品。甚至，我们可以一边开发一边申请专利，提高我们公司的竞争力。"

说完，朱哲环顾会议室，期待有人回应。但其他的几个经理互相观望，没人接话。这时，李群发话了："你们市场部怎么看？"胡波有点担心地说："这个产品听上去不错，但前年我们向市场投入了两个新产品，发现市场并不看好。我们那两个新产品开发也是技术推动的，而不是市场拉动的。我想必须真正搞清楚市场对这种产品的需求大不大，因此，在没有进行深入的市场调查之前不能贸然开发。"

"周俊，你有何看法？"李群将目光转向生产部经理。周俊面露难色地说："我们生产作业线的工人已经在穷于应付去年年底引进的流水线的新技术和新工艺造成的问题和困难，我很怀疑他们是否可以胜任新产品的生产。"

当李群掉头去看财务部的金羚时，她马上接过话："老板，问题是我们的预算中没有这个新产品的开发。而且，这两个月来应收账款的催收情况不尽如人意，我还在为这种状况发愁呢。"

最后一个发言的田静若有所思地说："我对技术不在行，但是你看，最近我们收到许多求职信，眼下正值大学生毕业择业的季节，我们正在与各个部门讨论空缺和要求的事。正好，就研发部的空缺的事宜我要与朱经理碰头商量。朱经理，你看你这两天什么时候有空，我们讨论一下？"

李群面对着种种意见，最后说："市场部能不能先对新产品做个市场调查，以后我们再作讨论，今天先到这儿吧。"

后来，就这个动议又开过两次会，但都没有特别进展，最后不了了之。2005 年 6 月，北方的一家公司率先推出这个新概念产品，引起市场强烈反响……

(资料来源：康青. 管理沟通[M]. 北京：中国人民大学出版社，2009.)

第一节　管理沟通的内容

事实上，管理沟通的内容根据其沟通的内容的性质、重要性和大小，以及沟通发生在组织中的范围和层次，可以进行细致深入而且有效的细分。按照管理沟通内容的性质、大小和重要程度，以及其沟通覆盖范围大小，笔者可以将管理沟通的内容分为以下八个大类或者说层次的沟通。

一、情感沟通

情感内容的管理沟通是一种极其基础、基本而又十分重要的沟通。人类是有自我感觉、情绪、情感、兴趣、爱好、偏好、习惯的动物，是企业管理者手中的智慧型资源。马克思曾将其视为产出效率和效益弹性很大的可变成本，现代人力资源管理科学把它看成是企业综合竞争力和核心竞争力的决定性因素，甚至把人摆到了高于信息、知识的第一因素高度。因为信息、知识、技术以及其他任何资源的生产力的发挥，都要依靠人的有效工作。而人因为有情绪、情感，具有个人局限和偏好，所以在工作中并不总是理智的，因此，了解和疏导、调节人的情感必然是管理和管理沟通的重要工作。

在企业管理沟通中，向同事致以一个友好的微笑，轻轻地拥抱或拍打一下自己亲密同事的肩膀，等等，都是一种情感沟通。显然，为了创造和维持良好的人际工作环境，更是为了普遍提高企业员工的工作热情和绩效，情感沟通是企业十分基本、日常又重要的基础管理沟通工作。情感沟通表面上似乎与企业管理的职能和目标没有关联，但实践表明，情感管理沟通的威力是如此巨大，员工与管理者要学习的首项管理沟通技能，应该是情感沟通技能。没有这项技能，则不能成为合格的员工或管理者。

二、操作性业务信息沟通

在企业管理沟通中，除了大量存在情感沟通之外，在业务或者说工作层面上，更大量存在着另一种基本、经常、重要的管理沟通，那就是人们对关于自己怎么工作和应该怎么工作及目前工作得如何的基本业务信息的沟通。它也可叫作操作性业务信息沟通。操作性业务信息沟通其实是企业管理中每时每刻发生而且必须发生得良好的工作。企业每天日常的运行，要依靠它来正常有效地维持。这类管理沟通，按照其内容指向不同，又可分为工作指令、工作意见和工作建议三大类内容的沟通。

上司必须对下属清晰地发布工作指令，没有清晰的工作指令，下属就会混乱和迷茫，工作分不清先后主次，空耗资源，降低产出。企业各层员工对各自接受的工作指令并非没有意见和想法。尤其是在执行工作指令的过程中，可能出现新问题需要向上反映，或者工作执行情况按照要求也应该向上反馈，所有这些意见、想法、进展汇报、问题反映，构成了第二大类操作性业务信息沟通：工作意见沟通。企业各级员工在执行工作指令时，同时往往还会有自己独立的业务思考，还能根据自己的实践、观察及思考，对自己和别人的工作，甚至企业的局部、全局工作，形成自己独特，甚至是有创造性的新想法和合理化建议。这就构成了操作性业务信息沟通中的第三大类：工作建议沟通。

在现代企业管理中，知识员工和知识含量在企业生产经营管理过程中不断增加，企业组织结构越来越扁平化，决策授权顺着组织结构向下移动。所有这些变化，都向员工提出了更高工作要求，以及更大工作决策和创造能力。因此，企业经营管理的好坏，也越来越多地取决于员工能否创造性地工作，而不像以前，更多的是依赖于上级指示。事实上，工作建议作为一种带有创造性质的工作改进意见的沟通，已经广泛发生在各种企业的管理过程中，并确实对许多企业的经营管理业绩提升产生了积极和巨大的推动。日本松下公司一年内员工提出的合理化建议多达数万条，其中近半数被采纳实施，为企业的管理和综合绩效做出巨大贡献。

三、责任、权利、利益沟通

企业是一个以生产顾客需要的产品与服务，并从中获取利润的经济组织。企业中的任何一个员工，在任何一个较长时段内，都要有比较明确的权利、责任和利益划分。员工在企业中的责任和权利，构成了企业管理中的劳动分工、岗位职责和授权划分。员工在企业中的利益，主要是经济利益和组织地位，它是企业吸引、激励员工为企业目标奋斗的必要条件和关键因素。

权利、责任和利益一般需要用书面文字固定、确认下来，即一般都要以书面形式进行正式管理沟通。但由于企业和员工之间的责、权、利范围划分，在企业内部是动态发展和存在交互作用的，所以并非总那么容易清晰地划分清楚。因此，在企业管理中，不仅正常的、已能确定的责、权、利关系需要沟通，而且当它们发生、发展、变化，有些员工对其认识开始模糊和难以把握时，尤其需要及时进行深入的管理沟通。

企业员工都是为了获取利益而工作的。责任和权利则是为了方便促使员工完成其岗位工作，实现企业目标而匹配设置的。责任不明，或权利不当，或利益分享结构不清，都会产生影响，最终造成企业员工无法发挥积极性和高效率、高效益地工作。在企业中，当某位员工指出"这是你应该做的事"，或者说"作为××××，你没有权利这样做"，等等，这是他在和你进行责任和权利沟通。

在企业中，利益驱动是企业生存发展及员工之所以努力工作的重要动力，没有权利、责任、利益的这些根本内容的良好、内在沟通，就不可能有其他管理沟通的成功：操作性业务信息沟通会受阻；决策和制度往往得不到认真理解和执行；员工不认同企业的使命和宗旨，对企业也没有归属感和荣誉感；在对外交往时，也不考虑公司利益和形象，与外界进行的是对企业破坏性的沟通等。如因员工得不到公平对待而向法院起诉公司，原因在于权利、责任、利益沟通不当或失败。这样的沟通事件时有发生。可以认为，良好有效的责、权、利的管理沟通，是企业一切管理和沟通得以进行的基础之一。

四、决策性业务信息沟通

企业决策性业务信息的沟通在企业中大量、大范围存在，只是它们发生的频次，比操作性业务信息沟通要少。在现代，决策已经越来越多地由企业基层人士作出。但事关企业一个部门或整个企业或一个集团的比较重大和重大决策，因其需要信息量大，牵涉范围广，决策有深度和难度，要求决策者必须具备必要的决策权力、能力和眼光，所以仍然只能由企业的中高层管理者个人或集体作出。

但这并不表示中高层决策者不需要基层员工、基层管理者和其他中高层管理者的信息支持和帮助。决策越重大，需要获取的信息量越大，对企业业务的现在、将来影响就越大，决策者必然需要广泛收集一切能够收集到的相关信息，征求具体操作者、协作者的意见，几经反复，才能保证决策的质量，并获得广大管理者和执行者的支持。

另一方面，对于部门或者企业的决策，具体执行者并不一定总是能理解或理解透。因此，不仅在作出决策时需要大量沟通，而且在决策作出后，也需要解释和分解决策，将其转化为所有相关部门、人员和所有决策执行者都能够深入理解的业务信息，清晰地传达给应该传达的人员和部门。只有在所有决策执行者之间，决策信息被深入传达、领会了，决策的执行才能有真实可靠的保证。因此，在企业管理沟通中，决策沟通的重要性必须引起企业最高领导者的高度重视，决策不仅需要一锤定音，更需要决策前沟通、决策中沟通和决策后沟通等大量沟通，以确保决策的产生和执行尽量少产生人为的失误。

五、制度沟通

企业运行和管理的规章制度是企业管理的常规化部分，即例行管理部分(与例外管理区分)。事实上，例行管理是企业健康成长的重要保健因素。没有保健因素，再好、再强壮的人也要生病甚至死亡；没有例行管理，再好、再强大的企业也要衰退甚至破产。

跟企业决策一样，企业制度在制定前、中、后都需要良好沟通。制定前沟通保证制度的针对性和可操作性，即现实性；制定中沟通保证制度的全面与完整及与其他制度的配套性，即制度的科学性；制定后沟通保证制度的准确理解，及时执行，效果监测，即制度的实效性。在所有制度沟通中，都必须有反馈，以便对制度制定、执行过程中的偏差进行及时、必要的调整。制度的价值和意义的最终体现，在于制度执行，并产生了预期生产性积极效果。制度沟通的最终目标是企业成员人人知所当知，并为所当为。

六、企业战略沟通

在现代企业管理理论中，企业战略管理，即确定企业未来的目标和发展方向与发展模式的科学设计，已经成为关注热点。对应于企业战略管理的沟通，就是企业战略管理沟通。从业务角度看，企业战略可以理解成为企业长期的、全局的、整体的、最高的、最重大的业务决策。从企业经营管理的层次上看，企业战略管理是企业的最高管理层次，指导和规范企业决策管理和日常操作管理，支持企业的当今及未来发展，指向目标为企业当今全局性的、重大的业务问题，以及企业未来的发展方向与战略问题。其作用实践点可能长达三年五年，甚至十年百年。

战略必须沟通，战略管理必须沟通，而且特别需要强大的沟通。战略管理作为企业管理的大脑，是企业经营管理理性能力的最高综合体现。而其他管理如制度、操作、情感等，是管理的身体、感官和神经、工具，受管理的大脑指挥和制约。虽然作用仅次于战略管理的决策管理，也是企业大脑的一些重要活动，但只有战略管理才能高瞻远瞩，统揽全局，运筹帷幄，决胜千里。显然，管理大脑的最高决策不是凭空而来的，大脑的最高决策也必须通过神经、感觉及操作系统进行传达和执行。解释，传达，深入企业成员的内心的过程，就是个战略沟通的过程。所有沟通工作都是战略管理本身的工作，战略管理尤其需要良好有效的战略沟通，才能如愿执行。

七、企业文化沟通

企业文化是企业经营管理过程中提倡或形成的独特价值观和行为规范，其内容主要包括企业成立的宗旨或企业使命、企业精神、企业经营哲学、企业价值观、企业人文氛围、企业规章制度、企业历史传统、企业工作规范等。对于企业来讲，企业的宗旨使命、企业精神、企业经营哲学和人文氛围是其最重要的核心内容。

企业文化的重要性体现在它显性或隐性地存在于员工的思想和内心，并逐渐变成了行为习惯，潜意识地左右人们对于具体事情、人物的观念、看法和感情，进而影响企业的经营管理进程。

文化最需要也最适合沟通。企业文化的形成发展，既是沟通的手段、目标和结果，又是沟通的环境和背景。我们所用的任何一种沟通方式和工具，都是文化的一部分。同样地，在企业中，我们的沟通工具和方式也是企业文化的重要部分之一。在企业文化熏陶之下，员工个体的个性受到了某些同化和改造，其目的也是为了更轻松容易地达成管理沟通，提高资源产出效率、效益。我们的任何沟通也离不开我们所处的企业和社会文化背景。

企业的使命和宗旨是指本企业存在的根本目标、理由和原因，即表明企业追求什么。好的宗旨使命会对员工产生极大的感召力量，促使员工为企业美好和远大的目标辛勤工作。宗旨、使命必须借助沟通获得广大员工的深刻理解，进而达成赞赏和认同。没有沟通，使命只是几句空话，转化不了生产力。

企业精神集中体现了企业所倡导的价值观，即表明企业赞成什么，反对什么。企业精神的形成需要漫长的过程，坚持不懈和卓有成效的沟通在企业精神的形成和传播中发挥重要作用，只有沟通才有理解，只有理解才有认同，只有认同才能赞成，只有赞成才能喜爱，只有喜爱才能实行。如团队精神就是一种企业精神。创新精神和道德诚信又是另外两种企业精神。显然，这些精神的培养和巩固，只有有效地沟通才能完成。

企业文化还包括了企业形象系统。企业形象其实是企业文化的外在表现系统，而企业使命、企业精神、企业经营哲学才是企业文化的内容。形象需要塑造和传播，而塑造和传播的各个环节都离不开沟通的发生。企业文化沟通是企业内部管理沟通的最高层次。文化的内涵无所不包，虽然它主要是向内的，但它其实也是向外的，即也是企业外部沟通的重要内容。

八、企业外部沟通

企业并非生存在商业真空中，而是生存在与客户、顾客、供应商、经销商、政府、竞争对手、金融机构、社会公众共同组成的社会大环境中。企业的资源必须来自外界，而企业的产出必须输出到外界，才能实现企业配置和转化资源并从中取得利润的经济目标。从更深层的意义上来讲，企业是为满足外部需要而存在的，如果企业生产的产品或服务不能满足外界市场和顾客的需要，企业的生存就会产生危机。因此，最终是顾客和市场决定企业的生死，而不是企业自己。因此，企业必须与外界有良好的有效沟通。企业外部沟通将在本书最后一章——第十八章作较为具体的阐释。

第二节　管理沟通的基本形式及工具

　　企业管理沟通的形式多种多样，按照不同的划分方法，可以将它们分成不同的形式，如表 16-1 所示。

表 16-1　按不同方法划分的管理沟通基本形式

	沟通形式
按沟通流向划分	· 上行沟通 · 下行沟通 · 交叉沟通
按沟通的不同途径划分	· 正式沟通 · 非正式沟通
按沟通行为划分	· 口头沟通 · 书面沟通 · 视觉沟通 · 非语言沟通
按沟通范围划分	· 企业内部沟通 · 企业外部沟通

　　表中是按沟通流向、按沟通的不同途径、按沟通行为及按沟通范围所划分的各种沟通形式。

　　按沟通行为划分沟通形式的方法应用较为广泛，依照这一方法也可将各种实用的沟通工具分别归类于口头沟通、书面沟通及非语言沟通之列。

　　口头沟通。包括：面谈、鉴定、员工集会、销售会议、报告会、现场工作会、正式宣言发布会、工会谈判、抱怨处理会、电台广告、新员工培训，等等。

　　书面沟通。包括：声明、报告、信函、新闻稿、海报、广告、手册、备忘录、讲话稿、报纸和杂志、布告栏等。

　　口头与书面复合的沟通形式。包括：电影、电视、幻灯展示、录像带、闭路电视等。

　　视觉沟通。包括：图示、商标、颜色、照片、包装、标志、建筑风格等视觉展示工具。

　　非语言沟通。包括：面部表情(眼神等五官表情)、手势、体态变化等。

一、口头沟通形式工具

(一)小道消息

小道消息既不是一种正式的沟通工具，也不是可控媒介，但传播信息却非常迅速。小道消息是一种强有力的直线沟通方式，它能把简单的事实描绘得活灵活现。它有时会变成一种谣言，成为威胁和祸害。如果任凭谣言自流，就会在企业内制造麻烦。小道消息传播的范围越广，虚假的成分就会越多。

企业管理者对于这类小道消息，应区别对待。如果这些谣言不构成什么危害，就用不着采取什么行动；如果真的引起了麻烦，就必须通过正式渠道澄清事实，以平息谣言。如果企业内小道消息过多，则管理者应予以注意，因为这意味着沟通计划不够周密或实施得不够完善，非正式沟通渠道代替正式沟通渠道成为信息传递的主要方式。

(二)会议

会议使人们聚集在一起，为人们提供双向沟通的机会。同其他沟通手段一样，开会必须有特定的目标、详细的计划和有效的组织。交流观点可以公开但必须有所控制，以免时间拖得过长或偏离会议主题。

会议沟通的效果与会议主持人的指导和协调能力有很大关系。因此，在一些企业中，每当召开议题非常重要的会议时，都由经过专门训练的人充当重要角色。这一角色有时由经理来兼任，有时需要特别指定。

一些大型的会议，特别是要把企业全部雇员或重要的外部公众召集到一起时，就要求相关人员制订详细的计划。例如，年度报告就需要总经理花费大量的时间来准备。

管理者需要注意的一点是，对大多数会议，尤其是小型的会议，采用单向的沟通方式是极其有害的。另外，如果把开会当成一种形式，不进行充分的沟通交流，不能解决实际问题，会议就毫无意义了。

(三)演讲

不论企业的规模大小，在企业的管理沟通中，演讲都是一种有效的方式。《卓越的演讲家》一书总结了演讲的几方面优点如下。

(1) 由于是与活生生的听众进行面对面的直接接触，因此它是一种最直接最有说服力的沟通手段。

(2) 能为演讲者和听众提供双向沟通的机会，使双方保持有效的信息交流。

(3) 有助于证明企业参加社区活动和社会建设的要求与愿望。

(4) 为演讲者和个人赢得威望。

(5) 向公众宣传企业的观点。

(6) 为进行其他交流提供权威性资料来源。

企业在安排演讲活动时，至少应做好以下四个方面的工作。

(1) 认真选择和辅导演讲人员。

(2) 选择适当的题目，既能满足听众需要，又要反映企业对公众争论的有关问题的立场与观点。

(3) 为演讲者提供方便条件和具体的帮助，如提供幻灯片、电影、录像带、图表等。

(4) 采取适当的宣传措施，提高和促进公众对演讲者的可信性。

(四)闭路电视

美国通用汽车公司的每一个新装配厂都建有闭路电视系统，一共有 60 个"组织中心"，每个中心容纳 32 名雇员，这一系统可在同一时间内使近 2000 名雇员收看到电视广播、录像和电影。通用汽车公司沟通领导人阿尔维·史密斯(Alvie L Smith)介绍说："每一个中心可分解为 16 人一组在房间里观看，这个数字大体与工作小组的平均人数相同。这样，可以使员工们产生一种强烈的集体观念，他们是为完成共同目标的任务小组。"位于乔治亚州的分厂经理们已逐步习惯于经常在电视中出现，以随时向各个岗位的众多员工通报生产进展状况。

(五)电视会议

卫星通信的技术进步，扩大了会议和演讲的能量范围。例如，如果主要演讲者无法参加会议，可以通过卫星转播电视把他"发射"到会议上去。旅行费用、时间、会议设备和参加人数的节约，可以远远抵消使用这些新技术的成本而有余。

通用汽车公司计划利用卫星电视会议把它在美国的主要机构连接起来，以利于员工之间互相交换设计、研究和生产等方面的信息。IABC 公司曾举行过由 22 个城市 1200 名员工参加的电视会议。

二、书面沟通形式工具

(一)企业的报纸、杂志

企业的报纸、杂志是企业对内、外发布信息的最传统，也是很有效的方式。企业刊物的内容多种多样，可以采取简单的时事通信形式、报纸摘要形式、把报纸的版式与杂志的风格结合起来的形式，或者是杂志的形式。

时事通信是定期出版物中一种最普通的形式。它相对而言出版迅速、成本低廉。多数大企业用它进行新闻传播。

企业报刊与许多公众直接相关，它最普通的用途是与员工沟通。企业报刊的优势在于它能够向范围狭窄的特定目标公众提供专门的详细信息，正因为如此，许多企业编有好几种员工报刊，每一种都试图满足特定层次员工信息的需要。企业刊物、杂志对与员工的沟通起着不可忽视的作用。

一项调查表明：员工关心的事情主要是企业计划、企业的经营状况及其他一些与职业有关的问题。报刊本身并无任何价值，只有满足读者的需要，才能实现其价值。因此，围绕主题的选材越精确、版式越简单、目标越坚定，就越能够帮助读者了解他们所感兴趣的东西。

(二)时事手册、信息手册、产品手册和书籍

辅助出版物——时事手册、信息手册、产品手册和书籍有三种主要用途。

(1) 灌输。这些出版物向新员工、学生和访问人员详细说明企业的规章制度和遵守制度的益处。它致力于向新员工灌输集体精神，使他们产生一种集体荣誉感。

(2) 参考。许多出版物都涉及小组保险计划、养老金计划、建议系统、医疗方案、利润分享、住房管理及安全、娱乐项目和设备、培训教育计划及企业的方针等。这些手册向员工提供他们所需要的专门信息。

(3) 了解企业传统。这些出版物详细解说企业的哲学观念、价值观和行为准则。

需要注意的是，这些出版物只对前述的定期报刊和其他沟通手段起补充作用，绝不能喧宾夺主。让新进员工阅读手册并不能代替定期的、经常的雇员沟通。

(三)信件

私人信件是企业内部沟通和外部沟通的重要手段。为了筹措资金和对外竞争的需要，企业常常给员工、合作伙伴等关系者写信。私人信件对定期的员工刊物是个补充。它为总经理提供了一个机会，使他能与员工及其家属以一种私人间交谈和新闻通报的形式进行沟通。信件的特点是经济、直接和私人接触，它给人印象深刻，速度快且能打动人。

(四)印制的演讲资料和文章

对那些敏感的或很容易引起争议的问题，企业通过一些演讲资料和文章表明自己的立场与态度，这是与雇员和企业外部特定公众进行沟通的一种常用方法。

当企业发现它们的传统政策和做法面临挑战时，通过向有关公众散发和传递一些论据充分、观点明确的完整资料和文章，能详细表明自己的立场和阐述自己的观点，同时又能对不良的舆论导向予以驳斥。

(五)公告板和标语

公告板已经得到了广泛的应用并将持续地被使用，但其作为沟通工具的性质正在改变。

越来越多的企业工作人员在电脑终端工作，他们的日常工作一般从检查电脑终端显示的布告和通知入手，公告板成了"电脑公告板"。

"公告板"为确保消息的公开发表提供场所，并附带简单的提要。它为驱散谣言、保留称心的信息提供良好的机会。有生气的"公告板"，能够经常唤起人们的注意力，所以它的内容必须不断更新。

张贴在工作空间墙壁上的标语，是与上述"公告板"类似的沟通媒介。这些标语的主题一般是有关安全、健康、房屋的保养、生产率、治安和激励士气的口号等方面的内容。

(六)电脑

电脑在企业中的大规模应用是从 20 世纪 80 年代开始的。它将成为一种新的高效率的沟通媒介。有位专家曾说："信息时代正在改变企业沟通方式，就像谷登保(Gutenberg：德国印刷业者，在欧洲最早使用活版印刷)的印刷术对抄写员发生的变革作用一样。"在不远的将来，计算机网络将代替目前大多数种类的沟通工具。

三、视觉沟通形式工具

(一)电影和幻灯片

企业赞助、选择和委托制作电影，目的不在于追求直接的和眼前的货币收入，而是为了在观众心目中树立正确的观念、态度，促使他们产生合理的动机和行为。

有线电视系统的发展，扩大了对赞助电影的需求，并且观众也日益增多。所有的赞助电影使用者都给电影很高的评价。据调查，美国 99%的社会公众认为，电影能够提供比出版物更多的信息。

电影作为企业沟通工具，具有以下优势。

(1) 将景物、声音、戏剧、颜色和音乐效果结合为一体。

(2) 用运动着的图像来表达自己的观点，是印刷或录音手段和设备难以达到的。

(3) 对观众具有长期的、独有的"聚精会神"的吸引效果。

(4) 清楚地表明任何经营活动或事件中的时间因素。

(5) 为一些事件提供令人信服的记录。

(6) 显示一些用肉眼难以辨认的细节。

(7) 能把观众带到遥远的过去。

(8) 通过运用绘画和摄影等手段，可以扩大、减少或简化宣传的内容，还可对抽象的事物进行解释。

(9) 最重要的是，让观众用自己的眼睛去辨认事物，眼见为实。

上面所列举的电影的优势也适用于幻灯片。如果对信息的传递并不必须用电影，那么幻灯片就成为一种有效的沟通工具。电影和幻灯片制作的一条共同规则是：大致 80%的内容通过视觉、20%通过听觉来感知。不管某一片子的实际比例是多少，这些工具强调的重要一点是图像。

(二)陈列和展览

几乎所有的工厂或医院都有会客室、展览室、餐厅和休息室，所有这些场所从本质上讲都是陈列和展览的空间。陈列和展览是企业与外部人员沟通的重要工具，同时对企业工作人员，尤其是新进人员能起相当有效的沟通作用。

本 章 小 结

本章"管理沟通的内容和形式"分两节进行论述。第一节"管理沟通的内容"，先后阐释了管理沟通的八个内容，即情感沟通；操作性业务信息沟通；责任、权利、利益沟通；决策性业务信息沟通；制度沟通；企业战略沟通；企业文化沟通和企业外部沟通等内容。第二节"管理沟通的基本形式及工具"，先后介绍了管理沟通的口头沟通形式工具、书面沟通形式工具、视觉沟通的形式工具。通过本章的学习，能使学生了解管理沟通的内容，掌握管理沟通的形式，以规范化地进行管理沟通。

自 测 题

思考训练题

1. 管理沟通包括哪些内容？
2. 简答管理沟通的基本形式及工具。
3. 简答口头沟通的基本形式及工具。
4. 简答书面沟通的基本形式及工具。
5. 简答视觉沟通的基本形式及工具。

案 例 分 析

非正式沟通引起的风波

斯塔福德航空公司是美国北部一家发展迅速的航空公司。然而，最近在其总部发生了一系列的传闻：公司总经理波利想卖出自己的股票，但又想保住自己总经理的职务，这是公开的秘密了。他为公司制定了两个战略方案：一个是把航空公司的附属单位卖掉，另一个是利用现有的基础重新振兴发展。他自己曾对这两个方案的利弊进行了认真的分析，并委托副总经理本查明提出一个参考的意见。本查明曾为此起草了一份备忘录，随后叫秘书比利打印。比利打印完后即到职工咖啡厅去了，在喝咖啡时比利碰到了另一副总经理肯尼特，并把这一秘密告诉了他。比利对肯尼特悄悄地说："我得到了一个极为轰动的最新消息。他们正在准备成立另外一家航空公司。他们虽不会裁减职工，但是，我们应该联合起来，有所准备啊。"这话又被办公室的通信员听到了，他立即把这消息告诉他的上司巴巴拉。巴巴拉又为此事写了一个备忘录给负责人事的副总经理马丁，马丁也加入了他们的联合阵线，并认为公司应保证兑现其不裁减职工的诺言。

　　第二天，比利正在打印两份备忘录，备忘录又被路过办公室探听消息的摩罗看见了，摩罗随即跑到办公室说："我真不敢相信公司会作出这样的事来。我们要被卖给联合航空公司了，而且要大量削减职工呢。"

　　这消息传来传去，三天后又传回到总经理波利的耳朵里。波利也接到了许多极不友好，甚至敌意的电话和信件。人们纷纷指责他企图违背诺言而大批解雇工人，有的人也表示为与别的公司联合而感到高兴。而波利则被弄得迷惑不解。

（资料来源：赫红. 管理沟通[M]. 北京：科学出版社，2010.）

问题：

1. 总经理波利怎样才能使问题得到澄清？
2. 请结合所学理论说明这是一种怎样的传播方式。
3. 你认为应如何平息这场风波？

第十七章　管理沟通的流程和技巧

【学习要点及目标】

通过本章的学习，了解管理沟通的基本流程，掌握管理沟通的技巧。

【引导案例】

工作丰富化与员工的"消极怠工"

健康食品公司是一个中型的保健食品企业，最近，总经理庞云一直在为员工工作兴趣的低下而担忧，因为这导致了包装质量问题的产生。如果质量问题在检查阶段被发现，袋装食品就被送回流水线，否则它们将最终被客户拒绝。在工厂经理的建议下，在重要工段设置了管理监督岗位，由他们进行随机检查，但是这样不仅增加了成本，而且对返回率的降低并没有起到预期的作用。

庞总召集职能部门管理者开会，来讨论形势并商讨有效对策。工厂经理李松称，一些问题是由策划引起的，他建议在设计阶段进行检查；人事部门遭到攻击，被指责没有精心招聘合适的员工，以致公司面临人员频繁流动及缺勤的问题。工程及人事部门的主管都为自己辩护；策划部门的主管周卓认为设计并没有什么问题，而提高标准则意味着要耗费更多的钱。

人事部门的主管王菲则觉得由于劳动市场上劳动力紧张，导致她无法在雇用过程中提出更加严格的要求。她还说包装工作枯燥乏味，期望人们对此类工作产生更大的兴趣也不合理。王菲提出了一些建议，以便使员工对其所从事的包装线工作增加兴趣。建议之一就是要求扩大包装线个人的工作范围。在她的建议下，每个工人将与工作群体的其他工人一起处理几个操作程序，而不是只做单纯的一项工作。另外她还建议采取工作轮换，以使工人们的工作更具挑战性。

庞总非常赞赏这个建议，并想立即实施，但是在实施变革的一周内，工人们却对这些变革表示出许多不满，而且还存在着一种"消极怠工"的状况。工人们觉得他们要进行更多的作业，而工资却没有增加。

总经理和部门主管，包括人事部门主管，都对工人们的反应感到吃惊，王菲泄气地说："我被搞糊涂了，似乎他们并不想使自己的工作更有趣。"

(资料来源：康青. 管理沟通[M]. 北京：中国人民大学出版社，2009.)

第一节　管理沟通的基本流程

管理沟通是一项有计划的企业活动，而不是随处可见、随意感觉或是杂乱无章的。它需要遵照一定的流程一步步地进行。管理沟通的基本流程见图 17-1。

图 17-1　管理沟通的基本流程

管理沟通的流程并非一成不变。在某些情况下，沟通可能会越过图中的一个或两个阶段，有些甚至是多阶段的跨越。

一、调查与分析

规范的管理沟通过程的第一步应该是调查和分析，接下来才是制定目标、策略和行动计划。调查可分为外部和内部两方面。针对外部的调查可与市场部门的调查结合起来，还可以利用其他社会组织的力量直接获取信息。但针对企业内部的调查则没有这么好的条件，很多企业因而很少进行调查。为此，有些企业采取较容易取得调查对象合作的追踪调查，例如英国 MORI 公司所规划的调查。

对一项有目的、有计划的沟通作调查分析时，一定要把沟通对象定位好，例如企业员工、经理人员、政府、社区、新闻媒体以及顾客等，只有明确界定沟通对象才可能做到有的放矢，调查分析的结果才有可靠性。

管理沟通调查应特别注重管理沟通背景的调查。因管理沟通总是在一定的历史、地理、政治、经济、文化背景中发生的。任何形式的管理沟通，都会受到各种环境因素的有力影响。管理沟通的背景基本与一般沟通的背景要考虑的因素相同。它们分别是心理背景、物理背景、社会背景和文化背景等。所谓心理背景，指的是管理沟通双方的情绪和态度。所谓物理背景，是指管理沟通发生的物理场所。物理背景会对人们的管理沟通造成巨大影响。如在上司办公室和自己办公室进行沟通，就会有明显区别。社会背景是指管理沟通主体双方的社会角色关系，与对沟通间接发生影响的其他个体或人群关系。对应于每一种社会角色关系，人们都有一种特定的沟通方式预期，只有沟通方式符合这种预期时，人们才能接纳这种沟通。文化背景是指沟通主体长期的文化积淀，即沟通主体较稳定的价值取向、思维模式、心理结构的总和。在现代信息经济时代，多文化、多元化的集团企业、企业集团、跨国公司的跨地区、跨国家的团队沟通这些管理沟通问题越来越受到专家的重视。

二、制定目标和原则

完成所有的基本分析之后，企业应为沟通设定长期和中短期的可行目标。就企业内部而言，典型的一般性目标如下。

(1) 吸收和保留最好的人才。

(2) 诱导员工发挥他们的潜能，进而改善公司的活力和效率。

(3) 创造一个机动和消息灵通的公司管理机构。

达成上述目标的策略通常包括以下几条。

(1) 确保所有员工都了解公司对他们的工作表现有哪些要求。

(2) 向员工说明他们的工作和公司整体发展、其他部门的关系。

(3) 传达公司的政策，其中包括员工必须完成自己的任务。

(4) 建立一个反馈制度，通过这个制度，员工的想法和所关心的问题就可以传递给管理层。不存在任何企业都适用的"标准化"沟通目标。每家企业都有自己的特点，各个时期的情况也有很大差异。例如某制造企业在某一时期的沟通目标设定为：让员工知道顾客的需求有哪些重要的改变，这样他们才会了解公司必须调整某些作业程序。

特殊的方法和行动可能还包括：带领员工前往产品发布会场观察消费者的反应，或者安排员工到其他制造产品的地方参观，以了解不同的作业形态。

对于企业外部沟通，设定目标时可以从以下几个方面考虑。

(1) 建立企业、品牌知名度。

(2) 增加销售。

(3) 树立良好的企业形象。

(4) 突出产品特色。

(5) 加强与特定沟通对象间的互动关系。

(6) 提高市场占有率。

三、制定策略和行动计划

要实现一定的沟通目标，必须制订周密的计划、采用合适的策略。计划要明确，但也要留有余地，保持一定的弹性。

对于不同的沟通对象，采用的策略也应不同。例如有位跨国公司的高级主管曾说："与中国政府打交道其实也不难，你要经常地跑去向他们汇报情况，不管事情大小，这样他们才能感到备受尊重，从而良好关系也就建立起来了。"

管理沟通制定策略和行动计划应特别注意以下两个问题。

一是管理信息编码与译码。管理信息编码也是管理信息发送者将其信息与意义符号化，编成一定的文字等语言形式或其他形式的符号。译码则恰恰与之相反，是接收者在接收到信息后，将符号化的信息符号还原为信息与意义，并理解其信息内容与含义的过程。在管理沟通中，编码和译码的代码体系的一致性和信息背景的一致性，尤其值得注意。比如，管理沟通中的对外沟通的广告，也容易因为不了解不同国家的符号系统和文化背景而出现大大小小的管理沟通问题。

二是管理沟通通道。管理沟通的通道或渠道具有丰富性和多样性。在当今信息经济时代，尤其突出的变化是电子信息通道的出现和多样化。而这些通道都是因为技术发展了才新增加的。如现在已经被企业利用的管理沟通电子渠道有：电子数据库、电子数据交换、个人电子邮件、组群电子邮件、可视电子会议、手机及电脑与网络共同传递的电子短信息、企业内联网、企业独立网站、企业互联网、企业电子刊物等一些新渠道。由于新渠道的出现，管理沟通比以前可以有更快的速度、更大的信息容量、更宽的覆盖面积、更高的准确性和成功率。

四、实践计划

这是沟通过程中很关键的一步。尽管沟通不是某个人或某几个人的事情，但设立企业专职的沟通人员还是必要的。在实践过程中，既要严格执行计划，又要能够对一些突出事件进行灵活处理。同时，主管人员要不断地发现问题，对那些与目标和计划相违背的事件进行分析，以便不断完善计划，形成沟通过程的良性循环。

五、效果评估与反馈

同实施其他计划一样，沟通过程的最后阶段也是要进行效果评估与反馈。对实际的沟通效果作客观评价，找到与计划的偏差，并及时反馈，以改善沟通的效果。

但是，在很多情况下，要想定量地评价沟通的效果实际上是很困难的。然而，定性的分析和评价却总是能够实现的，而且也是极为有益的。

就管理沟通反馈而言，完整无缺的沟通过程必定包括了信息的成功传送与反馈两个大的过程。对于管理沟通来讲，反馈更是不能在沟通中缺席。因为反馈是指接收者把收到并理解了的信息返送给发送者，以便发送者对接收者是否正确理解了信息进行核实。管理沟通因为事关管理的经济或政治效益，在有限的时间内确认信息接收者，以及时、正确理解了所传送的信息，如产品定位或定价的指令或意见，对于企业经营的成败具有决定性意义。另外，由于管理的行为就是确保各项活动一如计划设想、没有偏离正常运行轨道的工作，因此，管理沟通中必须有反馈。

第二节　管理沟通技巧

一、把握"七要素"

(一)把握目标

确定沟通目标的意义在于：分析整个沟通过程所要解决的最终问题。针对沟通前众多的信息，沟通者必须组织一个清晰的概念传达给受众，才能实现有效沟通。这个清晰概念的组织包括：确定目标、明确观点、安排具体内容。沟通目标不仅要按指导性和咨询性策略进行，还要明确总体目标、行动目标和沟通目标。既要界定好总体目标、战略、策略和任务之间的关系，又要明确主导目标，善于在主导目标的规范下，考虑如何把对方的目标进行整合，确定最后的行动目标和沟通目标。

(二)分析信息源

在沟通中，信息源即信息的发送者、沟通主体、沟通者，分析信息源即分析谁发起这个沟通的行为。在沟通分析过程中，沟通主体关键要明确三个问题：我是谁？我在什么地方？我能给受众什么？沟通主体分析是解决"我是谁"以及"我在什么地方"这两个问题。沟通主体分析"我是谁"的过程，就是自我认知的过程；而分析"我在什么地方"的过程，就是自我定位的过程，这两个过程就是确定可信度的过程。而解决好信息源的问题，则是沟通主体建立可信度和确定沟通目标的过程。

(三)组织信息

为了使信息顺畅地传递至听众并使其易于接受，策略性地组织信息至关重要。即重要内容应放在开场白还是置于结尾需要仔细斟酌。如果在开头就阐述重点，称为直切主题。由于直接切入主题能更快、更容易地为听众所接受，故在商务场合中应尽可能多地采用。如果在结尾说明重点，则称为间接进入主题，即采用循序渐进、逐条分析，最后推出结论的方法，以缓解具有排斥心态者的抵触情绪，并激发他们的兴趣，进而转变其态度。为此，要善于运用信息策略。信息策略是管理沟通的第三个重要环节，成功的沟通者在每次沟通发生之前，首先要考虑如何完善沟通的信息结构。信息策略的制定，关键在于解决好怎样强调信息、如何组织好信息这两个问题。

(四)了解听众、服务听众

成功的管理沟通是听众导向的沟通。在沟通前应该了解听众背景：他们是谁？他们了解什么？他们对什么感兴趣？怎样激励他们？做好这四点主要是在与听众沟通前要认真预测听众是积极的还是被动的？是主要听众还是次要听众？他们对于沟通的主题了解什么？他们需要哪些新信息？听众对所提供信息感兴趣的程度如何？如果听众对沟通主题兴趣浓厚，就可以开门见山、直奔主题。而对于那些对沟通主题兴趣不大的听众，就应该设法激发他们的热情，征求意见并诱导他们参与讨论。沟通客体分析是成功管理沟通的出发点。要善于运用沟通客体策略，重视伦理道德在管理沟通中的作用。

(五)沟通背景(环境)分析

现代企业优化管理沟通，必须重视环境分析，建立环境分析机制，既要经常分析内部环境，又要经常分析外部环境，因人因事因时因地而异。要特别重视对沟通过程发生影响的环境因素分析：一是心理背景。包括沟通主体自己的心情和沟通主体对对方的感受和态度，避免由于偏见与好恶而出现偏差。二是物理背景。即沟通发生的场所。特定的场所能造就特殊的沟通氛围，如与上司沟通时，在上司的办公室沟通与在厂区的花园沟通效果是不一样的。三是社会背景。对不同的社会角色，善于采取不同的沟通方式与模式，处理好沟通主体双方及对沟通发生影响的其他个体和人群的关系，如：上司在场与否，竞争对手在场与否，自己与他人沟通的措辞、举止应有区别。四是文化背景。它更是潜在而深入地影响每一个人的沟通过程与沟通行为。当不同文化在沟通中发生激烈碰撞或交融时，人们能深刻感受到文化的威力。

(六)优选媒介(渠道)

沟通总是通过一定的媒介包括口头、书面和非语言而完成的。渠道是由发送者选择的、借由传递信息的媒介物。一般来说，口头沟通渠道主要用于即时互动性沟通，沟通内容具有一定的伸缩性，无须严格记录，沟通形式活泼，富有感情色彩。书面沟通渠道主要用于要求严谨，需要记录备案的沟通。无论是口头沟通还是书面沟通，都可以作为正式和非正式的沟通渠道。在选择沟通渠道时要因时因地因人制宜，根据当时当地的具体情况来正确选择恰当的沟通渠道。在当今信息经济时代，电子信息通道出现了多样化，如现在已经被企业利用的管理沟通电子渠道有：电子数据库、电子数据交换、个人电子邮件、组群电子邮件、可视电子会议、手机及电脑与网络共同传递的电子短信息、企业内联网、企业独立网站、企业互联网、企业电子刊物等一些新渠道。从理论上讲，管理沟通应该比以前有更快的速度、更大的信息容量、更宽的覆盖面、更高的准确性和成功率。

(七)重视反馈

完整无缺的沟通过程，必定包括了信息的成功传送与反馈两个大的过程。没有反馈的沟通过程，容易出现沟通失误或失败。为了检验信息沟通的效果，即接收者是否正确、完美、及时地接收并理解了所需要传达的信息，反馈是必不可少和至关重要的。如果发送者想要沟通成功，要求接收者及时进行反馈是必要的。当发送者发现传达的信息没有被理解，就应进行第二次甚至更多次的传送。同样地，如果接收者发现发送者收到自己的反馈后，再发送回来的信息表明理解有误，则在调整了理解之后，有必要进行第二次或第三次反馈，直到确认自己对信息的理解准确无误为止。

二、打牢听、说、读、写的基础

管理者作为个体，要实现管理沟通优化，要特别重视打牢沟通技能的基础，提升管理沟通的效果和效率，根据不同的对象，采取不同的口头与笔头方式，熟练驾驭笔头和口头技能，以提升沟通效率与效能。可以说，听、说、读、写是管理者必备的基础技能，而在沟通过程中的听、说、读、写的重要性的比例分别为：听40%、说35%、读16%和写9%。

(一)善听

"倾听则明，偏信则暗"。倾听是管理者必备的素质之一。成功的管理者大多是善于倾听的人。为了使倾听有效，管理者应该有意识地克服倾听障碍，掌握下面的倾听技巧：一要身心投入。集中精力、集中思想、积极思考、保持开放姿势是有效倾听的重要保证。二要换位思考，以增强相互理解。三要沉默是金。静静地听他人倾诉是有效倾听的最好方式。切忌自己滔滔不绝，反客为主，喋喋不休。四要听其言观其行。不仅非语言信息较可靠，而且言行一致更关键。五要适当记录。有效反馈是有效倾听的体现，管理者通过倾听获得大量信息，并及时作出反馈，这对于激发员工的工作热情，提升工作绩效具有重要作用。

(二)能说

说包括面谈与演讲技能。现代人都要学会沟通、表达和当众讲话(公众演讲)。"能说会道"更能适应各种各样的人际交往，更适应各行各业迅猛发展的需要。面谈是人际沟通的重要形式，是管理沟通发生的交流方式。提升面谈水平，要制订面谈计划、确立面谈目的、追求信息共享、安排面谈结构和环境，以增进关系。同时，用"5W2H"方式准备问题，即为什么谈(Why)，与谁面谈(Who)，何时、何地谈(When 及 Where)。谈什么(What)，怎样谈(How To)，谈的深度与广度(How Much)。要做好演讲，明确演讲目的，用"5W2H"法做好演讲准备，设计好演讲的语言结构，包括开场白、主体观点的阐述、结尾，把握演讲的心理技能，巧妙运用演讲的非语言技巧。要讲究说的艺术，要以理义感人，注重伦理道德，说话恰到好处，恰如其分，切忌巧言令色、强词夺理、冗词赘句。必要时，应运用游说进行说服，善于潜移默化。

(三)巧读

作为一个管理者，每天要阅读的信息很多，如报告、合同、会议资料、公司文件以及网上信息等，阅读后再传达给员工。管理者在管理沟通中掌握读的技巧是十分重要的。阅读是语言交际能力的一种体现。从形式上看，阅读似乎是一种单向的言语交际活动，实质上它是作者与读者双方参与的言语交际活动。管理者在阅读中要进行互动式的阅读，即在阅读中要善于总结、提问、阐述(澄清短文或字词的意思)以及预测(预测下文的内容)。

信息时代对传统的阅读方式提出了挑战，面对日渐繁多的信息，我们却没有足够的时间细读我们想接收的每一件事物。因此，要善于略读。略读是某些阅读者跳过其完全了解的段落，从而有效利用时间。要主动阅读，越主动地阅读，效果就越好。

(四)擅写

笔头沟通不仅是一种传统的沟通形式，也是现代企业最可靠的沟通方式。"口说无凭，落笔为准"。在现代企业的商务活动中，商务函件、协议、单据、申请报告等都要以笔头记录方式加以认同。笔头沟通信息易记录并永久保存，信息传递方式快捷并可特别关注细节，能精确用词并使相关受众能得到真实的信息。要达到这样的效果，笔头沟通信息应注意以下问题：一要善于运用不同的沟通方式，发挥纸张、传真(Fax)、电子邮件(E-mail)、电子会议系统(EMS)的不同作用。二要按受众导向的文字组织原则进行并根据受众特点来组织文字信息。三要提升笔头沟通的语言组织技能。把握笔头沟通的语言逻辑的最高层次、中间层次、基础层次，善于运用演绎、归纳等推理方式以增强文章的说服力。四要重视笔头沟通的写作全过程，包括收集材料、组织观点、提供材料、起草文稿和修改文稿。五要把握写作特点，要简明扼要、重点突出、言简意赅，并使读者乐在其中；明确写作目的，按不同受众选好风格、渠道偏好及不同的沟通方式；把握好写作的换位思考。

三、引进"望、闻、问、切"

一般来说，管理沟通大都从沟通主体着眼，探索人际沟通、组织沟通的技能，包括危机沟通、跨文化沟通、与新闻媒体沟通、谈判技巧以及冲突管理与沟通技能等，这是管理沟通的基础，是管理沟通的根本和关键所在。为了优化管理沟通，发展管理沟通的换位思考，有效地引进中医的"望、闻、问、切"，善于从医生对病人的探询、沟通诊断的角度以对受众进行进一步的观察、了解，深入地、全面地通过对受众的调查、研究、分析，以提出解决问题的方案，对促进管理沟通的更加完善是十分有益的。

(一)善"望"

医生对就诊病人的"望"，是用其工作经验、医学学识、社会阅历对病人的观察，观察就诊者的脸色、舌苔、年龄、病态或姿态，从其表面进行初步观察，进而结合看病人病历、倾听病人的倾诉，有一个初步的判断。现代企业的管理沟通引进"望"，则既要站在信息发布者的角度，观察受众的表情、心态、谈吐、言行，以窥测其愿望、需求、爱好，又要善于从受众的角度进行换位思考，观察信息发布者的目的、态度、信息可信度、对受众的尊重度等，以便从两个角度、各个方面来优化管理沟通。相互交往，不仅要看对方的表情、着装、气质、风度，还要看其眼神，透视对方眼睛后面的神情，能入木三分而一叶知秋。进而，受众对信息发布者表达其希望、渴望、盼望、愿望；信息发布者则应深入了解受众的各种愿望与要求并尽力满足。这种从观察的"望"发展到了解对方的各种要求的"望"，是管理沟通理念提升及运作的进一步完善。

(二)广"闻"

医生的"闻"在于听诊，认真倾听患者说话的声音、咳嗽、喘息、谈吐，进而"嗅"患者的气味、体味等，以综合感受来自患者的信息，"望"、"闻"结合，进一步分析、观察其病情、病源，做到心中有数。现代管理引进"闻"，既要与前面的"听"相结合，善倾听，切忌只听而不闻；更要善妙听，听出对方的弦外之音，看对方欲言却止而听出其半句话；"望"、"闻"结合，不仅听其言，更要观其行，"百闻不如一见"，能洞察出"闻所未闻"的稀罕信息；"闻"、"嗅"结合，更能提高管理者的经济嗅觉、文化嗅觉、政治嗅觉。

(三)勤"问"

"问"是医护工作的重点。不仅要问现在的病情、病状，还要问病史、药物过敏史、就诊史等。亲切、自然、美好、关怀的语言，会消除患者的顾虑并给患者带来亲切感，增加信任度。语言交流是管理沟通的主要方式之一，管理者要勤"问"，善于问不同的对象，在不同的时间、地点、场合致以亲切的问好、问候、问安，应问寒问暖、问长问短以表达关心致意；还要善"问"，善提问题，善有水平的提问题，无论是问津、问难，都要恰到好处，把握分寸，切忌问道于盲；要做到"不耻下问"。回答问题既要对受众一视同仁，问候、答问都要在语言、表情、态度、动作中表达亲切的关怀，又要诚信，知之为知之，不知为不知，"问"与"答"是双向交流，双向交流要力争"双赢"，以诚信、诚实、诚恳追求管理沟通优化。

(四)深"切"

"切"在医疗中既是深入调研、全面分析的过程，又是诊断处方的过程。既要在望、闻、问的基础上进行手诊、切脉、听胸部腹部及进行必要的化验、医疗器械检查，更好地综合分析、全面诊断，还要掌握一些边缘科学知识，如心理学、行为医学，用以分析患者就诊的心理变化，以进行更好的行为护理及对症下药。现代企业管理沟通引进"切"的理念与技能，将实现管理沟通现代化的飞跃。"切"意味着"接"的艺术，亲切地接待、接见，深入地接近、接触，诚恳地接受、接应、接头，是优化管理沟通不可或缺的；对管理沟通相关的事、物、人过程等，要善于"切"磋，切磋琢磨可提高管理沟通水平及深度、广度。只有这样，管理者才能更全面地思考、探索、逻辑推理，提升其管理沟通水平。"切"要做到深切，多用心思考。

良好的沟通，不仅能优化不同主体之间信息正确的传递，使组织的正常活动得以维系，也能促进人们之间的关系融洽，使组织获得超越职能的凝聚力。良好的沟通既要善于将管理沟通"七要素"与"八字诀"优化组合，使之在沟通过程中以最大限度地满足沟通的主体、客体、信息传递媒介及提高编码系统的效率、效应的需要，而且应善于换位思考，从对方角度、从医生治病诊断的角度出发考虑沟通问题，促使沟通更完善、完美。

本 章 小 结

本章"管理沟通的流程和技巧"分两节进行论述。第一节"管理沟通的基本流程"，先后介绍了管理沟通的调查与分析、目标和原则、制定策略和行动计划、实践计划、效果评估与反馈等基本流程。第二节"管理沟通技巧"，先后阐释了把握"七要素"、打牢"听、说、读、写"的基础、引进"望、闻、问、切"等管理沟通技巧。通过本章的学习，能使学生了解管理沟通的基本流程，掌握管理沟通的技巧，以更好地进行管理沟通。

自 测 题

思考训练题

1. 谈谈管理沟通的基本流程。
2. 管理沟通的技巧应把握哪 "七要素"？
3. 谈谈管理沟通技巧应打牢的"听、说、读、写"的基础。
4. 谈谈管理沟通技巧应引进的"望、闻、问、切"。

案 例 分 析

邱茹萍的人格魅力

邱茹萍的同事和下属都说她"外柔内刚"，她自己也承认这一点，说："我与下属的谈话结束很久以后，他们才开始想到，我是在责备他们。"

　　邱茹萍的装束很女性化，说话也温柔、平缓，即使是在批评他人，也从不怒目圆睁。她待人温和，具有一流的倾听技巧。也许正是这种特质打动了员工，人们都很尊重她，说她温柔的外表下蕴藏着坚强的意志。

　　"有一件事我永远难忘，至今还历历在目。当时，我必须开除一个员工，她是我最好的朋友，有些事我没有处理好，影响了我们的关系。其实，这对她并没有坏处，后来，她进入另一个行业，做得相当出色。"

　　邱茹萍在工作中逐渐掌握了处理问题的技巧，她的诀窍是，在用人之前事先做好准备，"当你作计划的时候，就要清楚你需要什么样的人才以及你的要求是什么。除了必需的工作技能外，我很看重品质、个性、幽默感和责任感。选人时谨慎些，用起来就轻松多了。"

　　员工一旦被正式录用，邱茹萍就充分给予其锻炼的机会，有错随时予以纠正。"我不希望到我第一次考核时，对方对自己的工作还一无所知。"

　　她待人诚实、坦率，有争执或冲突时马上解决，决不拖泥带水，但是，态度却不强硬，尽量不给对方造成压力。

　　做了这么多年的主管，邱茹萍总结出三类最难打交道的员工以及与他们友好相处的办法：一是满腹牢骚的员工，"我尽量开导他们，让他们往远处着想，给他们尝试的机会"。二是桀骜不驯的员工，"他们真令人头疼，我曾被他们气得发抖，但我有原则，决不纵容不讲道理的人。我会让他们知道，在我们这里，只要有道理，什么都可以商量，否则免谈"。三是能力差的员工，"我并不歧视他们，给他们创造增进技艺的机会，并给予指导，通常是半年。多数员工进步很快，我会继续鼓励他们"。

　　邱茹萍说，与难打交道的员工，即"问题员工"相处的诀窍是主动与他们沟通，深入了解他们。通过不断总结和吸取教训，邱茹萍对待各类员工的技巧日渐成熟，除了"读人"的本领大增外，处理问题的能力也大有改善。"我从不排斥异类，他们虽然与我个性不同，但都有他们自己的优点。一个多元化的环境就应该有各类人才，创造力才会增加。不要只用你的同类，只要是对公司有用的人，就要充分发挥他们的潜能。"

　　邱茹萍曾与 9 位上司共事，他们都是控制型的，但她都能与这些主管和睦相处。这是她的优势，也是她成功的基础。

（资料来源：康青. 管理沟通[M]. 北京：中国人民大学出版社，2009.）

问题：
请分析邱茹萍的管理沟通技巧。

第十八章　组织的内外沟通

【学习要点及目标】

通过本章的学习，了解组织内部沟通的模式、方法和网络；了解组织外部沟通的与上下游企业、与顾客、与股东、与社区、与媒体等沟通的重要性和方法。

【引导案例】

超飞行时限引发惊魂——国航客机遭意大利战机拦截

一架来自上海的波音 747 民航客机，当地时间 21 日在意大利空域引发恐怖袭击惊魂，意大利空军急派两架 F16 战机升空拦截。有消息说，可能是信号错误，才导致这一误会的发生。国航上海基地总经理王杰就此曾向媒体表示："没听说出了什么问题，就是上海至米兰的客机有些误点。"

据了解，中国国际航空公司的一架客机当时正从上海飞往意大利米兰，飞机因为误点，在进入意大利领空时已超过原先许可的飞行时限，但没有通知意大利当局，当地空军因不知情便派出战机拦截。

一名意大利空军新闻官说："两架第五中队 F16 战机接获空军命令，从切塞纳起飞，追查一架未获飞行许可的飞机。"当时这架国航 747 客机正飞越阿尔卑斯山脉，两架战机飞近客机后，证实它是误点导致许可证过期，便批准它继续飞行，战机随即返回基地。

这名新闻官员还称："客机原本获授权要在周四午夜前进入意大利领空，却在 9 小时后才飞越意大利东北部的博尔扎诺，因而受到拦截。事件已被证实纯粹是授权问题。"客机最终在目的地——米兰的马尔彭萨机场安全降落。

但也有消息说，导致这一误会发生的原因，可能是意方发出的错误信号所致。

上海浦东国际机场指挥处副处长陈江表示："这属于空中指挥问题，一般遇到这种情况应把客机引到地面再作进一步调查。"

记者今天上午就此事件再次致电浦东机场指挥处和华东空管局，有关人士向记者证实周四下午确实有从上海出发的国航班机起飞时间延误，但他们只认可此机在中国境内的延误，至于在意大利领空的情况，目前还不甚清楚。另外，截至发稿，记者始终无法与国航上海和北京方面的有关机构联系上。

(资料来源：新闻晚报，2004.)

"内求团结、外求发展"是组织沟通的目标。要达到这个目标，组织需具体地通过沟通，处理好两方面关系，即处理好组织的内部关系和外部关系。

第一节　组织内部沟通的模式和方法

当今时代，信息的传递速度因科技的发展大大地提高了。任何信息传递失误，都会导致一定的损失，在企业内部更是如此。如生产方面的沟通，一旦出现信息失真或沟通中断，必然造成产量降低，损失惨重。另外，多种渠道传递的信息量十分巨大，但并不都是企业急需用的信息。管理者只有正确地选择信息，才能有效地决策。可见，管理者要从庞大的信息流中选择正确的信息，只有通过同他的上级或下属之间的沟通才能实现。

一、组织内部沟通的内涵

组织内部沟通大致包括以下内涵。

一是建立健全规范公司会议系统，使公司的各种指令、计划信息都能上传下达，相互协调，围绕企业各项指标的完成统筹执行。通过月会、周例会、调度会、座谈会、班前班后会等形式，快速地将信息进行有效的传递，使大家按计划有条不紊地进行，步调一致，方向目标明确，提高工作效率和效能，使目标完成得到保障。

二是针对公司全体员工展开"合理化建议"活动，设立合理化建议箱和合理化建议奖。无论是技术改造、成本控制、行政管理等各领域，全面展开。从为企业发展到献计献策，树立主人翁精神，获得好的效果，从经济各个角度收获很大。

三是建立公司内部刊物，每月一期，发至公司各个层面，把公司生产经营动态进行有效汇总，整合公司信息，统一全体员工思想。各车间定期办黑板报、报纸专栏，丰富职工精神生活，同时也是沟通的一种形式。

四是把每周五定为公司"沟通日"。公司总经理的门是敞开着的，欢迎各级层员工进来沟通谈话。无论是意见，还是建议一并笑纳，并快速作出改进，了解各级层员工的需求动态，尽可能满足他们，真正实现"以人为本"，提高员工满意度，把员工当作绩效伙伴而非"打工者"雇员，形成命运共同体，而非单纯利益共同体。

五是每月集中给该月生日的员工过"生日餐会"，公司给每位生日员工发生日蛋糕、聚餐的同时，送上总经理签名的生日卡，使很多员工都很感动，感到企业大家庭的温暖，更是一心一意为公司做贡献，提升对公司的忠诚度和凝聚力。还有定期举办的联欢会、运动会、表彰会、优秀员工干部旅游活动等，使大家干得起劲、玩得开心，觉得自己与公司已密不可分，人企合一，共同成长，把公司当成自己创业、施展才能的大舞台。

二、组织内部沟通的三位一体模式

在一个企业内部，各组织层次的信息沟通是多方向流动的，并且各种沟通是并存的。

但基本上可以分为下行沟通、上行沟通与水平沟通三种形式。一个企业如只有上行沟通或下行沟通，实践必将证明这种沟通是失败的。三种沟通方式必须共同存在，形成三位一体的模式，才能使企业沟通达到管理的目标。

(一)下行沟通

下行沟通，是指信息的传递由组织的最高管理层直至较低的管理层。这种方法体现了一定的独裁主义倾向。古典管理理论家特别推崇这种沟通方式。企业经营目标的制定与规划程序就是下行沟通的一个典型例证。另外，类似于企业通知员工某项计划改变的程序，也属于下行沟通。

下行沟通传递信息的方式有许多种，并且效果也多不相同。口头沟通的方式有指示、谈话、会议、电话、广播、小道新闻等；书面沟通的方式有备忘录、信函、出版物品、告示、公报、海报、广告、电讯新闻展示等。

一般认为，各种会议以及各种组织的出版物沟通的效果最好；效果最低的是告示、公报、海报和广告。

下行沟通的真正目的是什么呢？丹尼尔·凯兹(Daniel Kay Bates)和罗伯特·L.凯恩(Robert. L. Kane)曾经指出，下行沟通的基本目的是通过信息的逐阶向下传递，传达具体工作指示；促成人们对工作本身及其与其他组织任务的关系的了解；提供工作程序和实施的信息；对下属提供其工作绩效的回馈信息；向员工们说明企业经营战略目标，激发员工的使命感等。

今天，组织内变革加速，关系复杂化，协调组织各管理层次的工作，维持组织及其员工之间的密切联系，至关重要。这就说明，下行沟通必须成为管理者关心的主要信息流向。

但是，并不是说下行沟通可以代替其他沟通。它也存在着一些不利因素。如由于带有独裁的特点，容易促进权威，有损士气；信息的大量下传，使受影响的人数逐渐增多，造成下属负担加重；信息自上而下，层层传递，往往过程迟缓，甚至发生歪曲信息或失误等。

(二)上行沟通

上行沟通就是自下而上的沟通，也就是信息从下属向上级传递，并按组织层次继续上传的过程。上行沟通为下属提供了一条向上级传递信息，表达思想的途径。但是，实践证明，这种沟通方式没有引起管理者的足够重视，在沟通环节上经常受到管理者人为的阻碍，他们筛选信息，部分地传递信息，违反了客观传递信息的要求，使沟通效率无法提高。

与下行沟通不同的一大特点是上行沟通具有启发性，通常用于民主的氛围之中。管理者通过这种民主的有效的上行沟通方式，有助于评价沟通方式的绩效，而且有助于了解员工目前所面临的各种问题。通常，上行沟通涉及员工方面的信息主要包括员工的工作绩效与达到目标的程度；员工未能解决和当前所面临的问题；各种组织改进意见与建议；员工对本身工作、同事和组织的态度与想法等。显然，这些资料为管理者有效管理人力资源提供了可贵的依据。

上行沟通的方法颇多，如：提建议制度、员工申诉和请求程序、非正式讨论、控告制度、调解会议、正式会议、员工信函、协商会议、态度调查、离职交谈以及员工辅导与工会代表等。这些方法中，凡是人与人之间直接的方式都是最有效的；凡是间接的非人与人之间的方式都是效果低下的。有效地进行上行沟通需要营造民主的氛围，使下属感到可以自由沟通。

民主氛围实质上是受企业管理部门的直接影响，因此，一个管理者，要真正做到"体察民情"，就必须为创造上行信息自由流动而承担责任。

(三)水平沟通

前述上行沟通、下行沟通是组织内最正式、最重要的沟通。因为信息传递的方向只涉及上和下，因此二者可以共同称为纵向沟通。这种纵向沟通发挥作用的同时，也给管理者带来了许多问题。如因为上行和下行沟通经由不同的管理层次，导致信息曲解、失真等不良现象；因为纵向沟通涉及了不同层次的管理者，所以必须考虑权力与地位的影响；高层领导人对待沟通的态度，对沟通成败具有直接影响。

水平沟通是对纵向沟通的有效补充，是应纵向沟通的需要而产生的。它与纵向沟通共同组成企业组织内部三位一体的沟通模式。

水平沟通也称横向沟通，是指同一组织层次的人和部门之间的沟通。另外，斜线沟通也属于水平沟通的范畴。斜线沟通指组织内部不同层次的没有直接隶属关系的部门或个人之间的信息交流。水平沟通方式有利于信息快速流动，促进理解，起到协调行动，实现组织目标的作用。例如，某机械制造公司高层管理人，销售、生产和财务部经理必须横向沟通即水平沟通，协调努力，才能制订出综合性整体计划。

水平沟通的方式可以采用口头沟通，也可采用书面沟通。企业环境为口头沟通提供了许多机会，如娱乐团体的非正式聚会、共进午餐、正式会议、委员会会议和董事会会议等。书面沟通方式，企业内也很多见。如公司办的报纸、杂志和布告栏等。

三、企业内部沟通的方法

在企业的运作中，我们无时无刻不进行着各种的信息交流，这种交流就是沟通。

1. 面对面交流

面对面交流是最常见的沟通交流方式，上下级之间布置、报告工作，同事之间沟通协调问题，都采用此方式。

2. 电话

上下级之间、同事之间借助电话这一传播工具进行的有声交流方式。

3. 命令

企业上级领导对下级员工布置工作、安排任务都可以称作"命令"，命令分口头命令与书面命令两种。有的企业创造了"总经理任务通知书"，这是一种很好的书面命令，事实上它已具有了文件的性质。

4. 文件

公司下发有关文件是典型的下行沟通。对于与员工利益密切相关的或者需要员工共同遵守的文件，必须与员工进行彻底沟通。公司的文件一般情况下下发到各个部门，各部门必须认真组织学习，并对所学效果进行测评，以确保文件内容沟通、执行到位。

5. 会议

会议这种沟通方式，根据需要可分为董事会、经理层会议、部门会议、全体员工大会等，根据开会周期可分为日例会、周例会、月例会等，还有各种各样的专项会议，如财务会议、表彰会议、安全会议等。无论何种会议，都要求讲究会议效率，开会要有结果，不能议而不决，随后还要抓好执行、跟踪、检查、评估和反馈等环节。

6. 业务"报告"

报告分为口头报告和书面报告两类。类似于报告的沟通方式还有请示、向公司上一级主管提出意见或建议等。无论是口头上的还是在书面上形成文字，都是上行沟通，一般需要批复或口头上给予反馈，从而形成上下信息交流上的互动。

7. 内部报刊

有条件的企业可以通过办内部报刊来增进企业与员工之间的沟通。例如，古井集团的《古井报》、《集团情况通报》、《市场动态》等报刊发挥着很好的沟通与交流作用。

8. 广播

在不少大中型企业，广播这一传播媒介都在使用。

9. 宣传栏

这一传播媒介无论对大中小型企业，都很适用。宣传栏可大可小，内容可长可短，方便快捷。

10. 举办各种活动

企业通过举办各种活动如演讲比赛、各种游戏、联欢会、宴会、专题培训等，可以有效地促进公司与员工及同事之间的沟通。

11. 意见箱

意见箱是很好的上行沟通方式，企业员工对公司有什么意见和建议都可以通过这种方式与企业及领导进行沟通。作为企业要对此给予高度重视，对员工的意见或建议进行及时反馈。

12. 内部局域网

随着网络技术的发展，很多企业都建立了自己的内部局域网，根据不同的职位设置了信息阅读权限，同时建立了"员工论坛"、"学习园地"等栏目，通过这一媒体，员工与公司进行互动交流，效果非一般媒体所能比。

13. 信件

这里的信件不仅包括传统的书信，还包括电子信件，即手机短信、电子邮件等。目前电子信件已成为常用的交流方式。

上述沟通基本上是语言沟通，其实对于非语言沟通也应引起我们的重视，比如面对面交流中双方的穿着、举止及其相关礼仪也非常重要，会直接影响沟通效果。员工对办公环境、办公气氛的感受，其实也是一种沟通。对无声沟通的重视，有时会起到"此地无声胜有声"的效果。

第二节　组织中的沟通网络

组织的沟通网络是组织内成员之间交流信息的真实模式。组织沟通网络分为正式沟通网络和非正式沟通网络，正式沟通网络是通过组织正式结构或层次系统运行，并涵盖纵向沟通与横向沟通的；非正式沟通网络则是通过正式系统以外的途径来运行的。

组织沟通网络是众多研究者的关注对象。很多因素将直接影响这个网络的结构。例如，组织内的管理者所设计的组织结构不利于成员沟通，在这种情况下，组织内较低等级的成员就可能不愿与上级交流。以下我们针对正式沟通网络与非正式沟通网络展开讨论。

一、正式沟通网络及其特点

正式沟通一般指在组织系统内，依据组织明文规定的原则进行的信息传递与交流。正式沟通主要有以下四种网络形态(见图 18-1)。

1. 链式沟通网络

链式沟通网络是一个平行网络，其中居于两端的人只能与内侧的一个成员联系，网络中的其他人则可分别与其他两个人沟通信息。在一个组织系统中，它相当于一个纵向沟通网络，具有五个层次，信息可自上而下或自下而上进行传递。此外，这种网络还可以表示组织中主管人员和下属之间的组织系统，属控制型结构。

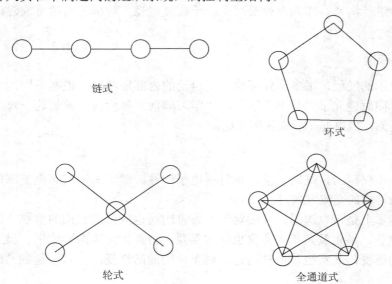

图 18-1　沟通网络形态

2. 环式沟通网络

环式沟通网络可以看成是链式形态的一个封闭式控制结构，表示五个人之间依次联络和沟通。其中，每个人都可以同时与两侧的人沟通信息。这个网络可以创造出比较高昂的士气。

3. 轮式沟通网络

轮式沟通网络是一种纵向的沟通网络，其中只有一个成员位于沟通的中心，成为沟通的媒介。这种网络集中化程度高。

4. 全通道式沟通网络

这是一个开放型网络，其中每个成员之间都有一定的联系，彼此了解。网络中的沟通渠道很多，组织成员士气高昂，合作气氛浓厚。学习型组织及高效、自治性团队均属于这类沟通形态。

这四种沟通网络形态的利弊比较如表 18-1 所示。

表 18-1　四种沟通网络形态比较

沟通网络形态 评价标准	链 式	环 式	轮 式	全通道式
开放程度	适中	适中	低	高
信息传递速度	适中	慢	快	快
信息精确度	适中	低	高	较高
控制力	较高	低	高	低
员工满意度	适中	低	低	高

二、非正式沟通网络及其特点

　　尽管正式沟通网络在组织中占据重要地位，但它并不是组织沟通形式的全部，组织内的非正式沟通网络也起着不容忽视的作用。与正式沟通的不同之处在于，非正式沟通是沟通目的、对象、形式、时间及内容等都是未经计划或难以预料的沟通。

　　组织中非正式沟通网络的形成涉及各种因素。但组织的工作性质是构成非正式沟通网络的主要因素，即从事相同工作或工作上有关联的人们倾向于组成同一群体。然而，大体上非正式沟通网络均具有下列共同特点。

　　(1) 不受管理层控制。

　　(2) 被大多数员工视为可信。

　　(3) 传播迅速。

　　(4) 关系到人们的切身利益。

　　非正式沟通不是根据组织结构、按组织规定程序进行的，其沟通途径繁多，且无定型。因此，非正式沟通形式也因其无规律性而被形象地比喻为"葡萄藤"(见图 18-2)，非正式沟通网络在形式上的这一特点，它能够及时、快捷地获得一般正式沟通渠道难以提供的"小道消息"。

　　小道消息或办公室传闻是非正式沟通网络的重要组成部分。这是因为小道消息的传播有助于缓解员工的焦虑情绪，传达员工潜在的愿望和期待。当组织成员无法从正式渠道获得他们渴望的信息时，或者由于对与自己切身利益有关的组织重大事件，如结构重组，高层领导人事变动，人员、工资福利调整等不知情，而感到茫然时，就会求助于非正式渠道。小道消息可以暂时缓解组织成员的因不确定性而导致的焦虑情绪及满足他们的愿望和期待。但是，假如组织成员的焦虑和期望得不到及时的缓解或满足，那么，小道消息便会失控而四处蔓延，谣言四起，从而导致组织中人心涣散，缺乏凝聚力，成员士气低落。

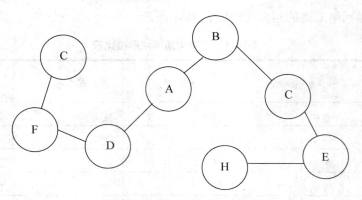

图 18-2 非正式沟通网络的葡萄藤形态

因此，在非正式沟通网络客观存在的情况下，组织各级管理者应该使小道消息的范围和影响限定在一定区域内，并使其消极影响减少到最低。以下是管理者可采取的几项措施。

(1) 公布进行重大决策的时间安排。

(2) 公开解释那些看起来不一致或隐秘的决策行为。

(3) 对目前的决策和未来的计划，强调其积极一面的同时，也指出其不利的一面。

(4) 公开讨论事情可能的最差结局，减少由猜测引起的焦虑。

均瑶集团由于倡导一个透明、平等的企业文化，在消除小道消息对企业产生的负面影响上下了很大的工夫，也创造了一些很好的办法。

在上海康桥的均瑶基地食堂里，你会看到这样的一块小黑板，上面写着现在在公司流行的小道消息，后面是公司管理层或员工的答复和想法。小道消息一旦公开化，它对组织的负面影响就会大大地降低，公司的领导就能察觉得到并进行及时的处理，透明的组织文化使得大家可以畅所欲言。

公司领导十分重视小道消息，努力把小道消息扼杀在摇篮中，对不同的小道消息，依照事情的轻重缓急，分别由不同层面的管理者进行解释。一些比较大的，诸如与谣言有关的重大人事任免、兼并重组等甚至会由董事长亲自向大家作解释，一般比较小的，就由一般的经理来解决。

第三节　组织与上下游企业的沟通

如图 18-3 所示，组织外部沟通构成了组织有机的外部社会关系，它与组织内部沟通紧密相连。如果我们将组织的外部社会关系加以扩展，就不难看出，一个企业要生存、要发展，离不开与外界的沟通和联系，只有与组织外部其他相关组织，如上下游企业、顾客、股东、社区及媒体等进行相互沟通与信息交流，企业形象才会走向社会。包括与上下游企业沟通的组织外部沟通，不仅有助于企业获得充分的外部支持及提高其经济效益，也是企业回馈社会的重要途径。

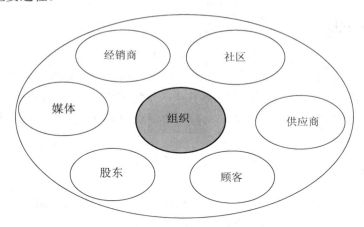

图 18-3　组织的外部社会

一、上下游企业的内涵和重要地位

　　企业的生产营运环节一定存在原材料的采购与产品的销售问题，它必然涉及上下游企业，即供应商和经销商。上游企业是相对下游企业而言的，指处于行业生产和业务的初始阶段的企业和厂家，这些厂家主要是生产下游企业所必需的原材料和初级产品等的供应商。下游企业主要是发挥其在企业与顾客之间的桥梁作用的经销商。企业对原材料进行深加工和改进处理，并将原材料转化为生产和生活中的实际产品后，需要经销商的经销。可以说，上游企业和下游企业与企业是相互依存的。没有上游企业提供的原材料，企业犹如巧妇难为无米之炊；若没有下游企业经销商将生产制品投入市场，上游企业的材料和企业的生产也将英雄无用武之地。所以，各个行业的上游企业和下游企业与本企业都是密切相关的，供应商和经销商作为企业外部的其他相关组织，处于与顾客同等重要的地位。

　　"服务第一，顾客至上"是许多企业的座右铭，它反映了当今企业竞争的焦点是顾客的满意度。一件合格商品的形成要经过许多环节，也可能要由多家企业提供零部件，最后才能组装为成品送达消费者手中。"消费者满意"已远不是某一家企业单独能做到的。事实上，"顾客至上"已成为每一个企业至高无上的宗旨和信条。这里的"顾客"已不仅仅是终端产品的消费者，而是涵盖每一家相关企业。设想供应商如果不能及时地提供质量合格的原材料，企业又岂能维持正常生产？如果经销商不能充分发挥其在企业与顾客之间的桥梁作用，那么再精致的产品也只能积压在仓库里。显然，企业与原材料供应商、产品经销商保持良好的关系与企业在消费者心目中保持良好形象同等重要。如果说让顾客满意是企业存在的意义，那么让供应商、经销商满意则是让顾客满意的一个重要组成部分。

二、组织与上下游企业沟通的基本观念

(一)联合求发展

在现代变幻莫测的市场环境中，与上、下游企业紧密沟通、联合求发展几乎是企业竞争制胜的唯一选择。试想，如果供应商不能及时地提供质量合格的原材料或半成品，企业的生产经营就不能稳定进行；如果经销商不能充分发挥其在企业与顾客之间的桥梁作用，那么再精良的产品也只能是一堆废物。上、下游企业对任何一个企业的发展都具有举足轻重的作用。

(二)双赢策略

双赢是沟通中需把握的基本观念。所谓双赢策略，顾名思义，就是双方在某件事情上共同获益。一个企业在处理与其上、下游企业的关系时，不仅要从本企业的利益出发来考虑问题，还要考虑上、下游企业的利益所在。只有这样，才有可能取得上、下游企业积极地回应，建立长期的合作关系。

三、组织与上下游企业沟通的方法

(一)建立电子通信网络

充分利用现代通信设施，建立企业与供应商、经销商之间的有效沟通与联络。电子数据交换能达到如下效果。

(1) 缩短了订货与交货的时间。
(2) 提高了服务水平。
(3) 减少了存货短缺状态。
(4) 改进了有关经营、宣传和价格变化以及产品可供性等方面的信息交流。
(5) 降低了存货费用。
(6) 增加订货、装运以及接货的准确性。
(7) 节省劳务费用。

随着计算机与通信技术的迅猛发展，电子通信网络在改善企业与上、下游企业之间的沟通方面所起的作用已越来越大，越来越受到各大企业的青睐。

(二)互派人员、参与彼此的重大决策

对紧密型合作的上、下游企业，公司要采取重大举措时，应邀请对方参与，至少要尽早让对方获悉，这样可以减少许多猜疑、不信任感与误会。

(三)给对方人员提供培训机会

许多成功企业的经验是，应对经销商的有关业务人员进行培训，因为他们才真正地直接和最终顾客打交道，缺乏必要的产品知识就难以成功地推销给顾客。此外，通过培训，还可以贯彻公司的某些政策与企业文化，提升企业的形象。对供应商的技术人员，同样有必要对他们进行培训。

(四)深入实际，解决问题

只有深入对方实际，才能获取第一手的准确信息，进而更好地解决问题。马克斯·斯潘塞(Max. Spencer)公司的一位高层经理谈道，"我和每一位高级经理人员(大约 25 人)定下一条死规矩：每年至少走访 40 个供应商"。在沃尔特·戈德史密斯(Walter Goldsmith)和大卫·克勒塔伯克(David Burke)写的《优胜之道》一书中提到："马克斯·斯潘塞公司有一批检查人员，经常对供应商进行实地察访，既可确保质量达到一定的水平，又可提出改进工作的建议。

当供应商提供的产品欠佳或不合格时，不可一味地抱怨，而要与对方人员一起，共同携手解决问题。

(五)增加信息交流

通过庆祝活动等保持企业与合作伙伴间经常性的人员互访，增进感情和了解，改善工作关系，增加信息交流的机会。

第四节 组织与顾客的沟通

一、组织与顾客沟通的重要作用

研究表明，人们在消费商品的同时也会有意或无意地向其周围的人直接或间接地传递市场信息。商家如果赢得了一名顾客，就相当于赢得了一批顾客，因为这位顾客就会免费向 300 名其他顾客作正面宣传；反之，则向 300 个人作反面宣传。顾客是企业最重要的外部公众，以优质的产品和优质的服务赢得顾客的满意是企业生存发展的基础，也是企业价值得以体现的根本所在。

可以认为，在由顾客掌控关系主导权的时代，如想建立长期联系，你就得提供既能满足顾客需求，又有利可图的东西。要达到这个目标，首先要过四道关：评估每个顾客的价值，确认每个顾客的联络方式，掌握他们各自的需求，并提供一种反馈机制。

(一)评估顾客价值

根据顾客价值区分出不同的顾客，有利于公司有效地评估自己的营销传播策略，确定传播举措的优先顺序。这样，就能将有限的传播资源用于最具长期潜在价值的顾客身上。顾客大体分成以下三大类。

高端顾客：这是对你而言最具价值的顾客，他们是你的主要利润来源。针对这一类顾客的关键目标一是留住顾客，二是整合传播。

中端顾客：这类顾客能带来实实在在的价值，而且有加入高端顾客阵营的可能。公司可以通过实施传播策略，开发出他们的真实价值，以此促成更多的交易，并提升顾客价值。

低端顾客：对你来说，这类顾客现在没有、将来很可能也没有利润可言。对他们应该使用低成本的传播渠道，要么让他们变得有价值，要么干脆舍弃。

(二)确认每个顾客的联络方式

好的，现在你已经知道你的目标顾客是谁了，那么又该如何与他们取得联系呢？这个问题听上去似乎很简单，但你必须清楚，要与顾客联系上就得有正确的姓名和联系方式。道理显而易见，但实际上很多公司都没有一套好的程序以及时更新顾客信息。

比如 E-mail 通信中普遍存在的地址问题。很多公司因为没有一个特定的系统定期更新 E-mail 地址，结果就与那些更换了邮箱的顾客失去了联系。

同样会损害顾客关系的是，姓名的拼写错误，而且是不止一次的错误。顾客可能会想："你连我的姓名都写不对，还指望我与你联系吗？"对公司来说，也许这只是几个字母的小问题，但是对顾客来说却是相当重要的。

(三)掌握顾客需求

顾客每天都会受到广告和营销信息的狂轰滥炸。如想消除所有的广告噪音，就得通过恰当的渠道向顾客传递增值信息。要达到这样的效果，首先要理解顾客的需求，然后再运用传播工具向他们提供满足其需求的适当的信息。打个比方，银行开展电子银行业务，使信用卡用户可以通过互联网缴纳每月的网络接入费。这样之所以可行，是因为顾客已经具备使用互联网的需求了。

(四)提供反馈机制

方便顾客与公司的沟通，是有效实施整合营销传播的必然要求。双向沟通能够为公司提供时时掌握顾客需求以及期望的良机。

二、组织与顾客沟通的前提

(一)调查研究，心有顾客

调查研究，心有顾客，这是沟通的重要心理准备。心中要有顾客，首先要进行沟通的细致充分的准备活动，要研究顾客，了解顾客，要摸清顾客的状况，针对企业的形象、品牌、行销等方面进行初步的摸底。例如，顾客问卷调查是企业与顾客沟通的一种基本方式，通过调查了解顾客需求的现状及趋势，从而可以提前采取相应的措施以达到提高顾客满意度的目标。

(二)想顾客所想，急客户所急

想客户所想，急客户所急，这是沟通的关键所在。

想顾客所想，应多与顾客直接接触，倾听顾客的意见，这不仅是留住顾客的良方，而且也是企业不断创新的源泉。另外，急客户所急，微笑服务、人性化服务等都可以创造企业与顾客沟通的奇迹。例如，产品销售没几天，咨询服务电话就到家；产品运行中出现故障，服务人员上门检修；时逢服务质量月，邀请消费者参加客户联谊会……凡此种种，都有助于融洽企业与顾客之间的关系，疏通企业与顾客之间的交流渠道，在顾客中建立企业的信誉品牌。

(三)先做朋友，后做生意

先做朋友，后做生意，这体现了沟通的人情味。与顾客的沟通不应是死板的公事公办，而应尽量人情味浓一些，先做朋友，后做生意，相逢便是朋友，何必强求合作。有歌曲唱道"朋友多了路好走"，可见，如何与顾客做朋友，以诚相待很重要。

三、与顾客沟通的主要方式和工具

对于企业来说，搭建与顾客间顺畅的沟通平台和桥梁是良好沟通的第一步。在这个技术日新月异的时代，人们之间的沟通工具越来越丰富且多样化。就目前而言，顾客沟通的方式和工具主要有以下几种。

(一)面对面

面对面沟通，即企业与顾客进行面对面的人员沟通。面对面沟通是企业与顾客之间最传统，同时也是最主要、最有效的一种沟通工具。尽管电子邮件、声音邮件以及会议电视等现代通信手段不仅大大提高了沟通的速度和效率，而且节省了大笔的差旅费用，但是人不仅有理性的一面，还有感性的一面，再发达的技术手段也不能替代面对面的真诚交流。

顾客不仅需要价格合理的产品，还需要通过与企业相关人员多方面的交流，从他们身上感受这个公司的企业文化、素质等，从而最终决定采用哪一家企业成为其供货商。与顾客面对面的交流不仅增强了彼此的信任和重视，而且有助于更好地解决产品和技术问题。在面对面与顾客沟通中，顾客经理是沟通的主角，通过进行日常客户拜访，实现与顾客的全面或有重点的沟通目的；其他人员也应本着"分工不分家"的思想认真解答顾客提出的问题。为达到与顾客最佳的面对面沟通交流效果，则既要让企业全体人员都掌握沟通技巧，同时还应该加强单位内部部门间的信息交流和沟通协调。

(二)电话

电话交流是目前顾客沟通中最常用的也是最便捷的一种沟通工具。通过电话，企业可以很直接地从顾客嘴里知道顾客的一切需求信息，及时了解他的疑问而进行及时的讲解，可以很直接地告诉顾客公司这边的一些产品信息，通知顾客需要注意的细节，顾客也会提醒我们应注意的地方，这样从信息的准确度和时效性上都将大大地提高。此外，与面对面沟通以外的沟通工具相比，通过电话直接沟通，你可以听到顾客的声音，把握顾客的求购心理，同样顾客也可以通过话筒感觉到企业工作人员的真诚和热情，交易成功率可以大大提高。当今社会较高的电话普及率也为电话沟通交流创造了客观条件，但面对大容量的信息交流就不宜采用电话交流方式。

(三)短信平台

手机短信作为"第五媒体"，已经得到广泛的认同，拥有庞大的受众群体。短信息广告媒体具有以下不可替代的信息传播优势。利用短信群发平台，企业可将打折、促销、新产品介绍等相关信息快速高效地发送到目标顾客的手机上。运用"短信群发"这一电子信息应用技术，企业可以轻松搭建与顾客间便捷、高效的沟通桥梁，不失为扩大沟通空间、提高沟通效率、节约开支、提高效益的有效途径。

(四)互联网平台

利用互联网不受时空及信息量限制的特点开展与顾客沟通交流，是达到与顾客广泛深入沟通交流目的的有效工具和途径。一方面，利用互联网企业可以将海量信息传递给顾客，企业可以利用文字、声音、影像等多种技术在网上全方位地展示产品，介绍其功能，演示其使用方法，建立征询系统，甚至让消费者参与产品的设计，向客户传达企业提供的各种服务。顾客随时可以免费地从网上获得这些信息，且企业在网上存储、发送信息的费用都大大低于传统媒体。另一方面，通过在互联网设置专门窗口和即时通信工具的应用，企业可以高效且低成本地实现顾客服务。企业可在站点中设置专门窗口，帮助解决顾客的常见问题，减少顾客服务人员的重复劳动，腾出时间和人手为客户及时解决更复杂的问题。此外，企业还可以利用即时通信工具——互联网，实现双向互动沟通。即时通信工具功能上基本都包括了即时聊天、文件传输、网络视频聊天、网络语音聊天等，目前主要的即时通信工具有 MSN、QQ 等。即时通信工具其即时互动的特性使得企业能与顾客双方实现高效沟通。可以说，即时通信工具方便快捷，不仅大大降低了企业的通信成本，而且其精确搜索、定向广告、实时通话、保存通话数据等功能，都能帮助企业提高营销效果。可以说互联网的应用突破了与顾客沟通的时空限制，作为顾客沟通工具之一的具有无可比拟的机动灵活性，是其明显优于其他媒体的根本原因。

(五)信函

信函是人们最为传统的沟通方式，即使在现代通信技术极其发达、联系方式日新月异的今天，信函联系这一方式也并没有消亡或被取代，它仍以其顽强的生命力而服务于沟通领域。企业可通过发放征询意见函，向目标顾客寄去贺卡等信函的方式与顾客形成沟通。采取信函的方式与顾客沟通，重要的是在于不但可以让顾客不断地认识和了解企业，而且可以使顾客不致被动，较电话、面对面等方式更容易被客户接受。同时信函的内容可以让对方从不同的方面感觉到企业的专业与能力。此外，当前在互联网技术的普及应用下，信函正以一种新的形式——E-mail 受到人们的青睐。

(六)演示

企业销售人员也常以现场演示的方式向顾客传递信息，并试图影响顾客。这里的演示可能是非正式介绍、展览现场讲解，也可能是正式的信息发布。有很多大公司派出一些销售小组，到顾客集中地区召开演示会。顾客愿意来听你介绍很不容易，因为顾客为此要付出时间成本，而且企业的演示费用也通常很高。因此，为了充分利用这类难得的机会去影响顾客，必须注意演示的准备和利用讲演技巧。演示的准备包括顾客资料、视听资料、发言稿、现场演练的准备，还需要掌握现场演示的技巧，并制订详细的演示计划。

第五节　组织与股东和社区的沟通

一、组织与股东的沟通

股东主要包括：个别投资者、股票持有者、证券分析人员、信托人、银行家、经济顾问、投资公司、投资俱乐部等。

股东是企业的特殊公众。与股东沟通的目的主要是为了获得广大股东的信赖与支持，股东的信赖与支持表现为期望的行为——购买或持有公司的股票,使企业获得强有力的资金支持。

(一)股东关系的重要性

首先稳定的股东关系能促进组织的发展。股东是组织的财政支持者，他们为组织的发展提供了额外的经济基础。所以，需要保持和维护与股东的良好关系，使稳定的股东关系为组织发展起到促进作用。

股东大会及董事会可以代表各自的利益参加决策，这样，便能促进组织经营的改善；股东们还能向组织提供各种有价值的信息，这也能促进企业经营管理的改善。

(二)组织如何同股东搞好协调

首先应摆正股东的地位，组织在做有些重大决策前应向他们征求意见；让其参加对组织各项重大经营决策方案及重大人事变动方案的审议。组织的有关会议应请有关的股东为座上宾。在各种联谊活动和文体活动中，应有股东的一席之地，使他们能像本组织的员工一样积极活跃地参加活动。

其次应注意与股东相沟通。组织应该就有些情况经常地与股东进行沟通。对于组织内部领导人的变更、组织机构的调整、新的工作内容增加、新产品开发和组织的利润、财务状况、股利分配、盈利等情况，组织都应采取适当方式及时向股东传达。

(三)组织与股东沟通的工具与方法

1. 书信

企业管理者与股东们的第一次直接接触通常是在购买股票的时候。此时，公司可以发一封短短的欢迎信，其中附上公司目前的财务情况、生产的产品、公司的历史等报告，之后，对投资者断断续续的咨询信件要认真予以回答。即使在投资者抛出最后一张股票后，也要发出告别信，表示遗憾和歉意。有些信件需要由公司经理亲自动手来写成。

2. 年度报告

年度报告是促进企业与股东间沟通的最主要的工具。

3. 年度股东大会

年度股东大会是法律要求召开的会议，公司董事在大会上向股东通报公司的经营业绩或未来前景。股东就董事会选举和重大的公司决策进行投票。

4. 邮寄新产品样品

这样做不但能使股东充分了解企业的新产品情况，同时还促进了企业与股东间的感情交流。

5. 宴会等活动

遇到公司庆典、新产品上市、新企业开张，或其他重要事项，公司可举行邀请股东参加的宴会或其他活动，这种活动有助于促进企业与股东间的沟通。

6. 个人拜访

公司遇到重大问题或做重大决策时，公司领导人对主要股东登门拜访也是一种可取的沟通方法。

7. 电话

公司领导人和相关组织部门的工作人员应经常用电话与股东们保持联系和沟通。

二、组织与社区的沟通

(一)沟通好社区关系应注意的问题

社区是指人们共同活动的一定区域，如村落、城镇、区、街道等。社区关系是指一个组织与相邻的单位、机关、社团或居民等的相互关系。企业不是建立在真空之中的，而是经常与周边环境发生着各种联系，社区是企业最直接的外部环境。可以说社区是一个组织生存和发展的重要外部环境，搞好社区关系对每一个组织的发展至关重要。

(1) 多采取睦邻政策。

(2) 要经常地搜集社区内公众对组织形象的反映、意见和要求，及时地改进本组织的工作。

(3) 积极主动地参加社区内的活动。

(4) 赞助社区内的公益事业。

社区的许多工作都是公益性的，需要资金支持，需要全社会的支持。企业管理者应该本着相互依赖、同舟共济的理念，主动保持与社区的沟通，积极参加社区讨论，赞助慈善活动，组织志愿者活动等，这样可以帮助企业从社区中获得资源和支持，使社区成为塑造企业形象的可靠依托。

(5) 邀请社会各界人士参与本组织的有关活动。

(二)发挥社区沟通作用的方法

1. 开放式的讨论会

开放式的讨论的优点在于能把许多人聚集在一起，缺点是难以为个人之间进行讨论提供机会。主办企业应该为来客提供各种设施，使他们感到舒适和方便，如提供一目了然的陈列；有专门人员负责把来客引到指定位置；为列席和随行人员提供座位；进行细致的管理等。它的最大优势是使社区活动和雇员参与相结合，使企业成为社区的一部分。

2. 特殊事件

能称为"特殊事件"的事情很多。例如，破土动工的新建筑、工程师正在检查的建设项目、社区的一些庆祝活动等。另外，还有许多值得赞助的事情，如向"希望工程"捐助产品，一次关于家庭防卫或节能的讨论会，向贫穷地区投资，为贫困大学生提供奖学金，等等。通过这些特殊事件，可为企业树立良好的企业形象创造条件。

3. 扩大内部出版物的发行范围

即使企业内部出版物上可能涉及外部的事情不多，也很值得让它在整个社区内广为传播，如那些等在洗衣店、医院的办公室、美容院和机场的人们，都可能成为这些刊物的读者。企业员工的行动可能会受到他们的模仿，而使企业的行动受到更广泛的关注。实际上，社区的各类人都可能对企业的出版物持欢迎态度，他们往往会对企业对社区事件的评论、企业的各种有意义的活动，以及企业的新产品、新政策动向介绍等内容较为关注。

4. 组织志愿者活动

企业组织志愿者参与社区的公益性活动，是一个有前途的实验领域，如某方面的咨询、产品维修等。有一点需要指出，志愿者必须符合技术或知识方面的要求，并有强烈的参与服务的愿望。

5. 地方广告

在当地做一些广告，可以增进社区公众对企业的了解，提高企业知名度。

6. 赞助、慈善活动

1982年，美国各种企业对慈善事业的捐助额达30亿美元。慈善事业被认为是把某些利益提供给社区的一个重要举措，是提高雇员生活品质和公民地位的一种方式。一些公司领导人列举了以下四个理由，解释他们参与慈善事业的原因。

(1) 它能够显示企业的良好素质和公民的责任感。

(2) 它能够从对教育、福利和艺术的援助中获得无形的价值。

(3) 它能够为那些善于模仿企业行为的人树立一个光辉的榜样。

(4) 它能够提高社区的生活质量和乐趣。

企业的援助方式有：提供仪器设备、设立奖学金及各种基金、各种免费服务等。另外，企业对艺术事业的赞助行为也越来越多。在政府扶持日益减少的情况下，许多文化艺术项目和团体因公司的赞助而得以生存和发展。

7. 新闻媒介

地方新闻是地方活动的重要组成部分。地方报刊、电视、有线电视系统和电台等都是重要的社区传播媒介。企业要与社区建立良好的关系，媒介则起着至关重要的作用。企业首先要给地方的新闻媒介提供有影响、有意义的企业新闻。作为一个好的企业，首先向其雇员和领导人员提供信息，其次是社区，再次是外界。要处理好这由"亲"到"疏"的微妙关系。作为新闻提供者，首要的是实事求是，任何隐瞒都只会带来相反的结果。

企业还可充分地利用地方新闻媒介，做一些于己于人有利的宣传活动。媒体沟通运用得当，企业能够事半功倍。

需要强调的一点是，社区居民无不把地方报刊引以为自豪，并为它的成长、兴盛和良好的声誉奉献力量。有助于社区、有助于新闻媒介的事情，往往也有利于企业；有利于新闻媒体、有益于企业的事情也常常有益于社区，三者之间是相辅相成的关系。作为社区的企业，应重视与社区媒体的关系，切不可因为一些小事情而伤害了双方的感情。

第六节　组织与媒体的沟通

一、媒体的内涵及对企业的意义

媒体在此是指新闻传播媒介，其中包括报刊、广播、电视等。媒体是企业与一般公众进行沟通的最广泛最有效的沟通渠道之一。

对企业而言，媒体兼具双重重要意义：一方面，它是有效的传播工具，通过它可与各种各样的公众进行沟通，树立企业良好形象，实现企业的目标；另一方面，它又是企业非常重要的一类沟通对象，因为它对社会舆论有着很大的影响力。可以说，各种传媒是一把"双刃剑"，当它对企业作正面宣传时，无异于做一次免费的广告；然而当它对企业作负面报道时，就如同雪上加霜。

面对媒体，一方面，企业应遵守诚信为本、顾客至上的原则，遵守商业伦理；另一方面，企业应尊重媒体，以人为本，配合媒体，满足社会民众的知情期望。现在，许多企业的老总已经认识到媒体舆论的重要性，纷纷派出企业的高级管理者面对面回答记者提出的问题，这样不仅增加了信息的权威性，同时也能使媒体产生受尊重的感觉，最终有利于企业树立良好的公众形象。尤其是在企业遭遇危机时，与媒体保持良好的沟通是化解危机渡过难关的重要途径。

二、运用媒体沟通的方法

(一)新闻发布

新闻发布是由企业将一新闻事件送往新闻媒体，其新闻事件一般以新闻故事的体裁写成。新闻发布是利用传媒对外沟通的基本方式之一，它能使关于企业的一则新闻报道，同时为多家新闻媒体所知,并进而扩散给大众。

很多管理者没有意识到,实际上企业的许多活动都是新闻的理想题材,值得用新闻发布的方式公之于众。

新闻发布的内容十分广泛,大致可以包括以下几方面。

(1) 公司历史:周年纪念、生产、销售、筹集资金方面的新成就、服务优良的奖励。

(2) 生产:设备的改进、安全安置、专利、新发明、新原料的应用。

(3) 组织策略:企业组织的变革、股东关系。

(4) 人物:公司高层领导的重要讲话、个人的成就和事迹、名人来访、员工访问。

(5) 研究:设备改良实验、新研究计划、未来经济分析和展望。

(6) 产品和服务:新产品和新服务项目、产品获得的荣誉。

(7) 营销:未来商品及其营销计划、新的营销渠道、经销商调查、销售竞赛。

(8) 企业形象、商业特点:新的商标或商业特点、知名人士对公司的赞赏、新的企业理念、新的企业精神与企业口号。

(9) 员工及其活动:员工福利、联谊活动、新进员工、员工退休、员工逝世。

(10) 社会活动:有关公司的地方新闻、企业在社会上的公益活动或展示活动。

(二)记者招待会

采用记者招待会的方式,可以使记者们直接看到或听到他想知道的东西,同时记者们可以当面询问公司重要人物的一些问题。对于企业而言,这是一种给新闻界留下深刻印象、进行自我推销的很好的方式。当然,招待会所发布的信息应是足够引起新闻媒体注意的信息,否则不但浪费时间和金钱,还可能会影响公司日后的对外宣传活动。

召开记者招待会时,通常要向记者们提供一套新闻资料,包括展示品、图表、照片等。在推出新产品时,往往要进行一次示范性表演,由一位工程师或管理人员作一番讲解,说明这项产品对公司和未来客户具有何种意义。

此外还有一种不同于记者招待会的记者接待会。接待会可在公司的周年纪念、商展或介绍新产品时举行。在记者接待会上,记者们可以在友好而不拘束的气氛中与高层管理者进行会谈。当然要注意在营造这种轻松气氛时不要做过了头,过于做作的安排可能会使记者们怀疑公司别有企图。

记者游乐会是另一种做法。它是由公司负担旅游费用,招待记者们参观该公司经营的某个企业或某处与公司经营活动相关的场所。对新闻媒体而言,这种方式为他们节省了采访某一远距离事件的费用,如果该事件确实具有一定的吸引力,新闻媒体是会乐于去看一看的,而公司则使一些与公司相关的重要事件为众人所知,因此是双方受益的。

(三)特写

企业的可能有助于其他企业的新观念，或生产上、销售上、管理上值得其他企业学习的事迹，都可作为特写的题材。运用特写的沟通方式通常有以下几种。

1. 名人文章

很多杂志乐于刊登有一定知名度的企业经理们的文章(虽然这些文章可能是企业公共关系专家或相关人员所写)，因为他们的权威地位会提高文章的身价。也可由企业外部的知名人士，根据对企业管理层的访问或企业提供的资料，写一些关于公司及其活动的文章，由于这些人士在某一特殊社会圈内为人熟知，署名他们的文章也就较易引起注意。

2. 人物志

关于有特殊成就的杰出经理们的文章是大众较感兴趣的题材。在很多情况下，大众是因为看到某企业领导者在工商界的特写而对该企业或其重大事件有所了解的。

3. 公司案例

公司案例这种文章通常以公司在广告策略、推出新产品、生产组织、财务运作以及营销组合等方面的成功事例为主题。一般而言，这些事例应对公司有重大意义并具有一定的典型性，并能够对其他企业有所借鉴。

4. 通论文章

通论文章这一类文章专门论述某个行业、某种产品或某类公司。在文章中，有时会特意强调本企业及其管理者在该领域中的先驱者和领导者的形象。

关于企业的特写并非总是起到对企业有利的作用，这一点，企业是无法完全避免的。如果是一篇由公司管理者署名的文章，在它刊载之前，公司可以对其更改和取舍，然而报社记者的文章，除了为核实某些资料的正确性外，很少给公司管理者过目。因此，在这种情况下，企业应该做的是尽量与新闻媒体合作，努力将企业管理层的观点传达给对方，防止记者们从不可靠的地方取得资料以致使事实被严重歪曲，产生不利于企业发展的舆论导向。

(四)制造新闻

运用制造新闻的方式，企业可处在积极、主动的地位，引导新闻媒体趋向由企业有意制造的新闻热点。如果运用得当，很多事件都可能成为这样的热点，例如：

(1) 周年纪念庆祝。

(2) 讨论会。

(3) 对特殊成就的奖励。

(4) 为一项有专题价值的题目进行的对顾客、员工或股东的调查。

(5) 公司在市场上的重大举措。

(6) 一次比赛。

制造的"新闻事件"要有足够的宣传价值，才能引起新闻媒体的关注。但是，如果片面追求新奇和刺激，则很可能喧宾夺主，反而淡化了公司原来的目的，甚至以欺诈或毁损他人名誉等法律纠纷而结束。

因此，制造新闻需要预先制订周详的计划，慎重考虑新闻界和公众的各种可能反应，并且要紧密围绕企业的目标。操作中应努力做到适度、得体，避免哗众取宠和低级趣味。

(五)附属工作

1. 新闻消息的准备

在为报刊、电台或电视台准备新闻时，各种稿件必须能够适合某特殊媒体的需要。例如，报纸要求内容广泛，电台要求文字简洁，电视要求声情并茂。

一些有丰富经验的电台和电视台的新闻编辑一般会提出如下建议。

(1) 只发送一份新闻稿件，而且应直接寄给新闻宣传负责人。

(2) 稿件要保持交谈式的风格。

(3) 稿件要具有即时性，已经出现在报纸上的消息谈不上什么新闻。

(4) 最好是现场新闻。

(5) 对听众有清楚的了解。

(6) 对新闻会议的安排要提前准备。

2. 照片

在各种各样的新闻中，照片的地位日益重要。一般而言，照片本身就是一则动人的新闻，而且还是构成电视等形象媒介的基本要素。

使用照片要掌握经济、实效的原则。照片要能使要告知的事情一目了然。与其他方式相比，照片有着简明易懂、影响力大的特点。

3. 优秀稿件的标准

(1) 新闻或信息能够引起人们的兴趣。

(2) 文章能够回答读者或听众有疑问的问题。

(3) 听众或读者认为他们最想知道的问题已经解释清楚。

(4) 稿件具有新闻价值，能在公众注意力的激烈竞争中取得成功。

(5) 信息传递能够促进企业目标的实现。

(6) 新闻的播发能准确传播企业的性质。

(7) 事实、名称、日期准确无误，专业用语恰当。

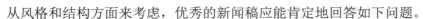

从风格和结构方面来考虑，优秀的新闻稿应能肯定地回答如下问题。

(1)　内容提要是否能够抓住读者的注意力，标题是否简明扼要。

(2)　文中的事实是否与标题协调一致。

(3)　稿件会不会给人以"试图做免费广告"的印象。

(4)　新闻信息是否能在以事实为依据的基础上尽可能地激动人心、惹人注目，而又不夸大其词。

本 章 小 结

本章"组织的内外沟通"分六节进行论述。第一节"组织内部沟通的模式和方法"，首先阐释了组织内部沟通的内涵，而后介绍了组织内部沟通的三位一体模式，最后阐释了企业内部沟通方法。第二节"组织中的沟通网络"，先后介绍了正式沟通网络及其特点和非正式沟通网络及其特点。第三节"组织与上下游企业的沟通"，首先论述了上下游企业的内涵和重要地位，而后阐释了组织与上下游企业沟通的基本观念，最后介绍了组织与上下游企业沟通的方法。第四节"组织与顾客的沟通"，首先论述了组织与顾客沟通的重要作用，而后提出了组织与顾客沟通的前提，最后介绍了与顾客沟通的主要方式和工具。第五节"组织与股东和社区的沟通"，先后阐释了组织与股东的沟通、组织与社区的沟通。第六节"组织与媒体的沟通"，首先论述了媒体的内涵及对企业的意义，而后介绍了运用媒体沟通的方法。通过本章的学习，能使学生了解组织内部沟通的模式、方法和网络；了解组织外部沟通的具体方法以更好地参与组织内外部沟通的实践活动。

自 测 题

关键名词

正式沟通网络　非正式沟通　上游企业　下游企业　媒体

思考训练题

1.　谈谈组织内部沟通的内涵。

2.　答出组织内部沟通的三位一体模式。

3.　企业内部沟通有哪些方法？

4.　正式沟通主要有哪四种网络形态？

5.　非正式沟通网络均具有哪些共同特点？

6.　谈谈组织与上下游企业沟通的方法。

7. 组织与顾客沟通的重要作用有哪些？
8. 答出组织与顾客沟通的主要方式和工具。
9. 谈谈发挥社区沟通作用的方法。
10. 谈谈运用媒体沟通的方法。

案 例 分 析

雅鹿集团的一次媒体沟通会

2009 年 5 月 17 日，雅鹿集团在京召开了媒体沟通会，针对某些不负责的媒体对雅鹿羽绒服"子虚乌有"的不实报道给予澄清。中国服装协会常务副会长蒋衡杰、中国服装协会羽绒服装及制品专业委员会秘书长郑金扬、雅鹿集团董事长兼总裁顾振华、北京市西单商场股份有限公司徐民副总经理等领导出席了沟通会。

据介绍，近日某媒体载文：雅鹿羽绒服因质量、款式和声誉等问题被北京西单商场"黄牌警告"，并极有可能被扫地出门。随即，部分网络媒体进行了转载。事发后，西单商场对此及时进行了深入调查，并对这些媒体的不实报道作了否定。西单商场副总徐民女士表示，雅鹿羽绒服不但不存在任何质量问题，而且是商场内的畅销品牌之一，深受广大消费者信赖和喜爱。她希望媒体以事实、诚信为原则公正地报道，并表示今后商场与雅鹿集团继续保持战略合作伙伴关系。

雅鹿集团目前已发表了严正声明，称相关报道缺乏事实依据，影响了民族服装业的健康发展，但面对是否是恶意诽谤的问题，雅鹿并未明确回答，但在声明中明确表示：将视事态进展"诉诸法律"，追究相关人员责任。

在沟通会上，中国服装协会常务副会长蒋衡杰也作了重要发言，他说，这种虚假的报道，不仅损害了中国服装民族品牌的形象，扰乱了市场竞争环境，同时也损害了商家的良好声誉。他希望，媒体能有更多客观的报道，给民族服装企业一个良好的环境。他认为，无论雅鹿是否是被恶意诽谤，行业都要积极倡导采用合法、合理、规范的营销手段，进行公开、公平、公正的竞争。他表示，作为行业服务机构，中国服装协会将一如既往地反对不正当竞争，维护行业健康发展。

(资料来源：赫红. 管理沟通[M]. 北京：科学出版社，2010.)

问题：
1. 你认为雅鹿集团的这次媒体沟通会是否能达到目的？
2. 你认为成功的媒体沟通会应具备哪些条件？

参 考 文 献

1. 杰勒德·I.尼尔伦伯格. 谈判的艺术[M]. 上海：上海翻译出版公司，1986.

2. 利·L.汤普森. 谈判者心智[M]. 燕清联合，于君，等译. 北京：中国人民大学出版社，2005.

3. 克劳德·塞利奇，苏比哈什·C.贾殷. 全球商务谈判实务操作指南[M]. 曹宇，孔琳，项娟，译. 北京：中国人民大学出版社，2008.

4. 罗伊·J.列维奇，戴维·M.桑德斯，布鲁斯·巴里. 国际商务谈判[M]. 方萍译. 北京：中国人民大学出版社，2008.

5. 王政挺. 中外谈判谋略掇趣[M]. 北京：东方出版社，1992.

6. 姚凤云. 现代谈判指导[M]. 哈尔滨：黑龙江科学技术出版社，1994.

7. 周敏，闫锡成. 谈判心理学[M]. 哈尔滨：哈尔滨出版社，1994.

8. 郭秀阎，孙玉太，于忠荣. 商务谈判名家示范[M]. 济南：山东人民出版社，1995.

9. 张利. 国际经贸谈判面面观[M]. 北京：经济出版社，1995.

10. 张勤，等. 谈判与行为选择[M]. 北京：经济出版社，1995.

11. 冯娟娟，等. 谈判与社会心理[M]. 北京：经济出版社，1995.

12. 李恩慈，等. 谈判与法律法规[M]. 北京：经济出版社，1995.

13. 孔昭林，等. 谈判与思维方式[M]. 北京：经济出版社，1995.

14. 齐宪代，等. 谈判谋略[M]. 北京：经济出版社，1995.

15. 刘伟，等. 谈判与对策[M]. 北京：经济出版社，1995.

16. 张爱文，等. 谈判礼仪[M]. 北京：经济出版社，1995.

17. 张晓豪，等. 谈判控制[M]. 北京：经济出版社，1995.

18. 姜小欣，等. 谈判语言[M]. 北京：经济出版社，1995.

19. 李五一. 商务谈判口才[M]. 北京：蓝天出版社，1997.

20. 王超. 谈判分析学[M]. 北京：中国对外贸易出版社，1999.

21. 肖卫. 成功谈判[M]. 呼和浩特：内蒙古文化出版社，2001.

22. MBA核心课题编译组. 谈判与沟通[M]. 北京：九州出版社，2002.

23. 章瑞华，徐志华，黄华新. 现代谈判学[M]. 杭州：浙江大学出版社，2002.

24. 吴显英，董士波，陈伟. 现代商务谈判[M]. 哈尔滨：哈尔滨工程大学出版社，2002.

25. 贝思德教育机构. 谈判口才训练教材[M]. 西安：西北大学出版社，2002.

26. 李景霞. 国际商务谈判[M]. 北京：机械工业出版社，2004.

27. 潘肖珏，谢承志. 商务谈判与沟通技巧[M]. 上海：复旦大学出版社，2004.

28. 张煜. 商务谈判[M]. 成都：四川大学出版社，2005.

29. 丁建忠. 商务谈判教学案例[M]. 北京：中国人民大学出版社，2005.

30. 李品媛. 现代商务谈判[M]. 大连：东北财经大学出版社，2005.

31. 刘园. 谈判学概论[M]. 北京：首都经济贸易大学出版社，2006.

32. 张立强. 经典谈判谋略全鉴[M]. 北京：地震出版社，2006.

33. 贾蔚，栾秀云. 现代商务谈判理论与实务[M]. 北京：中国经济出版社，2006.

34. 韩玉珍. 国际商务谈判实务[M]. 北京：北京大学出版社，2006.

35. 林伟贤. 谈判艺术[M]. 北京：新华出版社，2006.

36. 黎滔. 双赢谈判[M]. 北京：中国纺织出版社，2007.

37. 赵燕，李文伟. 谈判与辩论技巧[M]. 北京：中国法制出版社，2007.

38. 苗玉树. 外贸谈判技巧[M]. 北京：对外经济贸易大学出版社，2007.

39. 盛安之. 谈判的 60 个博弈策略[M]. 北京：企业管理出版社，2008.

40. 白远. 国际商务谈判[M]. 北京：中国人民大学出版社，2008.

41. 王绍军，刘增田. 商务谈判[M]. 北京：北京大学出版社，2009.

42. 申明，等. 管理沟通[M]. 北京：企业管理出版社，1997.

43. 甘波，等. 沟通时代的管理者[M]. 北京：企业管理出版社，1998.

44. 王磊. 管理沟通[M]. 北京：石油工业出版社，2001.

45. 张韬，等. 沟通与演讲[M]. 沈阳：东北大学出版社，2006.

46. 康青. 管理沟通[M]. 北京：中国人民大学出版社，2006.

47. 康青. 管理沟通教学案例[M]. 北京：中国人民大学出版社，2006.

48. 杜慕群. 管理沟通[M]. 北京：清华大学出版社，2009.

49. 赫红. 管理沟通[M]. 北京：科学出版社，2010.

50. 郑文斌. 管理沟通新论文二管理沟通的研究历史和现状. 畅享网，http://portal.vsharing.com/k/HR/2003-8/469585.html.

51. 李娟. 国际贸易中电子商务的应用价值. 光明网，http://news.gmw.cn/2014-09/11/content_13161509.htm，2014-09-11.

52. 中华演讲网，http://www.zhyjw.com/Article/201311-23614.html.

53. 中华企业培训网，http://www.qgpx.com/tools/tanpan/20061102/show53c10682p1.html.